本书为国家重点研发计划课题"长江流域文明进程研究"（课题编号2020YFC1521603）和"中华文明起源进程中的生业、资源与技术研究"（课题编号2020YFC1521606），以及国家文物局"考古中国"重大项目"长江下游区域文明模式研究"的阶段性成果。本书出版得到浙江省委宣传部良渚考古系列图书出版经费的资助。

陈明辉　著

良渚文明手册

上

良渚文明丛书
Liangzhu Civilization Series

Handbook of
Liangzhu
Civilization

ZHEJIANG UNIVERSITY PRESS
浙江大学出版社
·杭州·

总　序　General Preface

良渚与中华五千年文明

刘　斌

时间与空间真是奇妙的组合，当我们仰望星空，看到浩瀚的宇宙，那些一闪一闪的星星，仿佛恒久不变地镶嵌在天幕中。然而，现代科学告诉我们，光年是距离单位，宇宙深处星星点点射向我们的光线，来自遥远的过去。原来，时空的穿越，不过是俯仰之间。

考古，同样是这种俯仰之间的学问，由我们亲手开启的时光之门，将我们带回人类历史中每一个不同的瞬间。而距今 5000 年，就是一个特殊的时间点。

放眼世界，5000 年前是个文明诞生的大时代。世界上的几大流域，不约而同地孕育出早期文明，比如尼罗河流域的古埃及文明、两河流域的苏美尔文明、印度河流域的哈拉帕文明。那么，5000 年前的中华文明在哪里？这个问题困扰学界甚久。按照国际上通行的文明标准，城市、文字、青铜器……我们逐一比对，中国的古代文明似乎到出现了甲骨文的商代为止，便再难往前追溯了。

考古学上，我们把文字出现之前的历史称为"史前"。在中国的史前时代，距今 1 万年以上，在辽阔版图的不同地理单元中，开始演绎出各具特色的文化序列。考古学上形象地称之为"满天星斗"。然而，中国的史前时代长久以来被低估了。一直以来，我们都是以夏商为文明探源的出发点，以黄河文明作为中华文明的核心，无形中降低了周围地区那些高规格遗迹遗物的历史地位，比如辽西的红山文化、江汉地区的石家河文化、太湖流域的良渚文化、晋南的陶寺文化、陕北的石峁遗址……随着探源脚步的迈进，我们才渐渐发现，"满天星斗"的文化中，有一些已然闪现出文明的火花。"良渚"就是其中一个特殊的个案。

大约在 5300 年前的长江下游地区，突然出现了一个尚玉的考古学文化——良渚文化。尽管在它之前，玉器就已广受尊崇，但在此时却达到空前的繁荣。与以往人们喜爱的装饰玉器不同，良渚人的玉器可不仅仅是美观的需要。这些玉器以玉琮为代表，并与钺、璜、璧、冠状饰、三叉形器、牌饰、锥形器、管等组成了玉礼器系统，或象征身份，或象征权力，或象征财富。那些至高无上的人被埋葬在土筑的高台上，配享的玉器种类一应俱全，显示出死者生前无限的尊贵。礼玉上常见刻绘有"神徽"形象，用以表达良渚人的统一信仰。这些玉器的拥有者是良渚的统治阶级，他们相信自己是神的化身，行使着神的旨意，随葬的玉器种类和数量显示出他们不同的等级和职责范围。我们在杭州余杭的反山、瑶山，常州武进的寺墩，江阴的高城墩，上海的福泉山等遗址中，都发现了极高等级的墓群。这就似乎将良渚文化的分布范围分割成不同的统治中心，呈现出小邦林立的局面。然而，历史偏偏给了余杭一个机会，在反山遗址的周围，越来越多的良渚文化遗址被发现，这种集中分布的遗址群落受到了良好的保护，使得考古工作得以在这片土地上稳步开展。到今天再来回望，这为良渚文明的确立提供了必要的前提。否则，谁会想到零星发现的遗址点，竟然是良渚古城这一王国之都的不同组成部分。

今天，在我们眼前所呈现的，是一个有 8 个故宫那么大的良渚古城（6.3 平方公里）。它有皇城、内城、外城三重结构，有宫殿与王陵，有城墙与护城河，有城内的水路交通体系，有城外的水利系统，作为国都，其规格已绰绰有余。除了文字和青铜器，良渚文化在各个方面均已达到国家文明的要求。其实，只要打开思路，我们就会发现，通行的文明标准不应成为判断一个文化是否进入文明社会的生硬公式。青铜器在文明社会中承载的礼制规范的意义，在良渚文化中是体现在玉器上的。文字是记录语言、传承思想文化的工具，在良渚文化中，虽然尚未发现文字系统，但那些镌刻在玉礼器上的标识，也极大程度地统一着人们的思想，而大型建筑工事所反映出的良渚社会超强的组织管理能力，也透露出当时一定存在着某种与文字相当的信息传递方式。因此，良渚古城的发现，使良渚文明的确立一锤定音。

如今，良渚考古已经走过了 80 多个年头。从 1936 年施昕更先生第一次发现良渚的黑皮陶和石质工具开始，到今天我们将其定义成中国古代第一个进入早期国家的区域文明；从 1959 年夏鼐先生提出"良渚文化"的命名，学界逐渐开始了解这一文化的种种个性特点，到今天我们对良渚文明进行多领域、全方位的考古学研究与阐释，良渚的国家形态愈发丰满起来。这一系列图书，主要是由浙江省文物考古研究所致力于良渚考古的中青年学者，围绕近年来杭州市余杭区瓶窑镇良渚古城遗址的考古发现与研究，集体编纂而成，内含极其庞大的信息量。其中，包含有公众希望了解的良渚古城遗址的方方面面、良渚考古的历程、良渚时期古环境与动植物信息、代表了良渚文明最高等级墓地的反山王陵、为人们津津乐道的良渚高等级玉器、供应日常所需林林总总的良渚陶器……还有专门将良渚置于世界文明古国之林的中外文明比对，以及从媒体人角度看待良渚的妙趣横生的系列报道汇编。相信这套丛书会激起读者对良渚文明的兴趣，从而启发更多的人探索我们的历史。

可能很多人不禁要问：良渚文明和中华文明是什么样的关系？因为在近现代历史的观念里，我们是华夏儿女，我们不知道有一个"良渚"。其实，这不难理解。我们观念里的文明，是夏商以降、周秦汉唐传续至今的，在黄河流域建立政权的国家文明，是大一统的中华文明。考古学界启动"中华文明探源工程"，为的就是了解最初的文明是怎样的形态。因此，我们不该对最初的文明社会有过多的预设。在距今5000年的节点上，我们发现了良渚文明是一种区域性的文明。由此推及其他的区域，辽西可能存在红山文明，长江中游可能存在石家河文明，只是因为考古发现的局限，我们还不能确定这些文明形态是否真实。良渚文明在距今4300年后渐渐没落了，但文明的因素却随着良渚玉器得到了有序的传承，影响力遍及九州。由此可见，区域性的文明实际上有全局性的影响力。

人类的迁徙、交往，从旧石器时代丌始从未间断。不同规模、不同程度、不同形式的人口流动，造成了文化与文化间的碰撞、交流与融合。区域性的文明也是一个动态的过程。目前来看，良渚文明是我们所能确证的中国最早文明，在这之后的1000多年里，陶寺、石峁、二里头的相继繁荣，使得区域文明的重心不断地发生变化。在这个持续的过程中，礼制规范、等级社会模式、城市架构等文明因素不断地传承、交汇，直至夏商。其实，夏商两支文化也是不同地区各自演进发展所至，夏商的更替也是两个区域性文明的轮流坐庄，只是此时的区域遍及更大的范围，此时的文明正在逐鹿中原。真正大一统的中央集权国家，要从秦朝算起。这样看来，从良渚到商周，正是中华文明从区域性文明向大一统逐步汇聚的一个连续不断的过程，万万不可将之割裂。

2019 年 5 月于良渚

目 录 Contents

第
一
章

地理与环境

　　北纬 30° 是一条神奇的纬线，"贯穿"了许多伟大的自然景观和人文景观，古埃及文明、苏美尔文明、哈拉帕文明所处的尼罗河流域、两河流域及印度河流域均大致位于该纬度带附近。良渚文化的核心分布区——长江下游环太湖流域，现面积约为 3.65 万平方千米，良渚文化时期陆域面积稍小，约 3 万平方千米，总体位于北纬 30°5′ ～ 32°8′、东经 119°8′ ～ 121°55′ 之间，与上述这些世界著名的古代文明发源地所处的纬度大致相当。良渚文化的分布范围扩展区占地面积约为 13 万平方千米，位于北纬 29° ～ 34°、东经 118°31′ ～ 122°47′ 之间，包括江淮东部、宁镇地区、芜湖地区、金衢盆地、宁绍地区，西部边界大致在芜湖繁昌一带的长江南岸，与薛家岗文化相邻，北部边界在里下河平原北缘，与大汶口文化（中晚期）相邻，南部边界在金衢盆地和宁绍地区，与好川文化相邻。

一 气 候

良渚文化分布区邻近东南沿海，地处亚热带季风气候区，年平均气温 16℃，季风特征明显。四季分明，春秋短，冬夏长。春季长 60 天，温暖多雨，但降雨强度不大；夏季长达 120 天，高温多雨，初夏为梅雨季节，为主要雨季，长 30 天左右，梅雨季节之后进入盛夏，晴热少雨，降雨主要为午后雷阵雨和台风雨；秋季持续 60 余天，初秋气温仍较高，且有一定降雨，中秋以后云雨量稀少，为收获季节；冬季长 120 天，低温少雨，寒潮时也会有持续的严寒天气，但一般持续时间不长。年平均降雨量在 900～2000 毫米，水热充裕，雨热同期，其中钱塘江流域年平均降雨量 1600 毫米，长江流域为 1100 多毫米，淮河流域为 900 毫米，自南向北递减，基本均可满足农业生产，但降雨季节分布不均，主要有春雨（3—5 月）、梅雨（6 月）和秋雨（9 月）三个多雨的时期，降雨占全年降雨量的 80％以上，其中梅雨期的降雨占全年降雨量的 25％，容易引发洪涝灾害，盛夏时期高温少雨，也容易引发旱灾[1]。水稻等喜温作物的生长季节一般在 4—10 月，这恰巧是环太湖地区雨量和热量最充沛的时期，但初夏和盛夏时期水旱灾害频发，导致水稻收成十年米具有

---

[1]　张培坤、郭力民等编著：《浙江气候及其应用》，气象出版社，1999 年。周勤、韩艳红编著：《江苏地理新论》，南京大学出版社，2008 年。江苏省气象局：《江苏气候》编写组：《江苏气候》，万象出版社，1991 年。

36～40 年准周期性低频振动，高产期与低产期交替出现，各持续长度一般为 15～30 年①。

　　由于梅雨、台风影响，环太湖地区常常发生旱涝灾害，有必要特别加以介绍。

　　每年 6、7 月，东南季风带来的太平洋暖湿气流，与北方的冷空气交汇形成梅雨带。正常梅雨季节一般从 6 月中旬开始，7 月中旬结束，历时 20～30 天，降雨量为 200～400 毫米的正常梅雨季节约占梅雨季节总数的一半。有时候梅雨季节从 5 月底至 6 月初便开始，称为早梅雨，大概十年一遇。早梅雨有两种情形，一种是开始早、结束迟，甚至到 7 月下旬才结束，雨期长达四五十天，在个别年份甚至长达 2 个月，形成特长梅雨，如 1954 年和 1998 年的大洪水，都是由特长梅雨造成的，尤其是 1954 年的梅雨季节，从 6 月初持续到 8 月初，长达 77 天，降雨总量达 1000 毫米，接近正常年份全年降雨量。另一种是开始早、结束早，到 6 月下旬，长江中下游地区就进入了盛夏，提前到来的盛夏常常造成长江中下游地区不同程度的伏旱。还有一种情况是短梅和空梅，即梅雨季节特别短甚至没有，降雨量小，盛夏来得早，平均 10 年中出现 1～2 次，在这样的年份，常常会有伏旱甚至大旱发生。

---

① 汪铎：《近千年太湖平原水稻收成变化与地理环境》，油印本，年份不详。

台风是发源于热带海面的热带气旋。台风（包括热带风暴）主要发生在夏秋季，集中于7—9月，最早在5月初，最迟在11月。据统计，1949—1989年，浙江省较大的台风有150次（其中影响最大的登陆型台风有22次），平均每年约3.7次，最多可达8次[1]。台风过境常伴随大风和暴雨或特大暴雨等，可产生强降雨和飓风，带来风暴潮甚至海啸，给沿海地区造成巨大的损失。

钱塘江流域1949—1989年短短41年间，有40年发生洪涝，总计183次，平均每年约4.5次，其中全流域洪水1次（1955年），且几乎年年有旱灾[2]。20世纪以来太湖地区出现过7次由梅雨和台风雨形成的水位超过4.2米的大洪水（1931年、1954年、1962年、1980年、1983年、1991年、1999年），还出现过4次较大的旱灾（1934年、1967年、1971年、1978年）[3]。有学者统计，与1954年大洪水相当的洪涝灾害，在近900年里发生了24次，平均每37.5年一次[4]。可见环太湖地区洪涝和干旱灾害相当频繁，根据1900年以来的记录，小型水旱灾害几乎每年都要发生5

---

① 钱塘江志编纂委员会：《钱塘江志》，方志出版社，1998年。

② 钱塘江志编纂委员会：《钱塘江志》，方志出版社，1998年。

③ 《苕溪运河志》编纂委员会：《苕溪运河志》，中国水利水电出版社，2010年。
水利部太湖流域管理局等：《太湖志》，中国水利水电出版社，2018年。

④ 中国科学院南京地理与湖泊研究所等：《太湖流域水旱灾害规律研究》，油印本，1990年。

次以上，流域性的特大型水旱灾害平均每 10 年便有一次。

　　环太湖沿海地区尤其是钱塘江两岸还常常要面对由大风和高潮水位共同引起的风暴潮威胁，如果风暴潮与天文大潮相重叠，会使水位暴涨，引发潮灾。农历初一、十五的天文大潮是形成风暴潮的主体。钱塘潮（图1-1）是世界三大涌潮之一，杭州湾是典型的喇叭口状地形，另外由于澉浦以西河床沙坎的存在，水位急剧变浅，引发涌潮。每年 4—7 月梅汛期间冲深江道，9 月前后（农历八月十六日至十八日）又有秋分大潮叠加，引潮力最大，涌潮也最高，潮头可达 3 米，也即所谓的"八月十八潮，壮观天下无"。但"安波则为利，泽流则为害"，钱塘江涌潮也常常造成巨大的灾害，从唐代至民国的 1331 年间，记录潮灾的共有 183 年，平均约 7.3 年有一次，明清至民国平均 4 年多就有一次[1]。历史上，海宁、海盐潮灾最为严重，其次是上山金山 一带。除了引发洪水，咸潮影响可远达湖州、嘉善、松江一带，导致河水皆咸，田禾多死，田地数年不能耕种。

　　在环太湖地区的史前遗址中，常常可见比较纯净的水相沉积或泥炭层，或可见明显的纹理状结构。上海果园村遗址良渚文化晚期地层上发现淤泥层[2]；马桥遗址的良渚文化地层中夹杂两层（④层和⑥层）不含文

---

① 　钱塘江志编纂委员会：《钱塘江志》，方志出版社，1998 年。

② 　孙维昌：《上海青浦寺前村和果园村遗址试掘》，《南方文物》1998 年第 1 期。

图 1-1　钱塘江大潮盛况（海宁博物馆周建初提供）

化遗存的自然堆积层，根据粒度分析和磁化率分析，可知是陆地洪水泛滥沉积形成[①]；江海遗址良渚文化地层上也发现多层淤积土[②]。太湖地区普遍分布有一层距今 6200—5000 年的泥炭层，良渚文化层之上也普遍有一层厚约 0.5 米的黑色水相泥炭层，属湖沼相堆积，说明在良渚文化

①　宋建、洪雪晴：《上海马桥遗址古环境探析》，《考古》1999 年第 8 期。朱诚等：《上海马桥遗址文化断层成因研究》，《科学通报》1996 年第 42 卷第 2 期。

②　上海市文物管理委员会：《上海奉贤江海遗址 1996 年发掘简报》，《考古》2002 年第 11 期。

之前和之后分布有大面积的湖沼[1]。良渚遗址群和临平遗址群的良渚晚期后段或广富林文化地层上也广泛分布有纹理状黄粉土，年代测年为距今4300—3000 年[2]，据同位素研究其形成可能与东海沉积物比较接近，而与西部山地的沉积物差异较大，不太可能是山洪带来的，而可能是钱塘江大潮一类的潮灾将钱塘江、长江乃至黄河的泥沙带入形成（图 1-2 和图 1-3）[3]。全新世以来，古东苕溪可能从西溪湿地向南流入钱塘江，地势低洼，临平以东至海宁西部也是一片宽达 20 千米的低洼地，几乎无良渚文化遗址分布。这两处区域分别邻近纹理状黄粉土（洪水层）广泛分布的良渚遗址群和临平遗址群，近年来在两处遗址群之间的德清东部和余杭中部进行调查时未发现该层纹理状黄粉土，良渚遗址群和临平遗址群的洪水层可能是钱塘江大潮顺着地势低洼处侵入而形成。近年来，在考古发掘和环境考古采样过程中，我们还发现在良渚古城、中初鸣制玉作坊群和平湖庄桥坟等地的良渚文化层之下、海相沉积层之上可见纹理

① 陈中原、洪雪晴等：《太湖地区环境考古》，《地质学报》1997 年第 52 卷第 2 期。
② 史晨曦等：《浙江良渚遗址群环境演变与人类活动的关系》，《地学前缘》2011 年第 3 期。莫多闻、金羽翔、史辰羲：《良渚遗址及区域环境考古研究报告》，载浙江省文物考古研究所《良渚古城综合研究报告》，文物出版社，2019 年。
③ 姬翔、吴卫华、陈明辉等：《良渚遗址物质的 Sr-Nd 同位素特征、物源及其对古文化消亡的指示意义》，《高校地质学报》2016 年第 4 期。贺可洋等：《长江三角洲良渚文化衰亡的多指标环境证据》，《中国科学·地球科学》2021 年第 7 期。

图 1-2　良渚古城钟家港良渚晚期后段地层之上的洪水层

图 1-3　茅山广富林水稻田上的洪水层

状黄粉土，年代早于良渚文化和良渚古城，与良渚文化层之上的黄粉土性质比较接近，可能有近似的成因，尚待进一步深入研究。由此可知，良渚古城和良渚文化繁荣的数百年可能恰巧是潮灾和洪涝灾害较少的时期。

良渚时期古环境与良渚文化的发展有着密切的关系。竺可桢根据遗址出土的动物骨骼推测，距今5000—3100年的仰韶时期到商代晚期，黄河中下游的年平均温度比现在高2℃，并由此提出仰韶温暖期的概念。1992年，施雅风等根据大量孢粉、古动物、古土壤、古湖泊、冰芯、海岸线变化、考古等方面的资料，将全新世分为早全新世（距今10000—8500年）、中全新世（距今8500—3000年）、晚全新世（距今3000年至今）。其中全新世是气候最适宜期，可称为全新世大暖期。大暖期又可分为四个阶段，距今8500—7200年是不稳定的由暖变湿的阶段，距今7200—6000年是稳定的暖湿阶段，处于大暖期的鼎盛阶段，气温比现在高2～3℃，距今6000—5000年则是气候波动剧烈、环境较差的时期，距今5000—3000年气候环境有所改讲，但存在距今4000年前后的多灾期[1]。

---

[1] 施雅风、孔昭辰等：《中国全新世大暖期的气候波动与重要事件》，《中国科学（B辑）》1992年第12期。施雅风、孔昭辰等：《中国全新世大暖期气候与环境的基本特征》，载施雅风主编《中国全新世大暖期气候与环境》，海洋出版社，1992年。

　　根据学者对北大西洋流冰事件的研究，距今 11500 年以来，全新世千年尺度冷事件共发生 9 次，分别是距今 11100 年、10300 年、9400 年、8200 年、5500 年、4200 年、2800 年、1400 年、400 年。由于全新世气候资料分辨率低和测年技术的误差，关于各个冷事件的绝对年代，不同的学者有 100～500 年的偏差。对新石器时代文化影响最深远的是距今 8200 年、5500 年和 4200 年的冷事件。距今 8200 年的冷事件持续 100～200 年，气候干冷。距今 5500 年的冷事件的年代也有学者定为距今 5900 年，甚至给出了距今 6000—5000 年这个很大的年代区间，但更多的数据集中在距今 5500—5300 年，此事件导致气候从暖湿向冷干突变。距今 4200 年的冷事件是距今 5000 年以来最强的气候突变，导致东亚等大范围地区持续 100～200 年的干旱天气，东亚夏季风衰退。①

　　坏太湖地区的马家浜时期（距今 7000—6000 年）、崧泽时期（距今 6000—5200 年）、良渚时期（距今 5200—4500 年）、钱山漾时期（距今 4500—4200 年）、广富林时期（距今 4200—3800 年）均处于全新世大暖期，但也经历了距今 5500 年和 4200 年的两次冷事件。距今 6000 年是环太湖地区社会复杂化的开端，距今 5300 年前后的崧泽—良渚过渡阶段是社会复杂化的重要节点，最终促使环太湖社会在距今 5000 年前后达到

---

① 王绍武：《全新世气候变化》，气象出版社，2011 年。陈杰：《良渚文化的古环境》，杭州出版社，2014 年。

高峰，进入成熟文明和早期国家阶段，而距今 4500 年前后良渚文化衰落，钱山漾至广富林时期遗址数量稀少，发展水平不高。

　　洪雪晴研究指出，距今 5400 年左右，中国沿海地区气候转凉，海平面略下降[①]。龙南遗址第5层（属于崧泽—良渚过渡阶段）孢粉分析显示，植被为常绿阔叶 - 落叶阔叶混交林，草本类植物中水生植物减少，陆生草木增加，气候渐趋凉干[②]。可知距今 5500 年的冷事件的干凉气候可能导致环太湖地区地下水位下降，水域面积减少，陆地面积增加，在嘉兴、上海等地区新出现大量台墩型遗址。此后的良渚时期，尤其是良渚晚期的气候总体也较为干冷。

　　广富林遗址的环境研究显示崧泽—良渚过渡阶段针叶松树减少，常绿落叶树繁茂，水域面积较大，水生植物茂盛；良渚早期植被仍为常绿落叶阔叶混交林，气候温暖湿润，水域面积较大；良渚晚期栎树接近消

①　洪雪晴：《全新世低温事件及海面波动》，载杨子赓、林和茂主编《中国近海及沿海地区第四纪进程与事件》，海洋出版社，1989 年。

②　萧家仪：《江苏吴江县龙南遗址孢粉组合与先民生活环境的初步研究》，《东南文化》1990 年第 5 期。萧家仪：《江苏吴县龙南遗址孢粉组合及其环境考古意义》，载周昆叔主编《环境考古研究（第一辑）》，科学出版社，1991 年。

失，旱生植物增多，气候开始干凉[1]。马桥遗址良渚早期阶段湿生植物占有较大比重，遗址周边分布有大片湖泊湿地，反映出一种滨海湿地环境，气候温暖湿润；良渚晚期阶段则是偏干凉的疏林草原景观，既有针叶林也有落叶阔叶林和少量常绿落叶阔叶林[2]。良渚晚期的果园村遗址的孢粉组合也反映了气候不断干冷的过程[3]，这一时期气温比现在低 1.5℃ 左右[4]。良渚遗址群内的巫山、石前圩、王家庄、金地等的孢粉分析显示，良渚晚期偏早阶段植被茂盛，以落叶阔叶林为主，气候温暖湿润，随后气温和降雨量有所下降，仍以落叶树种为主，常绿阔叶树大幅减少以至几乎绝迹，良渚晚期偏晚阶段气候凉干，环境恶劣，植被不佳[5]。据莫多闻等研究，良渚古城及周边：距今 5800—5000 年，植被以常绿阔叶和

---

[1]　张玉兰、宋建等：《上海广富林遗址考古新发现及先人生活环境探析》，《同济大学学报（自然科学版）》2002 年第 12 期。李春海、陈杰等：《上海松江广富林遗址的孢粉记录》，《微体古生物学报》2006 年第 2 期。陈杰、陈中原、陈春海：《上海松江区广富林遗址的环境分析》，《考古》2007 年第 7 期。

[2]　上海市文物管理委员会：《马桥》，上海书画出版社，2002 年。

[3]　商万国等：《上海果园村遗址孢粉组合及先人活动环境分析》，《同济大学学报（社科版）》1993 年第 2 期。

[4]　刘会平、王开发：《沪杭苏地区若干文化遗址的孢粉——气候对应分析》，《地理科学》1998 年第 4 期。

[5]　金幸生等：《余杭良渚遗址群古环境研究》，载浙江省文物考古研究所《卞家山》，文物出版社，2014 年。

落叶阔叶混交林为主，湿生环境大范围存在，已有稻作农业，但暖湿程度有所下降；距今 5000—4300 年，暖湿程度进一步下降，但变化幅度很小，植被仍以亚热带植被为主，稻作农业大规模发展，乔木树种减少，植被有一定程度破坏；距今 4300—3600 年，暖湿程度有所提高，稻作生产停止 [1]。气候凉干化也导致地下水位下降，活动空间扩大，为良渚文化的发展提供了契机。根据粒度分析，距今 4700—4300 年良渚古城周边水动力达到最大，粉砂含量达到最高，水位持续下降，影响到低洼积水地 [2]。卞家山良渚晚期地层的孢粉分析显示，晚期偏早阶段气候温暖湿润，亚热带常绿落叶阔叶林茂盛，但随着人类活动增加，植被逐渐被破坏，湿地水域面积逐渐缩小，陆地面积有所扩大。

二　海陆变迁

据研究，环太湖地区全新世沉积下分布有一层暗绿色或黄褐色硬土层，其顶部年代为距今 15000 年 [3]，此时已进入末次冰消期，海岸线位于

[1]　莫多闻、金羽翔、史辰羲：《良渚遗址及区域环境考古研究报告》，载浙江省文物考古研究所《良渚古城综合研究报告》，文物出版社，2019 年。

[2]　莫多闻、金羽翔、史辰羲：《良渚遗址及区域环境考古研究报告》，载浙江省文物考古研究所《良渚古城综合研究报告》，文物出版社，2019 年。

[3]　郑祥民：《长江三角洲地区全新世基底硬土层的成因研究》，《华东师范大学学报（自然科学版）》1990 年。

东海大陆架边缘海拔 -155 米处。硬土层在常州一带距地表仅 0～5 米，在无锡、苏州、嘉兴地区距地表 5～10 米，在杭州东部和湖州南部以及上海地区距地表 20～40 米，地势最低[①]。进入全新世以来，随着气候转暖，冰川融化，海平面迅速上升，长江、钱塘江带来的泥沙在环太湖地区沉积下来，形成厚数米至数十米的海相沉积层。距今 10000 年时，海平面升至 -40 米，距今 9000 年时，海平面升至 -25 米，距今 8000 年时，海平面升至 -10 米，距今 7500 年时，海平面升至 -5 米左右[②]。距今 7500—7000 年前后，海平面渐趋稳定，长江和钱塘江等河口的沉积速度超过了海平面上升速度，长江两岸在波浪、海潮和江流的相互作用下，开始形成沙嘴，沙嘴以内形成海湾，并逐渐淤积成陆。也正是在距今 7000 年前后，环太湖地区基本完成了成陆过程，形成与现在大致接近的地理环境（图 1-4）。随着近海泥沙和贝壳的堆积，距今 5000 多年，在吴淞江以南的冈身形成三道贝壳沙堤，自西向东为竹冈、紫冈和沙冈。竹冈形成年代为距今 7200—6000 年，马桥地区为滨海环境，紫冈形成年代为距今 5800—5700 年，马桥地区为滨海潮上带环境，但海水逐渐东退，沙冈形成年代为距今 4300—3200 年，马桥地区为滨海平原，完

---

① 严钦尚等：《杭嘉湖平原全新世沉积环境的演变》，载严钦尚《长江三角洲现代沉积研究》，华东师范大学出版社，1987 年。

② 严钦尚、邵虚生：《杭州湾北岸全新世海侵后期的岸线变化》，《中国科学（B辑）》1987 年第 11 期。

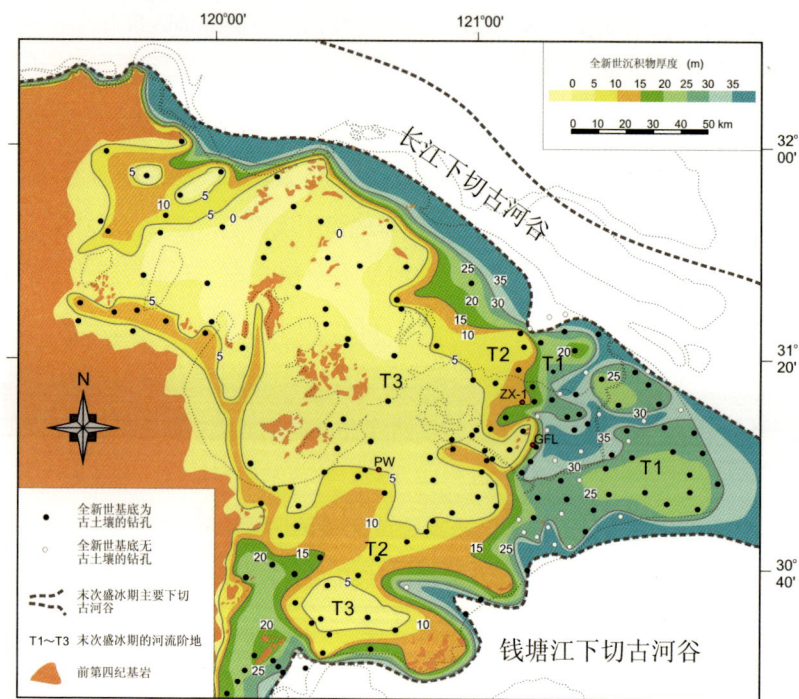

图 1-4　晚更新世长江三角洲的古地形（引自陈杰：《良渚文化的古环境》，杭州出版社，2014 年，第 31 页）

全摆脱海水影响[1]，马桥遗址即位于竹冈之上，良渚文化最早阶段，马桥遗址地层中还包括有孔虫，说明遗址距海不远，随后海岸线不断东移，陆地面积扩大，地下水位下降，但沙堤以东仍易受海水侵袭，不适宜长期生存，主要的居住遗存分布于沙堤以西[2]（图1-5）。

里下河平原是在全新世以来，在长江、淮河三角洲发育和海面变化的共同影响下形成的，随之的表现是海面东退，陆地扩大，里下河平原东部共有3条平行的贝壳沙堤，自西向东分别为西岗、中岗和东岗，西岗北起阜宁寨南，南至东台西岗，形成年代为距今6500年，中岗和东岗分别形成于距今4600年和3800年[3]，这些沙堤上分布有不少史前遗址。在长江沿岸和淮南废黄河一带还有东西向的贝壳沙堤，形成时间均为距今6000—5000年，其中淮南贝壳沙堤一带有较多史前遗址分布。

赵希涛等人曾指出，在距今7500年左右海平面已经上升到现在的高度，距今6500—4000年是全新世高海面时期，海平面比现在高1.5～2

① 朱诚等：《上海马桥遗址文化断层成因的考古地层学研究》，载朱诚、郑朝贵、吴立《长江流域新石器时代以来环境考古》，科学出版社，2015年。

② 上海市文物管理委员会：《马桥》，上海书画出版社，2002年。

③ 徐时强：《古环境演变与海岸线变迁对江淮东部新石器文化的影响》，南京师范大学硕士学位论文，2011年。

北

T1205

沙

T1231

堤

0   40米

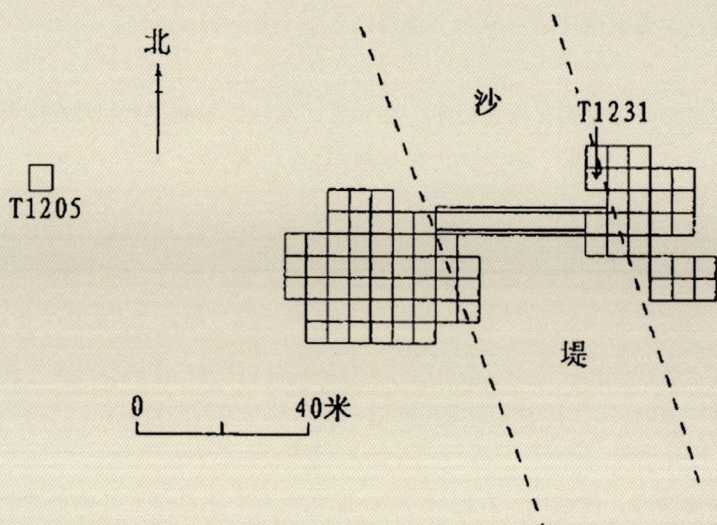

图 1-5　马桥遗址与竹冈沙堤（引自陈杰：《良渚文化的古环境》，杭州出版社，2014 年，第 28 页）

米[1]。不过距今 6500—4000 年正是环太湖地区马家浜、崧泽、良渚时期，遗址数量稳步增长，有些遗址文化层海拔可低至 0～2 米甚至更低，海平面比现在高 1.5～2 米是不可想象的[2]。澄湖、独墅湖等遗址发掘出大量崧泽至良渚时期水井，井深一般在 1～2 米，最深达 3 米，井底海拔普遍在 -2 米左右，说明这一时期地下水位较低，处于低海面时期[3]。据研究，全新世以来环太湖地区海平面趋势如下：距今 10000—6000 年海平面迅速上升，并有周期性波动，存在距今 9500 年、8500 年和 6500 年的三次高海面，距今 6000—5000 年海平面有所上升，并在距今 5500—5000 年上升至高点，高出现在海平面 0.5～5 米（浙江沿海距今 5500 年为高海面），距今 5000—4500 年处于低海面时期，海平面呈下降趋势，距今 4000 年前后又回升到高于现在海平面的高度[4]（图 1-6）。

① 赵希涛、王绍鸿：《中国全新世海面变化及其与气候变迁和海岸演化的关系》，载施雅风主编《中国全新世大暖期气候与环境》，海洋出版社，1992 年。

② 朱诚等：《华东沿海地区全新世初灾变事件对人类文明演进影响的探讨》，载莫多闻、曾锦炎、郑文红等《环境考古研究（第四辑）》，北京大学出版社，2007 年。朱诚等：《华东沿海全新世高海面时代的环境考古研究》，载朱诚、郑朝贵、吴立《长江流域新石器时代以来环境考古》，科学出版社，2015 年。

③ 朱诚等：《太湖地区新石器时代以来古水井分布及其环境意义》，载朱诚、郑朝贵、吴立《长江流域新石器时代以来环境考古》，科学出版社，2015 年。

④ 杨怀仁：《中国东部近 20000 年以来的气候波动与海面升降》，《第四纪冰川与第四纪地质论文集（第二集）》，地质出版社，1985 年。朱丽东等：《良渚时期文化发展与海平面变化》，《地理科学进展》2011 年第 1 期。

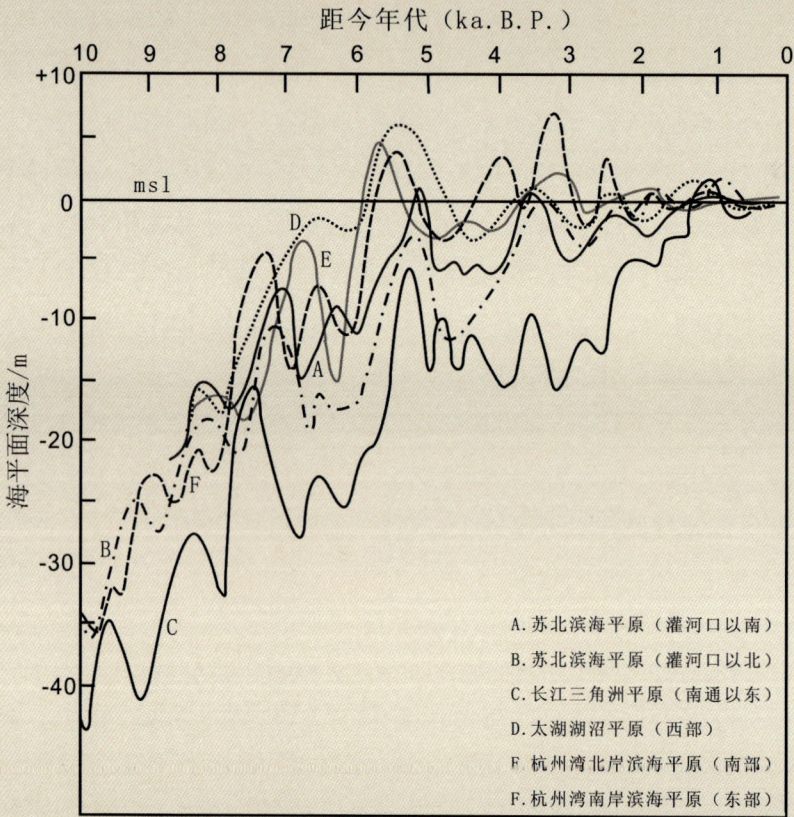

图 1-6　中国东部沿海 10000 年来海平面变化曲线（转引自陈杰：《良渚文化的古环境》，杭州出版社，2014 年，第 42 页）

三　平原与盆地

太湖平原是由长江和钱塘湖、苕溪等冲击而成的沿江滨海平原，上游有苕溪、长兴、南溪和洮湖、滆湖水系，下游分为杭嘉湖、阳澄淀泖、武澄锡、浦东、浦西5个河网区。太湖平原北至长江、南至钱塘江，西以10米等高线与宁镇山脉、茅山山脉和宜溧山地为界，东濒东海，总面积约为3.65万平方千米，其中江苏占53%、浙江占33.2%、上海占13.5%、安徽占0.3%[①]。总体是以太湖为中心的蝶形洼地，地势低平，海拔一般2～8米，多在3～4米。太湖平原水网密布，湖荡众多。太湖平原内部可分若干小区，太湖以西为洮滆平原，包括丹阳东南部、金坛、溧阳、宜兴一带，地势平坦，海拔一般3～4米，面积为3856平方千米。长江南岸的常州至常熟为沿江高平原地区，海拔可达5～9米，地势最高；沿江高平原以南、太湖以北分布有锡澄平原，为河网平原，面积为810平方千米，海拔3～5米。太湖以东的苏州至常熟，也称为阳澄平原，分布着阳澄湖、澄湖、淀山湖、菱湖等众多浅水湖荡，面积为4314平方千米，是环太湖地势最低处，海拔仅2～3米，最低处可至0米，阳澄平原以东上海冈身海拔较高，为3～4米。太湖东南新市、乌镇、南浔一带和嘉兴北部地势也较低洼，海拔2.8～3.2米，嘉兴南部至海宁地势略高，海拔3～5米。浙西平原(长兴一带)，属河网平原，地面高程3～4

---

① 《苕溪运河志》编纂委员会：《苕溪运河志》，中国水利水电出版社，2010年。

米。钱塘江河口段和杭州湾北岸岸线，由于外力影响泥沙淤积，高程较高，达5.5～8米。太湖平原总体上土层深厚，土壤肥沃，水源丰富，非常适合农业的发展。平原上也分布着不少孤丘，多数由泥盆纪石英砂岩构成，海拔一般100～200米。

环太湖平原以北分布着面积广阔的里下河平原。里下河平原（苏中地区）位于里运河（京杭运河江苏段中段）以东，地势低洼，在地质历史时期属于沉陷区，内侧低外侧高，地面海拔1.5～4米，易受洪涝灾害影响，宋元以后民众在局部高地上堆土填高，形成四面环水、相对高3～5米的人工"垛田"[1]。

宁绍平原，属浙东地区，主要包括宁波平原、余姚平原（姚江谷地）、萧绍平原等地理单元。宁波平原面积约为1200平方千米，属滨海湖沼淤积平原，分布有姚江、甬江和奉化江等河流，水网密布，地势低平。余姚平原面积为720平方千米，属潟湖湖沼、海积平原，东接宁波平原[2]。萧绍平原分布于今萧山区、滨江区和绍兴市区，为钱塘江冲积平原。

浙江省境内分布有不少山间盆地，最大的是浙江中部的金衢盆地，

---

[1] 赵媛主编：《江苏地理》，北京师范大学出版社，2015年7月第2版。

[2] 中国地理百科丛书编委会：《宁波平原》，世界图书出版公司，2014年。

南北由千里岗山脉和仙霞岭山脉夹峙，该区域是凹陷的杭州—江山准地槽，东西总长 200 千米、南北宽 15～20 千米，面积为 3500 平方千米，地势平坦。金衢盆地以东分布有武义盆地、永康盆地、东阳盆地、浦江盆地、诸暨盆地，以西分布有常山盆地、江山盆地，面积均为数百平方千米，这些盆地之间有钱塘江上游支流沟通，形成相对独立的地理区。

四　山脉和丘陵

环太湖地区及周边主要的山脉自北向南有老山山脉、宁镇山脉、茅山山脉、宜溧山地、天目山脉、仙霞岭山脉、千里岗山脉、龙门山脉、会稽山脉、四明山、天台山、大盘山脉。

江苏西南部是一系列低山丘陵，包括长江以北的老山山脉和长江以南的宁镇山脉、茅山山脉、宜溧山地等，"组成物质以变质岩、石英砂岩、砂页岩、石灰岩及火成岩为主，岩性复杂，岭谷相连，海拔大都在 100～400 米，绵延数十千米乃至 100 多千米。山前坡麓处表面都覆盖着厚层下蜀系黄土堆积，属于黄土岗地"[①]，下蜀黄土最厚处可达 30～40 米，是长江两岸黄土岗地的主要组成物质。该区域地貌较复杂，土壤为黄棕壤、黄壤和红黄壤，肥力较高，质地黏重，山地植被丰富，主要为

---

① 赵媛主编：《江苏地理》，北京师范大学出版社，2015 年 7 月第 2 版。

亚热带常绿落叶阔叶混交林和常绿阔叶林，野生动物较丰富，有哺乳类80多种、鸟类400多种、淡水鱼类100多种。老山山脉位于长江北岸，山势呈西南—东北走向，海拔最高处442米。宁镇山脉是南京、镇江间低山丘陵的总称，略呈弧形，位于长江南岸，东西长100千米，海拔最高处448米。茅山山脉位于镇江市的句容市境内，高370米，长百里，宽数里至十余里，面积为32平方千米，海拔最高处372米。茅山山脉是太湖水系和秦淮河水系的分水岭，是南京东南的天然屏障，也是宁镇地区与环太湖地区的分界。宜溧山地位于溧阳、宜兴南部，苏、浙、皖三省之交，是江苏省第二大山脉，苏南第一大山脉，最高处611米，山地之间分布有大量构造盆地。以上这些山脉将江苏西南部和安徽东南部地区划为多个小的地理单元，如宁镇地区、芜湖地区、宜溧地区、长兴平原。

　　浙江的山脉属于南岭山系，可分为北、中、南三支，总体呈东北、西南向排列，大致平行分布[1]。北支为浙皖赣边境的黄山山脉、怀玉山脉向东延伸的天目山脉和千里岗山脉、龙门山脉，是长江水系和钱塘江水系的分水岭。中支是从武夷山脉延伸而来的仙霞岭山脉以及向东延伸的天台山脉，它们分别是钱塘江水系与瓯江、曹娥江与灵江的分水岭。天台山脉的东北延伸形成支脉会稽山和四明山，其中会稽山是曹娥江和浦

---

[1]　杭州大学地理系浙江自然地理编写小组：《浙江自然地理》，浙江人民出版社，1959年。浙江省水利厅编著：《浙江省河流手册》，中国水利水电出版社，2016年。

阳江的分水岭，四明山是曹娥江和甬江的分水岭，四明山东北入海形成舟山群岛。南支是浙闽边界的洞宫山脉向东延伸的雁荡山脉和括苍山脉，是瓯江和灵江的分水岭。其中良渚文化分布的南边界大致在中支仙霞岭山脉、天台山脉、大盘山脉沿线。天目山脉东起湖州，临太湖平原，西延浙皖交界，遥望黄山，长 200 千米，宽约 60 千米，海拔最高处 1787 米，动植物资源丰富。良渚古城北部的大遮山和南部的大雄山均为天目山余脉。天目山脉与环太湖地区的史前文化关系最为密切，石材、木材等资源丰富，或许也出产玉材。天目山植被为亚热带落叶常绿阔叶混交林，是中国亚热带植被最丰富的地区之一，生物资源丰富，土壤为红壤、山地黄壤、山地棕黄壤等。千里岗山脉斜贯浙西中部，系怀玉山东延南支，呈北东—南西展布，构成淳安与建德边境的天然屏障。龙门山脉自西南而东北绵亘于桐庐、浦江、富阳、诸暨之间，最后没入萧绍平原，是富春江和浦阳江的分水岭，山地呈南西—北东走向。仙霞岭位于浙江省西部，东起衢州、金华、丽水三市交界处，西延浙江、江西、福建三省交界处，长 100 余千米，海拔最高处 1503 米，平均海拔 800 米，长达 100 多千米。天台山属仙霞岭分支，山地呈南西—北东走向，平均海拔 500 米以上，组成山体的岩石以火山岩为主。天台山位于新昌东部和南部、嵊州南部，是曹娥江、甬江和灵江的分水岭，天台山主脉沿东北方向延伸，经新昌、宁海、奉化三个县界，折转至鄞州区东南部，入海后形成舟山群岛。会稽山脉位于绍兴南部、诸暨东部、嵊州西北部。四明山位于嵊州东部、新昌东北部、上虞东南部，山地呈南西—北东走向。大盘山脉连接天台、括苍、仙霞岭、四明等山脉，为钱塘江、曹娥江、椒江和瓯江部分支流的源地和分水岭，西南段位于磐安、东阳、永康和义乌南缘。

五　河流与湖泊

1. 太湖

太湖古称震泽、笠泽、具区，为全国第三大淡水湖，面积为 2338 平方千米，平均水深 2.06 米，最大水深 2.6 米，湖底平均高程 1.1 米，蓄水量 44.28 亿立方米，多年平均水位 3.05 米 [1]。每年 4 月水位开始上涨，7 月中下旬达到高峰，11 月进入枯水期，2—3 月水位最低。太湖流域的主要水源是荆溪和苕溪，河流较短，河床坡降大，汇水迅速，而排水河道水位比降低，排水不畅；太湖水较浅，蓄洪能力有限。湖中和湖东岸分布有大量岛屿和山峰。太湖周边还分布着滆湖、洮湖、阳澄湖、淀山湖、澄湖、昆承湖、元荡、独墅湖等大量浅水湖泊。

关于太湖的形成，有潟湖论、构造论和低地积水成湖论三种理论，根据大量地质钻孔资料和考古资料，低地积水成湖论逐渐成为共识。太湖的形成与海平面升降和长江、钱塘江河口海岸沉积作用息息相关，以

---

[1]　《太湖志》编纂委员会：《太湖志》，中国水利水电出版社，2018 年。

太湖为中心的碟形洼地在距今 5500 年前后雏形初现 [1]。

2. 长江

长江全长 6397 千米，长度居世界第三位。长江干流的宜昌以上为上游，长 4504 千米，流域面积为 100 万平方千米。宜昌至湖口为中游，长 955 千米，流域面积为 68 万平方千米。湖口以下为下游，长 938 千米，流域面积为 12 万平方千米。良渚文化分布区内涉及长江下游的下半段，主要是芜湖以东至崇明岛，长度为 500 余千米。

该河段的主要支流：南岸有青弋江、水阳江水系和由荆溪（宜溧山地）、苕溪（东苕溪、西苕溪、天目山）和吴淞江（即苏州河）、黄浦江诸水形成的太湖水系，北岸则有皖河、滁河和巢湖水系等。这些支流水系都较短小，水量有限。长江口易受东海潮汐影响，历史最高潮位可达 8.59 米，多年高潮位在 4 米左右。

长江下游皖江西部分布有薛家岗文化，赣江流域分布有樊城堆文化。良渚文化的分布范围主要在江浙沪地区，芜湖地区、宁镇地区、江淮东部均属良渚文化的扩散区和边缘地带。

---

[1] 陈杰：《良渚文化的古环境》，杭州出版社，2014 年。

　　长江河口南部的上海地区分布有几条平行的地下贝壳沙堤，东西宽4～10千米，地势较高，又称为冈身[1]。马桥、柘林遗址即位于冈身之上，是反映良渚时期海岸线变化及地貌变迁的极好材料。在马桥遗址中，良渚文化遗存主要分布于冈身西侧，崧泽—良渚过渡阶段的地层下、沙堤之上还分布有一层厚约30厘米的青灰色淤泥，可能是风暴潮形成的，根据良渚文化层有孔虫数量的变化，可知有孔虫数量随着时间推移逐渐减少，反映当时有大范围的海退过程，居住环境不断改善[2]。马桥遗址良渚文化遗存的年代可以Ⅰ区为例加以说明，Ⅰ区良渚文化层包括4～7层，其中7～6层及相关遗迹属良渚早期（7层下ⅠH20和7层大致相当于瑶山阶段，5层下M5大致相当于反山阶段），5～4层及相关遗迹属良渚晚期，可知马桥遗址延续时间很长，从良渚早期开始便位于比较稳定的海岸环境。

① 刘苍字、吴立成、曹敏：《长江三角洲南部古沙堤（冈身）的沉积特征、成因及年代》，《海洋科学》1985年第1期。谭其骧：《上海市大陆部分的海陆变迁和开发过程》，《考古》1973年第1期。
② 上海市文物管理委员会：《马桥》，上海书画出版社，2002年。陈杰：《良渚文化的古环境》，杭州出版社，2014年。

3. 苕溪流域、长兴水系和杭嘉湖河网区

苕溪流域、长兴水系和杭嘉湖河网区分布于杭嘉湖地区[1]，该区域多年平均降雨量达1300毫米，西部山区达1400毫米，东部平原为1200毫米。

苕溪和长兴水系的上游均是山溪性河流，二者既有联系又相互独立，有多条河道相通。苕溪流域总面积为4576平方千米，河长157.8千米，分为东苕溪和西苕溪。东苕溪发源于天目山南部、临安，流经余杭、德清，流域面积为2265平方千米，河长151千米，上游分为南苕溪、中苕溪和北苕溪。西苕溪发源于天目山北部、安吉县，流经长兴，流域面积为2268平方千米，河长139千米，东、西苕溪在湖州交汇入太湖。长兴水系位于西苕溪下游左侧，主要流经长兴平原，入太湖，流域面积为1342平方千米。

杭嘉湖河网区是太湖流域最大的河网区，河网密布，湖泊众多，面积为7550平方千米，总流势是从西南向东北，大部分水流往北排（如黄浦江），河道底部海拔一般 -1.7 ～ 0.6 米。

----

[1]　《苕溪运河志》编纂委员会:《苕溪运河志》,中国水利水电出版社,2010年。

4. 钱塘江

钱塘江，古名"浙江"，又名"折江""之江""罗刹江"，流经今安徽省东南部和浙江省中部，全长 668 千米，流域面积为 55558 平方千米，经杭州湾入东海，可分为上游、中游和下游[①]。钱塘江天然径流的年内分配很不均匀：3—7 月梅汛期水量约占年总量的 50%，梅雨常常造成建德梅城以上地区出现大洪水；8—9 月水量占年总量不到 20%，台风是造成钱塘江下游支流浦阳江、曹娥江流域洪水的主要原因，但发生频率不高，数十年来有 1956 年和 1962 年两次典型台风暴雨洪水，枯水大旱近年来发生过 4 次，分别在 1934 年、1967 年、1971 年和 1978 年，干旱期长达 50 ~ 90 天。

上游有南北二源，北源新安江，南源马金溪，自上游而下不同的河段有不同的名称，如常山港、衢江、兰江，接纳支流众多，与北源新安江汇合后称富春江。上游流经的金衢盆地是上山文化、跨湖桥文化的发源地，马家浜时期、崧泽时期、良渚时期、钱山漾时期也有少量遗址分布。中游即富春江，长 102 千米，区间流域面积 7176 为平方千米，沿途接纳分水江、渌渚江、壶源江，两岸地形起伏，至场口镇始有较大平地，富

---

① 钱塘江志编纂委员会：《钱塘江志》，方志出版社，1998 年，以下关于钱塘江的数据如无另外标注，均来自此书。

春江是环太湖平原人群向西迁徙的重要通道，马家浜时期、崧泽时期均有少量遗址分布，如桐庐方家洲、富阳瓦窑里，良渚时期遗址增加到近20处，也有少量钱山漾时期的遗址，如桐庐城堂岗。从瓦窑里的发掘情况来看，富春江两岸与良渚古城文化面貌近似、关系密切，也可能是良渚古城地区石料的重要来源地。下游即钱塘江，富春江在闻堰镇附近接纳浦阳江后称钱塘江，沿途又接纳曹娥江，最后注入杭州湾，钱塘江段河床由细粉砂组成，冲淤多变，属游荡型河道。

　　距今 7000 年以前，钱塘江口在富阳一带，现在的宁绍平原和太湖平原都还未成陆，嘉兴一带为标高为 -5 米的古台地，古台地和天目山山地之间为标高为 -20 ～ -15 米的低谷。长江南岸的沙嘴从江阴、太仓讯速向东南发展，到钱塘江附近后，在东南季风和潮流影响下，转向西南抵达王盘山，与钱塘江北岸沙嘴相连，形成钱塘江北岸岸线，岸线大致位于转塘、七堡、赭山、尖山、澉浦、王盘山、大金山、漕泾一带，相比现在的岸线更偏南；杭州湾南侧山地的泥沙和潮流带来的泥沙，沉积形成杭州湾南岸，岸线在西兴、龛山、瓜沥、临山、浒山、龙山一带，比现在的岸线更偏南，喇叭形河口也初步形成，年代为距今 6000—5000 年，此时古苕溪和古姚江均汇入杭州湾，随着江潮顶托和泥沙淤积的影响，古苕溪转而向北入太湖，古姚江则改向东南经甬江入海[1]。

────────────────────

① 钱塘江志编纂委员会：《钱塘江志》，方志出版社，1998 年。

历史时期的钱塘江江道流路曾有过多次变化。从距今 5000 年至东晋时期，钱塘江岸线变化不大，江水靠南岸出海。自唐宋至明末，江道开始发生变化，海宁盐官一带的平原经常受到潮水侵袭，虽然江道主流主要偏向南岸，但已不再稳定。到明末清初，江道主流开始稳定地偏向北岸，修整海塘成了杭嘉湖平原沿岸的当务之急，南岸故道由此逐渐淤积，岸线随之外扩，萧绍平原向北发展，慈溪、余姚、镇海一带的三北平原也由此形成。

历史上海宁的盐官、萧山的蜀山和海盐一带是著名的盐场，良渚时期的制盐遗存目前还未找到，但钱塘江两岸很可能是制盐场所。

5. 淮河

淮河位于苏中北地区，介于长江与黄河之间。淮河干流全长 1000 千米，可分上游、中游、下游三部分。洪河口以上为上游，长 360 千米，流域面积为 3.06 万平方千米；洪河口以下至洪泽湖出口中渡为中游，长 490 千米，流域面积为 15.8 万平方千米；下游是洪泽湖出口中渡以下。淮河流域地跨河南、湖北、安徽、江苏和山东五省，流域面积为 30 万余平方千米，整个流域分成淮河和里下河、沂沭泗河等三大水系，流域面积分别为 15 万平方千米、3 万平方千米、8 万平方千米。其中，良渚时期遗址主要分布在里下河平原。

第二章

发现与研究

良渚文化的发现与研究历史大体分为五个阶段[1]。

一　第一阶段（1930—1949 年）

中国史前考古随着中国考古学的诞生而诞生。在良渚文化遗址发现之前，中国的新石器时代考古已经在河南、甘肃、山西、黑龙江、山东等地取得了突破。1921 年 4 月，安特生在河南仰韶遗址发现石器与彩陶共存，10 月对遗址进行了一个多月的发掘，这一次发掘促成了仰韶文化的命名，也标志着中国考古学的

---

[1]　刘斌：《神巫的世界——良渚文化综论》，浙江摄影出版社，2007 年。刘斌：《良渚考古八十年》，文物出版社，2016 年。

开端①，随后甘肃、河南、山西等地调查和发掘的一些遗址，如奉天沙锅屯（1921）、渑池不召寨（1921）、夏县西阴村（1926）等均被归入仰韶文化。龙山文化的得名，始于1928年城子崖遗址的发现和1930年、1932年对城子崖遗址的两次发掘②。1930年发掘安阳后冈遗址，发现了仰韶、龙山、殷商三叠层③，随后陆续发掘了安阳高井台子（1932），浚县大赉店（1932）、辛村（1932）、刘庄（1933），广武青台（1934），安阳同乐寨（1934），日照两城镇（1936），并在山东、安徽、河南等地调查67处龙山文化遗址，出土的陶器以黑陶为主，因此龙山文化又被称为黑陶文化。由此形成了以仰韶文化和龙山文化为代表的中国史前考古二期划分方案④。

　　长江下游的新石器时代考古工作起步也较早。早在20世纪30年代，卫聚贤（图2-1）等学者就开始关注江南地区的新石器考古工作。1930

---

① 安特生：《中华远古之文化》，《中国地质汇报》1923年第15期。陈星灿：《中国史前考古学史研究》，三联书店，1997年。

② 吴金鼎：《平陵访古记》，载国立中央研究院历史语言研究所编《国立中央研究院历史语言研究所集刊（第一本第四分）》，商务印书馆，1930年。傅斯年等：《中国考古报告集之一：城子崖》，1934年。

③ 梁思永：《后冈发掘小记》，载国立中央研究院历史语言研究所编《安阳发掘报告（第4册）》，1933年。梁思永：《小屯、龙山与仰韶》，载国立中央研究院历史语言研究所《庆祝蔡元培先生六十五岁纪念论文集》，国立中央研究院，1935年。

④ 梁思永：《龙山文化——中国文明的史前期之一》，《考古学报》1954年第1期。

图 2-1　卫聚贤像

年 3 月在栖霞山发掘六朝墓葬时发现 3 处遗址点，山上石器、陶片等，认为是新石器时代遗物。1935—1936 年卫聚贤等还考察了武进淹城、上海戚家墩和苏州石湖等遗址，发现印纹硬陶等遗物，当时也认为其属于新石器时代[1]。1934 年，沪江大学的慎微之（图 2-2）在湖州调查发现了

---

① 卫聚贤：《吴越考古汇志》，《说文月刊》第一卷合订本，重庆说文月刊社，1940 年。陈志良：《奄城访古记》，载吴越史地研究会编《吴越文化论丛》第一种，江苏研究社。金祖同：《金山访古记》，载吴越史地研究会编《吴越文化论丛》第二种，江苏研究社。

图 2-2　慎微之像

钱山漾遗址 ①。1936 年 2 月，卫聚贤、吴稚晖等发起吴越史地研究会，8
月在上海正式成立，蔡元培为会长，卫聚贤为总干事和实际主持人，至
1937 年 8 月淞沪会战爆发，共运行了一年多。吴越史地研究会成立的主
要目的是研究江南地区发现的新石器时代遗址，当时良渚文化遗址的主
要调查者和研究者，如金祖同、陈志良、施昕更（图 2-3）、何天行、慎

----

① 　慎微之：《湖州钱山漾新石器之发现与中国文化之起源》，《吴越文化论丛》，
1937 年。

图 2-3　施昕更像

微之等均是会员（图 2-4 和图 2-5）[1]。

　　1936 年 5 月 24 日，吴越史地研究会的卫聚贤根据在杭州古玩店发现的石器陈列的线索，于 1936 年 5 月 31 日与浙江省立西湖博物馆（今浙江省博物馆）合作，对古荡遗址进行了为期 1 天的试掘，获得石器 6 件、

---

① 　杨永康：《卫聚贤与良渚文化的发现》，《晋阳学刊》2017 年第 2 期。刘斌、张婷：《把名字写在水上：卫聚贤》，《大众考古》2015 年第 5 期。

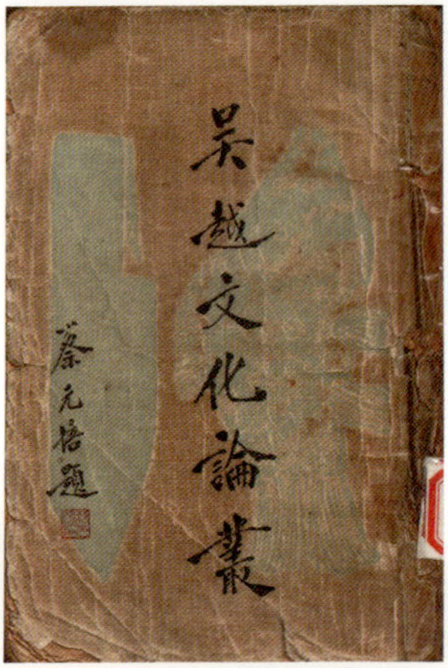

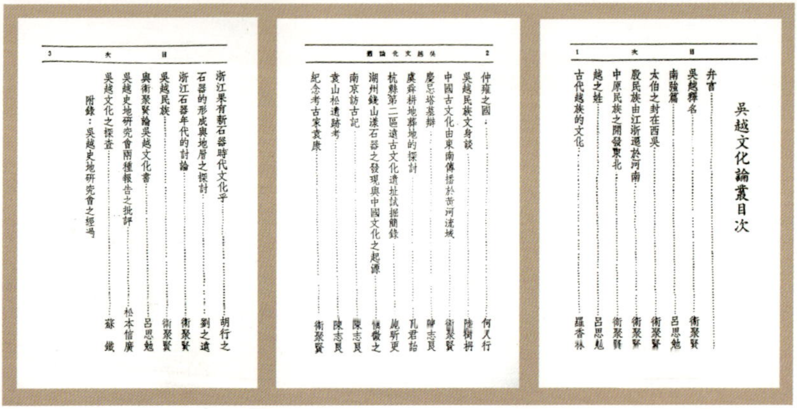

吳越文化論叢目次

图 2-4 《吴越文化论丛》书影（上）
图 2-5 《吴越文化论丛》书目（下）

陶片3片,并由卫聚贤执笔撰写了第一部良渚文化考古发掘报告[1]（图2-6和图2-7）。

　　作为古荡遗址的参与者，施昕更联想到家乡良渚镇便有类似石器的发现，于是次日（6月1日）[2]便到良渚进行了第一次调查；1936年7月又进行了第二次调查，采集了不少石器，并"对于石器遗址的分布地点，得有约略的轮廓"；1936年11月，进行了第三次调查，在棋盘坟一带首次发现了黑陶，受到城子崖的启发，悟到黑陶和石器是共存的。随后施昕更申请了发掘执照，于1936年12月1—10日、12月26—30日和1937年3月8—20日进行了三次小规模发掘。前两次发掘均在棋盘坟，除了获得一批陶器、石器等遗存，还发现红烧土遗迹；第三次发掘时扩大了发掘范围，在荀山、长命桥一带共开试掘坑5处，获得较完整的鼎、豆、壶等陶器10余件、陶片500余件。经过三次调查和三次试掘，共确认12处遗址点，试掘了棋盘坟、横圩里、茅庵前、古京坟、荀山东麓、钟家村6处遗址点，分布范围广泛。1937年，施昕更发表的《杭县第二区远古文化遗址试掘简录》和《浙江远古之黑陶》两文简要介绍了相关收获，

[1]　浙江省立西湖博物馆：《杭州古荡新石器时代遗址之试探报告》，载吴越史地研究会编《吴越文化论丛》第三种，铅印本，1936年。
[2]　卫聚贤：《吴越考古汇志》，《说文月刊》第一卷合订本，重庆说文月刊社，1940年。

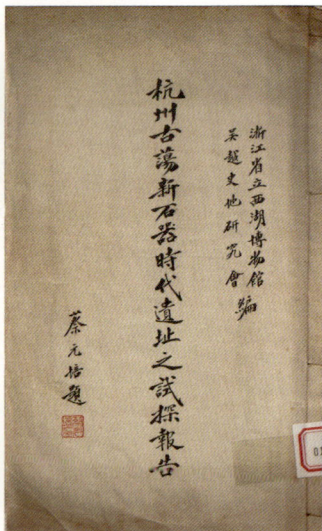

图 2-6　古荡出土文物（上）

图 2-7　古荡发掘场景、报告书影（下）

经过一番周折，早在 1937 年 4 月便已完稿的《良渚——杭县第二区黑陶文化遗址初步报告》最终于 1938 年 8 月出版 [①]（图 2-8），该报告详细介绍了调查和发掘经过、地层情况和出土的遗物，并附有地形图、遗址分布图、地层剖面图，以及陶器、石器等器物的线图和照片（图 2-9），内容丰富而全面。报告将发掘所获的文化层分为下文化层、中文化层、上文化层，年代分别属新石器时代、"石铜兼用时代"和"铜器时代至铁器时代"，其中"玉器墓葬"及玉璧等玉器被归入中文化层，年代或与小屯期相当。良渚一带盗掘盛行，曾出土大量琮、璧、环、瑗、璜等玉器，俗称"安溪土"，报告推测其年代可能属周汉时期。报告认为，良渚发现的文化遗存"是与山东城子崖同一文化系统的产物"，其年代或许晚于城子崖，可能是城子崖人群迁徙留下的遗存。施昕更先生对良渚遗址的调查和发掘，标志着良渚遗址的发现，是长江流域史前考古的重要突破。

1937 年，当时在浙江财政厅工作的何天行也去良渚遗址考察，采集到石钺、陶片等。何天行认为椭圆形黑陶豆盘上的刻画符号是原始的图

[①]　施昕更：《良渚——杭县第二区黑陶文化遗址初步报告》，浙江省教育厅，1938 年。蒋卫东、张炳火：《也谈良渚文化的发现人》，载浙江省社会科学院国际良渚文化研究中心编《良渚文化探秘》，人民出版社，2006 年。

图 2-8 《良渚》书影及施昕更在棋盘坟试掘现场

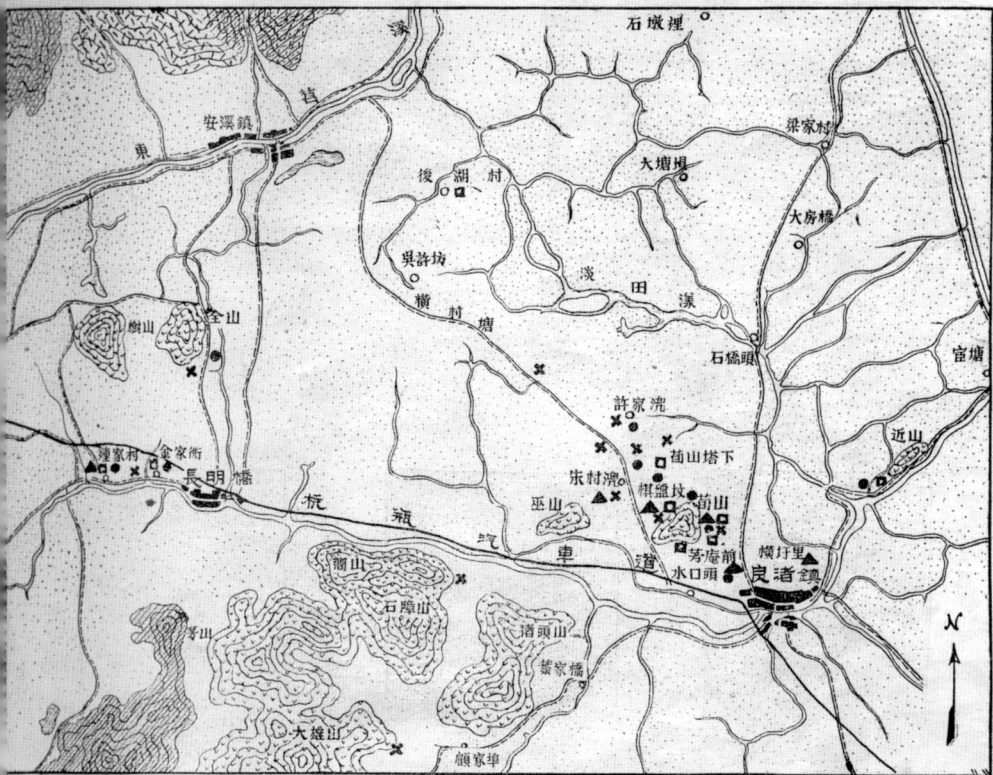

杭縣第二區遺址附近地形及地質略圖

比例尺　　　　1　　2　　3　　4　公里

I 遺址		II 地形		III 地質	
□	玉器墓葬	〇	山嶺	▨	冲積層（近代）
×	印紋陶片	⩘	河流	▨	花崗岩及偉晶岩脈（第三紀）
●	石器	═	道路	⋰	流紋斑岩及凝灰岩等　流紋岩系
▲	黑陶	▫	村鎮	▨	粗面岩及安山岩等　（上白堊紀）
				▨	石英砂岩等　千里崗系（泥盆紀）

插圖二、杭縣第二區遺址附近地形及地質略圖

（a）

049

（b）

图 2-9　施昕更发现的良渚文化遗址点分布及出土的文物

图 2-10　何天行工作照及《杭县良渚镇之石器与黑陶》书影

像文字 ①（图 2-10），并得到卫聚贤的认同 ②。1937 年 6 月，卫聚贤、陈志良等在嘉兴双桥进行试掘，发现石器、黑陶等遗物。作为吴越史地研究会的实际负责人，卫聚贤是江浙沪史前考古调查和试掘的先行者，也是重要的组织者和研究者。1937—1940 年，卫聚贤先后发表了多篇文章和

<hr />

① 　何天行：《杭县良渚镇之石器与黑陶》，吴越史地研究会丛书之一，1937 年。
② 　卫聚贤：《中国最古的文字已发现》，吴越史地研究会丛书之一，1937 年。

图 2-11　梁思永像

著作，对浙江石器的年代、刻画符号进行了初步探讨和研究[①]。

　　1939 年，梁思永（图 2-11）对龙山文化进行了全面的梳理和研究，

①　卫聚贤：《浙江石器年代的讨论》，载吴越史地研究会《吴越文化论丛》，
江苏研究社，1937 年。卫聚贤：《十年来的中国考古学》，载中国文化建设协会《十
年来的中国》，商务印书馆，1937 年。卫聚贤：《中国考古学史》，商务印书馆，
1937 年。卫聚贤：《中国最古的文字已发现》，吴越史地研究会丛书之一，1937 年。
卫聚贤：《校后记》，载施昕更《良渚——杭县第二区黑陶文化遗址初步报告》，
浙江省教育厅，1938 年。卫聚贤：《中国东南沿海发现史前文化遗址的探讨》，《说
文月刊》1940 年第一卷。

形成了这一阶段最具代表性的研究成果。梁思永将龙山文化分为山东沿海区、豫北区、杭州湾区，良渚遗址试掘的 6 处地点为龙山文化杭州湾区的重要代表，但也指出其文化面貌与河南、山东的有显著的区别①。

值得注意的是，何天行、卫聚贤、梁思永等人的多篇文章以英文形式发表，良渚文化从最开初便具有国际化视野。

二 第二阶段（1949—1972 年）

1951 年、1952 年、1953 年和 1958 年华东文物工作队 4 次调查青莲岗遗址，采集到一些陶片、石器等遗物②。1956 年赵青芳据此正式提出青莲岗文化的命名，曾昭燏和尹焕章对青莲岗进行了全面的阐述③，这是江

① 梁思永：《龙山文化——中国文明的史前期之一》，《考古学报》第 7 册，1954 年 9 月。该文英文版发表于 1939 年，此文为译稿。

② 华东文物工作队：《淮安县青莲岗新石器时代遗址调查报告》，《考古学报》第九册，1955 年。南京博物院：《江苏淮安青莲岗古遗址古墓葬清理简报》，《考古通讯》1958 年第 10 期。

③ 赵青芳：《南京市北阴阳营文化遗址发掘的近况》，《江海学刊》1961 年第 12 期。曾昭燏、尹焕章：《古代江苏历史上的两个问题》，《江海学刊》1961 年第 12 期。张敏《青莲岗文化的回顾与反思——兼论考古学文化区与民族文化区的相互关系》，载山东大学东方考古研究中心编《东方考古：第 8 集》，科学出版社，2011 年。

浙地区第一支被命名的考古学文化，打破了当时仰韶文化和龙山文化大一统的局面。但青莲岗文化命名之后，江浙地区的大量各个时期和区域的新石器时代遗址被归入该文化，如北阴阳营、大汶口、刘林、花厅、马家浜、崧泽甚至张陵山等遗址，其文化内涵如同滚雪球般越滚越大，另外因遗址本身并未进行发掘，文化面貌模糊，该文化命名最终被摒弃不用。

新中国成立之后，江浙地区陆续发掘了老和山（1953）[1]、仙蠡墩（1954）[2]、锡山公园（1955）[3]、长坟（1955）[4]、花厅（1952—1953）[5]、陈墓镇（1957）[6]、邱城（1957—1958）[7]、水田畈（1958—1959）[8]等属于良渚文化的遗址。1953 年在双桥也采集了一些石器和陶器[①]，以上遗址除了仙蠡墩、陈墓镇外均属浙江。1956 年和 1958 年浙江省文物管理委员会（后也简称浙江省文管会）对钱山漾遗址的两次发掘也取得了江浙地区史前时期的重要收获，但根据第三、四次发掘的情况，钱山漾遗址的新石器时期文化层主要属于钱山漾文化和广富林文化，未发现良渚文化遗存[②]。随着资料的丰富，江浙沪的考古学家越来越认识到本地区新石

---

① 党华：《嘉兴双桥遗址》，《考古通讯》1955 年第 5 期。

② 浙江省文物管理委员会：《吴兴钱山漾遗址第一、二次发掘报告》，《考古学报》1960 年第 2 期。浙江省文物考古研究所：《钱山漾第三、四次发掘报告》，文物出版社，2014 年。

器时代遗存的特殊性。截至 1955 年，浙江省范围内"在杭州、杭县、崇德、嘉兴、武康、绍兴、汤溪、衢县、永嘉、乐清、瑞安、临海、三门和余姚等 15 县，发现了数十处新石器时代文化遗存"，不过，党华认为浙江新石器时代有两种文化，一种以老和山和崇德北道桥为代表，一种是包含大量印纹陶片的文化①，显然是将一些商周时期的遗址也归入了新石器时代。同时，苏南也发现新石器时代遗址二三十处，同样地，"多数的新石器时代文化遗址中，往往可以分为两层：上层是几何印纹陶；下层是红陶、灰陶和黑陶"，据此，王志敏提出了"杭州湾黑陶文化"的概念②。将印纹陶遗存归入新石器时代似是当时较为流行的一种观点③。直到后来湖熟文化和马桥文化的命名，以印纹陶为代表的遗存才逐渐从新石

① 党华：《二年来浙江发现的新石器时代遗址和遗物》，《文物参考资料》1955 年第 8 期。

② 王志敏：《江苏省南部新石器时代文化》，《考古通讯》1955 年第 1 期。

③ 尹达：《论我国新石器时代的研究工作》，《考古通讯》1955 年第 2 期。南京博物院：《江苏丹徒葛村新石器时代遗址探掘记》，《考古通讯》1957 年第 5 期。尹焕章：《关于东南地区几何印纹陶时代的初步探测》，《考古学报》1958 年第 1 期。梁钊韬：《我国东南沿海新石器时代文化的分布和年代探讨》，《考古》1959 年第 9 期。

器时代中剥离出去 [①]。

　　老和山遗址（图 2-12）即 1936 年试掘的古荡遗址，良渚文化遗存分布于北区，面积为 25000 平方米，华东文物工作队在此清理了 3500 平方米，南区未见文化堆积，在历史时期墓葬填土中出土有新石器时代遗物。参与 1953 年老和山遗址发掘的人员来自南京博物院、浙江博物馆和浙江省文物管理委员会。这是良渚文化遗址的第一次大规模发掘。《杭州老和山遗址 1953 年第一次的发掘》中提出老和山遗址年代晚于以青莲岗、花厅、北阴阳营下层为代表的遗存，而早于以湖熟、锁金村、北阴阳营上层、葛村为代表的遗存，"是一种具有地区特点的新石器时代文化"。

　　良渚镇西北部的朱村兜村民在长坟挖水塘时发现并采集了大量黑陶，浙江省文管会会同浙江省博物馆对遗址试掘了 16 平方米，发掘和采集了大量陶器，完整和可复原器物有 200 多件，部分器物歪斜变形，这是新中国成立以后良渚遗址范围内的第一次考古工作。长坟的发掘晚于

------

① 曾昭燏、尹焕章：《试论湖熟文化》，《考古学报》1959 年第 4 期。上海市文物保管委员会：《上海马桥遗址第一、二次发掘》，《考古学报》1978 年第 1 期。蒋赞初：《关于长江下游地区的几何印纹陶问题》，载文物编辑委员会编《文物集刊 3》，文物出版社，1981 年。

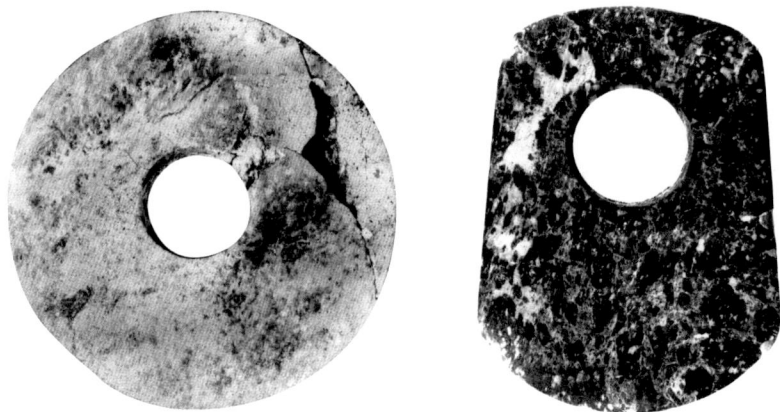

图 2-12　老和山遗址外景及出土玉璧、石钺

图 2-13 邱城遗址发掘场景及邱城考古队合影

老和山，不过其简讯更早发表，当时沿袭了之前的观点，认为良渚文化是在龙山文化影响之下形成的。

浙江省文物管理委员会对邱城遗址发掘了 414.4 平方米（图 2-13），发现了以红陶和粗厚石锛为代表的下文化层（马家浜时期）、以黑陶和石犁为代表的中文化层（崧泽至良渚时期）、以印纹陶釉陶和有段石锛为代表的上文化层（商周时期）。在中文化层中清理陶器群或灰坑 2 个（其中 H2 有发表陶器线图，属良渚晚期）、墓葬 9 座（M3 ～ M11，属崧泽晚期），这些墓葬清理出明确的墓坑，同时还清理了马家浜时期的房址、灰坑、水沟、墓葬等遗迹。

　　浙江省文物管理委员会联合杭州大学历史系在水田畈遗址发掘了 270 平方米，其中第四层"不出印纹陶、釉陶"，应属崧泽晚期至良渚时期，并清理了水沟、柱洞、火坑、墓葬（3 座）等遗迹，报告认为 3 座墓葬年代可能是春秋之际，不过根据文字描述来看应属良渚文化，其中 T2M3 墓葬清理出墓坑形状，发现凹弧独木棺，出土玉管、玉佩。

　　邱城、水田畈遗址的考古工作代表了 20 世纪 50 年代长江下游地区史前遗址发掘、遗迹清理和考古认识的最高水平。水田畈、钱山漾大量动植物遗存的发现也引起了研究的热潮①。江浙一带的玉器也得到学者的关注。陈左夫发表了第一篇有关良渚玉器的文章，文章论述了在浙江采集的各类玉器，指出"是不是可以推到周以前，这还有待从地下继续发现来证实或否定"②。

----

① 杨鼎新：《杭州水田畈史前"瓜子"的鉴定》，《考古》1987 年第 3 期。浙江省文物管理委员会：《吴兴钱山漾遗址第一、二次发掘报告》，《考古学报》1960 年第 2 期。
② 陈左夫：《良渚古玉探讨》，《考古通讯》1957 年第 2 期。

尽管良渚黑陶在"外形和纹饰上，与龙山文化体系的黑陶有许多共同点，但不能认为就是龙山文化体系的黑陶"，而是吸收了龙山文化等的陶器工艺[①]。

1959 年，蒋赞初提出将钱塘江和太湖流域以良渚为代表的一类遗址命名为浙江龙山文化，指出这类遗存"有不少特点是与青莲岗文化相近的，但是它更接近于山东典型的龙山文化"[②]。根据这些发现，夏鼐先生（图 2-14）于 1959 年 12 月 26 日正式提出了良渚文化的命名，但其观点明显受到梁思永的影响，认为"太湖沿岸和杭州湾的良渚文化，是受了龙山文化影响的一种晚期文化"[③]。良渚文化是长江下游地区第一支得到学术界公认的考古学文化。大致同时，长江中游的屈家岭文化也被命名了。

1959 年之后，环太湖地区的史前遗址多有发现，据统计，"苏南太湖地区经复查确定为新石器遗址的有 46 处，其中 15 处，是 1959 年以前发现的，最近我们在这里进行区域性调查，又发现 31 处"，尹焕章将

① 朱江:《关于江苏南部新石器时代陶器性质问题》,《考古通讯》1957 年第 5 期。
② 蒋赞初:《关于江苏的原始文化遗址》,《考古学报》1959 年第 4 期。
③ 夏鼐:《长江流域考古问题——1959 年 12 月 26 日在长办文物考古队队长会议上的讲话》,《考古》1960 年第 2 期。

图 2-14　夏鼐像

这些遗址归入青莲岗文化、良渚文化、湖熟文化，其中良渚文化遗址共 25 处，但他错误地认为良渚文化相当于中原殷商时期，与湖熟文化相当或稍早 [①]。1959 年以后，也有部分遗址进行了发掘，如在江苏发掘了梅堰（1959）[9]、荣庄（1959）[10]、越城（1960）[11]、太岗寺（1960）[12]，在上海发掘了马桥（1960、1966）[13]、广富林（1961）[14]、戚家墩（1963、1964）[15]、寺前村（1966）[16]，在浙江发掘了苏家村（1963）[17] 等遗址，丰富了我们对良渚文化内涵的认识。1960 年发掘的许巷当时也被归入良渚文化，不

----

① 尹焕章、张正祥：《对江苏太湖地区新石器文化的一些认识》，《考古》1962 年第 3 期。

过从简报介绍来看，其内涵属崧泽文化 [1]。

同时，浙江省文物管理委员会对马家浜发掘了 213 平方米，清理了建筑遗迹 2 处、灰坑 3 个、墓葬 30 座（"都没有发现墓圹"），"与邱城的下层有着相互的关系……与邱城、桐乡罗家角和海宁彭城遗址等，均属于同一文化系统" [2]。1960 年上海市文物保管委员会发掘了崧泽遗址，发现上文化层（"春秋战国时代"）、中文化层（年代接近邱城中层、刘林下层，"属于新石器时代晚期"）、下文化层（年代与青莲岗、马家浜、邱城和梅堰下层接近，"是江浙一带时代比较早的新石器时代文化"）3 个文化层，简报按分型分式对出土遗物进行了全面介绍 [3]。这些遗址的发掘揭示出了一种比良渚文化更早的文化遗存，但与江苏不同的是，浙江和上海的考古工作者并不赞同将这类遗存归入青莲岗文化，这些发现和认识为马家浜文化的命名奠定了基础。

江苏省文物工作队在吴江梅堰遗址发掘了 143 平方米，其中第 4 层为上文化层，"应属良渚文化"，从出土遗物来看，实际上既有良渚文化

① 江苏省文物工作队：《江苏无锡许巷新石器时代遗址》，《考古》1961 年第 8 期。
② 浙江省文物管理委员会：《浙江嘉兴马家浜新石器时代遗址的发掘》，《考古》1961 年第 7 期。
③ 上海市文物保管委员会：《上海市青浦县崧泽遗址的试掘》，《考古学报》1962 年第 2 期。

遗物也有崧泽文化遗物，第6层为下文化层，属马家浜时期，简报中遗物均未介绍出土单位。

江苏省文物工作队在苏州越城发掘了98平方米，简报发表于1982年，指出遗址中发现上文化层（春秋时代）、中文化层（良渚文化）、下文化层（马家浜文化）3个文化层，不过，从发布资料来看，中文化层中也包括了部分崧泽文化墓葬。

上海市文物保管委员会1960年和1966年在马桥遗址两次发掘了共2589平方米，简报于1978年发表，指出第5层属良渚文化，清理了良渚文化时期的建筑遗迹、蛤壳坑和墓葬等遗迹，其中墓葬共10座，"未发现墓坑，都是在平地上堆土掩埋"，并首次揭露了墓葬和居住区的位置关系——"居住区在东，墓地在西"。

上海市文物保管委员会在广富林遗址试掘了73平方米，清理灰坑1个、墓葬2座，墓葬未清理出墓坑，简报将遗物进行了分式（但从简报内容可知，这里所谓的分式其实表示的是分型，并不代表年代先后和形态演变），推测遗址的年代可能是新石器时代晚期，"与浙江良渚遗址出土的相比，实属同一系统，可以说……是一典型的良渚文化"，年代晚于崧泽中层。

浙江省文物管理委员会在安溪苏家村遗址发掘了300多平方米，发

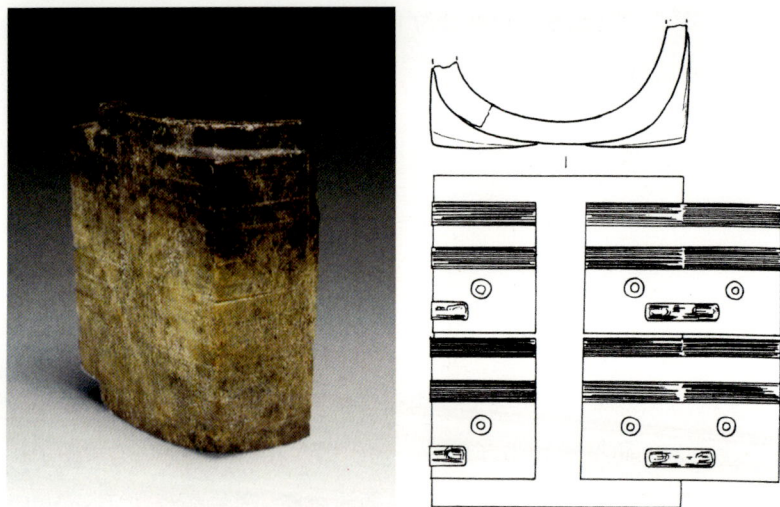

图 2-15　苏家村玉琮照片及线图

现了良渚文化的堆积，并出土了一件残存一半的玉琮（当时被认为是西周之器，图 2-15），简报未发表。

　　崧泽、广富林发掘报告对出土遗物初步按分式进行了介绍，这在长江下游的考古实践中还是首次，为之后发掘简报和报告的编写提供了很好的示范。

三　第三阶段（1972—1986 年）

　　1972 年以后，中国的考古工作逐渐恢复，大量新的新石器时代遗址被发掘，同时还陆续公布了一批碳 –14 测定的年代数据，新石器时代的文化序列日渐清晰。在江浙沪考古工作者的努力下，人们对良渚文化的年代、内涵也有了更清楚的认识。

　　1977 年，夏鼐根据 7 个标本（钱山漾的 4 个标本以及安溪、雀幕桥、亭林各 1 个标本）的测年数据，以钱山漾的公元前 3310 ± 135 年作为上限，以亭林的公元前 2250 ± 145 年作为下限，将良渚文化的绝对年代定为公元前 3300—2250 年，"相当于黄河流域的河南龙山文化和山东龙山文化，而开始的时代则要较早"[①]，后来公布的张陵山等遗址的测年数据，基本不出夏鼐框定的这一年代范围。

　　此阶段环太湖流域马家浜文化、崧泽文化、良渚文化这一史前文化序列基本确立，为我们认识良渚文化提供了新的时空坐标。马家浜文化最早由吴汝祚于 1975 年提出，他认为太湖地区的文化序列依次为马家浜

---

① 　夏鼐：《碳 –14 测定年代和中国史前考古学》，《考古》1977 年第 4 期。

文化、崧泽中层类型、良渚文化[1]。1977 年，夏鼐提出了将所谓的青莲岗文化江南类型和江北类型分别命名为马家浜文化和大汶口文化，其中马家浜文化的绝对年代为公元前 4750—3700 年，"相当于中原的仰韶文化"，但包括了之后命名的崧泽文化[2]，这一观点得到牟永抗、魏正瑾的认同[3]。1979 年，汪遵国和黄宣佩将崧泽中层为代表的遗存单独命名为崧泽文化[4]。夏鼐还指出湖熟文化和金山查山的"印纹陶早期遗存"（后来命名为马桥文化）年代相当于殷商至西周[5]。

苏秉琦先生在长江下游新石器时代文化学术讨论会上第一次提出了考古学文化区系类型的理论。他把长江下游分成了微山湖—洪泽湖以西的苏鲁豫皖四省相邻的地区、以南京为中心的宁镇地区和太湖—钱塘江

---

[1] 吴汝祚：《从钱山漾等原始文化遗址看社会分工和私有制的产生》，《考古》1975 年第 5 期。

[2] 夏鼐：《碳 –14 测定年代和中国史前考古学》，《考古》1977 年第 4 期。

[3] 牟永抗、魏正瑾：《马家浜文化和良渚文化——太湖流域原始文化的分期问题》，《文物》1978 年第 4 期。

[4] 汪遵国：《太湖地区原始文化的分析》，载中国考古学会编《中国考古学会第一次年会论文集（1979）》，文物出版社，1980 年；黄宣佩：《关于良渚文化若干问题的认识》，载中国考古学会编《中国考古学会第一次年会论文集（1979）》，文物出版社，1980 年。

[5] 夏鼐：《碳 –14 测定年代和中国史前考古学》，《考古》1977 年第 4 期。

图 2-16　苏秉琦在浙江省文物考古研究所吴家埠工作站

地区（图 2-16）[1]。

　　江浙沪的考古工作者进行了更多的良渚遗址发掘，如江苏的草鞋山（1972 -1973、1973）[18]、澄湖（1974）[19]、昝庙（1975、1979）[20]、张陵山（1977、1982、1984）[21]、寺墩（1978、1979、1982 年）[22]、青墩（1978—1979）[23]、璜塘绛（1979）[24]、磨盘墩（1980）[25]、城头山（1981、1983）[26]、绰墩（1982）[27]、王家山（1983）[28]、少卿山（1984）[29]、徐家湾（1985）[30]，

① 　苏秉琦：《略谈我国东南沿海地区的新石器时代考古——在长江下游新石器时代文化学术讨论会上的一次发言提纲》，《文物》1978 年第 3 期。苏秉琦、殷玮璋：《关于考古学文化的区系类型问题》，《文物》1981 年第 5 期。

上海的亭林（1972、1973—1975）[31]、果园村（1973）[32]、汤庙村（1980—1982）[33]、福泉山（1982—1983）[34]、金山坟（1985）[35]，浙江的雀幕桥（1972）[36]、花城（1975—1976）、千金角（1978）、徐步桥（1978）、盛家埭（1978）[37]、唐家墩（1979）[38]、平丘墩（1980—1981）、吴家埠（1981）[39]、高地（1982）[40]、蜀山（1982）[41]、新港（1982）[42]、河口埭（1984）、水口头（1984）、莫家里（1984）、唐家头（1984）[①43]、荀山东坡（1985）[44]、三官墩（1986）[45]、辉山（1986）[46]。

1973 年，发现了草鞋山 M198 中琮、璧、钺与良渚文化陶器共存，从而首次确认了良渚文化玉礼器的存在（图 2-17 和图 2-18）。

在继江苏草鞋山发掘之后，1977 年又在张陵山发掘到了随葬琮、璧等的良渚文化大型墓葬，从而引起了学术界对良渚玉器的关注。

寺墩遗址很早就出土玉器、陶器等遗物。1973 年，在寺墩土墩以东出土玉琮、玉璧 30 余件。1976 年，在土墩北部出土崧泽至良渚文化的陶器二三十件。1978 年，在屯灌站北农田中出玉琮、玉璧三组共 20 余件，遂于 1978 年和 1979 年对其进行了两次试掘，试掘面积为 425 平方米，

---

① 1984 年春，为配合 104 国道勾庄—良渚段的拓宽工程，对河口埭、水口头、莫家里、唐家头 4 处地点进行了试掘，均发现良渚文化遗存

T820M1　　　　　　　　T203M198

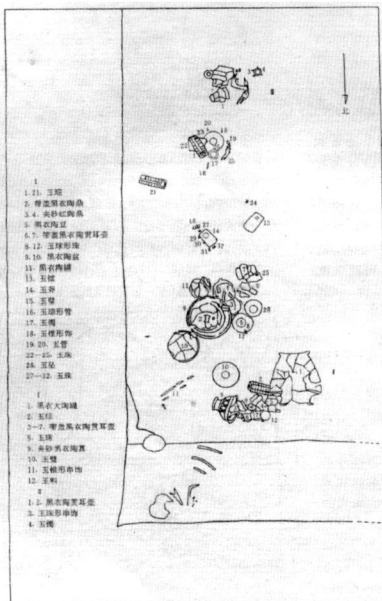

图 2-17　草鞋山发掘场景及 M198 平面图

图 2-18　M198 出土玉璧和玉琮

清理崧泽文化墓葬 1 座（M2）、良渚文化墓葬 1 座（M1）、良渚文化灰坑 2 个，发现崧泽文化和良渚文化的地层堆积。1979 年土墩以东的庄桥村农民建房取土时挖出玉琮 1 件、玉璧 4 件。1980 年调查初步确定土墩以东分布有面积较大、等级较高的良渚晚期墓地，并于 1982 年在土墩以东进行了较大规模发掘，发掘面积为 800 平方米，清理 2 座良渚晚期大墓(M3 和 M4)，其中 M3 是迄今为止发现的良渚晚期最高等级的墓葬。

随后的 1982 年和 1983 年，上海市文物管理委员会在上海青浦福泉山遗址的发掘中，也发现了随葬大量玉器的良渚大墓。而且在对墓地的解剖中认识到，这一突兀的土山，竟是专门为埋葬这些墓主人由人工堆筑营建而成的"土筑金字塔"[①]。这一认识上的突破，不仅为探讨良渚大墓的特点、性质提供了新的材料，而且也为日后许多的发现提供了经验和启发。1979年在土墩周边试掘了130平方米。1982年在土墩顶部发掘了305平方米。1983—1984年再次进行了发掘，揭露面积为1000平方米。1986—1988年进行第三次发掘，发掘面积为800平方米。历次发掘总面积为2235平方米，总共清理崧泽文化建筑遗迹1处、墓葬19座，良渚文化墓葬30座。良渚文化墓葬的随葬品多寡不一，部分墓葬无随葬品或随葬品极少，部分墓葬随葬品多达百件以上，包括随葬品分别多达119、120、128、171件的M9、M40、M65、M74，另外，M101随葬品共95件。

1979年浙江省文物考古研究所正式成立，浙北地区的史前遗址尤其是良渚文化遗址的考古发掘成了本所考古工作的重要内容，1978—1986年，陆续发掘了浙北7处遗址（海宁千金角、徐步桥、三官墩，平湖平丘墩，余杭吴家埠，嘉兴雀幕桥，德清辉山），清理了80余座良渚文化

[①] 上海市文物管理委员会：《福泉山——新石器时代遗址发掘报告》，文物出版社，2000年。

墓葬，为研究良渚文化自身的发展分期和文化内涵提供了丰富的资料[①]。其中在吴家埠进行了良渚遗址群内第一次较大规模的考古发掘，并且证明在遗址群范围内除良渚文化遗址外，还有更早的马家浜文化与崧泽文化的遗址存在。随即浙江省的第一个考古工作站——吴家埠工作站建立，为良渚一带长期的考古发掘和保护工作创造了良好的条件。1981 年底至1982 年初，浙江省文物考古研究所组队对良渚遗址群及周边地区进行了有目的的考古调查，在遗址群内新发现史前遗址 20 余处，并且在余杭勾庄乡和德清三合乡也发现了数处良渚文化遗址，从而对良渚遗址群内遗址的分布情况有了最基本的了解。此后不久又一次对良渚遗址群的良渚、长命和安溪三个乡进行了专题调查，在朱村兜的西北部和荀山东部都发现了新的遗址。1984 年浙江省文物考古研究所为配合 104 国道拓宽工程又进行了专项调查。

草鞋山、张陵山、寺墩、福泉山等随葬大量玉礼器的良渚文化大墓，开启了长江下游文明化研究的新篇章，良渚文化的内涵也越来越丰富。

[①] 浙江省文物考古研究所：《浙江北部地区良渚文化墓葬的发掘(1978—1986)》，载浙江省文物考古研究所编《浙江省文物考古研究所学刊：建所十周年纪念（1980—1990）》，科学出版社，1993 年。浙江省文物考古研究所：《余杭吴家埠新石器时代遗址》，载浙江省文物考古研究所编《浙江省文物考古研究所学刊：建所十周年纪念（1980—1990）》，科学出版社，1993 年。

1977 年后到 1986 年，"良渚文化的研究在近十年中，取得了突破性的发展，把良渚文化社会性质的探讨，提高到了讨论其是否进入文明时代的高度，认识这一文明的发生和模式，以及在中华民族共同体中的贡献，成为良渚文化当前探索的焦点"[①]。

四 第四阶段（1986—2006 年）

1986 年以来浙江省文物考古研究所相继发掘了反山、瑶山、莫角山、汇观山、塘山等重要遗址，发现了良渚文化最高等级的墓地，同时在大范围调查的基础上，提出良渚遗址群的命名[②]，在聚落考古上取得了重大突破，使人们认识到良渚遗址是良渚文化最重要的中心聚落。根据广富林 1999—2000 年的发掘[③] 和钱山漾 2004—2005 年第三次发掘

....

① 牟永抗、刘斌：《论良渚》，油印本，1986 年，收入牟永抗《牟永抗考古学文集》，科学出版社，2009 年。

② 王明达：《"良渚"遗址群概述》，载余杭县政协文史资料委员会编《良渚文化》，1987 年。

③ 上海博物馆考古研究部：《上海松江区广富林遗址 1999—2000 年发掘简报》，《考古》2002 年第 10 期；上海博物馆考古研究部：《上海松江区广富林遗址 2001—2005 年发掘简报》，《考古》2008 年第 8 期。

的成果①,分别确立了广富林文化②和钱山漾文化③的命名,填补了良渚文化和马桥文化之间的空白。这一阶段,金衢地区和宁绍地区也发掘了若干良渚文化遗址,使良渚文化的分布范围大为扩展。

在此阶段,浙江余杭的考古工作开展得最多,取得的成果也最多,成为良渚文化考古和研究的引领者,发掘的遗址有余杭的反山(1986)[47]、瑶山(1987、1996—1998)[48]、莫角山(1987、1992—1993)[49]、卢村(1988、

---

① 丁品等:《湖州钱山漾遗址第三次发掘取得重要收获》,《中国文物报》2005年8月5日。丁品:《浙江湖州钱山漾遗址第三次发掘带来的新思考》,《南方文物》2006年第4期。

② 上海博物馆考古研究部:《上海松江区广富林遗址1999—2000年发掘简报》,《考古》2002年第10期。广富林考古队:《广富林遗存的发现与思考》,《中国文物报》2000年9月13日第三版。宋建:《王油坊类型与广富林遗存》,载河南省文物考古研究所编《华夏文明的形成与发展》,大象出版社,2003年。宋建:《从广富林遗存看环太湖地区早期文明的衰变》,载上海博物馆编《长江下游地区文明化进程学术研讨会论文集》,上海书画出版社,2004年。宋建:《环太湖地区新石器时代末期考古学研究的新进展》,《南方文物》2006年第4期。

③ 丁品:《钱山漾遗址第三次发掘与"钱山漾类型文化遗存"》,载浙江省文物考古研究所编《浙江省文物考古研究所学刊:纪念良渚遗址发现七十周年学术研讨会文集(第八辑)》,科学出版社,2006年。丁品:《浙江湖州钱山漾遗址第三次发掘带来的新思考》,《南方文物》2006年第4期。张忠培:《解惑与求真》,《南方文物》2006年第4期。

1990）[50]、庙前（1988—1990、1992—1993、1999—2000）[51]、姚家墩（1988、1998—1999、2002）[52]、钵衣山（1989、2000）[53]、汇观山（1991、1999）[54]、上口山（1991）[55]、马家坟（1992）[56]、茅庵里（1992）[57]、梅园里（1992—1993）[58]、横山（1993）[59]、塘山（1996—1997、2002）[60]、蜜蜂弄（2000）[61]、文家山（2000—2001）[62]、仲家山（2001）[63]、凤山（2002）[64]、卞家山（2002—2005）[65]、后头山（2004）[66]、三亩里（2004）[67]、小古城（2004）[68]、石马兜（2004—2005）[69]、横圩里（2005）[70]、后杨村（2006）[71]。同时对花园里（1992、1994）、钟家村（1988、1996）、金鸡山（1991）、严家桥（1996、2000）、毛竹山（1998）、黄路头（1998）、苏家村（1998）、馒头山（1998）、凤凰山脚（1998）、朱村坟（1998）、沈家村（1998）、庙家山（1998）、高北山（1998—1999）、石前圩（1998—2000）、葛家村（1999）、王家庄（1999）、马金口（1999）、小马山（1999）、南边坟（1999）、金地（1999）、阿太坟（1999）、姚坟（1999）、巫山（1999）、棋盘坟（1999）、野猫山（1999）、西头山（1999）、扁担山（1999）、杜山（2000）、官庄（2000、2002）、天打网（2001）、新高田（2002）等遗址进行了小面积试掘[①]。

　　浙北的其他地区如嘉兴、湖州地区的良渚文化考古也取得大量成

---

① 大部分试掘情况介绍可参见浙江省文物考古研究所：《良渚遗址群》，文物出版社，2005年。

果。在此阶段发掘的遗址有坟桥港（1988）、邬家岭（1988）[72]、荷叶地（1988）[73]、大坟（1989）[74]、达泽庙（1990）[75]、大往（1986、1991）[76]、大坟墩（1993）[77]、王坟（1994）[78]、佘墩庙（1995）[79]、普安桥（1995—1998）[80]、章家浜（1995—1996）、徐家浜（1995—1996）[81]、雀幕桥（1995、2000）[82]、叭喇浜（1996）[83]、金家浜（1996）[84]、窑墩（1996）[85]、南河浜（1996）[86]、安乐（1996、2001）[①][87]、龙潭港（1997）[88]、周家浜（1999）[89]、高墩（1999）[90]、倭坟墩（1999）[91]、昆山（2000、2004—2005）[92]、石圹头（2000）[93]、高墩坟（2001—2002）[94]、新地里（2001—2002）[95]、戴墓墩（2001）[96]、金石墩（2002）[97]、仙坛庙（2002—2004）[98]、杨家角（2002—2003）[99]、董家桥（2003）[100]、庄桥坟（2003—2004）[101]、塔地（2004）[102]、图泽（2004—2005）[103]、姚家山（2004—2005）[104]、东八角漾（2004—2005）[105]、芝里（2005—2006）[106]、江家山（2005—2006）[107]、徐家桥（2005）、九虎庙（2005）[108]、莲花（2006）[109]。

浙南的良渚文化考古也取得重要突破，使良渚文化的分布范围向南大为扩展。在此阶段发掘的遗址有慈湖（1986、1988）[110]、北仑沙溪（1987、1994、1997）[111]、建德久山湖（1989）[112]、奉化名山后（1989）[113]、象山塔山（1990、1993、2007）[114]、小东门（1992）[115]、大麦凸（1993）[116]、鲻山（1996）[117]、金山（1999）[118]、楼家桥（1999—2000）[119]、茅草山（2001）[120]、楼家桥（1999—

① 安乐遗址进行过三次发掘，仅第二次发掘时清理 2 座早期墓葬。

2000）[121]、蚕塘山背（2000—2001）[122]、三酒坛（2004）[123]。

江苏省主要发掘了花厅（1987、1989）[124]、许庄（1987）[125]、墩头山（1988）[126]、西沟居（1988—1990）[127]、朝墩头（1989）[128]、赵陵山（1990、1991、1995）[129]、寺墩（1993—1994、1994—1995）[130]、龙南（1987—1988、1988—1989、1991、1997）[131]、罗墩（1993—1994）[132]、三城巷（1993、2002）[133]、陆庄（1995）[134]、开庄（1995）[135]、少卿山（1997）[136]、丁沙地（1998）[137]、绰墩（1998—2004）[138]、东园（1998—1999）[139]、高城墩（1999—2000）[140]、郭新河（1999）[141]、骆驼墩（2001—2002）[142]、独墅湖（2001）[143]、澄湖（2003）[144]、维新（2003）[145]、同里（2003—2004）[146]、邱承墩（2005）[147]、东岗头（2005）[148]、东湖林语（2006）[149]等遗址。

上海市主要发掘了亭林（1988、1990）[150]、姚家圈（1989）[151]①、寺前（1990—1991）[152]、马桥（1993—1997）[153]、江海（1996）[154]、广富林（1999—2000、2001—2005）[155]等遗址。

安徽省发掘了烟墩山（2004）[156]等遗址。

---

① 该遗址的良渚文化遗存实际上属崧泽晚期。

　　1986 年，浙江省文物考古研究所发掘了反山遗址（图 2-19 和图 2-20），清理良渚文化高等级墓葬 11 座，出土数千件精美玉器，震惊了考古学界。同年王明达首次提出"良渚遗址群"的概念，指出在三四十平方千米范围内已发现四五十处遗址 ①。1987 年，浙江省文物考古研究所对瑶山（图 2-21）进行了抢救性发掘，共清理良渚文化高等级大墓 11 座，出土玉器数千件，并发现良渚文化的祭坛遗迹。

　　发掘反山之后，浙江省文物考古研究所投入了更多的考古力量持续进行考古工作，遗址数量增加到 54 处 ②，使良渚遗址群（图 2-22）的面积扩大为 33.8 平方千米。1998—1999 年和 2002 年两次进行了拉网式的详细调查，共确认遗址 135 处，良渚遗址的范围也由此扩大为 42 平方千米 ③。学术界普遍认为，这一时期良渚遗址已经处于甚至迈入文明的门槛 ④。

....

① 　王明达：《"良渚"遗址群概述》，载余杭县政协文史资料委员会编《良渚文化》，余杭人民印刷厂，1987 年。

② 　费国平：《浙江余杭良渚文化遗址群考察报告》，《东南文化》1995 年第 2 期。

③ 　浙江省文物考古研究所：《良渚遗址群》，文物出版社，2005 年。

④ 　《考古》编辑部：《中国文明起源研讨会纪要》，《考古》1992 年第 6 期。
石兴邦：《良渚文化研究的过去、现状和展望——纪念良渚文化发现六十周年国际学术讨论会小结》，载浙江省文物考古研究所编《良渚文化研究》，科学出版社，1999 年。

图 2-19　反山秋季发掘场景及墓葬平面分布

图 2-20　反山发掘同仁在现场讨论遗迹现象

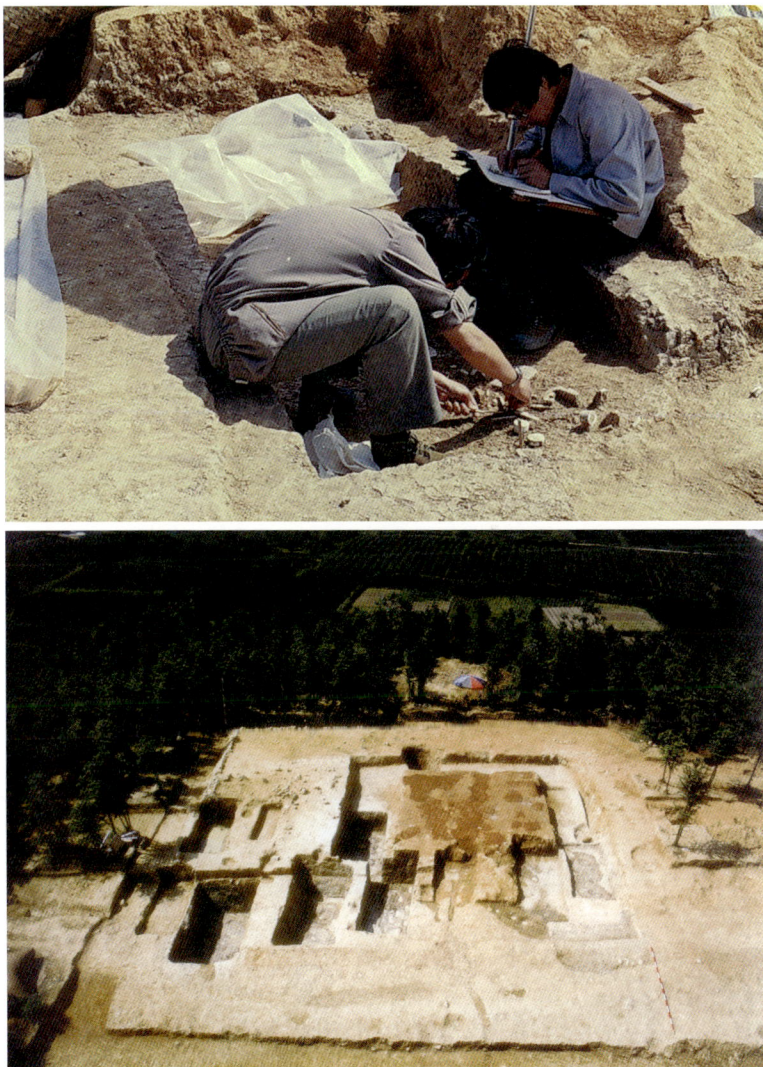

图 2-21　瑶山发掘场景及墓葬平面分布

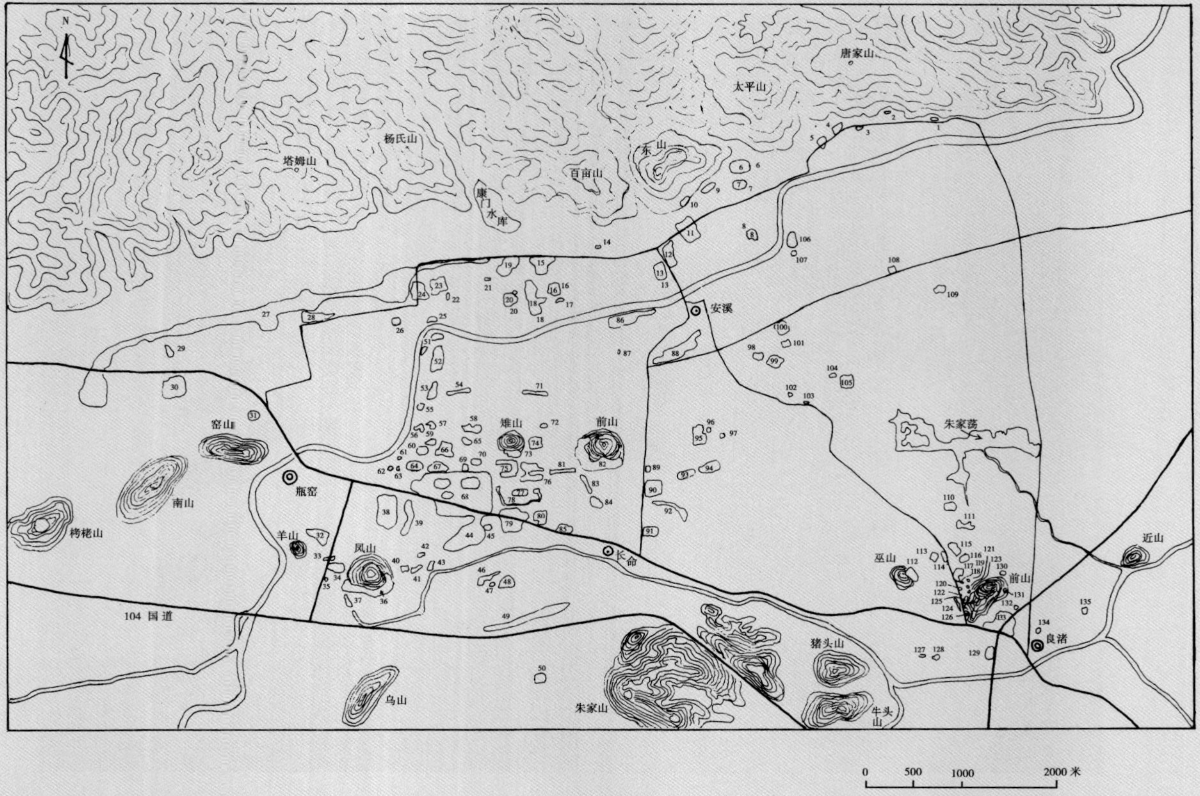

图 2-22 良渚遗址群（图中数字为遗址序号）

1987 年冬，浙江省文物考古研究所对莫角山遗址的东南部进行了发掘，确立了莫角山这座东西长约 670 米、南北宽约 450 米的土台，是良渚时期由人工修筑而成的，东南角的堆积厚度达 10 米以上。1992—1993 年在莫角山的中部发掘了 1400 平方米，认识到在莫角山上存在着以沙和泥分层夯筑的大规模建筑基址以及柱洞和积石沟埂等遗迹。

亭林遗址在 1972—1975 年发掘时清理良渚文化墓葬 1 座，1984 年农民挖土时又发现 1 座，1988 年和 1990 年进行了两次发掘，发掘面积为 968 平方米，清理良渚晚期墓葬 23 座，其中 M16 等级最高，出土玉琮 1 件、玉璧 3 件、琮式管 1 件，随葬品共 80 件，墓葬多随葬石镰、耘田器、石犁等石器。

赵陵山 1990 年、1991 年、1995 年二次发掘总面积约为 1215 平方米，清理崧泽至良渚时期墓葬 90 座、灰坑 34 个、土台（报告称为祭台）1 座、红烧土堆积 3 处。

1991 年，对瓶窑汇观山遗址进行了抢救性发掘，发掘面积为 1600 多平方米。清理良渚文化的高等级墓葬 4 座及良渚文化的祭坛 1 座。

1993 年底至 1994 年初及 1994 年底至 1995 年初，对寺墩进行了第四、第五次发掘，发掘区位于寺墩东侧，两次发掘面积共计 1022 平方米，清理良渚文化灰坑 5 个、灰沟 2 条，最重要的收获是良渚文化大墓 1 座，编号 M5[1]。

1996 年底至 1997 年，对良渚遗址群北部的塘山遗址进行了调查和试掘，初步确认塘山为人工营建的、东西约 5 千米、宽 20～50 米、高 3～7 米的遗址，其上发现了与制玉有关的遗存，并清理良渚文化贵族墓葬 2 座。2002 年上半年发掘了良渚塘山遗址，发掘面积为 458 平方米。此次发掘获得了用于加工玉器的石制工具 400 余件、玉质残件及玉料 100 余件，在 1997 年试掘的基础上，进一步确认了塘山金村段上应存在良渚晚期的制玉作坊。

1999—2000 年，对高城墩残存土墩进行了抢救性发掘，发掘面积为 1100 平方米，发现崧泽文化灰坑 1 个、良渚文化高台墓地 1 处，高台墓地上共清理土台 1 座、墓葬 14 座。

2000—2001 年，为配合基建，对瓶窑文家山遗址、杜山遗址及仲家山遗址进行了抢救性发掘，发掘面积共计约 1300 平方米。在文家山遗址发现良渚文化大中型墓葬 18 座；在仲家山遗址发现良渚文化墓葬 4 座，

---

[1] 江苏省寺墩考古队：《江苏武进寺墩遗址第四、第五次发掘》，载徐湖平主编《东方文明之光——良渚文化发现 60 周年纪念文集》，海南国际新闻出版中心，1996 年。

出土了大量的玉器、石器和陶器。

2006 年因农民建房发现墓葬,对安溪后杨村遗址进行了抢救性发掘,发掘面积为 470 平方米,清理良渚晚期贵族墓葬 9 座,出土了大量良渚文化遗物,其中有玉琮、玉璧、冠状器等玉礼器。

2003—2005 年,对邱承墩进行发掘,发掘面积为 2015 平方米,发现马家浜时期、崧泽时期和良渚时期的遗存。良渚时期,良渚人在原有的 2 座土台上再次堆高形成一处东西长 45 米、南北宽 24 米的更大型的高土台,其上清理了 11 座打破高土台的良渚文化墓葬。其中包括 M3、M5、M11 3 座贵族大墓。在良渚晚期阶段,邱承墩 M5 等级与福泉山吴家场类似,仅次于寺墩 M3。

五　第五阶段（2006 年至今）

2006 年,在瓶窑葡萄畈遗址进行抢救性发掘时发现一条良渚时期的南北向河道,河道内有较厚的良渚文化晚期堆积。经过对河东岸高地做局部解剖,发现这一高地完全由人工堆筑而成,堆筑厚度近 4 米,而且最底部铺垫有石块（图 2-23）。以此为契机,2007 年经过大规模勘探和试掘,确认了四面围合的城墙（图 2-24）,当时初步估算良渚古城的范围东西约 1700 米、南北约 1900 米,总面积为 300 多万平方米。城墙底部宽度多在 40 ～ 60 米,最宽处可达 100 多米,城墙现存较好的地段高

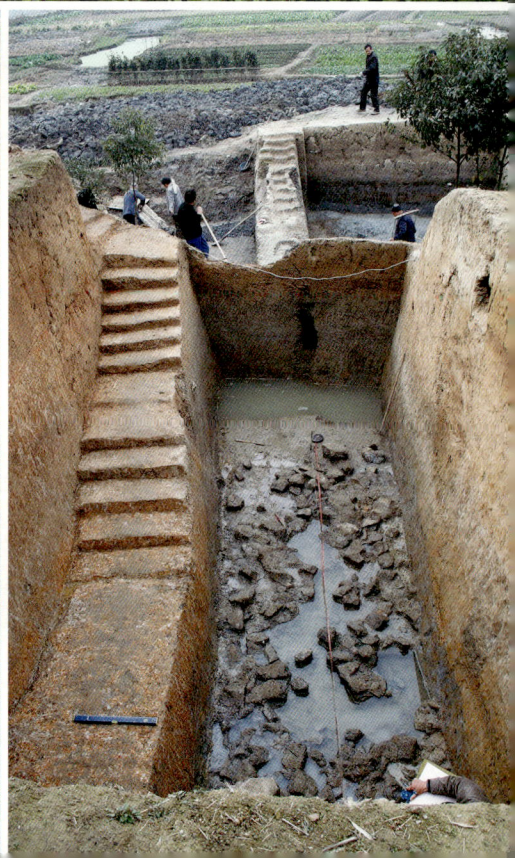

图 2-23　葡萄畈发掘场景

北城墙 T2

东城墙外逃顶段

南城墙上泗村段

西城墙白原畈段

图 2-24　良渚古城四面城墙解剖

度约 4 米①。良渚古城的发现将以往发现的 135 个遗址点有机地组合为一个整体，开启了都邑考古的新阶段。

2009 年，浙江省文物考古研究所与杭州良渚遗址管理区管理委员会共同组建了良渚遗址考古与保护中心，为考古工作的开展创造了良好的条件。2009 年以来，通过对城内外 10.8 平方千米范围的勘探，摸清了良渚古城遗址城址区城墙、台地、河道的边界和演变过程，初步理清了良渚古城城墙的外部轮廓，以及城外一定范围的古代水系和遗址分布情况，通过勘探和数字高程模型分析，发现城墙外还存在一圈面积达 8 平方千米的外城（图 2-25）。2009—2015 年，陆续调查确认岗公岭、鲤鱼山等 10 条水坝遗址，年代多集中于距今 5100—4900 年，它们和塘山遗址一起构成了中国最早的水利系统。这一发现也使良渚遗址的范围扩大到 100 平方千米，同时我们开始以良渚古城为核心来整体看待良渚遗址和良渚遗址群。同时，为配合基本建设，也对不少遗址点进行了不同程度的试掘和发掘工作。

在这一阶段，杭州地区、嘉兴地区、湖州地区等发掘了大量良渚文化遗址，不少遗址如茅山和玉架山等经过了大面积揭露，取得了非常重

---

① 浙江省文物考古研究所：《良渚古城遗址 2006—2007 年的发掘》，《考古》2008 年第 7 期。

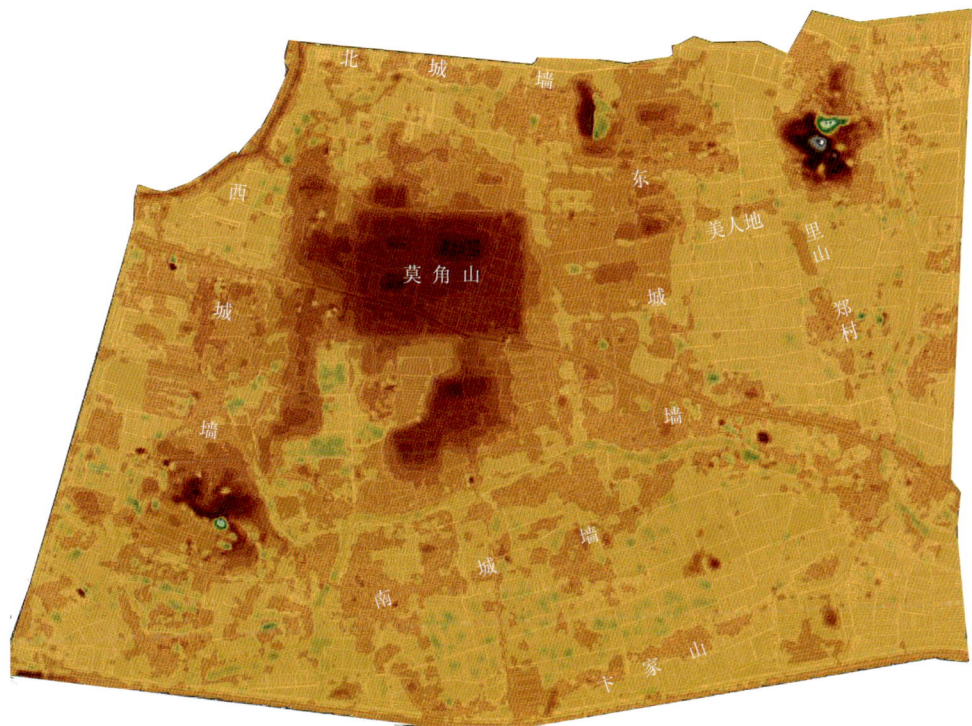

图 2-25　良渚古城外城等高模拟图显示的外城结构

要的成果。

2006 年以来，良渚古城遗址范围内经过考古发掘或试掘的遗址点有四面城墙（2006—2007、2015、2018）[157]、石马兜（2007—2008）[158]、张家墩（2007、2013—2014）、火溪塘城门（2008）、百亩山（2008—2009）、塘山（2008—2009、2019—2020）[159]、梅家里（2009）、金花池（2009）、王家圩（2009）、小山桥（2010）、美人地（2010—2011）[160]、莫角山（2011—2018）、里山（2012）、响山（2012）、扁担山（2012—2013）[161]、姜家山（2012、2013、2015、2017、2018）、官井头（2013）[162]、钟家港古河道（2014—2018）、杜城山（2014）、棋盘山（2014）、池塘下（2014）、迎乡塘（2015—2017、2019—2020）、狮子山（2015）、老虎岭（2015—2016）、鲤鱼山（2015—2016、2019）、皇坟山（2016、2019、2020）、龙顶（2016）、毛坞垄（2016）、桑树头（2016、2018）、黄路头（2016—2018）、反山（2017）、卞家山（2017）、羊山（2017）、池中寺（2017）、瑶山（2017）、罗家山（2018）、矩形山（2018—2019）、凤山东（2018）、毛竹山（2018）、石前圩东（2018）、陆城门（2019）、野猫山（2019）、西头川（2019）、钟家村（2019、2020）、陆城门（2019）、张家山（2019）、洪家山（2019）、张墩山（2019）、大地（2019）、金家头（2019）、盛家湾（2019）、南港沿（2019）、周村（2019）、美人地（2019）、公家山（2019）、雉山下（2020）、上泗村北（2020）、蜜蜂垄（2018）。

良渚古城腹地范围内发掘的遗址点有玉架山（2008—2018）[163]、茅山（2009—2011）[164]、吉如（2013）[165]、老虎洞（2013）[166]、八卦墩（2014）、中初鸣制玉作坊群（2017—2020）[167]、喻家陡门（2018）、瓦窑里（2018—2020）。

浙北其余地区发掘的遗址点有徐家庄（2007）[168]、西长浜（2008）[169]、姚家村（2008—2009）[170]、九虎庙（2008）[171]、小兜里（2009—2011）[172]、瑞寺桥（2010—2011）[173]、皇坟头（2011—2014）[174]、董家桥（2011）[175]、酒地上（2011—2014）[176]、朱家兜（2014）[177]、庙头角（2014）、昆山（2014—2018）、姚家浜（2014）[178]、伊家桥（2017）、树下兜（2016）[179]、大园里（2018）、达泽庙（2016—2020）[180]、大往（2014）[181]、曹墩（2020）、太庙头（2020）。

浙南地区发掘的遗址点有小青龙（2011—2012）[182]、大麦凸（2013）[183]、鱼山（2013—2015）[184]、乌龟山（2013—2015）、下王渡（2017）[185]、何家（2017）[186]、应家（2017、2019）、缙云陇东（2018）、大树（2015—2017）[187]、黄家台（2020）、东门村（2020）。

上海市发掘的遗址点有福泉山吴家场墓地（2008—2010）[188]、广富林（2008—2015）[189]、查山（2008）、福泉山陆坟堰（2017）、亭林（2017—2018）、福泉山堰西港西侧（2019—2020）、柘林（2019—2020）。

江苏省发掘的遗址点有城上村（2009）[190]、姜里（2011）[191]、双塔寺（2010）[192]、蒋庄（2011—2015）[193]、官墩（2012）、朱墓村（2012—2013）[194]、

孔塘（2015）[195]、五峰北（2016）[196]、龙虬庄（2016—2018）、下湾（2017）、青城墩（2017—2018）、开庄（2018—2019）[197]、象墩（2012、2015—2016、2019—2020）。

安徽省发掘的遗址点有月堰（2007—2008）[198]、磨盘山（2015—2017）。

有关遗址的参考文献：

1. 蒋赞初：《杭州老和山遗址 1953 年第一次的发掘》，《考古学报》1958 年第 2 期。

2. 朱江等：《江苏无锡仙蠡墩发现古遗址及汉墓》，《文物参考资料》1955 年第 1 期。江苏省文物管理委员会：《江苏无锡仙蠡墩新石器时代遗址清理简报》，《文物参考资料》1955 年第 8 期。从简报的简要介绍来看，仙蠡墩的遗存可能主要属于崧泽文化。

3. 江苏省文物管理委员会：《江苏无锡锡山公园古遗址清理简报》，《文物参考资料》1956 年第 1 期。

4. 浙江省文物管理委员会：《良渚黑陶又一次重要发现》，《文物参考资料》1956 年第 2 期。浙江省文物考古研究所：《良渚遗址群》，文物出版社，2005 年。

5. 南京博物院新沂工作组：《新沂花厅村新石器时代遗址概况》，《文物参考资料》1956 年第 7 期。

6.　　金诚：《江苏昆山陈墓镇新石器时代遗址》，《考古》1959 年第 9 期。

7.　　梅福根：《浙江吴兴邱城遗址发掘简介》，《考古》1959 年第 9 期。浙江省文物管理委员会：《浙江省吴兴县邱城 1957 年发掘报告初稿》，载浙江省文物考古研究所编《浙江省文物考古研究所学刊（第七辑）》，杭州出版社，2005 年。

8.　　浙江省文物管理委员会：《杭州水田畈遗址发掘报告》，《考古学报》1960年第 2 期。

9.　　江苏省文物工作队：《江苏吴江梅堰新石器时代遗址》，《考古》1963 年第 6 期。

10.　王德庆：《江苏昆山荣庄新石器时代遗址》，《考古》1960 年第 6 期。

11.　曾昭燏、尹焕章：《古代江苏历史上的两个问题》，《江海学刊》1961 年第 12 期。南京博物院：《江苏越城遗址的发掘》，《考古》1982 年第 5 期。

12.　江苏省文物工作队太岗寺工作组：《南京西善桥太岗寺遗址的发掘》，《考古》1962 年第 3 期。

13.　上海市文物保管委员会：《上海马桥遗址第一二次发掘》，《考古学报》1978 年第 1 期。

14　　上海市文物保管委员会：《上海市松江县广富林新石器时代遗址试探》，《考古》1962 年第 9 期。

15.　上海市文物保管委员会：《上海市金山县戚家墩遗址发掘简报》，《考古》1973 年第 1 期。

16.　孙维昌：《上海青浦寺前村和果园村遗址试掘》，《南方文物》1998 年第 1 期。

17.　方向明：《中国玉器通史·新石器时代南方卷》，海天出版社，2014 年。浙江省文物考古研究所：《良渚遗址群》，文物出版社，2005 年。

18.　南京博物院：《江苏吴县草鞋山遗址》，载文物编辑委员会编《文物资料丛刊 3》，文物出版社，1980 年。南京博物院：《苏州草鞋山良渚文化墓葬》，载徐湖平主编《东方文明之光——良渚文化发现 60 周年纪念文集》，海南国际新闻出版中心，1996 年。

19. 南京博物院等：《江苏吴县澄湖古井群的发掘》，载文物编辑委员会编《文物资料丛刊 9》，文物出版社，1985 年。

20. 魏正瑾：《昝庙遗址》，载江苏省考古学会《1981 年江苏省考古学会第二次年会暨吴文化学术讨论会论文集（第一册）》，1981 年。

21. 南京博物院：《江苏吴县张陵山遗址发掘简报》，载文物编辑委员会编《文物资料丛刊 6》，文物出版社，1982 年。南京博物院：《江苏吴县张陵山东山遗址》，《文物》1986 年第 10 期。

22. 南京博物院：《江苏武进寺墩遗址的试掘》，《考古》1981 年第 3 期。陈丽华：《江苏武进寺墩遗址的新石器时代遗物》，《文物》1984 年第 2 期。南京博物院：《1982 年江苏常州寺墩遗址的发掘》，《文物》1984 年第 2 期。

23. 南京博物院：《江苏海安青墩遗址》，《考古学报》1983 年第 2 期。

24. 尤维组《江苏江阴县璜塘绛发现四口良渚文化古井》，载文物编辑委员会编《文物资料丛刊 5》，文物出版社，1981 年。

25. 南京博物院等：《江苏丹徒磨盘墩遗址发掘报告》，《史前研究》1985 年第 2 期。

26. 镇江市博物馆：《江苏句容城头山遗址试掘简报》，《考古》1985 年第 4 期。张敏：《句容城头山遗址出土的史前玉器及相关问题的讨论》，《东南文化》2001 年第 6 期。

27. 南京博物院等：《江苏昆山绰墩遗址的调查与发掘》，《文物》1984 年第 2 期。

28. 镇江博物馆：《江苏丹阳王家山遗址发掘简报》，《考古》1985 年第 5 期。

29. 苏州博物馆等：《江苏省昆山县少卿山遗址》，《文物》1988 年第 1 期。

30. 苏州博物馆等：《江苏张家港徐家湾新石器时代遗址》，《考古学报》1995 年第 3 期。

31. 孙维昌：《上海市金山县查山和亭林遗址试掘》，《南方文物》1997 年第 3 期。

32. 黄宣佩、张明华：《上海地区古文化遗址综述》，载上海博物馆集刊编辑委员会编《上海博物馆集刊——建馆三十周年特辑》，上海古籍出版社，1983年。孙维昌：《上海青浦寺前村和果园村遗址试掘》，《南方文物》1998年第1期。

33. 上海市文物保管委员会：《上海松江县汤庙村遗址》，《考古》1985年第7期。

34. 孙维昌、郑余星：《青浦县福泉山遗址试掘简报》，《上海文物通讯》1981年第3期。上海市文物保管委员会：《上海福泉山良渚文化墓葬》，《文物》1984年第2期。上海市文物保管委员会：《福泉山》，文物出版社，2000年。

35. 上海市文物保管委员会：《上海青浦县金山坟遗址试掘》，《考古》1989年第7期。

36. 浙江省嘉兴县博物、展览馆：《浙江嘉兴雀幕桥发现一批黑陶》，《考古》1974年第4期。

37. 浙江省文物考古研究所：《浙江北部地区良渚文化墓葬的发掘（1978—1986）》，载浙江省文物考古研究所编《浙江省文物考古研究所学刊：建所十周年纪念（1980—1990）》，科学出版社，1993年。

38. 王明达、王和平·《浙江定海县唐家墩新石器时代遗址》，《考古》1983年第1期。

39. 浙江省文物考古研究所：《余杭吴家埠新石器时代遗址》，载浙江省文物考古研究所编《浙江省文物考古研究所学刊：建所十周年纪念（1980—1990）》，科学出版社，1993年。

40. 沈咏嘉、李林：《海盐县石泉高地遗址的初步调查》，载浙江省文物考古研究所编《浙江省文物考古研究所学刊》，长征出版社，1997年。

41. 林华东：《浙江萧山蜀山遗址发掘简报》，载林华东、任关甫编《跨湖桥文化论集》，人民出版社，2009年。

42. 陆耀华、朱瑞明：《浙江嘉善新港发现良渚文化木筒水井》，《文物》1984年第2期。

43. 王明达：《良渚遗址群田野考古概述》，载余杭市文史资料委员会编《文明的曙光——良渚文化》，浙江人民出版社，1996 年。

44. 浙江省文物考古研究所：《荀山东坡遗址的试掘》，载浙江文物考古研究所编《庙前》，文物出版社，2006 年。

45. 杨楠：《海宁三官墩新石器时代遗址》，载中国考古学会编《中国考古学年鉴·1987》，文物出版社，1988 年。

46. 浙江省文物考古研究所：《浙江北部地区良渚文化墓葬的发掘 (1073—1986)》，载浙江省文物考古研究所编《浙江省文物考古研究所学刊：建所十周年纪念（1980—1990）》，科学出版社，1993 年。

47. 浙江省文物考古研究所：《浙江余杭反山良渚墓地发掘简报》，《文物》1988 年第 1 期。浙江省文物考古研究所：《反山》，文物出版社，2005 年。

48. 浙江省文物考古研究所：《余杭瑶山良渚文化祭坛遗址发掘简报》，《文物》1988 年第 1 期。余杭县文物管理委员会办公室：《浙江省余杭县安溪瑶山12 号墓考古简报》，《东南文化》1988 年第 5 期。浙江省文物考古研究所：《余杭瑶山遗址 1996—1998 年发掘的主要收获》，《文物》2001 年第 12 期。浙江省文物考古研究所：《瑶山》，文物出版社，2003 年。

49. 杨楠、赵晔：《余杭莫角山清理大型建筑基址》，《中国文物报》1993 年10 月 10 日。浙江省文物考古研究所：《余杭莫角山 1992—1993 年的发掘》，《文物》2001 年第 12 期。浙江省文物考古研究所：《良渚遗址群》，文物出版社，2005 年。

50. 刘斌：《余杭卢村遗址的发掘及其聚落考察》，载浙江省文物考古研究所编《浙江省文物考古研究所学刊》，长征出版社，1997 年。

51. 浙江省文物考古研究所：《余杭良渚庙前遗址发掘的主要收获》，载浙江省文物考古研究所编《浙江省文物考古研究所学刊：建所十周年纪念（1980—1990）》，科学出版社，1993 年。方向明：《良渚庙前良渚文化遗址》，载中国考古学会编《中国考古学年鉴·2000》，文物出版社，2002 年。方向明：《余杭市庙前良渚文化遗址》，载中国考古学会编《中国考古学年鉴·2001》，文物出版社，2002 年。浙江省文物考古研究所：《浙江良渚庙前遗址第五、六次发掘简报》，《文物》2001 年第 12 期。浙江省文物考古研究所：《庙前》，文物出版社，2006 年。方向明：《良渚遗址群庙前第五、六次的发掘》，载浙江省文物考古研究所编《浙江考古新纪元》，科学出版社，2009 年。

52. 刘斌：《余杭卢村遗址的发掘及其聚落考察》，载浙江省文物考古研究所编《浙江省文物考古研究所学刊》，长征出版社，1997 年。芮国耀、楼航：《杭州市良渚姚家墩良渚文化和战国时期遗址》，载中国考古学会编《中国考古学年鉴·2003》，文物出版社，2004 年。浙江省文物考古研究所：《良渚遗址群》，文物出版社，2005 年。芮国耀：《良渚遗址群姚家墩 2002 年度发掘的主要收获》，载浙江省文物考古研究所编《浙江考古新纪元》，科学出版社，2009 年。

53. 芮国耀：《余杭县钵衣山良渚文化遗址》，载中国考古学会编《中国考古学年鉴·1989》，文物出版社，1990 年。浙江省文物考古研究所：《浙江余杭钵衣山遗址发掘简报》，《文物》2002 年第 10 期。丁品：《良渚遗址群钵衣山 2000 年度发掘》，载浙江省文物考古研究所编《浙江考古新纪元》，科学出版社，2009 年。

54. 浙江省文物考古研究所、余杭市文物管理委员会：《浙江余杭汇观山良渚文化祭坛与墓地发掘简报》，《文物》1997 年第 7 期。浙江省文物考古研究所、余杭市文管会：《浙江余杭汇观山良渚文化祭坛与墓地发掘报告》，载浙江省文物考古研究所编《浙江省文物考古研究所学刊》，长征出版社，1997 年。

55. 杨楠：《余杭上口山新石器时代及汉宋遗址》，载中国考古学会编《中国考古学年鉴·1992》，文物出版社，1994 年。浙江省文物考古研究所：《浙江余杭上口山遗址发掘简报》，《文物》2002 年第 10 期。

56. 浙江省文物考古研究所:《马家坟遗址的发掘》,载浙江文物考古研究所编《庙前》,文物出版社,2006年。

57. 浙江省文物考古研究所:《茅庵里遗址的发掘》,载浙江文物考古研究所编《庙前》,文物出版社,2006年。

58. 浙江省文物考古研究所资料。

59. 浙江省余杭县文管会:《浙江余杭横山良渚文化墓葬清理简报》,载徐湖平主编《东方文明之光——良渚文化发现60周年纪念文集》,海南国际新闻出版中心,1996年。

60. 王明达、方向明、徐新民、方中华:《塘山遗址发现良渚文化制玉作坊》,《中国文物报》2002年9月20日。方向明:《良渚塘山(金村段)2002年度的发掘》,载浙江省文物考古研究所编《浙江考古新纪元》,科学出版社,2009年。

61. 浙江省文物考古研究所发掘资料。

62. 赵晔:《余杭文家山发现良渚文化显贵墓葬》,《中国文物报》2001年9月28日。赵晔:《余杭市文家山良渚文化遗址》,载中国考古学会编《中国考古学年鉴·2001》,文物出版社,2002年。赵晔:《良渚遗址群文家山2000—2001年发掘》,载浙江省文物考古研究所编《浙江考古新纪元》,科学出版社,2009年。浙江省文物考古研究所:《文家山》,文物出版社,2011年。

63. 浙江省文物考古研究所:《文家山》,文物出版社,2011年。

64. 浙江省文物考古研究所发掘资料。

65. 赵晔:《余杭卞家山遗址发现良渚时期"木构码头"等遗存》,《中国文物报》2003年9月27日。赵晔:《浙江余杭卞家山遗址》,载国家文物局编《2003中国重要考古发现》,文物出版社,2004年。赵晔:《余杭市卞家山良渚文化遗址》,载中国考古学会编《中国考古学年鉴·2004》,文物出版社，2005 年。赵晔：《良渚遗址群卞家山 2002—2005 年发掘》，载浙江省文物考古研究所编《浙江考古新纪元》，科学出版社，2009 年。浙江省文物考古研究所：《卞家山》，文物出版社，2014 年。

66. 丁品、林金木：《杭州余杭新桥后头山遗址发掘一处良渚文化墓地》，《中国文物报》2005 年 3 月 11 日。浙江省文物考古研究所、杭州市余杭区文管会：《浙江余杭星桥后头山良渚文化墓地发掘简报》，《南方文物》2008 年第 3 期。丁品：《余杭星桥三亩里和后头山遗址》，载浙江省文物考古研究所编《浙江考古新纪元》，科学出版社，2009 年。

67. 丁品：《余杭星桥三亩里和后头山遗址》，载浙江省文物考古研究所编《浙江考古新纪元》，科学出版社，2009 年。浙江省文物考古研究所、杭州余杭区中国江南水乡博物馆：《余杭三亩里遗址发掘简报》，载浙江省文物考古研究所编《浙江省文物考古研究所学刊（第十辑）》，科学出版社，2015 年。

68. 浙江省文物考古研究所发掘资料。

69. 刘斌、仲召兵、王宁远：《良渚遗址群石马兜 2004—2007 年发掘》，载浙江省文物考古研究所编《浙江考古新纪元》，科学出版社，2009 年。浙江省文物考古研究所：《良渚石马兜遗址发掘简报》，载浙江省文物考古研究所编著《浙北崧泽文化考古报告集（1996—2014）》，文物出版社，2014 年。

70. 浙江省文物考古研究所发掘资料。

71. 王宁远：《良渚遗址群后杨村遗址》，载浙江省文物考古研究所编《浙江考古新纪元》，科学出版社，2009 年。

72. 浙江省文物考古研究所、海宁市博物馆：《海宁郜家岭良渚文化墓葬发掘报告》，《东南文化》2002 年第 3 期。

73. 刘斌：《海宁荷叶地良渚文化遗址》，载中国考古学会编《中国考古学年鉴·1988》，文物出版社，1989 年。刘斌：《海宁荷叶地遗址》，载嘉兴市文化局编《崧泽·良渚文化在嘉兴》，浙江摄影出版社，2005 年。

74. 陆耀华：《嘉兴大坟遗址的清理》，《文物》1991 年第 7 期。

75. 浙江省文物考古研究所、海宁市博物馆：《海宁达泽庙遗址的发掘》，载浙江省文物考古研究所编《浙江省文物考古研究所学刊》，长征出版社，1997 年。

76. 杨楠：《嘉善大往遗址》，载中国考古学会编《中国考古学年鉴·1987》，文物出版社，1988 年。王明达：《嘉善大往遗址》，载嘉兴市文化局编《崧泽·良渚文化在嘉兴》，浙江摄影出版社，2005 年。

77. 浙江省文物考古研究所、海宁市博物馆：《海宁大坟墩遗址发掘简报》，载嘉兴市文化局编《崧泽·良渚文化在嘉兴》，浙江摄影出版社，2005 年。浙江省文物考古研究所、海宁市博物馆：《浙江省海宁市大坟墩遗址的发掘》，载浙江省文物考古研究所编《浙江省文物考古研究所学刊（第七辑）》，杭州出版社，2005 年。

78. 浙江省文物考古研究所、海盐县博物馆：《海盐王坟遗址发掘简报》，载嘉兴市文化局编《崧泽·良渚文化在嘉兴》，浙江摄影出版社，2005 年。

79. 浙江省文物考古研究所、海宁市博物馆：《海宁佘墩庙遗址》，载嘉兴市文化局编《崧泽·良渚文化在嘉兴》，浙江摄影出版社，2005 年。

80. 北京大学考古学系、浙江省文物考古研究所、日本上智大学联合考古队：《浙江桐乡普安桥遗址发掘简报》，《文物》1988 年第 4 期。方向明：《桐乡普安桥良渚文化遗址》，载中国考古学会编《中国考古学年鉴·1996》，文物出版社，1998 年。方向明：《桐乡市普安桥新石器时代遗址》，载中国考古学会编《中国考古学年鉴·1999》，文物出版社，2001 年。普安桥中日联合考古队：《桐乡普安桥遗址早期墓葬及崧泽风格玉器》，载浙江省文物考古研究所编著《浙北崧泽文化考古报告集（1996—2014）》，文物出版社，2014 年。

81. 浙江省文物考古研究所：《桐乡章家浜、徐家浜良渚文化墓葬发掘》，载浙江省文物考古研究所编《沪杭甬高速公路考古报告》，文物出版社，2002 年。

82. 孟正兴、廖本春:《嘉兴雀幕桥遗址第五次发掘》,载嘉兴市文化局编《崧泽·良渚文化在嘉兴》,浙江摄影出版社,2005年。

83. 王海明:《桐乡叭喇浜良渚文化遗址》,载中国考古学会编《中国考古学年鉴·1997》,文物出版社,1999年。浙江省文物考古研究所:《桐乡叭喇浜遗址发掘》,载浙江省文物考古研究所编《沪杭甬高速公路考古报告》,文物出版社,2002年。

84. 桐乡市博物馆:《桐乡金家浜遗址发掘简报》,载嘉兴市文化局编《崧泽·良渚文化在嘉兴》,浙江摄影出版社,2005年。

85. 孙国平:《海盐窑墩遗址》,载嘉兴市文化局编《崧泽·良渚文化在嘉兴》,浙江摄影出版社,2005年。

86. 浙江省文物考古研究所:《嘉兴南河浜遗址》,载嘉兴市文化局编《崧泽·良渚文化在嘉兴》,浙江摄影出版社,2005年。浙江省文物考古研究所等:《浙江嘉兴南河浜遗址发掘简报》,《文物》2005年第6期。浙江省文物考古研究所:《南河浜》,文物出版社,2005年。

87. 浙江省文物考古研究所、安吉县博物馆:《安吉安乐遗址第二次发掘简报》,载浙江省文物考古研究所编著《浙北崧泽文化考古报告集(1996—2014)》,文物出版社,2014年。

88. 孙国平、李林、沈明生:《海盐发现新型良渚文化墓地》,《中国文物报》1998年6月14日。孙国平、李林:《海盐县龙潭港良渚文化墓地》,载中国考古学会编《中国考古学年鉴·1998》,文物出版社,2000年。浙江省文物考古研究所、海盐县博物馆:《浙江海盐县龙潭港良渚文化墓地》,《考古》2001年第10期。

89. 蒋卫东、刘斌:《海盐县周家浜良渚文化遗址》,载中国考古学会编《中国考古学年鉴·2000》,文物出版社,2002年。浙江省文物考古研究所、海盐县仙坛庙:《海盐周家浜遗址发掘概况》,载嘉兴市文化局编《崧泽·良渚文化在嘉兴》，浙江摄影出版社，2005 年。

90. 浙江省文物考古研究所、嘉兴市博物馆：《嘉兴凤桥高墩遗址的发掘》，载嘉兴市文化局编《崧泽·良渚文化在嘉兴》，浙江摄影出版社，2005 年。

91. 廖本春、孟正兴：《嘉兴倭坟墩遗址发掘获成果》，载嘉兴市文化局编《崧泽·良渚文化在嘉兴》，浙江摄影出版社，2005 年。

92. 方向明、闵泉、陈兴吾：《浙江湖州市毘山遗址发掘取得重要收获》，《中国文物报》2004 年 7 月 28 日。浙江省文物考古研究所、湖州市博物馆：《浙江省湖州市毘山遗址的新石器时代墓葬》，《南方文物》2006 年第 2 期。浙江省文物考古研究所：《毘山》，文物出版社，2006 年。方向明：《湖州毘山遗址 2004 年度的发掘》，载浙江省文物考古研究所编《浙江考古新纪元》，科学出版社，2009 年。

93. 刘斌：《嘉兴市石圹头新石器时代及西周遗址》，载中国考古学会编《中国考古学年鉴·2001》，文物出版社，2003 年。

94. 王宁远：《嘉兴市高墩坟新石器时代遗址》，载中国考古学会编《中国考古学年鉴·2002》，文物出版社，2002 年

95. 蒋卫东：《浙江桐乡新地里遗址考古发掘》，载国家文物局编《2001 年中国重要考古发现》，文物出版社，2002 年。蒋卫东、丁品、周伟民、朱宏中：《桐乡市新地里新石器时代遗址》，载中国考古学会编《中国考古学年鉴·2002》，文物出版社，2003 年。浙江省文物考古研究所、桐乡市文物管理委员会：《桐乡新地里遗址考古发掘概况》，载嘉兴市文化局编《崧泽·良渚文化在嘉兴》，浙江摄影出版社，2005 年。浙江省文物考古研究所、桐乡市文物管理委员会：《浙江桐乡新地里遗址发掘简报》，《文物》2005 年第 11 期。浙江省文物考古研究所、桐乡博物馆：《新地里》，文物出版社，2006 年。蒋卫东：《桐乡新地里考古》，载浙江省文物考古研究所编《浙江考古新纪元》，科学出版社，2009 年。

96. 平湖市博物馆:《平湖戴墓墩遗址良渚墓葬发掘简报》,载嘉兴市文化局编《崧泽·良渚文化在嘉兴》,浙江摄影出版社,2005 年。

97. 海宁市博物馆:《海宁金石墩遗址发掘报告》,《东南文化》2003 年第 5 期。

98. 王宁远、李林:《海盐县仙坛庙新石器时代遗址》,载中国考古学会编《中国考古学年鉴·2004》,文物出版社,2005 年。王宁远、蒋卫东、李林、沈明生:《浙江海盐仙坛庙发现崧泽文化早期到良渚文化晚期遗存》,《中国文物报》2004 年 2 月 4 日。王宁远、李林:《浙江海盐仙坛庙遗址》,载国家文物局编《2003 中国重要考古发现》,文物出版社,2004 年。浙江省文物考古研究所、海盐县博物馆:《海盐仙坛庙遗址的发掘》,载嘉兴市文化局编《崧泽·良渚文化在嘉兴》,浙江摄影出版社,2005 年。

99. 楼航:《海宁市杨家角新石器时代遗址》,载中国考古学会编《中国考古学年鉴·2004》,文物出版社,2005 年。浙江省文物考古研究所:《海宁杨家角遗址发掘情况简介》,载嘉兴市文化局编《崧泽·良渚文化在嘉兴》,浙江摄影出版社,2005 年。楼航:《海宁杨家角新石器时代遗址》,载浙江省文物考古研究所编《浙江考古新纪元》,科学出版社,2009 年。浙江省文物考古研究所、海宁市博物馆:《浙江海宁市杨家角遗址的发掘》,载浙江省文物考古研究所编《浙江省文物考古研究所学刊(第十辑)》,科学出版社,2015 年。

100. 田正标:《桐乡市董家桥良渚文化及春秋战国时期遗址》,载中国考古学会编《中国考古学年鉴·2004》,文物出版社,2005 年。浙江省文物考古研究所、桐乡市博物馆:《桐乡董家桥遗址 2011 年度发掘简报》,载浙江省文物考古研究所编《浙江省文物考古研究所学刊(第十辑)》,科学出版社,2015 年。

101. 徐新民:《浙江平湖庄桥坟良渚文化墓地》,载国家文物局编《2004 中国重要考古发现》,文物出版社,2005。浙江省文物考古研究所、平湖市博物馆:

《平湖庄桥坟遗址发掘的主要收获》，载嘉兴市文化局编《崧泽·良渚文化在嘉兴》，浙江摄影出版社，2005年。浙江省文物考古研究所、平湖市博物馆：《浙江平湖市庄桥坟良渚文化遗址及墓地》，《考古》2005年第7期。浙江省文物考古研究所、平湖市博物馆：《平湖庄桥坟遗址发掘的主要收获》，载嘉兴市文化局编《崧泽·良渚文化在嘉兴》，浙江摄影出版社，2005年。徐新民：《浙江平湖庄桥坟遗址再度发掘》，《中国文物报》2006年12月24日。徐新民：《平湖庄桥坟》，载浙江省文物考古研究所编《浙江考古新纪元》，科学出版社，2009年。

102. 蒋卫东：《湖州塔地马家浜文化至马桥文化遗址》，载中国考古学会编《中国考古学年鉴·2005》，文物出版社，2006。塔地考古队：《浙江湖州塔地遗址发掘获丰硕成果》，《中国文物报》2005年2月9日。蒋卫东：《浙江湖州塔地新石器时代遗址》，载国家文物局编《2004中国重要考古新发现》，文物出版社，2005年。蒋卫东：《湖州塔地》，载浙江省文物考古研究所编《浙江考古新纪元》，科学出版社，2009年。浙江省文物考古研究所、湖州市文物保护管理所：《湖州塔地遗址的崧泽文化遗存》，载浙江省文物考古研究所编著《浙北崧泽文化考古报告集（1996—2014）》，文物出版社，2014年。

103. 芮国耀、杨根文：《平湖图泽良渚文化墓地》，载嘉兴市文化局编《崧泽·良渚文化在嘉兴》，浙江摄影出版社，2005年。陆敏仙、田敏：《平湖图泽遗址考古发掘有重要收获》，《浙江文物》2006年第2期。芮国耀：《平湖图泽良渚文化墓地》，载浙江省文物考古研究所编《浙江考古新纪元》，科学出版社，2009年。

104. 王宁远、周伟民、朱宏中：《浙江桐乡姚家山发现良渚文化高等级贵族墓葬》，《中国文物报》2005年3月25日。王宁远、周伟民、朱宏中：《桐乡姚家山发现良渚文化高等贵族墓葬》，载嘉兴市文化局编《崧泽·良渚文化在嘉兴》，浙江摄影出版社，2005年。《浙江桐乡姚家山良渚文化贵族墓葬》，载国家文物局编《2005年中国重要考古发现》，文物出版社，2006年。

105. 浙江省文物考古研究所、海宁市博物馆：《海宁东八角漾遗址发掘报告》，载嘉兴市文化局编《崧泽·良渚文化在嘉兴》，浙江摄影出版社，2005年。

106. 程永军：《芝里遗址考古发掘成果丰硕》，《浙江文物》2005年第5期。王宁远、周亚乐、程永军：《安吉芝里遗址》，载浙江省文物考古研究所编《浙江考古新纪元》，科学出版社，2009年。浙江省文物考古研究所、安吉县博物馆：《安吉芝里遗址的马家浜、崧泽文化遗存》，载浙江省文物考古研究所编著《浙北崧泽文化考古报告集（1996—2014）》，文物出版社，2014年。

107. 楼航、梁奕建、华山、童善平：《浙江长兴江家山遗址抢救性发掘获重要收获》，《中国文物报》2006年4月21日。楼航：《江家山新石器时代遗址》，载浙江省文物考古研究所编《浙江考古新纪元》，科学出版社，2009年。浙江省文物考古研究所、长兴县博物馆：《长兴江家山遗址崧泽文化墓地发掘简报》，载浙江省文物考古研究所编著《浙北崧泽文化考古报告集（1996—2014）》，文物出版社，2014年。

108. 浙江省文物考古研究所、海宁市博物馆：《海宁九虎庙遗址考古发掘简报》，载浙江省文物考古研究所编著《浙北崧泽文化考古报告集（1996—2014）》，文物出版社，2014年

109. 海宁市博物馆：《浙江海宁莲花遗址发掘报告》，《东南文化》2007年第2期。

110. 浙江省文物考古研究所、宁波市文物考古研究所：《宁波慈湖遗址发掘简报》，载浙江省文物考古研究所编《浙江省文物考古研究所学刊：建所十周年纪念（1980—1990）》，科学出版社，1993年。

111. 浙江省文物考古研究所、宁波市北仑区博物馆：《北仑沙溪新石器时代遗址发掘简报》，《南方文物》2005年第1期。

112. 张玉兰：《浙江省建德市久山湖新石器时代遗址的发掘》，《考古》2006

年第 5 期。

113. 名山后遗址考古队：《奉化名山后遗址第一起发掘的主要收获》，载浙江省文物考古研究所编《浙江省文物考古研究所学刊：建所十周年纪念（1980—1990）》，科学出版社，1993 年。

114. 浙江省文物考古研究所等：《象山县塔山遗址第一、二期发掘》，载浙江省文物考古研究所编《浙江文物考古研究所学刊》，长征出版社，1997 年。蒋乐平：《象山塔山新石器时代遗址》，载浙江省文物考古研究所编《浙江考古新纪元》，科学出版社，2009 年。

115. 浙江省文物考古研究所：《宁波慈城小东门遗址发掘简报》，《东南文化》2002 年第 9 期。

116. 浙江省文物考古研究所、桐庐博物馆：《小青龙》，文物出版社，2017 年。

117. 浙江省文物考古研究所、厦门大学历史系：《浙江余姚市鲻山遗址发掘简报》，《考古》2001 年第 10 期。

118. 浙江省文物考古研究所、萧山区博物馆：《杭金衢高速公路考古发掘获可喜成果》，《中国文物报》1999 年 10 月 6 日。浙江省文物考古研究所、杭州市萧山区博物馆：《杭州市萧山区金山遗址和田螺山石室墓的发掘》，载浙江省文物考古研究所编《浙江省文物考古研究所学刊（第十辑）》，文物出版社，2014 年。

119. 蒋乐平：《诸暨楼家桥新石器时代遗址》，载浙江省文物考古研究所编《浙江考古新纪元》，科学出版社，2009 年。浙江省文物考古研究所、诸暨博物馆、浦江博物馆：《楼家桥、茜塘山背、尖山湾》，文物出版社，2010 年。

120. 郑建明：《杭州市茅草山新石器时代遗址》，载中国考古学会编《中国考古学年鉴·2002》，文物出版社，2003 年。浙江省文物考古研究所、萧山区文物管理委员会：《杭州市萧山区茅草山遗址发掘报告》，《东南文化》2003 年第 9 期。

121. 蒋乐平：《诸暨楼家桥新石器时代遗址》，载浙江省文物考古研究所编《浙江考古新纪元》，科学出版社，2009年。浙江省文物考古研究所、诸暨博物馆、浦江博物馆：《楼家桥、畜塘山背、尖山湾》，文物出版社，2010年。

122. 芮顺淦、蒋乐平、郑建明、孟国平：《良渚文化考古又有新发现》，《中国文物报》2001年8月5日。蒋乐平：《浦江畜塘山背新石器时代遗址》，载浙江省文物考古研究所编《浙江考古新纪元》，科学出版社，2009年。浙江省文物考古研究所、诸暨博物馆、浦江博物馆：《楼家桥、畜塘山背、尖山湾》，文物出版社，2010年。

123. 芮国耀：《龙游三酒坛新石器时代遗址》，载浙江省文物考古研究所编《浙江考古新纪元》，科学出版社，2009年。

124. 南京博物院：《1987年江苏新沂花厅遗址的发掘》，《文物》1990年第2期。南京博物院：《1989年江苏新沂花厅遗址的发掘》，载徐湖平主编《东方文明之光——良渚文化发现60周年纪念文集》，海南国际新闻出版中心，1996年。南京博物院：《花厅——新石器时代墓地发掘报告》，文物出版社，2003年。

125. 苏州博物馆等：《江苏张家港许庄新石器时代遗址调查与试掘》，《考古》1990年第5期。

126. 施玉平、王书敏、杨再年：《江苏丹阳墩头山遗址调查与试掘》，《考古》1993年第8期。

127. 南京博物院、镇江博物馆：《江苏丹阳西沟居新石器时代遗址试掘》，《考古》1994年第5期。

128. 谷建祥：《高淳县朝墩头新石器时代至周代遗址》，载中国考古学会编《中国考古学年鉴·1990》，文物出版社，1991年。

129. 江苏省赵陵山考古队：《江苏昆山赵陵山遗址第一、二次发掘简报》，载徐湖平主编《东方文明之光——良渚文化发现60周年纪念文集》，海南国际新闻出版中心，1996 年。南京博物院：《赵陵山》，文物出版社，2012 年。

130. 江苏省寺墩考古队：《江苏武进寺墩遗址第四、第五次发掘》，载徐湖平主编《东方文明之光——良渚文化发现 60 周年纪念文集》，海南国际新闻出版中心，1996 年。

131. 苏州博物馆等：《江苏吴江龙南新石器时代村落遗址第一、二次发掘简报》，《文物》1990 年第 7 期。苏州博物馆等：《吴江梅堰龙南新石器时代村落遗址第三、四次发掘简报》，《东南文化》1999 年第 3 期。

132. 苏州博物馆、常州博物馆：《江苏常熟罗墩遗址发掘简报》，《文物》1999 年第 7 期。

133. 三城巷考古队：《丹阳市三城巷遗址发掘报告》，载南京博物院《东南文化》编辑部《通古达今之路：宁沪高速公路（江苏段）考古发掘报告文集》，南京博物院，1994 年。镇江博物馆等：《丹阳市三城巷遗址第二次发掘报告》，《东南文化》2008 年第 5 期。

134. 南京博物院考古研究所等：《江苏阜宁陆庄遗址》，载徐湖平主编《东方文明之光——良渚文化发现 60 周年纪念文集》，海南国际新闻出版中心，1996 年。

135. 盐城市博物馆等：《江苏东台市开庄新石器时代遗址》，《考古》2005 年第 4 期。

136. 苏州博物馆等：《江苏昆山市少卿山遗址的发掘》，《考古》2000 年第 4 期。

137. 南京博物院考古研究所：《江苏句容丁沙地遗址第二次发掘简报》，《文物》2001 年第 5 期。

138. 苏州博物馆、昆山市文物管理所：《江苏昆山市绰墩遗址发掘报告》，《东南文化》2000 年第 1 期。苏州博物馆、昆山市文物管理所：《江苏昆山绰墩遗址第二次发掘报告》，《东南文化》2000 年第 11 期。苏州市考古研究所：《昆山绰墩遗址》，文物出版社，2011 年。

139. 南京博物院等：《江苏阜宁县东园新石器时代遗址》，《考古》2004 年第 6 期。

140. 陈丽华：《江苏江阴高城墩出土良渚文化玉器》，《文物》1995 年第 6 期。
陆建方、唐汉章：《江阴高城墩遗址考古取得重大成果》，《中国文物报》
2000 年 2 月 6 日。江苏省高城墩联合考古队：《江阴高城墩遗址发掘简报》，
《文物》2001 年第 5 期。南京博物院等：《高城墩》，文物出版社，2009 年。

141. 苏州博物馆：《吴县郭新河遗址发掘简报》，《东南文化》2002 年第 7 期。

142. 南京博物院等：《江苏宜兴骆驼墩遗址发掘报告》，《东南文化》2009 年第 5 期。
南京博物院考古研究所：《江苏宜兴市骆驼墩新石器时代遗址的发掘》，《考
古》2003 年第 7 期。

143. 朱伟峰：《独墅湖遗址发掘报告》，载苏州博物馆《苏州文物考古新发现》，
古吴轩出版社，2007 年。

144. 南京博物院等：《江苏吴县澄湖古井群地发掘》，载文物编辑委员会编《文
物资料丛刊 9》，文物出版社，1985 年。丁金龙：《苏州澄湖遗址发掘报告》，
载苏州博物馆《苏州文物考古新发现》，古吴轩出版社，2007 年。

145. 闻惠芬等《太仓市维新遗址试掘简报》，载苏州博物馆《苏州文物考古新发现》，
古吴轩出版社，2007 年。

146. 张照根、朱颖亮：《江苏吴江市同里遗址进行抢救性发掘》，《中国文物报》
2004 年 12 月 1 日第 1 版。苏州博物馆等：《江苏吴江同里遗址发掘报告》，
载苏州博物馆《苏州文物考古新发现》，古吴轩出版社，2007 年。

147. 江苏省考古研究所等：《江苏无锡鸿山邱城墩新石器时代遗址发掘简报》，《文
物》2009 年第 11 期。南京博物院、江苏省考古研究所等：《邱城墩》，科
学出版社，2010 年。

148. 南京博物院等：《句容东岗头遗址 2005 年考古发掘报告》，科学出版社，
2016 年。

149. 张铁军等：《"东湖林语"二期项目建设工地古井群地抢救性考古发掘简报》，
载苏州博物馆《苏州文物考古新发现》，古吴轩出版社，2007 年。

150. 王正书：《金山县亭林良渚文化墓地》，载中国考古学会编《中国考古学年鉴·1988》，1989 年。上海博物馆考古研究部：《上海金山区亭林遗址1988、1990 年良渚文化墓葬的发掘》，《考古》2002 年第 10 期。

151. 上海市文物管理委员会考古部：《上海市松江县姚家圈遗址发掘简报》，《考古》2001 年第 9 期。

152. 上海博物馆考古研究部：《上海青浦区寺前史前遗址的发掘》，《考古》2002 年第 10 期。

153. 上海市文物管理委员会：《上海市闵行区马桥遗址 1993—1995 年发掘报告》，《考古学报》1997 年第 2 期。上海市文物管理委员会：《马桥》，上海书画出版社，2002 年。

154. 上海市文物管理委员会：《上海奉贤县江海遗址 1996 年发掘简报》，《考古》2002 年第 11 期。

155. 上海博物馆考古部：《上海松江区广富林遗址 1999—2000 年发掘简报》，《考古》2002 年第 10 期。周丽娟：《广富林遗址良渚文化墓葬与水井的发掘》，《东南文化》2003 年第 11 期。周丽娟：《广富林遗址良渚文化遗存》，《南方文物》2006 年第 4 期。上海博物馆考古研究部：《上海松江区广富林遗址 2001—2005 年发掘简报》，《考古》2008 年第 8 期。

156. 叶润清：《安徽马鞍山烟墩山遗址发现新石器时代至西周文化遗存》，《中国文物报》2004 年 6 月 11 日。

157. 浙江省文物考古研究所：《杭州市余杭区良渚古城遗址 2006—2007 年的发掘》，《考古》2008 年第 7 期。

158. 浙江省文物考古研究所：《良渚石马兜遗址发掘简报》，载浙江省文物考古研究所编著《浙北崧泽文化考古报告集（1996—2014）》，文物出版社，2014 年。

159. 关于水利系统的发掘经过，参见王宁远：《寻找消失的文明——水利系统发现记》，《浙江文史资料》2017 年第 3 期。王宁远：《寻找消失的文明——良渚水坝发现记》，载杭州市园林文物局编《杭州文博（第 21 辑）：良渚古城遗址申遗特辑》，浙江古籍出版社，2018 年。浙江省文物考古研究所：《良渚古城综合研究报告》，文物出版社，2019 年。

160. 浙江省文物考古研究所：《杭州市良渚古城外郭的探索与美人地和扁担山的发掘》，《考古》2015 年第 1 期。

161. 浙江省文物考古研究所：《杭州市良渚古城外郭的探索与美人地和扁担山的发掘》，《考古》2015 年第 1 期。

162. 赵晔：《官井头——大雄山丘陵史前文化的一个窗口》，载浙江省博物馆编《东方博物（第四十八辑）》，浙江大学出版社，2013 年。赵晔：《浙江良渚官井头遗址》，载国家文物局编《2013 中国重要考古发现》，文物出版社，2014 年。浙江省文物考古研究所：《良渚官井头遗址崧泽文化遗存》，载浙江省文物考古研究所编《浙北崧泽考古报告集（1996—2014）》，文物出版社，2014 年。赵晔：《大雄山丘陵——一个曾被忽视的文化片区》，载浙江省文物考古研究所编《崧泽文化学术研讨会论文集（2014）》，文物出版社，2016 年。赵晔：《追寻良渚文明的源头——大雄山丘陵及官井头遗址揭秘》，《大众考古》2015 年第 7 期。

163. 楼航等：《浙江余杭玉架山遗址——发现由六个相邻的环壕组成的良渚文化完整聚落》，《中国文物报》2012 年 2 月 24 日。

164. 丁品、郑云飞等：《浙江余杭临平茅山遗址》，《中国文物报》2010 年 3 月 12 日。赵晔：《临平茅山的先民足迹》，载浙江省博物馆编《东方博物（第四十三辑）》，浙江大学出版社，2012 年第 2 期。赵晔：《浙江余杭临平遗址群的考察》，《东南文化》2012 年第 3 期。

165. 杭州市文物考古研究所：《杭州市拱墅区吉如遗址发掘简报》，《东南文化》2014 年第 6 期。

166. 杭州市文物考古研究所、萧山博物馆、上海大学历史系：《浙江萧山老虎洞遗址发掘简报》，《东南文化》2021 年第 10 期。

167. 方向明：《浙江德清发现良渚文化玉器加工作坊遗址群》，《中国文物报》2019 年 2 月 22 日第 5 版。

168. 浙江省文物考古研究所、海宁市文物保护管理所：《浙江海宁徐家庄遗址良渚文化墓葬发掘简报》，《东南文化》2013 年第 3 期。

169. 芮国耀：《海盐西长浜遗址的发掘》，载浙江省文物考古研究所编《浙江考古新纪元》，科学出版社，2009 年。

170. 芮国耀、马竹山：《浙江嘉兴姚家村遗址》，载陈杰主编《马桥文化探微》，上海书画出版社，2018 年。芮国耀：《嘉兴姚家村遗址的发掘》，载浙江省文物考古研究所编《浙江考古新纪元》，科学出版社，2009 年。浙江省文物考古研究所、嘉兴博物馆：《嘉兴姚家村遗址发掘简报》，载浙江省文物考古研究所编《浙江省文物考古研究所学刊（第十辑）》，文物出版社，2014 年。

171. 浙江省文物考古研究所、海宁市博物馆：《海宁九虎庙遗址考古发掘简报》，载浙江省文物考古研究所编著《浙北崧泽文化考古报告集（1996—2014）》，文物出版社，2014 年

172. 浙江省文物考古研究所、海宁市博物馆：《2009 年海宁小兜里遗址良渚墓葬的发掘收获》，《南方文物》2010 年第 2 期。浙江省文物考古研究所、海宁市博物馆：《海宁小兜里遗址第一至三期发掘的崧泽文化遗存》，载浙江省文物考古研究所编著《浙北崧泽文化考古报告集（1996—2014）》，文物出版社，2014 年。

173. 浙江省文物考古研究所、海宁市博物馆：《海宁瑞寺桥遗址考古发掘简报》，载浙江省文物考古研究所编著《浙北崧泽文化考古报告集（1996—2014）》，文物出版社，2014 年

174. 浙江省文物考古研究所、海宁市博物馆：《海宁皇坟头遗址的崧泽文化遗存》，载浙江省文物考古研究所编著《浙北崧泽文化考古报告集（1996—2014）》，文物出版社，2014 年。

175. 田正标：《桐乡市董家桥良渚文化及春秋战国时期遗址》，载中国考古学会编《中国考古学年鉴·2004》，文物出版社，2005 年。浙江省文物考古研究所、桐乡市博物馆：《桐乡董家桥遗址 2011 年度发掘简报》，载浙江省文物考古研究所编《浙江省文物考古研究所学刊（第十辑）》，科学出版社，2015 年。

176. 浙江省文物考古研究所、海宁市博物馆：《海宁酒地上遗址 2013 年度发掘的崧泽文化遗存》，载浙江省文物考古研究所编著《浙北崧泽文化考古报告集（1996—2014）》，文物出版社，2014 年。

177. 海宁市文物保护所：《浙江海宁朱家兜遗址发掘简报》，《东南文化》2021 年第 3 期。

178. 浙江省文物考古研究所等：《浙江海宁姚家浜遗址 2014 年发掘简报》，《东南文化》2017 年第 3 期。

179. 孙瀚龙：《浙江湖州树卜兜遗址》，载陈杰主编《马桥文化探微》，上海书画出版社，2018 年。

180. 赵晔：《海宁达泽庙遗址考古发掘新收获》，《海宁文博》总第七十五期，2020 年 12 月。

181. 王明达：《嘉善大往遗址》，载嘉兴市文化局编《崧泽·良渚文化在嘉兴》，浙江摄影出版社，2005 年。

182. 浙江省文物考古研究所、桐庐博物馆：《小青龙》，文物出版社，2017 年。

183. 浙江省文物考古研究所、桐庐博物馆：《小青龙》，文物出版社，2017 年。

184. 宁波市文物考古研究所等：《浙江宁波镇海鱼山遗址 I 期发掘简报》，《东南文化》2016 年第 4 期。

185. 宁波市文物考古研究所、中国人民大学考古文博系等：《浙江宁波市下王渡方桥发掘区 2017 年发掘简报》，《考古》2019 年第 9 期。

186. 宁波市文物考古研究所等：《浙江宁波奉化方桥何家遗址 2017 年发掘简报》，《南方文物》2019 年第 1 期。

187. 雷少、梅术文：《宁波首次发掘海岛史前文化遗存——大榭遗址 I 期考古发掘的主要收获》，《中国文物报》2016 年 12 月 30 日。雷少、梅术文：《浙江宁波大榭遗址》，《大众考古》2018 年第 2 期。

188. 福泉山考古队：《上海福泉山遗址吴家场墓地发掘》，《中国文物报》2011 年 10 月 21 日第 4 版。上海博物馆：《上海福泉山遗址吴家场墓地 2010 年发掘简报》，《考古》2015 年第 10 期。

189. 广富林考古队：《2008 年度上海松江广富林遗址发掘取得重大成果》，《中国文物报》2009 年 1 月 2 日第 5 版。上海博物馆考古研究部：《上海松江区广富林遗址 2008 年发掘简报》，载上海博物馆编《广富林：考古发掘与学术研究论集》，上海古籍出版社，2014 年。广富林考古队：《二零零九年广富林遗址发掘又获重要成果》，《中国文物报》2010 年 4 月 16 日第 4 版。广富林考古队：《2010 年广富林遗址发掘再获丰硕成果》，《中国文物报》2011 年 5 月 6 日第 4 版。上海博物馆考古研究部：《2011 年广富林遗址发掘又获丰硕成果》，载中国考古学会编《中国考古学年鉴·2011》，文物出版社，2012 年。广富林考古队：《2012 年上海广富林遗址考古获重要成果》，《中国文物报》2013 年 6 月 21 日第 8 版。王清刚：《2012 年度上海广富林遗址山东大学发掘区发掘报告》，山东大学硕士学位论文，2013 年。上海博物馆考古研究部、南京大学历史系、河南大学历史文化学院考古文博系：《上海广富林遗址 2012 年南京大学发掘区良渚文化时期墓葬发掘简报》，《江汉考古》2016 年第 4 期。浙江省文物考古研究所、南京博物院、上海博物馆：《良渚考古八十年》，文物出版社，2016 年。

190. 南京博物院等：《江苏句容城上村遗址考古调查、勘探报告》，《南方文物》2013 年第 2 期。

191. 苏州市考古研究所等：《江苏昆山姜里新石器时代遗址 2011 年发掘简报》，《文物》2013 年第 1 期。

192. 李一全：《无锡市双塔寺遗址发掘》，载江苏省文物局主编《江苏考古（2010—2011）》，南京出版社，2013 年。

193. 南京博物院：《江苏兴化、东台市蒋庄遗址良渚文化遗存》，《考古》2016 年第 7 期。

194. 邱振威、丁金龙等：《江苏昆山朱墓村良渚文化水田植物遗存分析》，《东南文化》2014 年第 2 期。苏州市考古研究所等：《江苏昆山朱墓村遗址发掘简报》，《东南文化》2014 年第 2 期。苏州市考古研究所等：《江苏苏州昆山朱墓村遗址发掘简报》，《东南文化》2017 年第 6 期。

195. 朱晓汀、胡颖芳、张蕾：《江苏句容孔塘遗址》，《大众考古》2017 年第 1 期。

196. 中国社会科学院考古研究所、苏州市考古研究所：《江苏苏州市五峰北遗址 2016 年发掘简报》，《考古》2020 年第 1 期。

197. 南京博物院：《江苏东台开庄遗址 2018—2019 年发掘简报》，《东南文化》2021 年第 3 期。

198. 安徽省文物考古研究所：《安徽芜湖月堰遗址新石器时代墓葬发掘简报》，《文物》2009 年第 8 期。

第三章

序列与谱系

　　浙北和苏南地区已发现旧石器时代地点 160 余处。目前发现的遗存跨越了旧石器早期（浙江七里亭、上马坎，江苏南京直立人、茅山旧石器地点群等）、中期（浙江紫金山、兰山庙，江苏莲花洞）和晚期（浙江合溪洞、乌龟洞上层，江苏神仙洞、三山岛）[1]，其中七里亭下层年代最早，可达距今 100 万年，三山岛[1]和神仙洞[2]年代最晚，可到旧石器时代末期甚至全新世初期。环太湖及周边尤其是浙北地区的旧石器时代考古在近一二十年以来取得了重大突破，但遗存所构建的年代序列仍较为粗疏，发掘的遗址和所获的遗存

<hr>

[1]　徐新民：《旧石器时代考古》，载浙江省文物考古研究所编《浙江考古（1979—2019）》，文物出版社，2019 年。房迎三、沈冠军：《江苏旧石器时代考古 20 年回顾》，《东南文化》2010 年第 6 期。

也不多，尤其是旧石器时代末期和新石器时代与旧石器时代过渡阶段的遗存发现较少，与江浙最早的新石器时代文化上山文化之间的关系尚不明确，存在明显的缺环。

　　良渚文化是环太湖地区第一支被发现和命名的考古学文化。随着1959 年马家浜遗址的发掘和随后对其文化内涵的了解[①]，20 世纪 70 年代中后期马家浜文化的命名被提出[②]。与此大致同时或稍晚，根据在邱城、崧泽、圩墩、双桥、越城、梅堰等遗址发现的早于良渚文化的遗存及相关地层叠压关系，确立了马家浜文化、崧泽文化到良渚文化的发展序列："良渚阶段是由崧泽阶段发展而来，崧泽阶段又是从马家浜阶段发展而来，即是说，这三个阶段是一个先后相承、连续发展的运动过程"[③]。

....

① 姚仲源、梅福根：《浙江嘉兴马家浜新石器时代遗址的发掘》，《考古》1961 年第 7 期。
② 吴汝祚：《从钱山漾等原始文化看社会分工和私有制的产生》，《考古》1975 年第 5 期。夏鼐：《碳 -14 测定年代和中国史前考古学》，《考古》1977 年第 4 期。
③ 牟永抗、魏正瑾：《马家浜文化和良渚文化——太湖流域原始文化的分期问题》，《文物》1978 年第 4 期。吴汝祚在 1975 年发表的文章里也提到环太湖地区马家浜文化、崧泽中层类型文化、良渚文化三个阶段前后相继，参见吴汝祚：《从钱山漾等原始文化看社会分工和私有制的产生》，《考古》1975 年第 5 期。

1980 年，崧泽文化正式命名并得到较为广泛的认可[①]。根据广富林 1999—2000 年的发掘和钱山漾 2004—2005 第三次发掘的成果，分别确立了广富林文化和钱山漾文化的命名。结合碳 −14 数据，形成了环太湖地区马家浜文化—崧泽文化—良渚文化—钱山漾文化—广富林文化的文化发展序列。

　　1973 年第一次发掘河姆渡遗址引起了学术界的高度关注。不久，在1976 年河姆渡遗址第一期发掘工作座谈会上，多数学者支持将第 4、3层命名为河姆渡文化[②]。1977 年夏鼐正式提出了河姆渡文化的命名[③]。1990年第一次发掘跨湖桥遗址后，已有学者关注到跨湖桥文化的年代属于新

---

①   汪遵国：《太湖地区原始文化的分析》，载中国考古学会编《中国考古学会第一次年会论文集（1979）》，文物出版社，1980 年。黄宣佩：《关于良渚文化若干问题的认识》，载中国考古学会编《中国考古学会第一次年会论文集（1979）》，文物出版社，1980 年。黄宣佩：《略论崧泽文化的分期》，载中国考古学会编《中国考古学会第三次年会论文集（1981）》，文物出版社，1981 年。王仁湘：《崧泽文化初论》，载《考古》编辑部《考古学集刊 4》，中国社会科学出版社，1984 年。

②   本刊通讯员：《河姆渡遗址第一期发掘工作座谈会纪要》，《文物》1976 年第 8 期。

③   夏鼐：《碳 −14 测定年代和中国史前考古学》，《考古》1977 年第 4 期。

石器时代早期 [①]。2001 年跨湖桥第二、三次发掘和 2003—2004 年下孙发掘后，《跨湖桥》报告正式提出了跨湖桥文化的命名 [②]。上山遗址发现于 2000 年，在 2001 年、2004 年、2005—2006 年进行了三次发掘，同时小黄山遗址也进行了发掘。2006 年中国第四届环境考古学大会暨上山遗址学术研讨会上，上山文化的命名遂被提出 [③]。1997 年发掘了好川遗址后，2001 年在发掘报告中正式提出了好川文化的命名 [④]。

一　上山、跨湖桥和河姆渡

根据目前已知的材料，江浙地区最早的新石器化发生在钱塘江以南、以金衢盆地为核心的浙中地区，以上山文化和跨湖桥文化为代表。

上山文化年代上限超过距今 9000 年，下限在距今 8500 年左右，已

---

① 浙江省文物考古研究所：《萧山跨湖桥新石器时代的遗址》，载浙江省文物考古研究所编《浙江省文物考古研究所学刊》，长征出版社，1997 年。方向明：《试论跨湖桥遗址》，载浙江省博物馆编《东方博物（第二辑）》，杭州大学出版社，1998 年。
② 浙江省文物考古研究所等：《跨湖桥》，文物出版社，2004 年。
③ 黄琦、蒋乐平：《上山遗址与上山文化——中国第四届环境考古学大会暨上山遗址学术研讨会上专家谈"上山文化"》，《中国文物报》2006 年 12 月 29 日第 7 版。
④ 浙江省文物考古研究所等：《好川墓地》，文物出版社，2001 年。

发现 20 处遗址 [①]（图 3-1），其中龙游青碓、荷花山、下库，金华青阳山、山下周、三潭山，兰溪皂洞口等遗址较为集中地分布在衢江南侧，另外武义大公山，永康湖西、庙山、薅山、长城里、长田、太婆山等遗址比较集中地分布在武义—永康江流域。其余遗址（浦江上山、义乌桥头、东阳老鹰山、嵊州小黄山、仙居下汤、临海峙山头）相对零散，间距较大。遗址总分布面积约为 1 万平方千米。遗址面积一般数千至数万平方米，部分遗址的面积近 10 万平方米。以上遗址中上山、小黄山、荷花山、下汤、桥头经过较大面积的发掘，所获遗存丰富，庙山、太婆山、薅山、长田、湖西、长城里、大公山、山下周、青阳山、青碓等经过小面积试掘，其中上山报告已出版 [②]，峙山头 [3] 和庙山 [4] 也有简报发表。

上山遗址层位关系丰富，南区⑤～⑧层及北区⑤层属上山文化，每层文化层厚度一般不超过 30 厘米，各层下均有开口有一定数量的灰坑，根据层位关系和大口盆、豆的演变关系，参照贾湖、顺山集，可将该遗址的上山文化遗存分为三期。

---

① 浙江省文物考古研究所：《上山文化：发现与记述》，文物出版社，2016 年；孙瀚龙、蒋乐平：《上山文化》，载浙江省文物考古研究所编《浙江考古（1979—2019）》，文物出版社，2019 年。

② 浙江省文物考古研究所、浦江博物馆：《浦江上山》，文物出版社，2016 年。

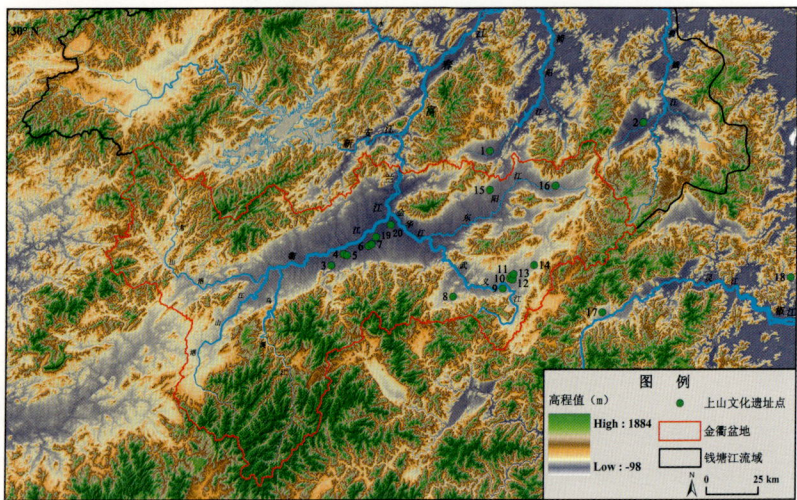

图 3-1　上山文化遗址分布图（由蒋乐平、仲召兵、孙瀚龙先生提供）

　　第一期以上山早期为代表，以上山 2004—2006 南区⑧层及开口⑧层下（H391）或打破⑧层的灰坑（H151、H302、H315、H360、H391、H183、H301、H318、H380、H388、H426 及 H373）为代表，此期大口盆的主要特征是口部外撇呈喇叭口状，豆的圈足较矮，器类以大口盆为大宗，另有少量卷沿罐、平沿罐、折沿罐、双耳罐、豆。根据陶片及植硅体测年数据[1]，该期上限超过距今 9000 年，推测年代在距今 9500—8500 年，此阶段部分双耳罐（H318：5、H426：1）颈部不明显，无折沿，总体形态与贾湖遗址一期文化的双耳壶（如 M41、M125、M74 和 M42 出土的双耳壶）比较接近。庙山遗址试掘的大部分遗存属此期。

　　第二期以上山 2004—2006 南区⑦、⑥层及相关灰坑（H26、H121、H153、H174、H181、H184、H193、H209、H211、H239、H244、H245、H402 及 H168、H196、H225、H352）为代表，此期大口盆多为斜直口，或微外撇，豆的圈足适中，器类仍以大口盆为大宗，另有一定数量的卷沿罐、平沿罐、折沿罐、双耳罐等。该期年代约距今 8500—8200 年，T0910 ⑤ B：4 深腹釜的存在以及大量肩耳罐的存在说明此期与顺山集文化有一定的文化交流。部分遗址出土折肩壶的形态相当于贾湖遗址二期的折肩壶（长城里 H9、H6，湖西 H2）。

---

① 左昕昕、吕厚远、蒋乐平等：《植硅体 AMS14C 测年确定水稻驯化开始于一万年前》，载浦江博物馆编《上山文化论集》，中国文史出版社，2018 年。

第三期以上山北区 H461 和北区 H168、H225、H226 为代表，所出大口盆斜腹极浅，豆的圈足较高，器类仍以大口盆为大宗，另有一定数量的卷沿罐、平沿罐、折沿罐、双耳罐等，新出现斜腹平底盆、假圈足碗，折沿罐的折沿变宽，卷沿罐颈部变长，显示出向跨湖桥文化演变的趋势，此期遗存甚少。该期年代约距今 8200—8000 年。另外峙山头的上山文化遗存属此期。

根据上述报告的分类可知，上山文化的石器以打制石器为主，可分为石核、石片和工具三大类，工具包括石片石器（刮削器、使用石片、钻器、镰形器、刀）和砾石石器（砍砸器、石球、石锤）两大类。另多见石磨盘、石磨棒（图 3-2）。仅发现极少量磨光石锛、石斧、石凿等。从出土数量来看，磨盘、磨棒、石球、使用石片、刮削器、砺石、石锤出土数量最多，其余种类的石器出土数量均为个位数。

通过观察上山遗址掺杂于陶器的稻谷颖壳形态、小穗轴特征和运动细胞硅酸体形态特征，以及湖西遗址浮选出土的稻谷小穗轴特征，可知上山文化的稻谷是带有现代粳稻特征的原始栽培稻，野生型占 61.2%，

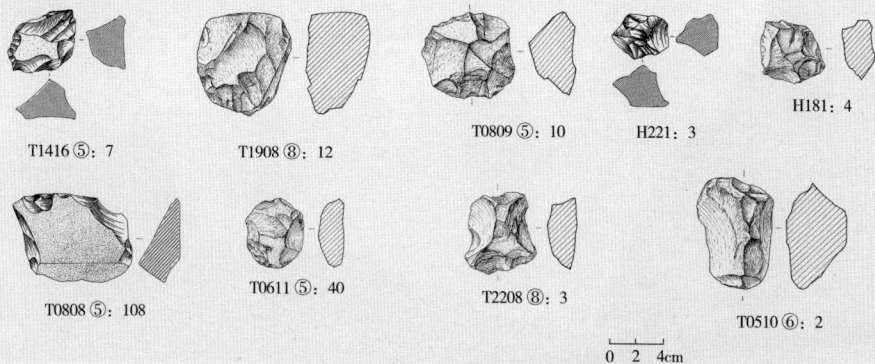

T1416⑤：7　　　T1908⑧：12　　　T0809⑤：10　　H221：3　　　H181：4

T0808⑤：108　　T0611⑤：40　　T2208⑧：3　　　T0510⑥：2

0　2　4cm

打制石核

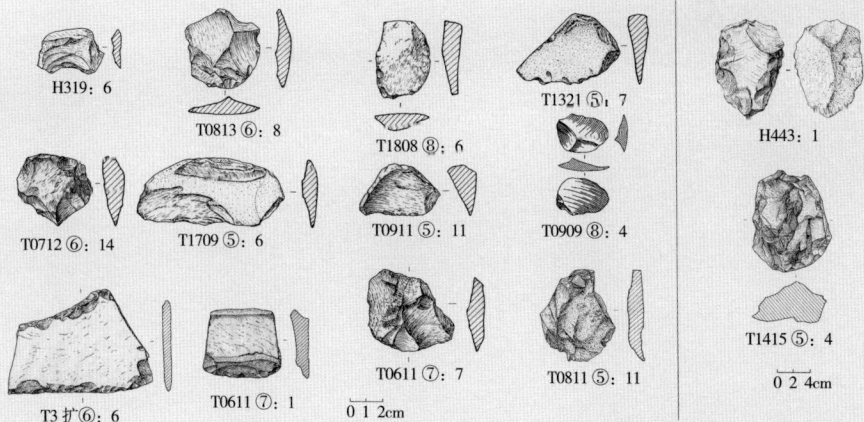

H319：6　　T0813⑥：8　　T1808⑧：6　　T1321⑤：7　　H443：1

T0712⑥：14　　T1709⑤：6　　T0911⑤：11　　T0909⑧：4

T3扩⑥：6　　T0611⑦：1　　T0611⑦：7　　T0811⑤：11　　T1415⑤：4

0　1　2cm　　　　　　　　　　　　　　0　2　4cm

打制石片

（a）

T3⑤: 5（下，磨盘）；T3⑦: 1（上，磨棒）

（b）

图 3-2　上山遗址出土的打制石器和磨盘、磨棒

栽培型占 38.8 %[1]，还处于驯化的初级阶段。也有学者根据水稻扇形植硅体鱼鳞状纹饰的数量统计，鱼鳞状纹饰数目等于或大于 9 可作为栽培稻的特征，其比值从上山早期的 38.71 % 发展到上山晚期和马家浜时期的超过 40 %，再发展到商周时期的 78.72 %（接近现代栽培稻），远远高于野生稻（10 % 左右），说明上山文化时期水稻驯化已经开始[2]。水稻植硅体形态也证实了上山文化水稻具有初期驯化特征[3]。受限于保存条件，上山文化遗址中很少见到动植物等有机质遗存，不过上山遗址浮选出两粒稻谷，分别属于 H461（第二期晚段，完整）和 H310（残），另外发现两粒跨湖桥时期的稻谷，相比于上山遗址马家浜时期和商周时期的稻谷，上

① 郑云飞、蒋乐平：《上山遗址的古稻遗存及其在稻作起源研究上的意义》，《考古》2007 年第 9 期。郑云飞、蒋乐平、Gary W.Crawford：《稻谷遗存落粒性变化与长江下游水稻起源和驯化》，《南方文物》2016 年第 3 期。

② 郇秀佳、李泉、马志坤、蒋乐平、杨晓燕：《浙江浦江上山遗址水稻扇形植硅体所反映的水稻驯化过程》，《第四纪研究》2014 年第 1 期。马永超、杨晓燕等《长江下游地区的水稻驯化过程——来自水稻扇形植硅体的证据》，载浦江博物馆编《上山文化论集》，中国文史出版社，2018 年，原载 Quaternary International，2017 年第 426 卷。

③ 吴妍、蒋乐平、郑云飞、王昌燧、赵志军：《长江下游地区水稻植硅体形态变化趋势研究——基于上山遗址的植硅体记录》，载浦江博物馆编《上山文化论集》，中国文史出版社，2018 年，原载 Journal of Archaeological Science(49)：204，326-331.

山和跨湖桥时期的稻谷总体上尺寸偏小、细长[1]。近年来义乌桥头遗址又淘洗出数量较多的稻谷颗粒（图 3-3）。石器的淀粉粒分析显示橡子、菱角、薏苡、稗草和一些根茎植物也被上山先民所采食，稻谷可能没有成为主食[2]。发现的少量动物考古的研究显示，上山遗址中发现有鸟类、野猪、啮齿类、鹿和鱼类的动物骨骼，尚未发现家猪[3]。总体上上山文化时期水稻栽培已经开始，但还处于驯化的初期阶段，狩猎和采集是生计的主要来源。

　　跨湖桥文化年代约距今 8000—7200 年，发现 15 处遗址，包括龙游荷花山、青碓，金华青阳山，永康长城里、湖西，浦江上山，义乌桥头，嵊州小黄山，萧山跨湖桥、下孙，余杭火叉兜，仙居下汤，临海峙山头，天台百亩山，余姚井头山，相比于上山文化，分布范围进一步向东向北扩展，面积达到近 3 万平方千米，除了金衢盆地之外，在杭嘉湖、宁绍、

---

[1]　赵志军、蒋乐平：《浙江浦江上山遗址浮选出土植物遗存分析》，《南方文物》2016 年第 3 期。

[2]　刘莉等：《全新世早期中国长江下游地区橡子和水稻的开发利用》，《人类学报》2010 年第 29 卷第 3 期。杨晓燕、傅稻镰等：《一万年前稗草和水稻一起被加工》，载浦江博物馆编《上山文化论集》，中国文史出版社，2018 年，原载 Scientific reports，2015，5，16251。

[3]　戴玲玲、朱江平、蒋乐平：《上山遗址动物骨及人骨鉴定报告》，载浙江省文物考古研究所、浦江博物馆编著《浦江上山》，文物出版社，2016 年。

图 3-3　义乌桥头遗址及浮选出的稻谷

台州也有少量分布,遗址分布更加分散 [1]。遗址面积一般数千至数万平方米，不见明显的中心聚落。

　　跨湖桥遗址层位关系和出土遗物最为丰富，扁折腹双耳罐、双腹豆、折腹圈足盘和部分釜的演变关系比较明确，据此可将遗址分三期。第一期以第二次发掘的湖相沉积（湖 V～湖 I ）为代表，年代约距今 8000—7700 年，同一时期的遗存还见于荷花山、上山、青碓、小黄山，鉴于上山等遗址出土的平底盘非常接近于上山晚期，此期与上山晚期应该不会有太大的时间缺环 [2]。第二期以第二次发掘 9～7 层为代表，年代约距今 7700—7400 年，同时期的遗存还见于下孙、上山、小黄山。第三期以第二次发掘 6～4 层为代表，年代约距今 7400—7200 年，此期遗存在其余遗址发现较少。从扁折腹双耳罐来看，跨湖桥文化总体年代应当与贾湖遗址三期大体相当。

....

[1]　孙瀚龙、蒋乐平:《跨湖桥文化》，载浙江省文物考古研究所编著《浙江考古（1979—2019）》，文物出版社，2019 年。
[2]　蒋乐平:《跨湖桥文化研究》，科学出版社，2014 年。蒋乐平认为荷花山、青碓、上山中层的偏早期遗存年代要早于跨湖桥遗址一期，年代为距今 8300 年前后。

　　在多处遗址，如嵊州小黄山[①]、浦江上山[②]、龙游荷花山等均发现跨湖桥文化叠压上山文化遗存的地层关系，上山、青碓、荷花山、湖西等遗址的上山晚期遗存中已出现部分跨湖桥文化特征，如彩陶、沿外侧带扳的绳纹陶釜等，跨湖桥文化的双耳罐、斜腹平底盘、圈足盘、折沿罐、卷沿罐、平沿罐、假圈足碗等均可在上山文化中找到原型[③]。但跨湖桥文化中也新出现大量圜底釜、支脚和绳纹装饰，已有学者指出这可能是受到了彭头山文化的影响[④]。

　　跨湖桥文化陶器制作技术精湛，渗碳工艺、磨光技术应用普遍，并出现慢轮修整，部分泥质黑皮陶甚至达到良渚文化黑皮陶的水准，陶器种类和形态繁多，反映出当时日常生活器物已经开始精细化。跨湖桥文化可见磨石和磨棒，但少见上山文化常见的打制石器，显示跨湖桥文化有更发达的石器技术水平和经济形态。由于保存条件较好，跨湖桥遗址

---

① 　张恒、王海明、杨卫：《浙江嵊州小黄山遗址发现新石器时代早期遗存》，《中国文物报》2005 年 9 月 30 日第 1 版。

② 　浙江省文物考古研究所、浦江博物馆：《浦江上山》，文物出版社，2016 年。

③ 　蒋乐平：《跨湖桥文化研究的回顾与进展》，载跨湖桥遗址博物馆编《跨湖桥文化国际学术研讨会论文集》，文物出版社，2012 年。蒋乐平：《跨湖桥文化研究》，科学出版社，2014 年。

④ 　韩建业：《试论跨湖桥文化的来源和对外影响——兼论新石器时代中期长江中下游地区间的文化交流》，《东南文化》2010 年第 6 期。

中出土了种类丰富的骨器和木器（图 3-4）。

跨湖桥遗址共出土 1000 多粒稻米、稻谷和谷壳，从稻谷粒型、植硅体形态分析可知，跨湖桥古稻是栽培稻[1]。跨湖桥时期，驯化型水稻扇形植硅体比例为 58%，高于上山时期的 46.04% 和马家浜晚期的 52%，而低于崧泽文化的 69.33%，已经比较接近现代驯化水稻的水平（63.7% 左右）[2]，显示出水稻驯化水平相比于上山文化有比较明显的进步。不过，浮选结果显示，坚果占植食资源的 80% 以上，另外，芡实、菱角也是重要的主食，稻谷所占比例不高。虽然已有驯化的猪和狗，但动物骨骼中鹿和牛等野生动物从早期的 30%～40% 增长到晚期的 70%，而猪从早期的 27% 减少到晚期的 9%，可见野生动物是主要的肉食来源[3]，跨湖桥时期仍是以狩猎采集为主的广谱经济。

在距今 7800 年前后的跨湖桥文化二期，跨湖桥文化即开始了西迁

[1]　浙江省文物考古研究所：《跨湖桥》，文物出版社，2004 年。

[2]　马永超、杨晓燕等：《长江下游地区的水稻驯化过程——来自水稻扇形植硅体的证据》，载浦江博物馆编《上山文化论集》，中国文史出版社，2018 年，原载 Quaternary International，2017 年第 426 卷。

[3]　浙江省文物考古研究所：《跨湖桥》，文物出版社，2004 年。陈淳、潘艳、魏敏：《再读跨湖桥》，载跨湖桥遗址博物馆编《跨湖桥文化国际学术研讨会论文集》，文物出版社，2012 年。

图 3-4　跨湖桥遗址出土的独木舟

和北迁的过程，对周边的文化进程产生了积极的影响。向西的发展则可能导致了彭头山文化向皂市下层文化的转变[①]和高庙文化的产生，在皂市下层文化影响下，彭头山文化向北进入峡江地区形成城背溪文化。最北的迁徙到达顺山集（形成顺山集三期遗存，年代在距今 8000—7500 年）[②]。迁徙距离达到 500～1000 千米。

河姆渡文化主要分布于宁绍地区，以河姆渡第一、二期（图 3-5）[5]和傅家山第 8～6 层[6]及童家岙[③]、鲞架山[7]、鲻山[8]、田螺山第 8～5 层[9]等为代表。属于河姆渡文化的遗址不超过 10 处，面积均在数万平方米，未发现明确的中心聚落。

河姆渡文化的典型器物组合包括各类釜，各类双耳罐、盆、钵、碗、豆、器盖、器座和支脚。根据河姆渡、傅家山、田螺山的地层叠压关系及各类釜的形态演变，可将河姆渡文化分为两期（图 3-6）。第一期以河姆渡

----

① 韩建业：《试论跨湖桥文化的来源和对外影响——兼论新石器时代中期长江中下游地区间的文化交流》，《东南文化》2010 年第 6 期。

② 南京博物院、泗洪县博物馆：《顺山集》，科学出版社，2016 年。顺山集三期的器物组合与顺山集文化差异甚大，其来源甚为复杂，除了延续顺山集文化而来的深腹釜外，还有大量外来因素，其中釜、圈足盘、高领双耳壶、窄折沿盆明显受到跨湖桥文化的影响，年代大致相当于跨湖桥二期，总体在距今 7500 年前后或略晚。

③ 浙江省文物考古研究所 1979 年试掘。

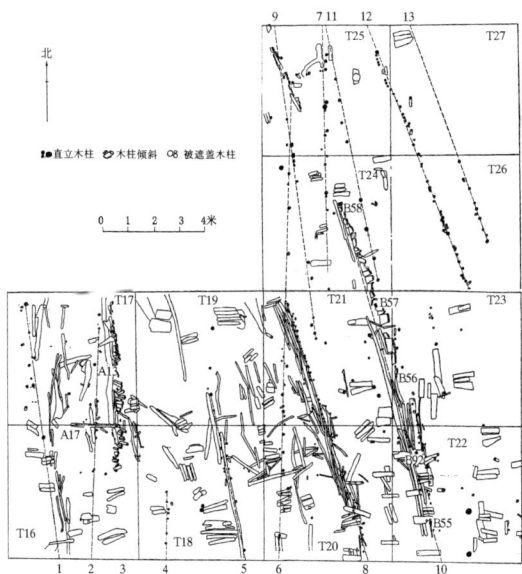

图 3-5 河姆渡遗址的干栏式建筑及其分布平面图

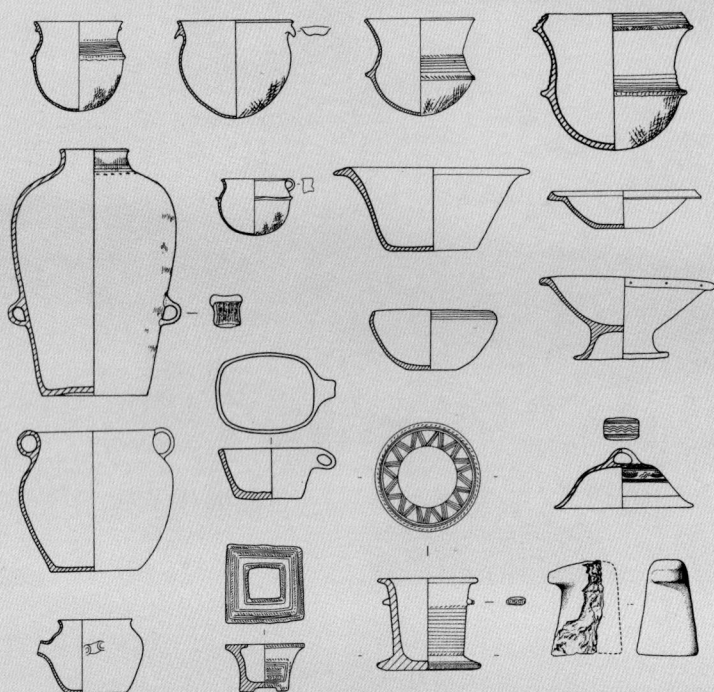

河姆渡一期

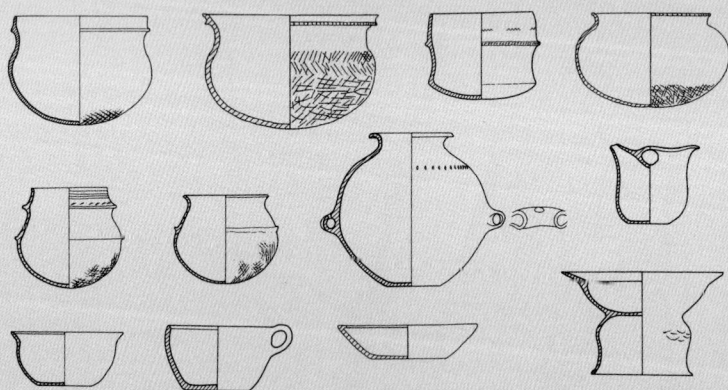

河姆渡二期

0   8   16厘米

图 3-6　河姆渡遗址分期图（依王永磊）

4 层、傅家山 8 层、田螺山 8 ～ 7 层（即田螺山早期遗存）为代表，根据田螺山 [1]、河姆渡的测年可知该期年代为距今 7000—6700 年。傅家山 8 层出土 3 件小口双耳平底瓶（报告称瓮，出自 T111 和 T141 ⑧层），与枣园文化（荒坡 F3）、北首岭文化（北首岭 T26）的同类器大同小异，部分双耳罐的形态和双耳的造型与双墩文化同类器近似。第二期以河姆渡 3 层、傅家山 7 ～ 6 层、田螺山 6 ～ 5 层（即田螺山中期遗存）为代表，年代为距今 6700—6300 年。河姆渡文化之后是以河姆渡 2 层、田螺山 4—3 层为代表的马家浜晚期阶段遗存，年代为距今 6300—5900 年。

河姆渡文化的遗存基本上都深埋于地下水位线以下，保存的有机质极为丰富。如河姆渡遗址 4 层曾出土"大量的水稻（包括谷壳和秆、叶）、橡子、菱、酸枣以及各种树叶"，且 4A 层普遍发现 20 ～ 100 厘米厚度不等的稻谷和碎木屑片等混杂形成的堆积，其中既有大量栽培稻，也有少量普通野生稻 [2]。2006—2008 年在田螺山遗址周边调查发现河姆渡文化（测年距今 7000—6400 年）和马家浜文化至良渚文化（测年距今

---

[1] 吴小红、秦岭、孙国平：《田螺山遗址的 C-14 年代数据》，载北京大学中国考古学研究中心、浙江省文物考古研究所编《田螺山遗址自然遗存综合研究》，文物出版社，2011 年。

[2] 浙江省文物考古研究所：《河姆渡——新石器时代遗址考古发掘报告》，文物出版社，2003 年。

6300—4600 年）的水稻田遗迹，面积分别达 6.3 万平方米和 7.4 万平方米，两层水稻田遗迹之间间隔了厚达 75 厘米的距今 6400—6300 年的海相沉积层[1]。据研究,河姆渡时期稻作亩产量约 55 千克[2]。田螺山遗址中橡子、稻谷、菱角和芡实出土数量最多，概率分别达到 78.6％、67.9％、60.7％、50％，是主要的植食来源，另有一定数量的柿子、悬钩子属、猕猴桃属、葫芦、南酸枣、桃、葡萄属、甜瓜、梅、樱桃、松果等。稻谷的小穗轴形态研究显示，驯化形态的比例从河姆渡文化一期的 38％增长到二期的 51％[3]。部分种属如甜瓜、柿子、桃子、菱角可能已经有了专

① 郑云飞、孙国平、陈旭高:《全新世中期海平面波动对稻作生产的影响》,《科学通报》2011 年第 56 卷第 34 期。

② Zheng Yunfei, Sun Guoping, Qin Ling, et al. Rice fields and modes of rice cultivation between 5000 and 2500BC in East China. Journal of Archaeological Science, 2009, 36(12): 2609-2616.

③ 傅稻镰、秦岭、赵志军、郑云飞等:《田螺山遗址的植物考古分析——野生植物资源采集与水稻栽培、驯化的形态学观察》,载北京大学中国考古学研究中心、浙江省文物考古研究所编《田螺山遗址自然遗存综合研究》,文物出版社,2011 年。

门的采集、管理或栽培[1]。动物骨骼中，鹿科占比最多，达 65% 左右，猪骨占比不足 10%[2]，另发现少量的狗骨，其中猪既有家猪又有野猪，总体处于驯化的初期阶段[3]。河姆渡时期的生业经济总体上是以狩猎采集为主，另外稻作农耕也占有较大的比重，兼有一定的家畜饲养。

宁绍地区由于地势低下，文化进程极易受到海平面涨退的影响。根据河姆渡、田螺山、傅家山、鱼山、乌龟山的发掘情况可知，河姆渡文化地层与马家浜文化层之间，马家浜文化层与崧泽文化层之间，以及良

....

① 郑云飞、陈旭高：《甜瓜起源的考古学研究——从长江下游出土的甜瓜属（Cucumis）种子谈起》，载浙江省文物考古研究所编《浙江省文物考古研究所学刊（第八辑）：纪念良渚遗址发现七十周年学术研讨会文集》，科学出版社，2006 年。傅稻镰、秦岭、赵志军、郑云飞等：《田螺山遗址的植物考古分析——野生植物资源采集与水稻栽培、驯化的形态学观察》，载北京大学中国考古学研究中心、浙江省文物考古研究所编《田螺山遗址自然遗存综合研究》，文物出版社，2011 年。

② 张颖、袁靖、黄蕴平等：《田螺山遗址 2004 年出土哺乳动物遗存的初步分析》，载北京大学中国考古学研究中心、浙江省文物考古研究所编《田螺山遗址自然遗存综合研究》，文物出版社，2011 年。

③ 河姆渡遗址亦然。魏丰等：《浙江余姚河姆渡新石器时代遗址动物群》，海洋出版社，1990 年。浙江省博物馆自然组：《河姆渡遗址动植物遗存的鉴定研究》，《考古学报》1978 年第 1 期。

渚文化之后普遍发现有淤泥层[①]。说明宁绍地区经常有相对水位升高的时期，水位的升高可能导致了河姆渡文化的衰落和马家浜文化对河姆渡文化的取代，以及崧泽早期阶段遗址数量稀少和良渚文化的消亡。

在宁绍平原形成的河姆渡文化，可能吸收了少量跨湖桥文化的因素，如以釜作为炊器、绳纹装饰风格及口沿带扳的特征。河姆渡文化中也有大量双耳罐，且豆可能也是来源于跨湖桥文化，但二者无论是在器物组合、器型还是装饰及艺术风格（图3-7）上，都有非常大的区别，器物形态不可追溯，但二者年代之间可能存在200年左右的时间间隔。河姆渡文化显然不是直接从跨湖桥文化传承而来的，其来源有更复杂的背景，

①　吴小红、秦岭、孙国平：《田螺山遗址的C-14年代数据》，载北京大学中国考古学研究中心、浙江省文物考古研究所编《田螺山遗址自然遗存综合研究》，文物出版社，2011年。朱诚、郑朝贵、马春梅：《对长江三角洲和宁绍平原一万年来高海面问题的新认识》，《科学通报》2003年第48期23卷。宁波市文物考古研究所：《傅家山》，科学出版社，2013年。Wang Z, Ryves D V, Lei S, et al. Middle Holocene marine flooding and human response in the south Yangtze coastal plain, East China. Quaternary Science Reviews, 2018, 187: 80-93. Huang J, Lei S, Wang A, et al. Mid-Holoceneenvironmental change and human response at the Neolithic Wuguishan site in the Ningbo coastal lowland of East China. The Holocene, in press. https://doi.org/10.1177/0959683620941070. 2020.

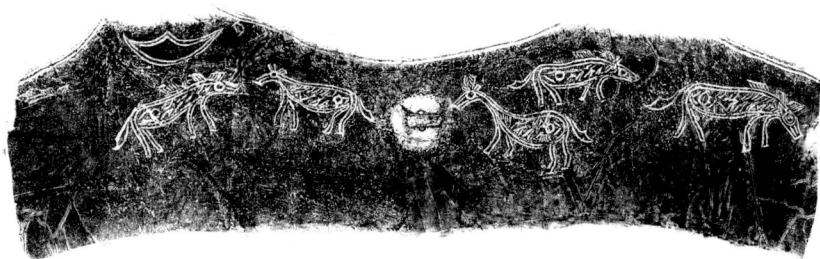

田螺山 T103 ⑧：25 龟形刻纹盉拓片

河姆渡 T243 ④ A：235 猪纹方钵

田螺山 T301 ⑧：3 象纹雕刻木板

田螺山 T303 ⑦：39 双鸟木雕器

河姆渡 T226 ③ B：79 双鸟纹象牙蝶形器

（a）

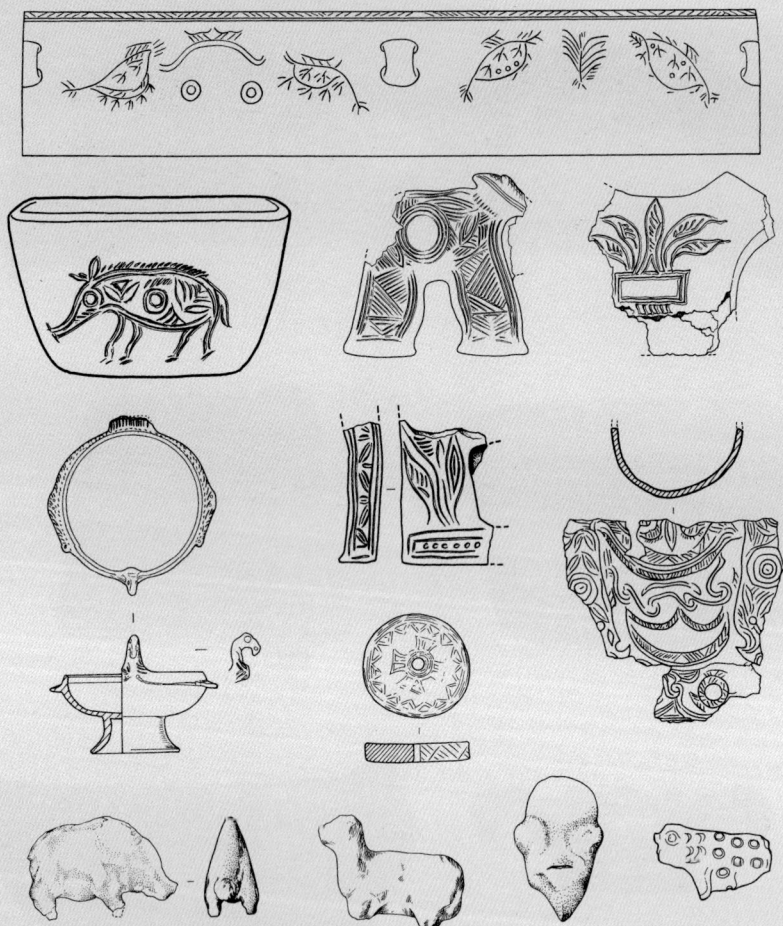

（b）

图 3-7　河姆渡文化的艺术品及纹样

比如其中甚至可以看到高庙文化的某些影响，如部分釜的整体形态及内折口风格、鸟纹 [1]。

二 马家浜、崧泽与良渚

距今 7000 年之前，环太湖地区只发现过一处跨湖桥文化的遗址，但仅仅是昙花一现，与之后的文化序列无关 [2]，随后即为前后相接的马家浜时期、崧泽时期、良渚时期以及钱山漾时期和广富林时期。

马家浜时期可以距今 6300 年区分早晚两个阶段。

马家浜早期距今 7000—6300 年，这一时期为环太湖文化区的形成阶段，在皖北地区双墩文化 [3] 的南向影响下，在太湖西北部形成了骆驼墩文化（图 3-8），器物组合以斜腹釜（敞口或带折沿）、罐形釜、高柄豆为主。这一时期太湖西北部是环太湖地区的文化高地，在骆驼墩文化晚末期阶段，骆驼墩先民向外迁徙，在太湖北部形成祁头山遗存（筒腹釜）

---

[1]   刘祥宇：《河姆渡遗址再分析》，载成都文物考古研究所《成都考古研究（二）》，科学出版社，2013 年。

[2]   目前仅发现一处，即属良渚遗址群的余杭火叉兜遗址，由浙江省文物考古研究所赵晔先生发掘。

[3]   安徽省文物考古研究所、蚌埠市博物馆：《蚌埠双墩》，科学出版社，2008 年。

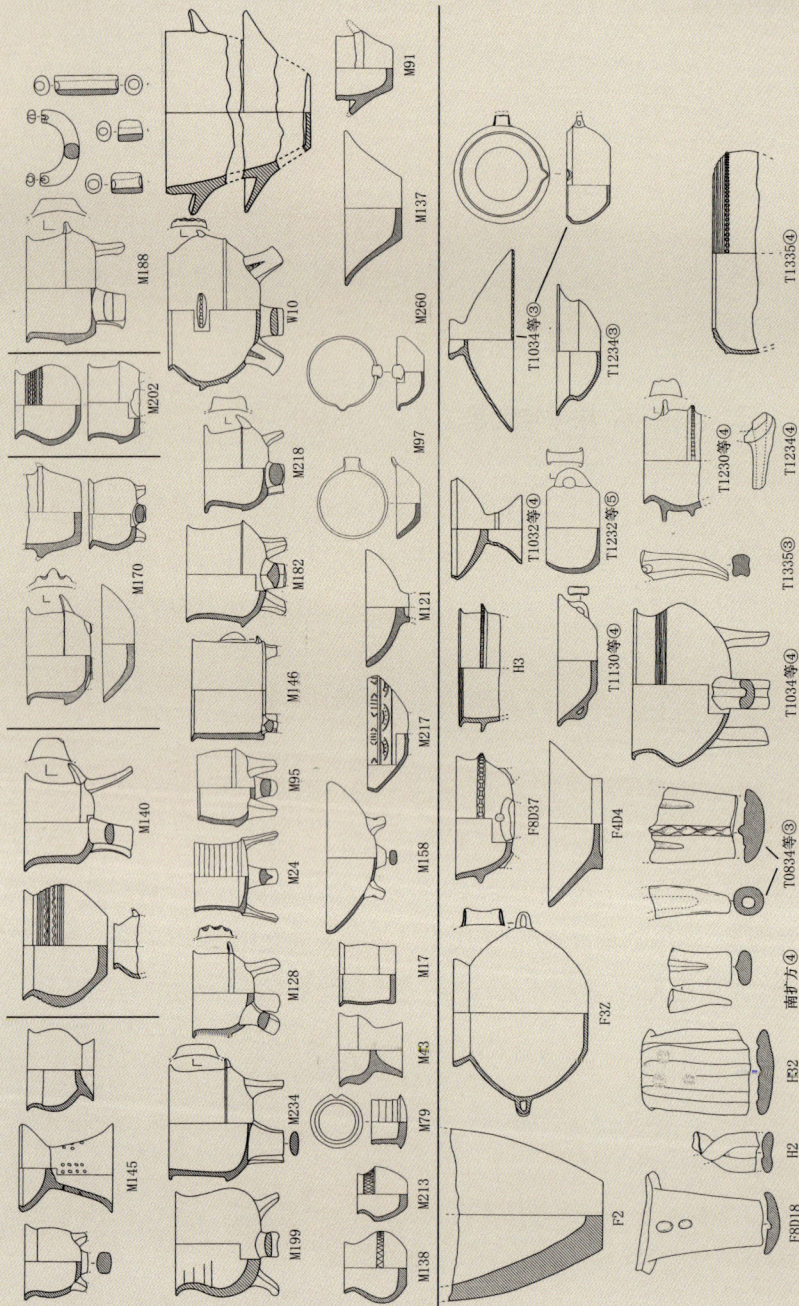

图 3-8 神墩遗址出土的骆驼墩文化遗存

146

（图 3-9），在太湖西南岸形成邱城早期遗存（盆形釜），在余杭西部产生吴家埠早期遗存（罐形釜），这几支遗存均以平底釜为特征[①]，但已经与骆驼墩文化本体产生了明显可辨的变化。由于这三支考古学遗存均只有一处遗址，还不足以单独命名为文化。这一现象说明，在马家浜早期阶段，文化的核心凝聚力仍不足，当骆驼墩一部分先民因为某种原因向外迁徙、超出骆驼墩文化分布区 100 千米左右时，其文化与母文化之间便会发生明显的变异，显示与母文化之间缺乏足够的联系。骆驼墩文化作为这一时期最重要的考古学文化，已发现的遗址仍仅有 6 处，分别为芜湖马鞍山市张家甸、宜兴骆驼墩、西溪，溧阳神墩、秦堂山、东滩头，呈线状分布，各遗址间距 10 ～ 40 千米，面积一般在数万平方米左右，最大的遗址骆驼墩面积约为 25 万平方米，分布范围限于太湖西北部宜溧地区，宜溧地区面积不到 2000 平方千米。虽然遗址面积不等，但似乎还没有形成明确的中心聚落，聚落分化不明显。从墓葬遗存也可知，墓葬随葬品均较少，一般只有 1 ～ 2 件随葬品，表明贫富分化尚未出现，毫无疑问仍处于平等社会的发展阶段。生计类型是以狩猎采集为主、稻作农业

---

① 　陈明辉：《距今 6000 年前后环太湖流域的文化格局——兼论后冈时代》，载浙江省文物考古研究所编《崧泽文化学术研讨会论文集（2014）》，文物出版社，2016 年。

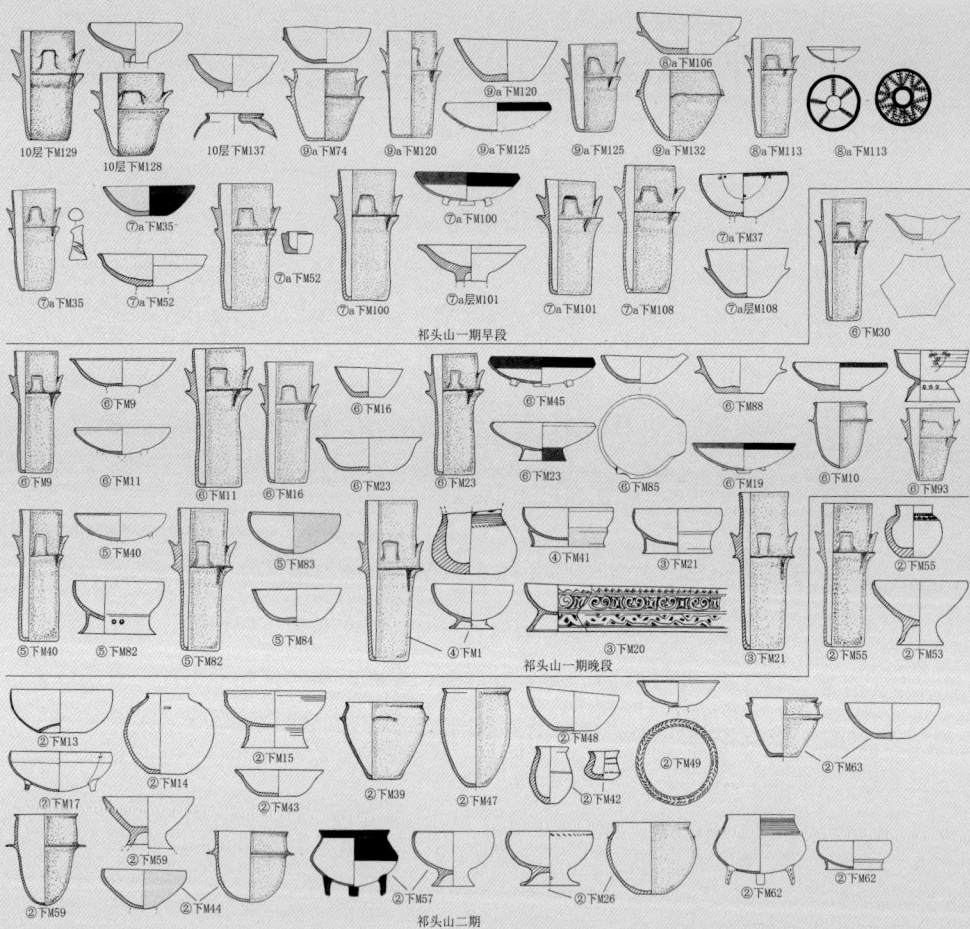

10层下M129　10层下M128　10层下M137　⑨a下M74　⑨a下M120　⑨a下M125　⑨a下M125　⑨a下M132　⑧a下M106　⑨a下M120　⑧a下M113　⑧a下M113

⑦a下M35　⑦a下M52　⑦a下M52　⑦a下M100　⑦a层M101　⑦a下M101　⑦a下M108　⑦a下M37　⑦a下M100　⑦a层M108　⑥下M30

祁头山一期早段

⑥下M9　⑥下M9　⑥下M11　⑥下M11　⑥下M16　⑥下M16　⑥下M23　⑥下M23　⑥下M45　⑥下M23　⑥下M85　⑥下M88　⑥下M19　⑥下M10　⑥下M93

⑤下M40　⑤下M40　⑤下M82　⑤下M82　⑤下M83　⑤下M84　④下M1　④下M41　③下M21　③下M20　③下M21　②下M55　②下M55　②下M53

祁头山一期晚段

②下M13　②下M14　②下M17　②下M15　②下M43　②下M39　②下M47　②下M48　②下M42　②下M49　②下M63

②下M59　②下M59　②下M44　②下M57　②下M26　②下M62　②下M62

祁头山二期

图3-9　祁头山遗存分期

148

为辅①，在不少遗址中可见大片的螺壳堆积，说明渔捞在先民生活中也发挥了重要作用。遗物以日常生活用品为主，手工业处于较低的发展水平，未发现奢侈品，可能已有玉器制作的装饰品，但数量不多。

在马家浜早期阶段，太湖东南部还分布有罗家角遗存，仅发现罗家角遗址一处，以弧腹圜底腰沿釜、实足鬶、平底鬶最具代表性，兼出河姆渡文化的敛口釜、敞口釜、盆、双耳罐等，骆驼墩文化的斜腹釜，丁沙地文化的深腹圜底釜等，说明该遗存受到更多的河姆渡文化的影响，同时也与骆驼墩文化、丁沙地文化等有一定的文化交流。

宁镇地区分布有以深腹圜底釜为主要炊器的丁沙地文化，其来源为后李文化系统，最终演变为马家浜晚期阶段的圩墩文化，典型遗址包括丁沙地、左湖、凤凰山、北阴阳营等。宁绍地区则分布有上文提到过的河姆渡文化。

总体而言，整个环太湖地区在马家浜早期阶段只有不到 10 处遗址，周边的同时期考古学文化如河姆渡文化、丁沙地文化也分别只有四五处遗址，数量极少，分布稀疏，说明这一阶段只是环太湖地区及周边文化

①　宋艳波：《马家浜文化早期的生业经济研究——以动物考古学为视角》，《东南文化》2017 年第 5 期。

发展的初级阶段。

马家浜晚期阶段，环太湖地区的文化格局呈现四马齐驱的局面，太湖西部为以倒梯形足鼎为主要炊器、随葬各类明器、墓葬头向朝东的薛城文化，太湖北部为以深腹釜为主要炊器、墓葬头向朝北的圩墩文化，太湖南部为以圆腹锥足鼎为主要炊器的庙前文化，太湖东南部器物组合接近河姆渡三期而葬俗接近圩墩、墓葬头向朝北的马家浜文化。同时，吴家埠遗存、邱城遗存、祁头山遗存、罗家角遗存也延续到晚期偏早阶段，标志便是开始出现了少量的鼎。到马家浜晚期偏晚阶段，即距今 6000 年左右，在北阴阳营文化和龙虬庄文化的影响下，太湖北部以釜为主要炊器的圩墩文化（图 3-10）被以鼎为主的东山村文化所取代，此文化可谓是崧泽文化的前奏；在薛城文化（图 3-11）的影响下，太湖西南部形成芝里文化；庙前文化也有向东发展的趋势，使太湖东南部、宁绍地区鼎的数量和比例日益增加。

这一时期与马家浜早期最大的区别是传统的釜文化逐渐被鼎文化所取代，出现以鼎为主要炊器的考古学文化，包括薛城文化和庙前文化（图 3-12），圩墩文化尽管仍以深腹圜底釜（这种釜应当源自后李文化系统）为主要炊器，但也有一定数量的鼎。同时期长江下游和江淮地区区域文化相当繁荣，皖北的侯家寨文化、宁镇地区的北阴阳营文化、皖江西部的黄鳝嘴文化、江淮东部偏北的青莲岗文化、江淮东部偏南的龙虬庄文

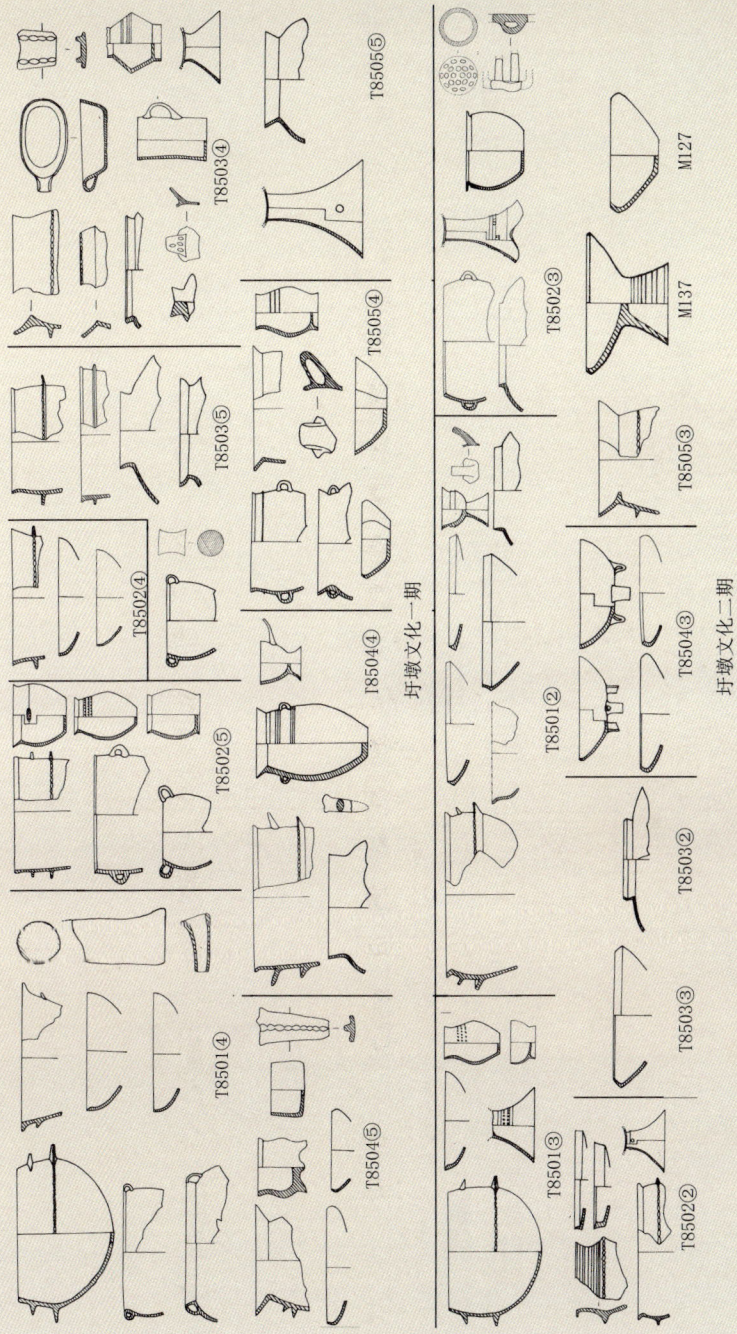

图 3-10 圩墩遗址出土的圩墩文化遗存分期

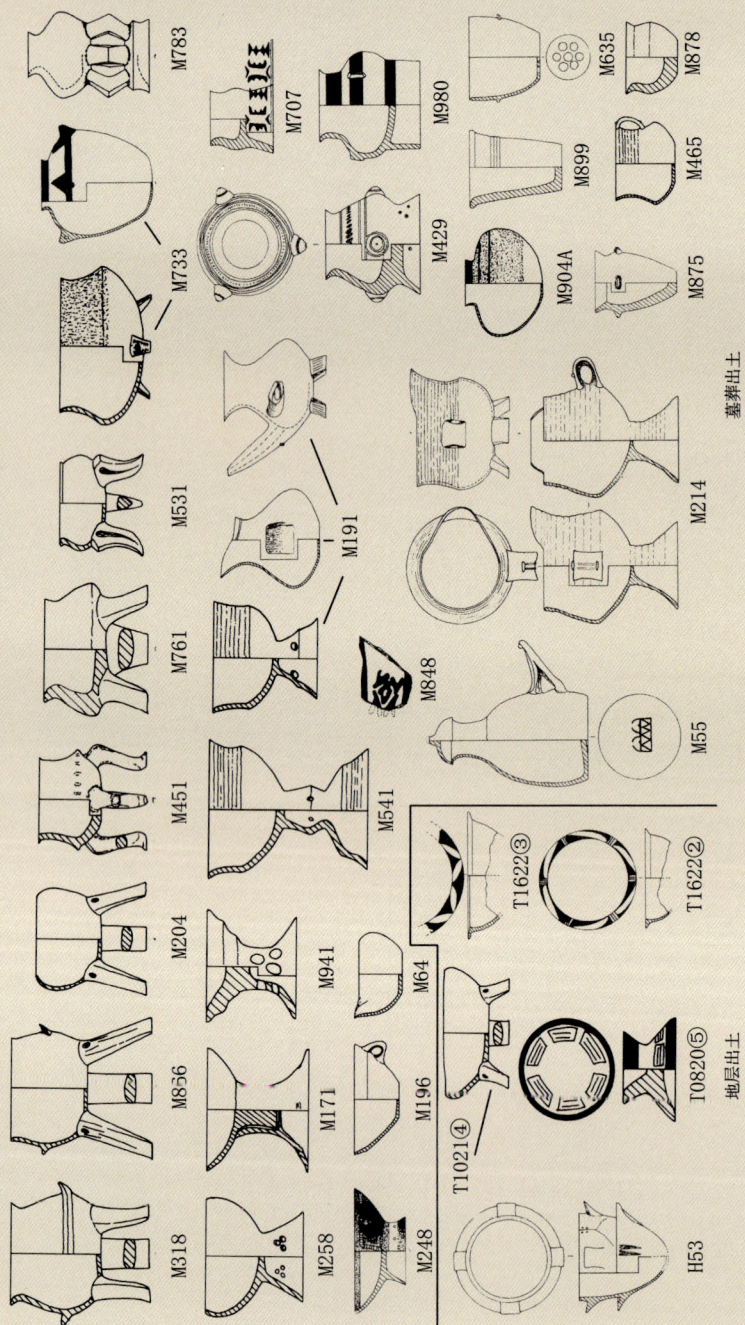

图 3-11　三星村遗址出土的薛城文化遗存

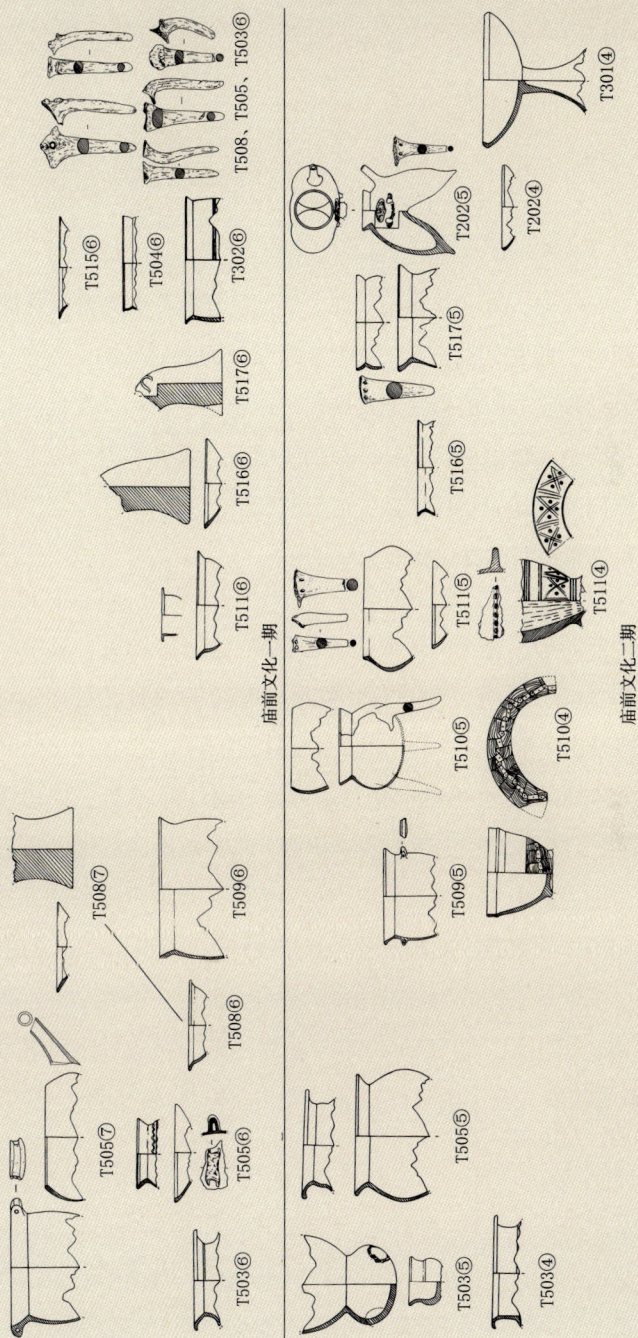

图3-12 庙前遗址出土的庙前文化遗存分期

153

化，均以鼎为主要炊器。笔者曾指出，环太湖地区马家浜晚期鼎文化的出现受到了大河村一期文化的影响，而侯家寨文化为其中转站。[①] 这一时期，应当有大批来自中原的移民通过皖北到达长江下游和江淮地区的各个区域，或与当地人群混杂，或开辟新的文化区，堪称中国历史上中原地区的第一次向外大规模移民事件。这一时期的环太湖地区与江汉平原、海岱地区也都有密切的文化交流。

在马家浜晚期阶段，整个文化系统遗址总数已达 160 余处，其中环太湖地区遗址有 90 余处，宁绍地区遗址数量猛增到 50 余处（可称为河姆渡三期文化或塔山下层文化[②]），宁镇地区遗址若干处，皖东南（姑溪河流域）遗址也有 10 余处，金衢盆地及周边也有遗址近 10 处，如诸暨楼家桥[11]、浦江上山[12] 等。相比于马家浜早期，马家浜晚期的遗址数量暴增。该阶段遗址已形成中心聚落，东山村为太湖东北的中心聚落，三星村为薛城文化的中心聚落，北阴阳营则是宁镇地区北阴阳营文化的中心聚落。玉玦、玉璜等玉器成为身份地位的象征，此时还主要是作为武器的石钺、玉钺也已出现。公元前 4000 年前后，东山村遗址出现编号为 M101 的早期的权贵大墓（图 3-13），墓中随葬品共 33 件（套），其中

---

① 陈明辉：《距今 6000 年前后环太湖流域的文化格局》，载浙江省文物考古研究所编《崧泽文化学术研讨会论文集（2014）》，文物出版社，2016 年。

② 蒋乐平：《塔山下层墓地与塔山遗存》，《东南文化》1999 年第 6 期。

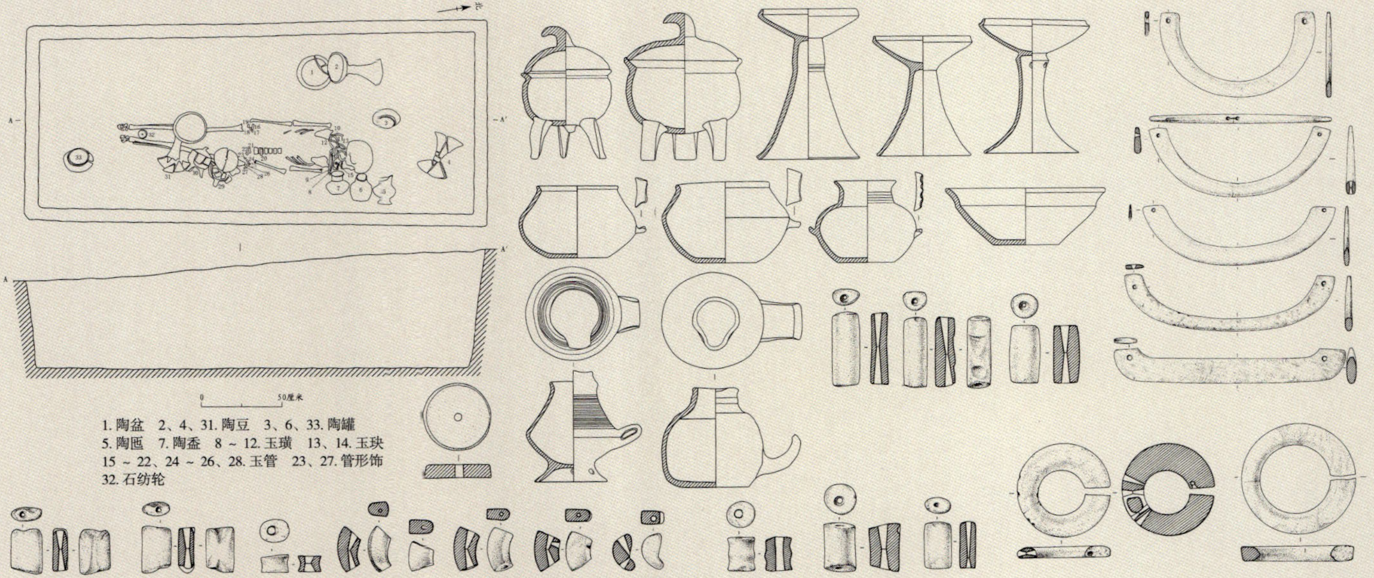

图 3-13 东山村马家浜末期（公元前 4000 年）的大墓 M101 平、剖面图及其出土遗物

1.陶盆 2、4、31.陶豆 3、6、33.陶罐 5.陶匜 7.陶盉 8～12.玉璜 13、14.玉玦 15～22、24～26、28.玉璧 23、27.管形饰 32.石纺轮

155

玉器 21 件，玉器种类有玉璜、玉玦、玉管等，均为装饰用玉，尚未出现礼仪性玉器，说明 M101 墓主属富裕阶层，但尚未获得特殊的宗教和世俗权力。尽管如此，M101 的出现足以说明马家浜晚期已经进入分化社会的发展阶段。值得注意的是，M101 与随后崧泽早期大墓位于同一墓地，后者可能是 M101 继承者们的墓地。

在马家浜时期，尤其是在马家浜晚期，农业有了进一步的发展。如小穗轴研究表明，马家浜早期阶段已经出现与现代粳稻小穗轴基盘面离层特征相似的稻谷，马家浜晚期和良渚时期则基本不见离层细胞，"从落粒性变化角度看，在距今 7000 年前水稻已经基本完成了驯化过程"[1]。植物遗存调查显示，芡实、菱角、水稻三类出土数量最多，各占比 54.1%、26% 和 15.5%，其中水稻数量中未统计小穗轴[2]。植物遗存浮选结果则表明，稻属遗存（稻谷、稻米、胚部、穗轴基盘）占比达 68.7%，其中驯化型穗轴比例达 90% 以上，另发现较大比例的芡实和菱角，"马家浜晚期已经形成非常明确的稻作为绝对主体的农业经济"，"是完成驯化后成

① Zheng Y F, Sun G P, Qin L, et al. Rice fields and modes of rice cultivation between 5000 and 2500BC in east China. Journal of Archaeological Science, 2009, 36(12): 2609-2616. 郑云飞、蒋乐平、Gary W.Crawford：《稻谷遗存落粒性变化与长江下游水稻起源和驯化》，《南方文物》2016 年第 3 期。

② 郑云飞：《植物遗存调查》，载浙江省文物考古研究所、嘉兴博物馆《马家浜》，文物出版社，2019 年。

熟且稳定的稻作农业形态"[1]。不过，也有学者统计了驯化型扇形植硅体的比例，指出马家浜晚期的比例（52％）甚至略低于跨湖桥时期（58％），还处于驯化过程的第二阶段[2]。马家浜遗址中出土动物骨骼遗存以哺乳动物、鱼类最多，哺乳动物中，大型鹿、中型鹿和猪分别占可鉴定标本数的 29.3％、35.3％、15.3％，占最小个体数的比例则分别为 26.7％、25.3％、16.6％，另有很少量的狗骨，可见肉食来源仍以狩猎的大、中型鹿为主，猪的占比略高于河姆渡文化，但仍未处于主导地位[3]。东山村马家浜晚期阶段出土的动物骨骼中哺乳动物、两栖爬行类、鱼类、鸟类分别占 45％、24％、18％、12％，哺乳动物中鹿类、猪、犬、其他小型哺乳动物分别占 37％、13％、3％、47％，且其中家养动物所占比例不足

---

[1]　高玉、秦岭：《植物遗存浮选分析》，载浙江省文物考古研究所、嘉兴博物馆《马家浜》，文物出版社，2019 年。

[2]　马永超：《长江下游地区的水稻驯化过程——水稻扇形植硅体的证据》，山东大学硕士学位论文，2016 年。马永超、杨晓燕等：《长江下游地区的水稻驯化过程——来自水稻扇形植硅体的证据》，载浦江博物馆编《上山文化论集》，中国文史出版社，2018 年，原载 Quaternary International，2017 年第 426 卷。

[3]　王杰、宋艳波：《古动物考古学研究》，载浙江省文物考古研究所、嘉兴博物馆《马家浜》，文物出版社，2019 年。

10％ [①]。塔山下层相当于马家浜晚期阶段，出土哺乳动物骨骼中鹿类、猪骨、牛骨分别占 68.42％、26.32％、5.26％ [②]。

　　这一时期在多处遗址发现小规模的有简单灌溉的水稻田遗迹（草鞋山、绰墩）。1992—1995 年中日合作对草鞋山遗址进行了四次发掘，发掘面积为 1400 平方米，首次发现马家浜晚期水稻田 44 块 [③]，而在 2008 年草鞋山遗址的发掘中又发现 30 块。2003—2004 年绰墩遗址的第五、六次发掘中也发现 64 块马家浜时期的水稻田 [④]（图 3-14）。这两处遗址发现的稻田遗迹，均由多个小型田块和田间灌溉系统组成，田块是在地势

① 董宁宁：《东山村遗址出土动物骨骼鉴定报告》，载南京博物院、张家港市文管办、张家港博物馆编著《东山村：新石器时代遗址发掘报告》，文物出版社，2016 年。

② 浙江省文物考古研究所等：《象山塔山》，文物出版社，2014 年。

③ 谷建祥、李民昌等：《草鞋山遗址发现史前稻田遗迹》，《农业考古》1996 年第 3 期。谷建祥、邹厚本、李民昌等：《对草鞋山遗址马家浜文化时期稻作农业的初步认识》，《东南文化》1998 年第 3 期。邹厚本、谷建祥、李民昌等：《江苏草鞋山马家浜文化水田的发现》，载严文明、安田喜宪主编《稻作陶器和都市的起源》，文物出版社，2000 年。

④ 江苏博物馆等：《江苏昆山绰墩遗址第一至第五次发掘简报》，《东南文化》2003 年增刊 1。谷建祥：《绰墩遗址马家浜文化时期水稻田》，《东南文化》2003 年增刊 1。苏州市考古研究所：《昆山绰墩遗址》，文物出版社，2011 年。

图 3-14　绰墩遗址发现马家浜时期水稻田

较低洼处的原生生土上开挖的小面积浅坑，形状多样，有长条形、椭圆形、不规则形等，面积为 0.8～16 平方米，深 0.2～0.5 米。田块之间的原生土坑边即为田埂，各田块之间有水口相通，并有专门挖掘出的水沟和蓄水井坑作为灌排设施，也有的水稻田是以水塘为中心的，田块均位于水塘边[1]。田螺山和马家浜遗址发现了大面积的成片水稻田，马家浜遗址农耕调查显示，遗址是由 14500 平方米的居住区和 14700 平方米的稻田区组成的，田面平整，耕作层厚度均一，与草鞋山、绰墩的小田块有明显区别[2]。绰墩遗址稻作土的研究表明当时还处于火耕水耨的稻作技术阶段，但已经使用大量的动物残留物肥田，有机质含量较高[3]。

可以东山村、南河浜遗址的资料为例，将崧泽时期分为早、晚两期。

崧泽早期距今约 5900—5500 年，根据豆、鼎等器物的形态演变及东山村等遗址的层位关系，可细分为两期 5 段，每段约 80 年。早一期 1 段：以 Ⅰ 区 M9、M10、M58 为代表，均开口⑤层下；早二期 1 段：以东山

① 丁金龙：《马家浜文化时期水田与稻作农业》，载浙江省文物考古研究所等编《江南文化之源——纪念马家浜遗址发现五十周年图文集》，中国摄影出版社，2011 年。
② 郑云飞：《稻作农耕遗迹调查》，载浙江省文物考古研究所、嘉兴博物馆《马家浜》，文物出版社，2019 年。
③ 曹志洪：《中国史前灌溉稻田和古水稻土研究进展》，《土壤学报》2008 年第 45 卷第 5 期。

村Ⅰ区 M15 为代表，开口④ a 层下打破⑤层；早二期 2 段：以东山村Ⅰ区 M14（开口③ a 层下打破⑥层）和Ⅲ区 M87（开口⑤层下）、M90（大墓，开口⑤层下）、M92（大墓，开口⑤层下）、M98（大墓，开口⑤层下）、M102（开口⑤层下）为代表；早二期 3 段：以东山村Ⅰ区 M75（开口④ b 层下打破⑤层）和Ⅲ区 M89（开口⑤层下）、M95（开口⑤层下）、M99（开口⑤层下）为代表；早二期 4 段：以南河浜 M1 ～ M7 为代表。

崧泽早期环太湖地区的文化高地从环太湖西部转移到北部，形成以东山村为中心聚落的强势社会，其影响力广泛分布于整个环太湖地区。崧泽文化与分别分布于江汉平原、海岱地区的油子岭文化、大汶口文化之间有密切的文化交往，构成了围绕中原地区的半月形文化带。东山村遗址的崧泽文化遗存继承自东山村文化，太湖北部的崧泽文化遗存甚至可以统归于东山村文化的范畴。崧泽早期的遗址主要集中于太湖偏北部，除东山村外，还有许庄、新岗、潘家塘、南楼、彭祖墩、乌墩、圩墩、赤墩、施墩、钱底巷、崧泽、福泉山、绰墩、芝里、安乐，北阴阳营、青墩、龙虬庄、薛家岗也可见到这一时期的影响。崧泽早期东山村社会无疑是当时环太湖文化的文化高地和区域中心（图 3-15 至图 3-17）。而在太湖以南及相邻的宁绍地区，马家浜晚期遗址数量有近 100 处，崧泽早期的遗址数量急剧减少，仅南河浜、仙坛庙、九虎庙、黄墩庙、石马兜、章家埭、小东门等不足 10 处，造成这一现象的原因可能是崧泽早期阶段钱塘江两岸海平面不稳定，使这一区域的大部分范围不适宜人类居住。傅家山遗

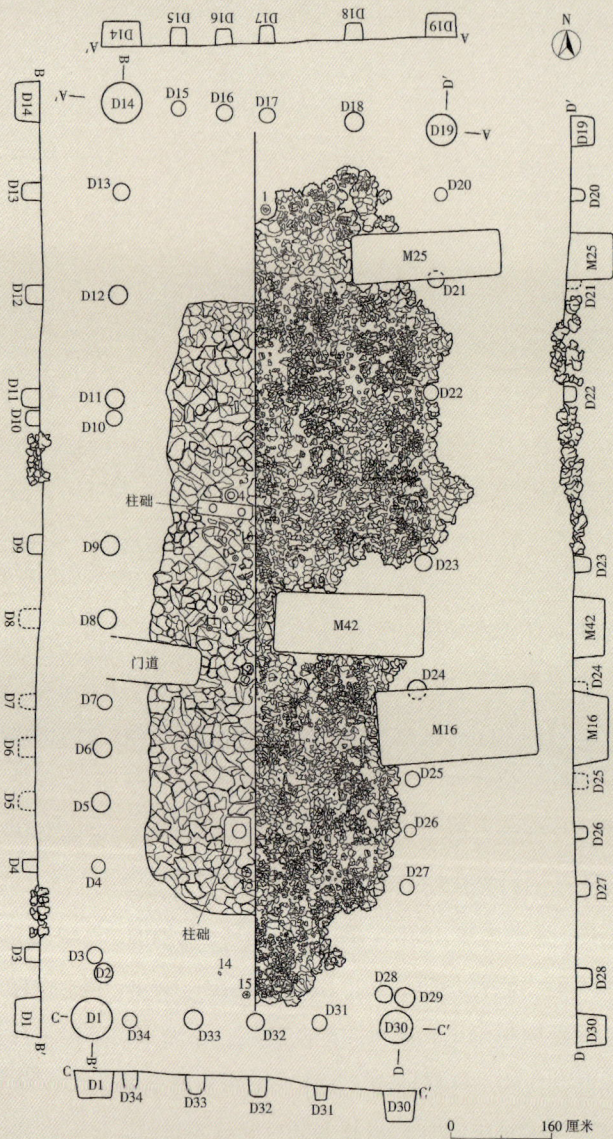

1. 陶豆　2、3、5. 石锛　4、12. 陶釜　6. 陶瓮　7、10、16. 陶纺轮　8、13. 陶钵　9. 陶器盖　11. 石纺轮
14. 玉管　15. 陶罐底　17、18. 玉玦　19. 石锤

图3-15　东山村 F1 平剖面图

162

图 3-16 东山村Ⅲ区崧泽文化中高等级墓葬全景（南—北）

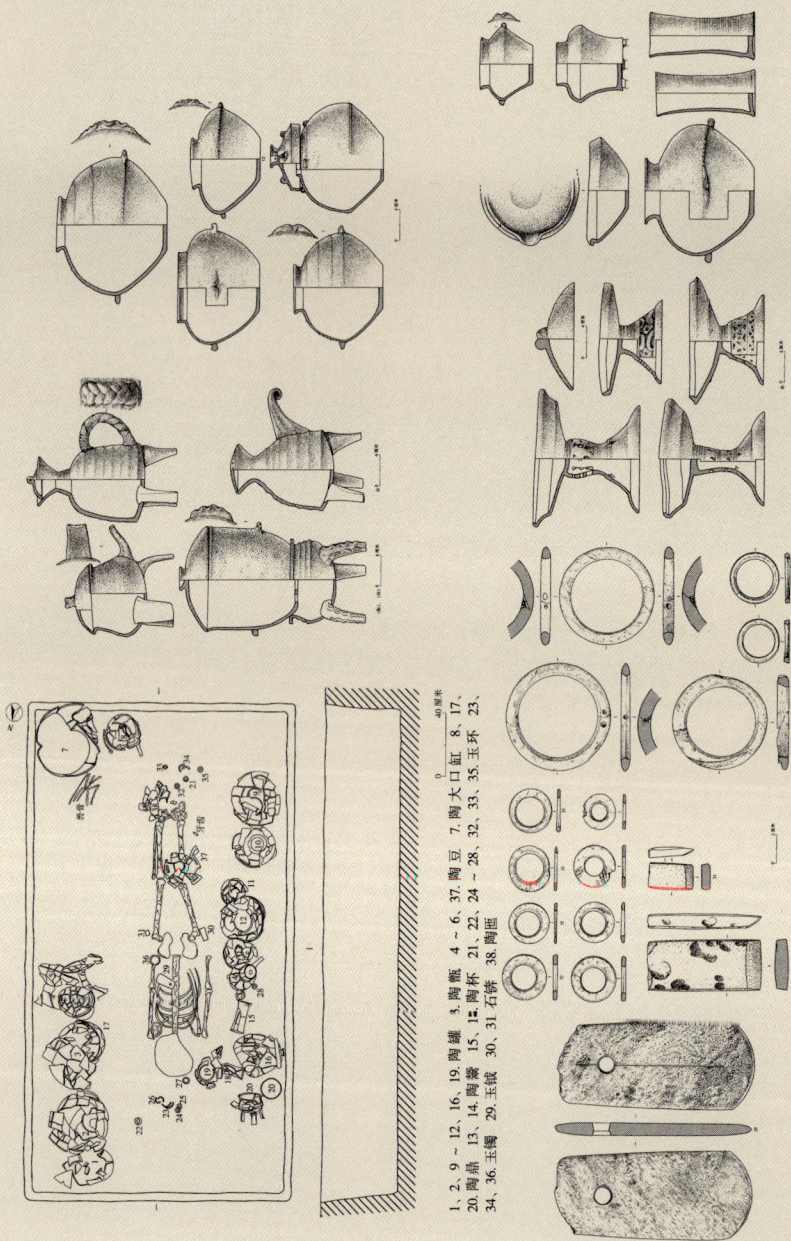

图3-17 东山村M91平剖面图及随葬品

1、2、9～12、16、19.陶罐 3.陶瓶 4～6、37.陶豆 7.陶大口缸 8、17、20.陶鼎 13、14.陶鬶 15、15.陶杯 21、22、24～28、32、33、35.玉环 23、34、36.玉镯 29.玉璜 30、31.石锛 38.陶匜

164

址 5 层为"海侵淤泥层"，年代为距今 6000—5700 年，其下叠压河姆渡
文化的 8、7 层，其上叠压相当于崧泽晚期的 4 层和相当于良渚文化的 3
层[1]。在田螺山遗址也有一层年代为距今 5800—5500 年的泥炭层[2]。

　　崧泽晚期约距今 5500—5200 年，可分为两期 4 段，每段约 80 年。
晚三期 1 段：以东山村 I 区 M3（清代水塘下打破⑤层）、M74（开口
③c 层下打破 4a 层）和Ⅲ区 M85（开口④层下）、M91（大墓，开口④
层下）、M94（大墓，开口④层下）为代表；晚三期 2 段：以东山村Ⅲ区
M93、M96（均为大墓，开口④层下）为代表；晚四期 1 段：以东山村
I 区 M43、M52（开口③c 层下打破 4a 层）和Ⅲ区 M76、M83（开口
③层下打破④层）为代表；晚四期 2 段：以东山村 I 区 M1、M4、M5、
M41（开口③a 层下打破④a 层）为代表，新出现大量花瓣底的杯、壶。

　　这一阶段遗址数量有所增加，整个文化系统遗址有 160 余处，其中
环太湖地区约有 130 处。晚三期的区域中心和文化中心仍在以东山村为
代表的太湖北部。但环太湖东南部平原地区得到了大规模的开发，新建

---

① 宁波市文物考古研究所：《傅家山》，科学出版社，2013 年。
② 吴小红、秦岭、孙国平：《田螺山遗址的 C-14 年代数据》，载北京大学中
国考古学研究中心、浙江省文物考古研究所编《田螺山遗址自然遗存综合研究》，
文物出版社，2011 年。

了大量人工营建的台墩型遗址，尤其是嘉兴一带的海宁桐乡海盐遗址群，聚落分布比较密集。遗址面积最大者达三四十万平方米，赵陵山遗址面积为 16 万平方米，最早阶段的遗存属崧泽晚期，考古揭示出属于这一时期经过多次人工营建的面积超过 6500 平方米的土台，人工堆筑厚度约 4 米。晚四期的普安桥 M8 等级可与东山村大墓媲美（图 3-18 和图 3-19），同时新出现了一批以塔形壶、人首壶、鹰首壶、陶龟等为代表的祭祀用器，表明了一种新的祭祀传统的出现[①]（图 3-20）。从墓葬头向的变化上，似乎也可以看出太湖北部和南部势力的消长，太湖北部的崧泽时期墓葬头向除少数特例（如南楼、绰墩）外大多朝北，这种北向的传统影响甚广，安乐、崧泽、南河浜崧泽早期阶段墓葬头向也都朝北，明显受到东山村的影响。而到了晚期，除了东山村、新岗之外，绝大部分崧泽晚期遗址的墓葬头向均转而朝南，同时墓葬中开始随葬凿形足鼎等来自黄淮地区的文化因素，这一转变很可能是受到凌家滩文化的影响，随着以凌家滩为代表的黄淮文化因素的传入，在太湖南岸新出现越来越多的崧泽晚期遗址，形成与东山村社会相抗衡的力量。到了良渚时期，北向的传统彻底终结，南向成为主流，标志着太湖以南文化传统的胜利。

东山村遗址是环太湖地区崧泽时期目前所知最典型的中心聚落。遗址面积接近 27 万平方米，Ⅰ区主要埋设小型墓葬，Ⅱ区主要为居住区，

---

① 浙江省文物考古研究所、良渚博物院：《崧泽之美》，文物出版社，2014 年。

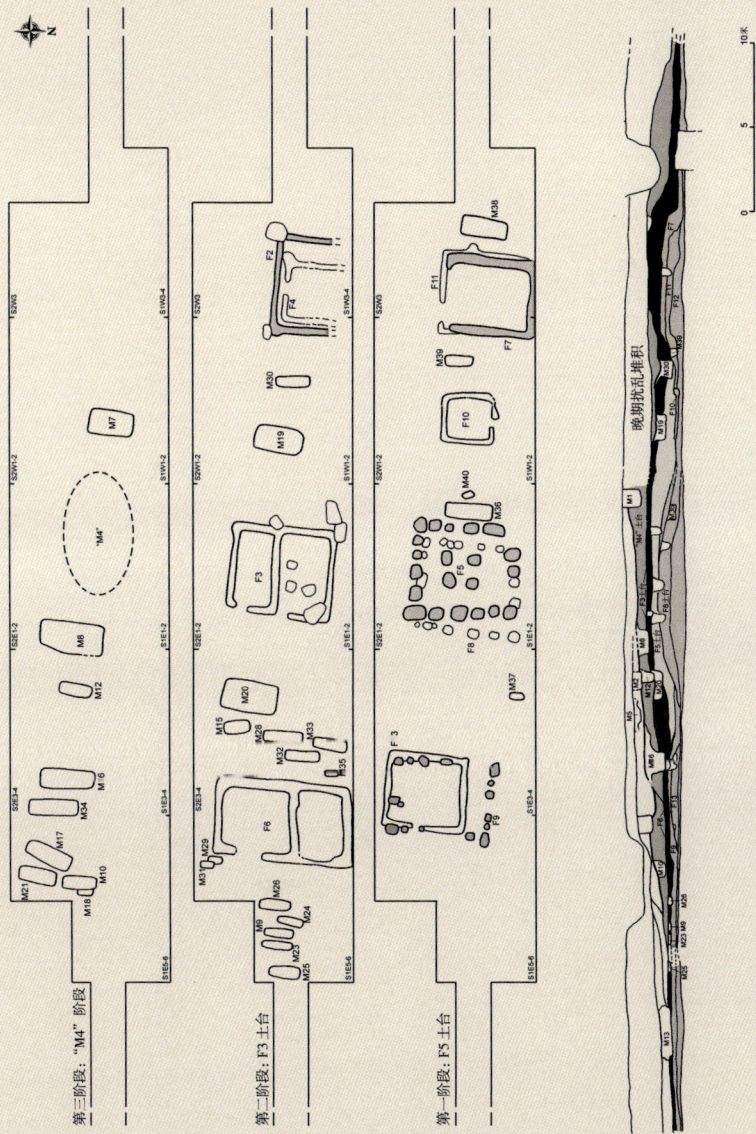

图3-18 普安桥聚落阶段示意图

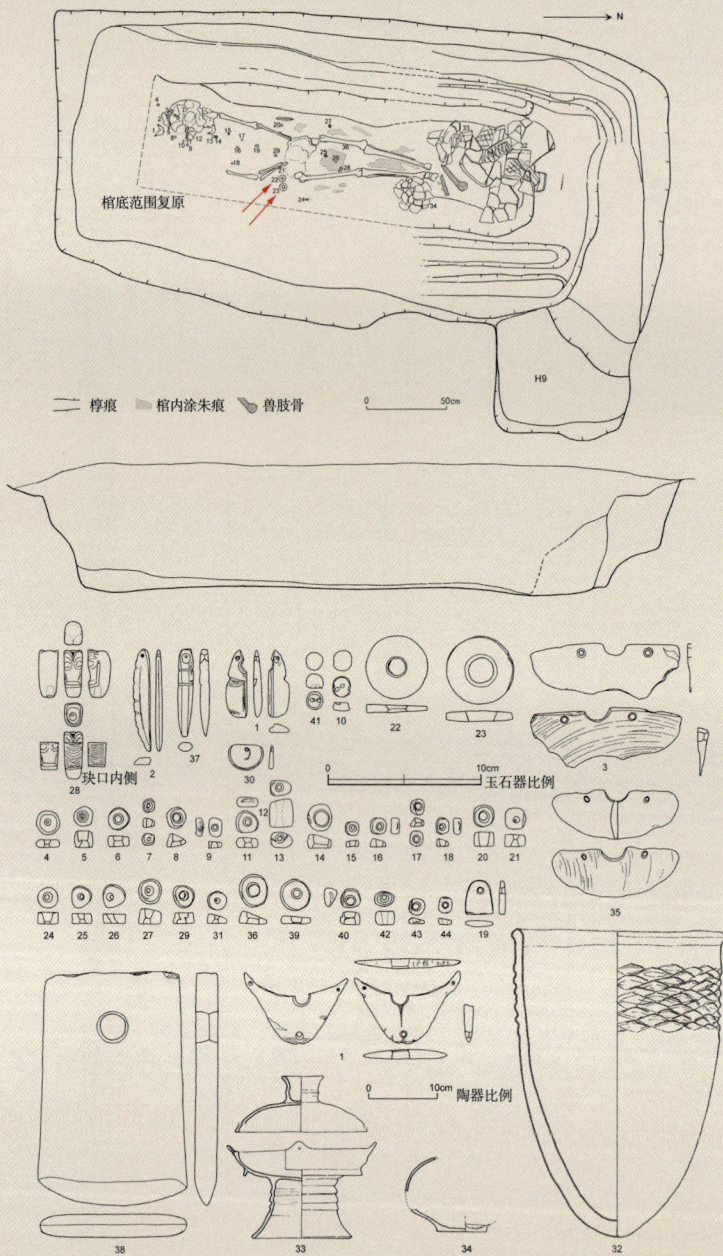

图 3-19　普安桥 M8 平剖面图及随葬器物

嘉兴博物馆藏鸟形盉　　　　　　南河浜鹰首壶 M11：5a　　　　　　南河浜兽面壶 M59：22

嘉兴博物馆藏人首壶　　　　　　南河浜塔形壶 M63：1　　　　　　南河浜塔形壶 M29：8

（a）

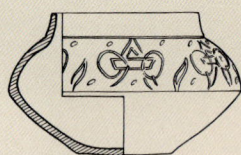

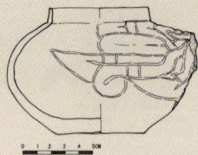

南河浜 M2：2   嘉兴博物馆藏神兽面陶罐

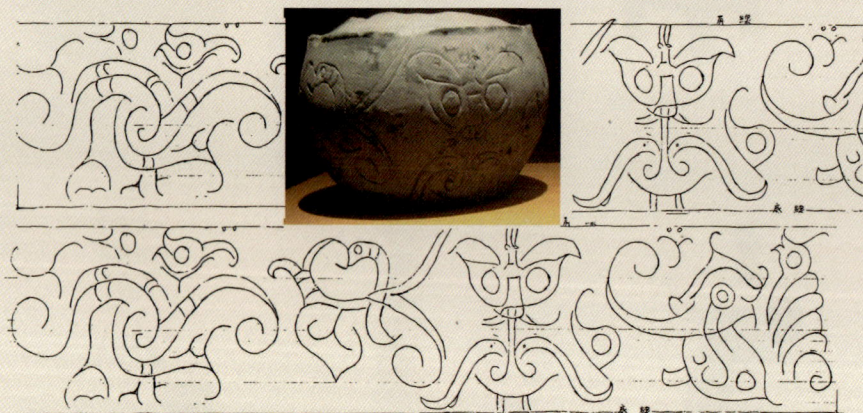

江苏吴县澄湖出土的兽面纹与鸟纹黑陶罐（高 9.8 厘米）

（b）

图 3-20 崧泽时期的艺术品

Ⅲ区则主要埋设大型墓葬，功能分区明显，已存在大墓与小墓分开埋葬的现象。Ⅲ区清理墓葬 15 座、灰坑 4 个、灶 2 座，其中 M76、M83、M85、M87、M99 这 5 座墓葬随葬品较少，分别为 5～13 件，另有 10 座崧泽早二期和晚三期的大型墓葬共同组成占地面积约 300 平方米的墓地，整体年代约为距今 5700—5400 年，墓坑一般长 3 米、宽 1.6 米，随葬品多在 30 件以上，以陶器为主，玉石器为辅[1]，玉石器中包括玉钺、石钺等标识权力的遗物和玉璜、玉镯、玉玦、管珠等装饰性玉器[2]。玉钺的存在和石钺的普遍随葬，说明当时已经出现礼仪化的世俗权力，并逐渐被一个特定的阶层（推测为世袭的贵族阶层）所掌控。不过东山村以外的仙坛庙也出土过这一时期的玉钺，而遗址仅是基层聚落，说明当时的玉钺还没有成为贵族阶层的专属物，玉礼制尚不成熟，且这一时期的遗址数量并不多，尚未聚集成群，社会凝聚力略显不足。

崧泽早期阶段安乐和仙坛庙的驯化型水稻扇形植硅体比例已经达到 64.67%～69.33%，高于马家浜晚期的 52%，略低于良渚晚期的 74%，完全达到现代驯化水稻的水平（63.7%±9.22%），稻谷的驯化完全成

---

① 南京博物院、张家港市文管办、张家港博物馆：《东山村：新石器时代遗址发掘报告》，文物出版社，2016 年。

② 陈明辉：《环太湖地区史前时期头向传统的区域差异及演变——兼谈良渚古城崛起的背景》，《博物院》2019 年第 2 期。

图 3-21　澄湖遗址崧泽晚期的水稻田、池塘等

熟[1]。相比于马家浜时期，这一时期稻作规模和稻作技术也有了显著的进步。2003 年，苏州博物馆在澄湖遗址的考古发掘中，就发现了一处崧泽晚期的稻田区。稻田区位于居住区南面，由池塘及分布于池塘西、北岸的 20 块水稻田组成，池塘面积约为 425 平方米，水稻田形状有长条形、圆角长方形、不规则形等，面积为 0.8 ～ 105.44 平方米，平均面积为 12 平方米。可分为池塘西端的低田和池塘西部、北部的高田组成，在高田块处还发现蓄水井和水沟（图 3-21）。各水稻田之间也有水口、水路相串

----

① 　马永超、杨晓燕等：《长江下游地区的水稻驯化过程——来自水稻扇形植硅体的证据》，载浦江博物馆编《上山文化论集》，中国文史出版社，2018 年，原载 Quaternary International，2017 年第 426 卷。

联[①]。相比于马家浜时期的水稻田,澄湖遗址发现的稻田区田块面积更大、灌排系统也更为复杂。崧泽晚期开始还出现了石犁、石刀（耘田器）等与农业耕作和收割有关的工具（图 3-22）。崧泽时期的动物考古学研究开展得不多,塔山中层（相当于崧泽晚期）发现的哺乳动物中,鹿类、猪、牛分别占 51.72%、24.14%、21.14%,仍以狩猎的野生动物为主,与塔山下层大致相当。董家桥遗址出土崧泽晚期至良渚早期动物骨骼 169 件,猪骨、鹿类、牛科、狗骨分别占 33.7%、33.7%、2.4% 和 0.6%,根据部分猪骨的年龄结构和牙齿测量数据推测主要为家猪,可见该阶段狩猎和家畜饲养在肉食来源中所占比例已大体持平,相比于马家浜时期有了一

---

① 丁金龙:《长江下游新石器时代水稻田与稻作农业的起源》,《东南文化》2004 年第 2 期。

石刀和石镰

石犁

图 3-22　昆山新石器时代墓葬出土的部分石刀（耘田器）、石镰和石犁

定的进步[①]。

东山村和凌家滩墓地的资料显示崧泽时期就已出现城市雏形或初级文明，已经进入阶层社会的发展阶段。发展到良渚时期，则进入成熟文明和早期国家阶段[②]，此时的文化中心完全转移到太湖西南部的余杭地区。

良渚时期大体可以距今 4900 年为界分为早晚两大阶段，共四期，各期均可分为 2 段。早一期距今约 5200—5050 年，以瑶山墓地为代表，福泉山 4 层墓葬、张陵山、罗墩墓地和赵陵山部分墓葬大致属此期。早二期距今约 5050—4900 年，以反山墓地、卞家山早期墓葬、文家山早期墓葬为代表，福泉山、赵陵山、高城墩、汇观山、新地里也有此期的墓葬。晚三期距今约 4900—4700 年，以文家山、卞家山、福泉山、新地里部分墓葬为代表。晚四期距今约 4700—4500 年，以寺墩、汇观山、邱承墩部分墓葬为代表。

① 王华、游晓蕾、田正标、胡继根：《浙江桐乡董家桥遗址动物遗存初步分析》，载浙江省文物考古研究所编《浙江省文物考古研究所学刊（第十辑）》，科学出版社，2015 年。
② 刘斌、王宁远、陈明辉、朱叶菲：《良渚：神王之国》，《中国文化遗产》2017 年第 3 期。

良渚文化尤其是良渚晚期遗址分布相当密集，目前已发现至少1000处遗址。据不完全勘探资料，在良渚古城所在的100平方千米范围内就已确认近300处台地遗址。根据已有密度推测，如果全部勘探完成，将会有600多处台地遗址。良渚文化分布的核心区面积约3万平方千米；良渚文化系统分布于宁镇地区、江淮地区、金衢盆地、宁绍平原等，面积约13万平方千米；影响区域范围更大，如同时期的大汶口、石峡、薛家岗、屈家岭等均受到良渚文化或多或少的影响，其面积约70万平方千米；良渚文化系统传承区是指龙山时代出土良渚式玉琮、玉璧的分布区，这一传承区范围极为宽广，囊括了甘青、晋南、陕北、江汉平原等中国中东部的绝大部分地区，面积约170万平方千米。

良渚文明形成的物质基础是在崧泽时期奠定的，但良渚文化并没有继承崧泽文化以世俗权力为主导的社会控制模式，而采用了凌家滩文化以神权和王权相结合的模式，良渚古城及良渚文明的兴起或许与以凌家滩为主体包括宁镇地区和西苕溪流域为代表的人群的涌入、玉礼器系统的传入及其文明模式的移植有着密切关系 [①]。160 万平方米的中心聚落、随葬大量玉石礼器的大型墓地以及面积达 1200 平方米的祭坛的发现证实，巢湖流域的凌家滩遗址早在相当于崧泽时期的这一阶段就已进入早期文明社会。

太湖西南部的良渚地区在马家浜时期和崧泽时期遗址均不超过 10 处，到良渚早一期一跃成为良渚文化的核心区域，其中瑶山为特意选址修建的仪式中心和王陵墓地。瑶山墓地 M12 尽管被盗，但出土大琮（大琮目前仅发现于良渚早期的瑶山 M12、反山 M12 和良渚晚期的寺墩 M3，无疑是王权和最高神权最重要的标志物），推测墓主为良渚文化第一代王者。此时，玉礼器系统（除玉璧）已经创立，反映统一信仰的神徽已经形成，玉礼器系统及神徽信仰开始对外辐射。玉架山发现这一时期随

---

① 张弛：《良渚社会的基本结构及其形成过程》，载许倬云、张忠培主编《新世纪的考古学：文化、区位、生态的多元互动》，紫禁城出版社，2006 年。田名利、甘恢元：《凌家滩文化与崧泽—良渚文化玉器的初步认识》，载杨静、蒋卫东执行主编《玉魂国魄：中国古代玉器与传统文化学术讨论会文集（四）》，浙江古籍出版社，2010 年。方向明：《良渚玉器刻纹研究之二——再论龙首纹和兽面纹》，载杨静、蒋卫东执行主编《玉魂国魄：中国古代玉器与传统文化学术讨论会文集（四）》，浙江古籍出版社，2010 年。

葬玉琮的高等级贵族大墓[①]，可认为是统一王权和神权对外扩张和影响的产物。张陵山、赵陵山也属此期的高等级贵族墓地。罗墩墓地则是低等级贵族大墓的代表。另外，庙前则是平民聚落。这一阶段的聚落结构还不甚清楚，如与瑶山墓地相关的高等级聚落目前尚未确认。

良渚早二期时，太湖西南部的良渚地区继续发展，良渚古城的主体框架在距今5000年前后基本成型，城内的反山、姜家山、莫角山，城外的水利系统和城墙大概都在这一时期陆续完成[②]，卞家山、文家山墓地也已启用，土方量达917万立方米[③]，古城系统占地面积已达100平方千米，

<hr>

① 高城墩出土玉器与反山、瑶山、塘山、汇观山出土玉器的微量元素组成接近。参考顾冬红、董俊卿、赵虹霞、干福熹等：《江阴高城墩遗址出土玉器的检测和分析报告》，载南京博物院、江阴博物馆编《高城墩》，文物出版社，2009年。GAN F X, et al. The non-destructive analysis of ancient jade artifacts unearthed from the Liangzhu sites at Yuhang, Zhejiang. Science China: Technological Sciences, 2010, 53(12): 3404-3419。高城墩的玉器从形制、纹饰与瑶山高度一致，可能是由良渚古城的玉工制作并通过良渚古城的统治者分派馈赠出去的，参考中村慎一：《良渚文化的遗址群》，载北京大学中国考古研究中心编《古代文明（第2卷）》，文物出版社，2003年。
② 秦岭：《良渚遗址群的形成——年代学初步研究》，载浙江省文物考古研究所《良渚古城综合研究报告》，文物出版社，2019年。
③ 刘斌、王宁远、陈明辉、朱叶菲：《良渚：神王之国》，《中国文化遗产》2017年第3期。

包括临平遗址群、中初鸣制玉作坊群等在内的城市腹地面积达 2000 多平方千米。考古学家在反山墓地中共清理了 9 座这一时期的大墓，墓葬之间存在明显的等级差异，其中最高等级的墓葬 M12 出土王权和最高神权的玉琮王（即大琮）和玉钺王，应是瑶山 M12 之后的另一代王者。这一时期已经吸收了可能原创于太湖东北部的玉璧，玉礼器系统更为完备，并首次出现完整的神徽形象，进一步奠定了良渚古城在整个良渚文化的核心地位，与此同时期的其他良渚文化遗址都远远无法与之媲美。此时，环太湖地区已经形成都（面积超过 300 万平方米，仅良渚古城）、城（面积十余万至数十万平方米或出土玉琮，如福泉山、玉架山、高城墩）、镇（面积数万平方米或出土玉钺、玉璧，如小兜里）、村（面积数千至数万平方米，如庙前）四级聚落结构。

良渚晚三期时良渚古城的结构继续扩展，达到繁荣期，外城扩建完成后，最终形成宫庙区、城内核心区、内城、外城等占地面积达 8 平方千米的多重结构的城市格局，外围发现数百处面积在数千至数万平方米的台地遗址，城市系统占地面积维持在 100 平方千米左右，但遗址分布密度更大，推测城址区人口有 2 万～3 万人，另外郊区也居住有 2 万～3 万人。可惜暂未发现这一时期的王陵级别墓地。

良渚晚四期时太湖北部的寺墩遗址面积发展到 150 万平方米，寺墩 M3 中随葬大琮，遗址内另采集大琮 1 件，推测在此期，寺墩成为与良渚古城竞争的政治实体。福泉山、邱承墩在此期也相当发达。

公元前 2500 年前后，良渚文化衰落，良渚国家和社会崩溃。

环太湖地区先后出现钱山漾文化和广富林文化两支受到皖北豫东影响的考古学文化，发现遗址均不多，且暂时没有中心聚落和大型墓葬，社会分化不显著，生计类型转向以狩猎为主的低水平食物生产阶段。

三　好川、钱山漾与广富林

好川文化年代约距今 4700—4200 年,好川文化早期与良渚晚期相当，好川文化晚期与钱山漾时期相当，早于广富林文化，主要分布于浙南地区，包括好川[13]、山崖尾、陇东、下汤、曹湾山、屿儿山[14]。据最新资料，台州也有好川时期的遗址分布，即后山岭、东西村和大吞里[15]。好川文化分布面积广大，与良渚文化分布范围紧密相接，但遗址稀疏，仅十余处。赣东社山头[16]和闽北牛鼻山[17]、斗米山[18]也发现与好川文化类似的遗存。好川文化的形成应与大汶口文化、良渚文化、昙石山文化密切相关。好川墓地是目前发现好川文化等级最高的墓地，其余遗址均为　般性村落，总体上处于分化社会的发展阶段。由于该文化的考古发现以墓地为主，生活类遗存少见，其生计类型尚不十分清楚（图 3-23 和图 3-24）。

钱山漾文化年代距今约 4500—4200 年，总体年代大致相当于张四

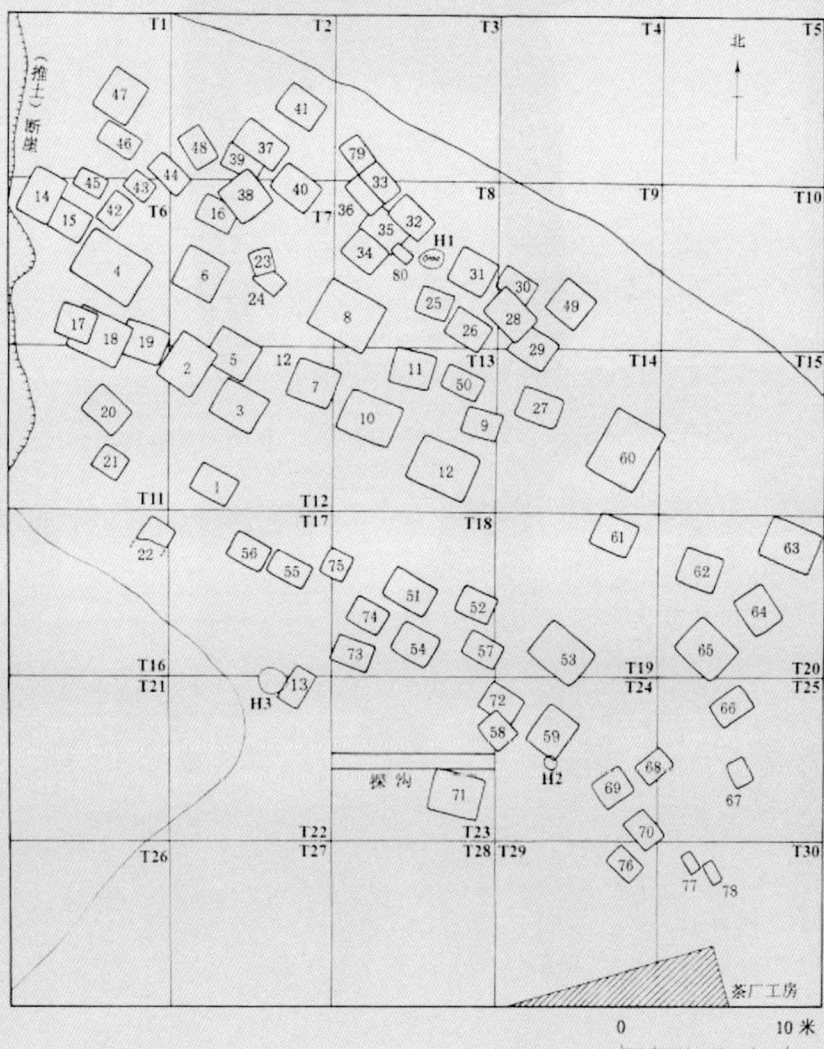

图 3-23 好川墓地平面图

图 3-24　好川遗址 M60：2 漆器中的玉饰片

墩文化、石家河文化和禹会村类型、龙山文化早期、庙底沟二期文化晚期，属龙山时代，广泛分布于环太湖地区及相邻的金衢盆地、宁绍地区、皖南地区、宁镇地区。钱山漾文化典型遗址主要有钱山漾（图3-25）、广富林，另外昆山 [19]、塔地、朱家潭、高祭台、龙南 [20]、仙人山、茂山、胡家山、小东门 [21]、大榭、鱼山、下王渡，以及三亩里 [22]、茅草山 [23]、老虎洞 [24]、王家山、门前山、棋盘山、尖山湾 [25]、城堂岗、蓖山、长城里、三潭山、青阳山、陇东也发现这一阶段的遗存 [①]。屯溪下林塘 [26]、歙县新州 [27②]、南京牛头岗 [28] 也发现典型的大鱼鳍形足鼎。在良渚古城遗址范围内许多已发掘过的良渚文化遗址上层均有钱山漾时期的堆积，其文化面貌与钱山漾文化有一定差异，以侧扁鼎足为主，但共出大鱼鳍形鼎足，我们称之为良渚晚期后段 [③]，遗址有数十处，类似的遗存在萧山、临平以及宁绍地区（如小东门、茂山）也有发现，根据慈溪茂山遗址的层位关系，其年

---

① 丁品：《钱山漾文化》，载浙江省文物考古研究所编著《浙江考古 1979—2019》，文物出版社，2019 年，文中简要介绍了朱家潭、仙人山、茂山、胡家山、大榭、鱼山、下王渡、城堂岗等遗址的相关情况。王家山、门前山、棋盘山资料为萧山区三普资料。蓖山、长城里、三潭山、青阳山、陇东位于金衢盆地及周边。

② 同类遗存还见于歙县下冯塘、桐子山等，安徽的考古工作者将其暂名为新州遗存。

③ 陈明辉、刘斌：《关于良渚文化晚期后段的思考》，载中国社会科学院古代文明研究中心等《禹会村遗址研究——禹会村遗址与淮河流域文明研讨会论文集》，科学出版社，2014 年。

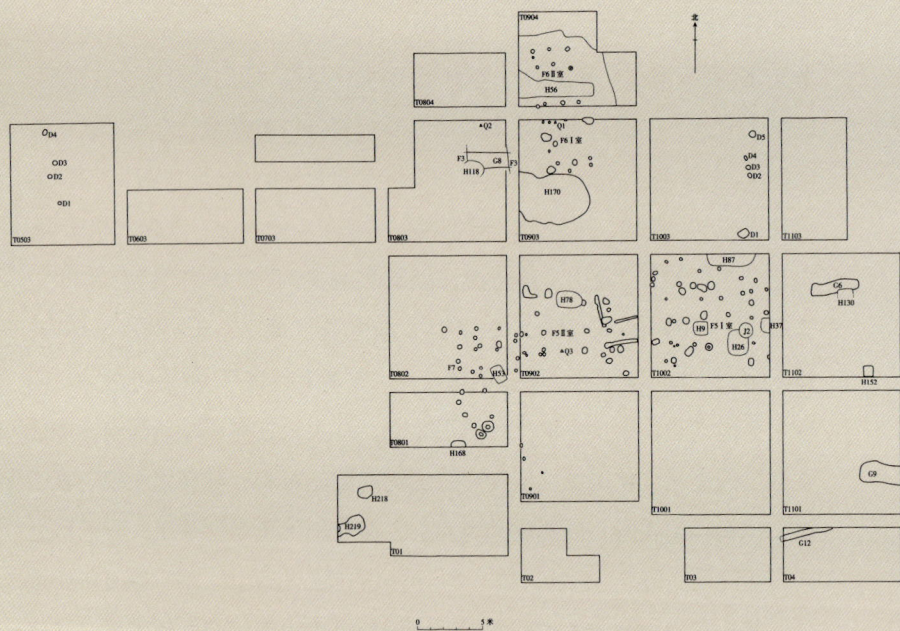

图 3-25 钱山漾遗址钱山漾时期遗迹分布图

代可能属于钱山漾时期较早阶段，不过就目前的材料来看，良渚晚期后段遗存与钱山漾文化的关系和界限还不十分清楚。环太湖地区及周边钱山漾阶段的遗址总共已发现超过 50 处。目前发现的钱山漾时期遗址均为一般性聚落，良渚古城遗址范围内发现的此阶段遗址最多，是钱山漾阶段重要的人口聚集区。

广富林文化年代距今约 4200—3800 年,总体年代相当于斗鸡台文化、煤山文化、乱石滩文化、肖家屋脊文化、王湾三期文化、龙山文化晚期,典型遗址包括钱山漾[29]（图 3-26 至图 3-27）、广富林[30]（图 3-28）、昆山、章家埭[31]、朱家潭、茅山、青山湖、达泽庙、施家墩、柏士庙、骆驼墩[32]、绰墩[33]、北罗墩、大往、东门村、青山湖、小古城。遗址数量不多,仅十余处[①],分布范围主要为环太湖地区及周边,均为一般性聚落,尚未发现明确的中心聚落。

钱山漾和广富林遗址已进行过比较详细的动植物考古研究。钱山漾遗址中,钱山漾时期和广富林时期的植物构成差异明显:钱山漾时期稻米最多,达 69.8%,其次为甜瓜、菱角、葫芦、桃、梅、杏、柿子、葡萄等,均低于 10%,总体比较接近良渚时期;广富林时期菱角数量最多,达 60%,甜瓜占 24.1%,其次为桃核、稻米、柿子、芡实等,均不到 10%。钱山漾遗址的动物骨骼多出自钱山漾时期,可鉴定标本数中,

---

① 丁品:《广富林文化》,载浙江省文物考古研究所编著《浙江考古 1979—2019》,文物出版社,2019 年,文中介绍了昆山、朱家潭、茅山、青山湖、大往的相关情况。达泽庙是浙江省文物考古研究所赵晔最近发掘的。施家墩、柏士庙参考海宁博物馆调查资料。

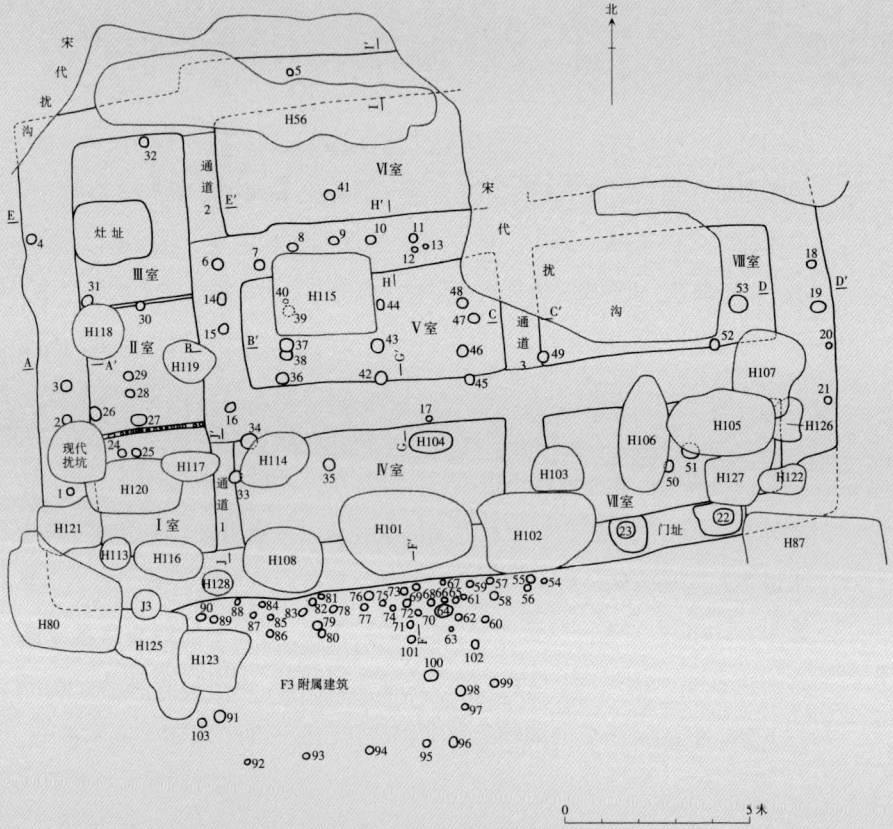

（a）

（b）

图 3-26　钱山漾遗址的广富林文化房址 F3

北 ←

M1：2

M1：1

M1：3

0   8 厘米

3

2

1

0   30 厘米

石琮 II T5023：25

玉琮 H1569：1

玉琮 H2679：1

玉琮 12 II T4431：11

0   4   8   12cm

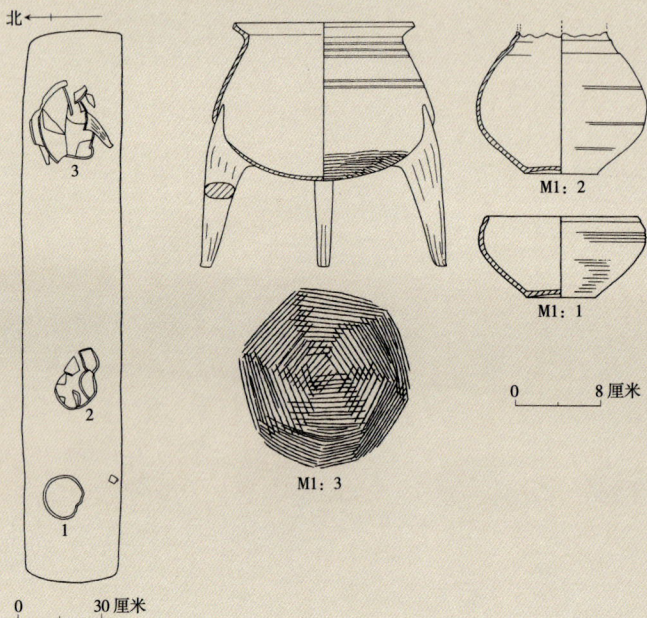

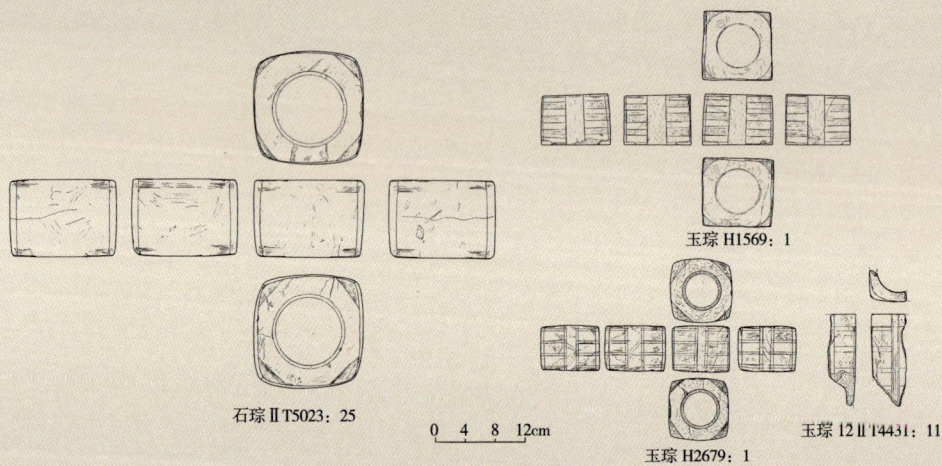

图 3-27   钱山漾遗址的广富林文化墓葬 M1 平面图及器物（上）

图 3-28   广富林遗址出土的玉琮、石琮（下）

鹿类占 59.1％、水牛占 25％、猪占 14.8％，另有少量狗，最小个体数比例中猪占 43.8％、鹿类占 25.1％、狗和牛均占 12.5％，可见猪和鹿类在肉食来源中均发挥了重要的作用 [①]。

广富林遗址驯化型水稻植硅体的研究显示钱山漾时期和广富林时期驯化型水稻植硅体的比例分别为 74％ 和 77.25％，与良渚时期（74％）和周代（74％）持平甚至略高 [②]。广富林遗址的植物考古研究也有一定的成果 [③]。据郭晓蓉研究：良渚时期稻谷占种子和果实的比例高达 86.21％，出土概率 10％，另出土大量菱角、芡实残块，出土概率均为 42.44％；钱山漾时期谷物（1 粒黍之外均为稻谷）占种子和果实的 83.44％，出土概率达 100％，另出土大量的菱角和芡实，出土概率均为 52.94％；广富林时期谷物（1 粒黍之外均为稻谷）占种子和果实的 96.68％，出土概率达 97.06％，另出土大量的菱角和芡实，出土概率分别为 44.12％ 和 19.61％。

① 　浙江省文物考古研究所：《钱山漾》，文物出版社，2014 年。

② 　马永超、杨晓燕等：《长江下游地区的水稻驯化过程——来自水稻扇形植硅体的证据》，载浦江博物馆编《上山文化论集》，中国文史出版社，2018 年。

③ 　陈航：《上海广富林遗址出土植物遗存研究》，中国社会科学院研究生院硕士学位论文，2014 年。郭晓蓉：《上海广富林遗址史前植物遗存分析》，山东大学硕士学位论文，2014 年。

综上可见，不管是钱山漾时期还是广富林时期，均继承了良渚时期以来的植食结构，以稻作经济为主要来源，以菱角、芡实为重要补充，另外也出土一定比例的甜瓜、葫芦、桃、梅、杏、柿子、葡萄等水果类植物。而随着区域人口的减少，野生动物资源较良渚时期有很大的恢复，肉食来源中家畜和狩猎的鹿类等比重持平。

有关遗址的参考文献：

1. 陈淳、张祖方、王闽闽等：《三山文化——江苏吴县三山岛旧石器时代晚期遗址发掘报告》，载南京博物院编《南京博物院集刊（第9辑）》，江苏美术出版社，1987年。

2. 房迎三、何嘉宁、张新锋等：《溧水神仙洞人类化石和时代再研究》，载高星等主编《旧石器时代论集——纪念水洞沟遗址发现80周年》，文物出版社，2006年。王红、沈冠军、房迎三：《江苏溧水神仙洞动物化石的铀系年代》，《东南文化》2006年第3期。

3. 浙江省文物考古研究所、临海市文物保护管理所：《浙江临海峙山头遗址调查与试掘简报》，《东南文化》2017年第1期。

4. 浙江省文物考古研究所、永康博物馆：《浙江永康庙山遗址试掘简报》，《东南文化》2018年第5期。

5. 浙江省文物考古研究所：《河姆渡》，文物出版社，2003年。

6. 宁波市文物考古研究所：《傅家山》，科学出版社，2013年。

7. 孙国平、黄渭金：《余姚市鲞架山遗址发掘报告》，载西安半坡博物馆编《史前研究（2000）》，三秦出版社，2000 年。

8. 浙江省文物考古研究所、厦门大学历史系：《浙江余姚市鲻山遗址发掘简报》，《考古》2001 年第 10 期。

9. 浙江省文物考古研究所等：《浙江余姚田螺山新石器时代遗址 2004 年发掘简报》，《文物》2007 年第 11 期。孙国平：《田螺山遗址第一阶段（2004—2008 年）考古工作概述》，载北京大学中国考古学研究中心、浙江省文物考古研究所编《田螺山遗址自然遗存综合研究》，文物出版社，2011 年。孙国平等：《浙江余姚田螺山遗址 2012 年发掘成果丰硕》，《中国文物报》2013 年 3 月 29 日。

10. 浙江省文物考古研究所、诸暨博物馆、浦江博物馆：《楼家桥、茜塘山背、尖山湾》，文物出版社，2010 年。

11. 浙江省文物考古研究所等：《上山》，文物出版社，2016 年。

12. 浙江省文物考古研究所、遂昌县文物管理委员会：《好川墓地》，文物出版社，2001 年。

13. 王海明、朱叶菲：《好川文化》，载浙江省文物考古研究所编著《浙江考古 1979—2019》，文物出版社，2019 年。文中有山崖尾、陇东、下汤、曹湾山、屿儿山的相关介绍。

14. 浙江省文物考古研究所与临海市文物保护所调查资料。

15. 江西省文物考古研究所、厦门大学人类学系、广丰县文物管理所：《江西广丰社山头遗址发掘》，《南方文物》1993 年第 4 期。江西省文物考古研究所、厦门大学历史系考古专业、广丰县文物管理所：《江西广丰社山头遗址第三次发掘》，《南方文物》1997 年第 1 期。

16. 福建省博物馆：《福建浦城县牛鼻山新石器时代遗址第一、二次发掘》，《考古学报》1996 年第 2 期。黄运明、和奇：《牛鼻山文化再认识——兼论闽浙赣交界地带新石器时代晚期考古学文化的交流》，载王巍《中国考古学会第十四次年会论文集（2011）》，文物出版社，2012 年 10 月。
17. 福建博物馆：《邵武斗米山遗址发掘简报》，《福建文博》2001 年第 2 期。
18. 浙江省文物考古研究所：《昆山》，文物出版社，2006 年。
19. 苏州博物馆等：《吴江梅堰龙南新石器时代村落遗址第三、四次发掘简报》，《东南文化》1999 年第 3 期。
20. 浙江省文物考古研究所：《宁波慈城小东门遗址发掘简报》，《东南文化》2002 年第 9 期。
21. 浙江省文物考古研究所、杭州余杭区中国江南水乡博物馆：《余杭三亩里遗址发掘简报》，载浙江省文物考古研究所编《浙江省文物考古研究所学刊（第十辑）》，科学出版社，2015 年。
22. 浙江省文物考古研究所等:《杭州市萧山区茅草山遗址发掘报告》,《东南文化》2003 年第 9 期。
23. 杭州市文物考古研究所、萧山博物馆、上海大学历史系：《浙江萧山老虎洞遗址发掘简报》，《东南文化》2021 年第 10 期。曹骏、杨金东、崔太金：《萧山老虎洞遗址出土玉石器加工工具及相关问题的初步认识》，百越民族史研究会第十九次年会暨成立四十周年纪念研讨会主旨报告。
24. 浙江省文物考古研究所:《楼家桥、阔塘山背、尖山湾》,文物出版社,2010 年。
25. 杨德标：《屯溪下林塘遗址试掘简报》，《文物研究》总第一期。
26. 安徽省文物考古研究所等：《歙县新州遗址东区、北区的发掘》，载安徽省考古学会编《文物研究（第 13 辑）》，黄山书社，2001 年。
27. 王光明：《牛头岗遗址早期陶器与禹会村遗址出土陶器之初步比较》，载中国社会科学院古代文明研究中心等《禹会村遗址研究——禹会村遗址与淮河流域文明研讨会论文集》，科学出版社，2014 年。
28. 浙江省文物考古研究所：《钱山漾》，文物出版社，2014 年。
29. 上海博物馆考古研究部:《上海松江区广富林遗址 1999—2000 年发掘简报》,

《考古》2002 年第 10 期。上海博物馆考古研究部：《上海松江区广富林遗址 2001—2005 年发掘简报》，《考古》2008 年第 8 期。

30. 浙江省文物考古研究所等：《浙江湖州市章家埭遗址试掘简报》，载浙江省文物考古研究所编著《浙北崧泽文化考古报告集（1996—2014）》，文物出版社，2014 年。

31. 南京博物院考古研究所：《江苏宜兴市骆驼墩新石器时代遗址的发掘》，《考古》2003 年第 7 期。南京博物院等：《江苏宜兴骆驼墩遗址发掘报告》，《东南文化》2009 年第 5 期。

32. 林留根：《绰墩遗址良渚文化聚落与晚期良渚文化遗存》，《东南文化》2003 年增刊 1。

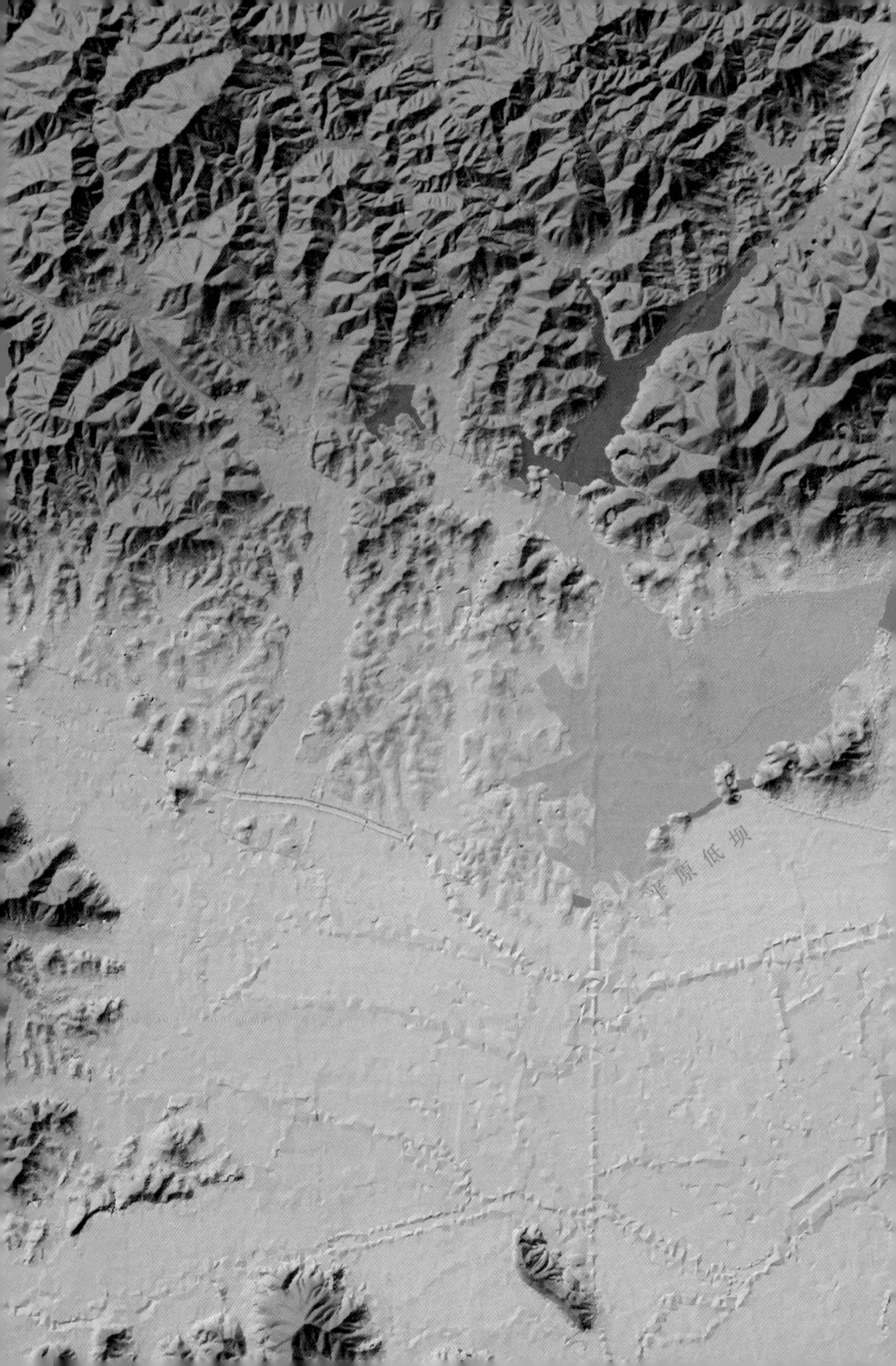

平原低坝

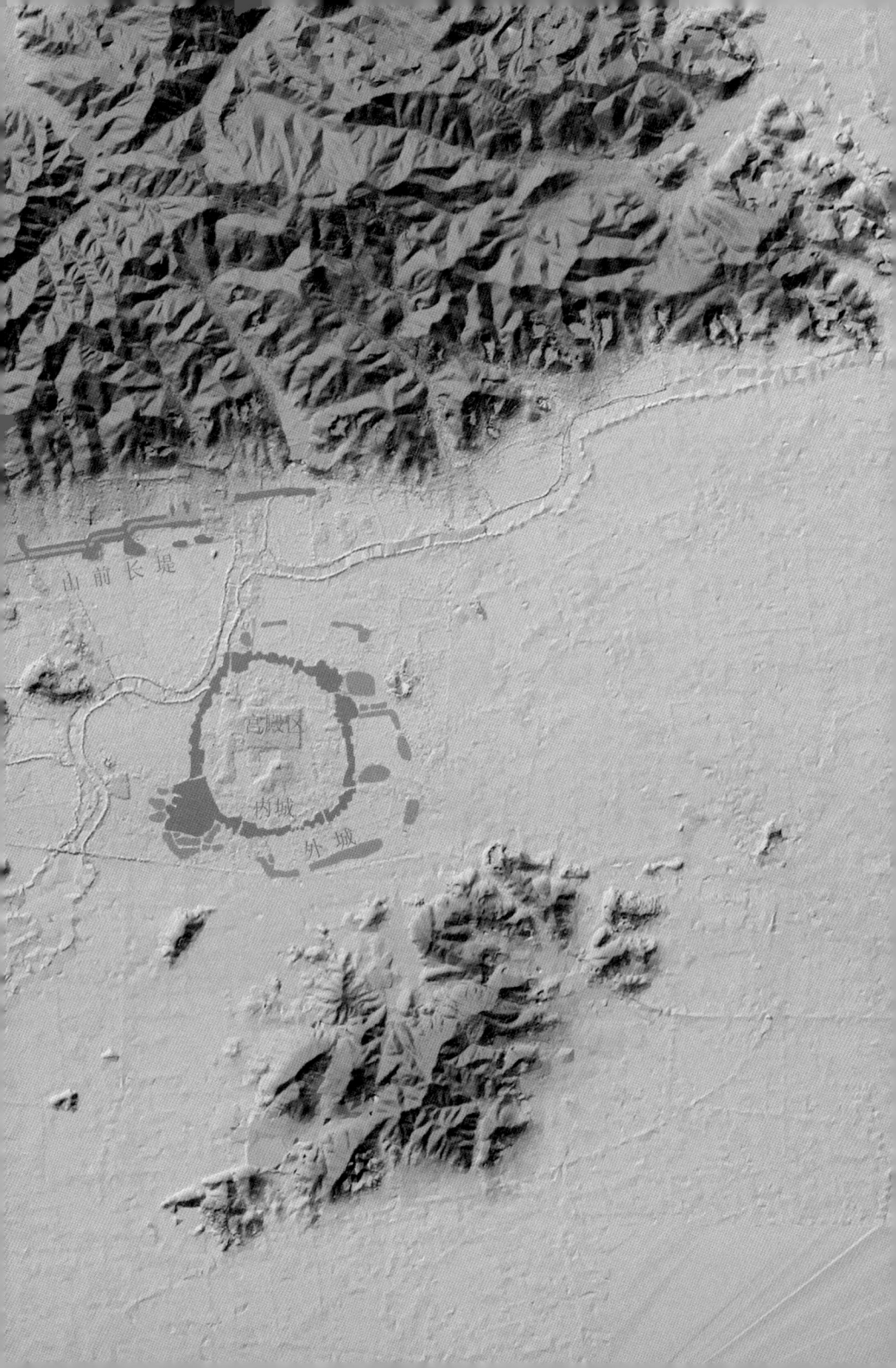

山前长堤

宫殿区

内城

外城

分布与分区

　　1980 年前后江苏的考古工作者曾提出初步的类型划分，如张陵山类型和雀幕桥类型 [1]，或张陵山类型和良渚类型 [2]，不过这一时期的类型划分更多的是考虑年代和文化属性的差异，而不是区域差异。20世纪 90 年代前后，部分学者在进行良渚文化分期研究已经关注到良渚文化存在一定的区域差异，如陈国庆指出宁镇地区、太湖—上海地区、杭州地区良渚文化器物组合的差异 [3]，吴卫红把宁镇地区和宁绍地区

......

[1] 　南京博物院：《太湖地区的原始文化》，载文物编辑委员会编《文物集刊 1》，文物出版社，1980 年。

[2] 　南京博物院：《长江下游新石器时代文化若干问题的探析》，《文物》1978 年第 4 期。

[3] 　陈国庆：《良渚文化分期及相关问题》，《东南文化》1989 年第 6 期。

划为"非良渚文化区",并讨论了良渚地区、嘉兴地区、苏沪地区的区域差异及其阶段性演变,"一期时差别较大,二期时(差别)相对较小,到三期文化面貌已大体统一"[①]。

钱塘江以南良渚文化遗存的发现,使浙江的考古工作者认识到区域差异的存在,并进行了类型划分的尝试。1984 年,牟永抗根据余姚前溪湖等遗址的发现,指出宁绍地区存在相当于良渚文化的第五期文化,认为不属于河姆渡文化但还不宜归入良渚文化[②]。慈湖遗址发掘后考古学家认识到,慈湖良渚时期遗存可能反映了宁绍地区的良渚文化与太湖周围地区的良渚文化存在地域差异,这种差异,可视为钱塘江南、北两种类型[③]。奉化名山后发掘后,刘军、王海明提出了"良渚文化名山后类型"的命名[④],丁品则认为河姆渡后续遗存与环太湖良渚文化在多个方面存在较大差异,不宜归入良渚文化,而应命名为河姆渡文化名山后类型,如果今后资料增加,可直接命名为名山后文化,这是良渚文化的一支进入

① 吴卫红:《良渚文化的初步分析》,《考古学报》2000 年第 4 期。

② 牟永抗:《浙江新石器时代文化的初步认识》,载中国考古学会编《中国考古学会第三次年会论文集(1981)》,文物出版社,1984 年。

③ 浙江省文物考古研究所、宁波市文物考古研究所:《宁波慈湖遗址发掘简报》,载浙江省文物考古研究所编《浙江省文物考古研究所学刊:建所十周年纪念(1980—1990)》,科学出版社,1993 年。

④ 刘军、王海明:《宁绍平原良渚文化初探》,《东南文化》1993 年第 1 期。

宁绍地区、与当地土著文化河姆渡第四期文化融合后产生的新的文化①。蒋乐平也主张对宁绍地区的良渚时期遗存进行独立命名②。仲召兵根据亹塘山背及小青龙等发掘资料，提出亹塘山背类型、小青龙类型和名山后类型，形成钱塘江以南三类型的划分方案。其中亹塘山背类型和名山后类型器类组合及器形与太湖地区良渚文化更接近，但也随葬具有地方传统的绳纹釜；小青龙墓葬中双鼻壶流行，其他器型少见，可能与嘉兴沪南地区关系更密切③。从20世纪80年代开始,浙江省文物考古研究所开始将浙江的良渚文化分布区划分为三大区域，即杭嘉湖地区、宁绍地区、金衢地区④。栾丰实将良渚文化划分为六区:太湖以东地区、杭嘉湖平原

①　丁品：《钱塘江两岸新石器时代晚期文化关系初论》，载浙江省文物考古研究所编《纪念浙江省文物考古研究所建所二十周年论文集（1979—1999）》，西泠印社，1999年。

②　蒋乐平：《良渚文化与宁绍地区的史前考古学》，载浙江省文物考古研究所编《良渚文化研究》，科学出版社，1999年。

③　浙江省文物考古研究所、桐庐博物馆：《小青龙》，文物出版社，2017年。

④　牟先生将浙江新石器时代的文化区分为四大块，其中包含良渚文化的有杭嘉湖、宁绍、金衢地区，参见牟永抗：《浙江新石器时代文化的初步认识》，载中国考古学会编《中国考古学会第三次年会论文集（1981）》，文物出版社，1984年。也可参考王海明：《浙江史前考古学文化之环境观》，载浙江省社会科学院国际良渚文化研究中心编《良渚文化探秘》，人民出版社，2006年。

地区、太湖以北地区、宁绍平原地区、江淮地区、宁镇地区[①]。

　　不过，环太湖地区内部也有着比较明显的区域差异，需要进一步细分。芮国耀指出，太湖流域地区，良渚遗址群可以划分为一个区，另外可分出太湖以南地区（即嘉兴）、太湖以东地区（苏州及上海西部）和太湖以西地区（以寺墩为中心）[②]。丁品分析了余杭境内的"良渚遗址群"地区和太湖以东的苏南地区良渚早期的文化面貌的差异，分别提出了良渚类型和苏南类型，苏南类型包括苏南、上海和嘉兴地区，并指出，良渚类型可能促进了苏南地区从崧泽文化向良渚文化的转变[③]。在《庙前》报告中，丁品进一步将嘉兴地区从苏南沪西中分离出来，指出苏南沪西、嘉兴地区、良渚遗址群地区三地"良渚文化早期文化面貌呈现出明显的

....

① 栾丰实：《良渚文化的分期与分区》，载徐湖平编《东方文明之光——良渚文化发现 60 周年纪念文集》，海南国际新闻出版中心，1996 年。

② 芮国耀：《探索文明之路——浙江近二十年的良渚文化研究》，载浙江省文物考古研究所编《纪念浙江省文物考古研究所建所二十周年论文集（1979—1999）》，西泠印社，1999 年。

③ 丁品：《试论崧泽文化向良渚文化的转变》，载浙江省博物馆编《东方博物（第六辑）》，浙江大学出版社，2002 年 9 月。又见浙江省文物考古研究所编：《良渚文化研究——纪念良渚文化发现六十周年国际学术讨论会文集》，科学出版社，1999 年。

区别"①。紧接着，他提出四大聚落群的划分，即太湖以南杭州余杭区的良渚-瓶窑聚落群（良渚遗址群，包括德清东南部）、太湖东南的浙北嘉兴聚落群、太湖以东的苏南—沪西聚落群、太湖西北长江以南的江阴-武进聚落群，每个聚落群都有数量较多、集中分布的遗址和较大规模或较高规格的墓地，基本上已建立各自的纵向发展序列②。蒋卫东将良渚文化分为七个区域，即太湖以南以余杭良渚遗址群为中心的杭州地区、太湖东北以草鞋山—赵陵山—张陵山—福泉山一线为核心的苏南沪西地区、太湖东南包括桐乡海宁海盐在内的嘉兴沪南地区、太湖以北以寺墩为中心的常州无锡地区、宁绍地区、宁镇地区和江淮地区③，随后又新增加太湖西部的湖州—宜兴地区，从而形成八个区域类型的划分方案④。王宁远也将太湖周边的遗址划分为五个区块：太湖以南的良渚—瓶窑区（良渚遗址群）及临平区、太湖东南的嘉兴地区、太湖东部的苏南—沪西地区、

① 浙江省文物考古研究所：《庙前》，文物出版社，2005年。

② 丁品：《良渚文化聚落群初论》，载西安半坡博物馆、良渚文化博物馆编《史前研究（2004）》，三秦出版社，2005年。

③ 蒋卫东：《良渚文化高土台及其相关问题的思考与探讨》，载浙江省文物考古研究所编《纪念浙江省文物考古研究所建所二十周年论文集（1979—1999）》，西泠印社，1999年。

④ 浙江省文物考古研究所、海盐县仙坛庙：《海盐周家浜遗址发掘概况》，载嘉兴市文化局编《崧泽·良渚文化在嘉兴》，浙江摄影出版社，2005年。浙江省文物考古研究所、桐乡市文物管理委员会：《新地里》，文物出版社，2006年。

太湖西北长江以南的江阴–武进地区、太湖西岸的湖州–宜兴地区 [1]。

张敏指出宁镇地区的文化序列为丁沙地文化—北阴阳营文化—城头山下层文化—昝庙二期文化，并认识到了宁镇地区良渚时期以昝庙为代表的遗存有其自身的特征，但未展开论述 [2]。

皖东南青弋江—水阳江流域是沟通皖江流域、宁镇地区和环太湖地区的重要通道，包括芜湖市的长江以南大部、宣城市的北部平原地带。该区域是古丹阳湖所在，该湖已经大部分淤塞，残留有石臼湖、固城湖和南漪湖等，张敏、王志高提出古芜湖文化区的说法，指出该区域的文化序列为缪墩文化遗存—薛城一期—薛城二期—瑶墩文化遗存 [3]，吴卫红提出太湖中路的说法，认为这是沟通长江中下游的重要通道 [4]，田明利、

① 王宁远：《从村居到王城》，杭州出版社，2013 年。

② 张敏、王志高：《薛城遗址的发现与古芜湖文化区》，《中国文物报》1998 年 7 月 8 日；张敏：《改革开放以来的江苏考古新成果与新理念》，《东南文化》2009 年第 1 期。

③ 张敏、王志高：《薛城遗址的发现与古芜湖文化区》，《中国文物报》1998 年 7 月 8 日；张敏：《改革开放以来的江苏考古新成果与新理念》，《东南文化》2009 年第 1 期。

④ 吴卫红：《初识薛家岗与良渚文化的交流——兼论皖江通道与太湖南道问题》，载浙江省文物考古研究所编《浙江省文物考古研究所学刊（第八辑）：纪念良渚遗址发现七十周年学术研讨会文集》，科学出版社，2006 年。

姚玉洁认为距今 5000 年左右有从芜湖通往环太湖地区的通道 [1]。

　　综上，可将良渚文化分为核心区和外围区，分布总面积约为 13 万平方千米。其中核心区即环太湖流域，面积约为 3 万平方千米，良渚文化的大部分遗址分布于此区，尚未有学者在这一区域内探讨类型划分，这从侧面反映了该区域文化面貌总体较统一；外围区呈环绕状位于核心区之外，面积约为 10 万平方千米，遗址数量不多，社会分化不显著，原本地文化传统有不同程度的保留，使其文化面貌与核心区产生一定的差异，以至部分学者提出类型的命名，如名山后类型等，甚至认为不能归属良渚文化。不管是核心区还是外围区，都可根据地理单元和器物组合的差异划分多个区域，核心区可分良渚古城区（良渚古城腹地范围）、太湖东南（嘉兴地区）、太湖东部（苏南沪西）、太湖北部（常州、无锡、张家港、常熟）、太湖西部（包括浙西北安吉长兴和宜溧地区）5 个小区，外围区可分为金衢地区、宁绍地区（包括舟山）、江淮地区、宁镇地区、芜湖地区 5 个小区。目前已发现遗址 1000 余处，其中核心区有 900 余处，平均每 100 平方千米有 3 处遗址，外围区有 100 余处，平均每 100 平方千米有 0.1 处遗址。

[1]　田明利、姚玉洁：《西溪遗址考古获重大发现——6000 多年前长江存在另一入海通道》，新华每日电讯，2004 年 2 月 10 日。

一 核心区

1. 良渚古城区

良渚古城区包括余杭、德清、富阳、临安、绍兴、萧山等行政区，目前共发现遗址 400 多处，经过发掘或试掘的遗址约 120 处。良渚古城遗址 100 平方千米范围内，已发现遗址约 300 处，此区正在逐渐进行全覆盖式勘探，根据已勘探范围推测整个良渚古城遗址区应有 600 多处遗址，经过发掘和试掘的遗址达 100 处，如反山、莫角山、四面城墙、姜家山、钟家港、皇坟山、卞家山、文家山、美人地、塘山、瑶山、庙前、后杨村、吴家埠、汇观山、官井头、石马兜等。临平遗址群发现遗址约 25 处，经过发掘的遗址有三亩里、后头山、横山、玉架山、茅山；良渚遗址群和临平遗址群之间零星分布有近 20 处遗址，经过发掘的遗址有水田畈、八卦墩。良渚遗址群以西以南的山麓地带发现近 30 处遗址，经过发掘的遗址有老和山、小古城、南湖、吉如、喻家陡门。德清发现遗址约 45 处，经过发掘的有辉山、中初鸣制玉作坊群。富阳发现遗址约 15 处，经过发掘的仅瓦窑里。萧山、绍兴西部发现遗址约 15 处，经过发掘的有蜀山、老虎洞山、寺前山。

湖州东部即湖州市区一带共发现史前时期遗址 50 余处，经过发掘的遗址 10 余处，包括湖州邱城、花城、毘山、塔地、庙头角、树下兜，因遗址发掘不多，资料不甚丰富。该地区不少史前时期的遗址属年代更早的马家浜文化至崧泽文化，良渚时期的遗址数量难以明确。其文化面貌还有待今后更多的考古工作来揭示。

良渚古城区的良渚文化墓葬中，陶器组合以鼎、豆、圈足罐为核心，或有盆、甑鼎、过滤器、大口缸等，基本不随葬双鼻壶、鬶等器型，陶器种类单调且数量少，墓葬的等级不通过陶器来表现，具有鲜明的区域特色，尤其是过滤器，基本上仅在此区有发现。墓葬中随葬石器以石钺、石镞为主，几乎不随葬石刀、石犁等农具。玉礼器系统最为发达和完善，成组锥形器、三叉形器等器类不见或少见于其他地区。

2. 太湖东南

太湖东南（嘉兴地区）共发现良渚时期遗址 260 余处，其中海宁发现 100 余处[①]，桐乡发现 70 余处，海盐发现约 35 处，平湖发现 20 余处，嘉兴市区发现 30 余处，嘉善仅发现 3 处。经过发掘和试掘的遗址 50 余处，如海宁千金角、徐步桥、盛家埭、三官墩、坟桥港、邬家岭、荷叶地、达泽庙、大坟墩、佘墩庙、金石墩、杨家角、东八角漾、徐家桥、九虎

---

① 浙江省文物考古研究所、海宁市博物馆：《小兜里》，文物出版社，2015 年。
赵晔：《海宁考古回眸》，《海宁文博》总第七十一期，2018 年 12 月。

庙、莲花、徐家庄、小兜里、瑞寺桥、皇坟头、酒地上、姚家浜、伊家桥，桐乡普安桥、章家浜、徐家浜、叭喇浜、金家浜、新地里、姚家山、董家桥、大园里，海盐高地、王坟、窑墩、龙潭港、周家浜、仙坛庙、西长浜，平湖平邱墩、戴墓墩、庄桥坟、图泽，嘉兴双桥、雀幕桥、大坟、南河浜、高墩、石圹头、高墩坟、倭坟墩、姚家村、曹墩，嘉善大往、新港等。

3. 太湖东部

太湖东部（苏南沪西地区）包括苏州南部（苏州市区、昆山）和上海西部（青浦、松江、闵行、奉贤、金山）2 个小区，共发现良渚时期遗址约 90 处，经过发掘的有 30 余处，包括苏州南部的陈墓镇、梅堰、荣庄、越城、草鞋山、澄湖、张陵山、绰墩、少卿山、赵陵山、龙南、少卿山、绰墩、郭新河、澄湖、同里、姜里、朱墓村、五峰北和上海的马桥、广富林、戚家墩、寺前村、亭林、果园村、汤庙村、福泉山、金山坟、姚家圈、江海、查山、柘林等。

4. 太湖北部

太湖北部地区包括常州市区及周边、无锡东部（包括江阴）、苏州北部的张家港和常熟等，发现良渚时期遗址 110 余处，遗址数量较多。经过发掘的遗址有 10 余处，包括仙蠡墩、锡山公园、寺墩、许庄、高城墩、邱城墩、青城墩、象墩等。该区域发现有高城墩、寺墩、邱城墩等高等级聚落，尤其是寺墩在良渚晚期偏晚阶段发展为重要的区域中心，成为与良渚古城相抗衡的地方权力中心。

5. 太湖西部

太湖西部以宜溧山地为界划分为长兴—安吉地区和宜溧地区 2 个小区，共有良渚时期遗址不超过 30 处，且其中的大多数良渚文化遗存仅是零星分布，相对于马家浜、崧泽时期而言，良渚时期是该区较为沉寂的时期。长兴—安吉地区共发现新石器时代遗址约 35 处，但大多为马家浜至崧泽时期遗址，明确属良渚时期的遗址数量可能不超过 10 处，已发掘了芝里、安乐和江家山等遗址。宜溧地区的主要地貌单元为洮滆平原，包括无锡的宜兴和常州的溧阳、金坛等行政区，共有良渚时期遗址近 20 处，发掘了堰南、骆驼墩、下湾、西沟居等，遗址数量少，分布稀疏，遗存不丰富，但从堰南出土玉琮来看，该区域可能存在具有一定等级的聚落。

二　外围区

1. 金衢地区

金衢盆地及周边包括衢州、金华两市以及诸暨、缙云、建德、淳安、桐庐等行政区，西部和南部分布有山崖尾、好川等好川文化遗址，东部有虿塘山背、小青龙等良渚文化遗址，可见该区域是好川文化和良渚文化分布的边缘区和交汇区。金衢盆地及周边已发现良渚时期遗址不足30处，包括小青龙、大麦凸、王同山–门前山、石家前山、楼家桥、虿塘山背、久山湖、五龙岛[1]、三酒坛、长田、麂山、青阳山、陇东等。已发掘小青龙、大麦凸、楼家桥、虿塘山背、三酒坛、久山湖、陇东等。

2. 宁绍地区

宁绍地区包括绍兴、宁波两市，发现良渚时期遗址30余处，已发掘的遗址有10余处，如慈湖、名山后、塔山、小东门、沙溪、鲻山、大榭、鱼山、乌龟山、下王渡、何家、应家等。另外，舟山群岛发现遗址近20处，但发掘工作做得很少，仅唐家墩等少量遗址做过试掘，浙江省文物考古研究所新近发掘了嵊泗黄家台遗址。嵊州也曾发现五六处史前遗址，但除了小黄山之外均未做过发掘。宁绍地区再往南的台州地区为好川文化的分布范围，尚未发现良渚文化遗址。

3. 江淮地区

苏北江淮东部的里下河地区发现遗址近20处，发掘了陆庄、开庄、东园、蒋庄、龙虬庄等。遗址分布可分三组，一组位于里下河平原东部冈身，包括蒋庄、开庄、青墩、影山头等遗址，一组位于高邮湖一带，

包括龙虬庄、夹沟，一组位于废黄河两岸，包括东园、陆庄、城头村、
笪巷、三里墩[2]。里下河平原中部地势低洼，不适宜居住，遗址稀少。
再往北和西北，徐海地区和皖北地区主要是大汶口文化的分布范围，并
包含有一定数量的良渚文化因素，典型遗址如花厅、赵庄、金寨等。

4. 宁镇地区

宁镇地区良渚文化遗址数量不多，发现和发掘了太岗寺、墩头山、
王家山、城头山、三城巷、丁沙地、城上村、孔塘、昝庙、磨盘墩、烟
袋山[3]等10余处良渚文化遗址，未做过区域系统调查。另外定远山根许[4]
尽管位于安徽，但距离宁镇地区仅一步之遥，也暂时归在此区。

5. 芜湖地区

该区域发掘的遗址有马鞍山烟墩山[5]、芜湖月堰[6]、郎溪磨盘墩、高
淳薛城[7]等。发现的遗址有繁昌缪墩、中滩、洞山，当涂钓鱼台，芜湖
蒋公山、莲塘、竹塘，马鞍山七亩田、船墩，泾县瑶墩、丁家塌、四古
墩、郎溪欧墩、乌龟凸、磨盘山，宣城孙家埠等，涵盖马家浜、崧泽、
良渚等各个阶段，其中马家浜至崧泽阶段遗址数量最多[1]。2008年、2009

---

① 张敏、王志高：《薛城遗址的发现与古芜湖文化区》，《中国文物报》1998
年7月8日。

年、2011 年中国国家博物馆与安徽省文物考古研究所联合对姑溪河—石臼湖流域进行详细的区域系统调查，覆盖面积达 550 平方千米，实际调查 400 平方千米，发现：马家浜早期遗址 1 处，即张家甸遗址（面积为2.3 万平方米，距今 7000—6400 年），以往发现的繁昌缪墩也属这一时期；马家浜晚期遗址 2 处，即朱岗渡（6 万平方米）、小村（仅 400 平方米）遗址，文化面貌与薛城下层（薛城遗址面积也是 6 万平方米）相近；马家浜末期至崧泽初期遗址数量较多，达 10 处，即包子山、船头、船村、孙家庄、孙家村、钓鱼台、高田、浦塘西、立新、柘墩头，出土鼎足以铲形带凹槽足为主，面积一般为数千平方米，最大的孙家庄遗址面积为2 万平方米；崧泽时期遗址 1 处，即釜山遗址，面积平均仅为 6400 平方米，同时期的遗址有芜湖月堰、烟墩山，高淳朝墩头；良渚时期遗址 1 处（良渚早期），即窑墩遗址，面积仅为 1500 平方米，此外，烟墩山、朝墩头发现少量良渚早期的墓葬；龙山时代遗址，聚落再次增多，数量达到 23 处，但遗址面积一般为数千平方米，最大的面积为 4.3 万平方米，薛城上层也属此期[①]。2006 年和 2007 年，采石河流域的区域系统调查共涉及 74 平方米范围，发现新石器时代晚期遗址 4 处，即烟墩山、毕家山、小山村、小山[8]。另外，繁昌中滩、五里亭、高墩、神墩也发现有良渚时期的遗物。可见，在整个史前时期，芜湖地区的遗址数量都不多，分化不明显，

① 中国国家博物馆、安徽省文物考古研究所：《姑溪河—石臼湖流域先秦时期聚落考古调查与研究》，科学出版社，2019 年。

未见明确的中心聚落，不过文化面貌和发展序列与环太湖地区基本相同，而与宁镇地区有一定差异。良渚时期，芜湖文化区属良渚文化的扩散区，目前已确认的遗址有烟墩山、毕家山、小山村、小山、月堰、窑墩、磨盘山、烟墩山、朝墩头、中滩、五里亭、高墩、神墩，另外，泾县瑶墩出土良渚晚期玉琮、芜湖竹塘出土良渚早期的大孔玉璧，表明该区域存在有一定等级的聚落，遗址总体数量不多，仅 10 余处，且年代主要集中在崧泽—良渚过渡阶段至良渚早期，如烟墩山、月堰、磨盘山、竹塘村，良渚晚期遗址较少，存在明显的断层。

有关遗址的参考文献：

1. 鲍绪先：《新安江流域发现良渚文化玉器》，《东南文化》1993 年第 1 期。

2. 纪仲庆：《宁镇地区新石器时代文化与相邻地区诸文化的关系》，载中国考古学会编《中国考古学会第三次年会论文集（1981）》，文物出版社，1984 年。吴卫红：《良渚文化的初步分析》，《考古学报》2000 年第 4 期。

3. 尹焕章、张正祥：《宁镇山脉及秦淮河地区新石器时代遗址普查报告》，《考古学报》1959 年第 1 期。

4. 纪仲庆：《良渚文化与古史传说》，《东南文化》1990 年第 5 期。吴卫红：《良渚文化的初步分析》，《考古学报》2000 年第 4 期。

5. 叶润清：《烟墩山遗址对于追溯马鞍山历史文化源流的意义》，载马鞍山历史与文化研究会编《历史与文化研究（第一辑）》，黄山书社，2006 年。

6. 安徽省文物考古研究所:《安徽芜湖月堰遗址新石器时代墓葬发掘简报》,《文物》2009 年第 8 期。

7. 南京市文物局、南京市博物馆、高淳县文管所:《江苏高淳县薛城新石器时代遗址发掘简报》,《考古》2000 年第 5 期。

8. 中国科学技术大学科技史与科技考古系、中国科学技术大学博物馆、马鞍山市文物管理局:《马鞍山采石河流域区域系统调查初步报告》,《东南文化》2010 年第 1 期。

年代与分期

　　随着越来越多良渚文化遗址被发掘，良渚文化的内涵日渐清晰，对遗存早晚的判读也提上了日程。1977 年在南京召开的长江下游新石器时代文化学术讨论会上，牟永抗、魏正瑾指出"良渚文化应有早晚期的区别。大体上可以认为吴兴钱山漾和杭州水田畈二址是较早的遗存，杭州良渚和嘉兴雀幕桥二址则是较晚的遗存"，其绝对年代是公元前 3300—前 2300 年，而"马家浜期"绝对年代为公元前 4700—前 4000 年，"崧泽期"为公元前 4000—前 3300 年 [1]。以此为标志，良渚文化的分期研究正式起步，但其时考古资料仍较不足，尤其缺乏可供分期的层位关系，只有初步的分期研究。江苏考古工作者对良渚文化的分期有大体比

---

[1]　牟永抗、魏正瑾：《马家浜文化和良渚文化——太湖流域原始文化的分期问题》，《文物》1978 年第 4 期。

较接近的观点，最开始将良渚文化遗存划分为较早的青莲岗文化张陵山类型和较晚的良渚类型[1]，蒋赞初与牟永抗、魏正瑾的观点一致，认为分为以钱山漾、水田畈为代表的早期和以良渚与雀幕桥为代表的晚期[2]，汪遵国和黄宣佩均将张陵山、钱山漾和水田畈等视作早期遗存，把良渚、广富林、雀幕桥视为晚期遗存[3]，或称之为较早的张陵山类型和较晚的雀幕桥类型[4]。这一时期所谓类型的划分更多的是表示年代早晚之别，而非区域差异，且分期时基本上都是以遗址为单位的粗略划分，带有较大的随意性，这与当时资料的欠缺和分期方法的不完善有密切的关系。张之恒将良渚文化划分为早、中、晚三期，归纳了各期的陶器总体特征，指出三期的绝对年代分别为距今5000—4500年、距今4500—4000年、距今4000—3700年，分期方案更细，但同样也是以遗址为单位进行分期，

....

[1] 南京博物院：《长江下游新石器时代文化若干问题的探析》，《文物》1978年第4期。

[2] 蒋赞初：《对于长江下游新石器时代文化几个问题的再认识》，载文物编辑委员会编《文物集刊1》，文物出版社，1980年。

[3] 汪遵国：《太湖地区原始文化的分期》，载中国考古学会编《中国考古学会第一次年会论文集（1979）》，文物出版社，1980年。黄宣佩：《关于良渚文化若干问题的认识》，载中国考古学会编《中国考古学会第一次年会论文集（1979）》，文物出版社，1980年。

[4] 南京博物院：《太湖地区的原始文化》，载文物编辑委员会编《文物集刊1》，文物出版社，1980年。

缺乏严格的论证和以单位为基础的讨论 [①]。

　　20 世纪 90 年代前后良渚文化的分期讨论极为热烈，成为当时重要的学术议题，且开始以出土单位为基础，在层位学和类型学的基础上进行科学分析和细致讨论，初步总结出良渚文化典型陶器及组合的演变规律，形成多种分期方案，奠定了良渚文化年代学的初步基础。

　　比较有代表性的分期有陈国庆的三期说 [②]、杨晶的四期说 [③]、黄宣佩的五期说 [④]、栾丰实的四期 5 段说 [⑤]、芮国耀的六期 10 段说 [⑥]、宋建的四期

....

① 　张之恒：《略论良渚文化的分期》，载余杭县政协文史资料委员会编《良渚文化·余杭文史资料第三辑》，余杭人民印刷厂，1987 年。

② 　陈国庆：《良渚文化分期及相关问题》，《东南文化》1989 年第 6 期。

③ 　杨晶：《论良渚文化分期》，《东南文化》1991 年第 6 期。

④ 　黄宣佩：《论良渚文化的分期》，载上海博物馆集刊编辑委员会编《上海博物馆集刊——建馆四十周年特辑（第六期）》，上海古籍出版社，1992 年。

⑤ 　栾丰实：《良渚文化的分期和年代》，《中原文物》1992 年第 3 期。

⑥ 　芮国耀：《良渚文化时空论》，载余杭市文史资料委员会编《文明的曙光——良渚文化》，浙江人民出版社，1996 年。

6 段说 [1]、中村慎一的六期说 [2]、吴卫红的三期 7 段说 [3]、李新伟的五期说 [4]等。1989 年，陈国庆认为，"目前还没有较为理想的地层叠压关系作为良渚文化分期的依据，切实可行的办法是对良渚文化中典型遗迹单位陶器组合进行分析，试从一些典型器物入手，把同型中不同式别的器物串联在一起，观察其不同式别的器物是否在发展序列上有着演变规律可循，然后对诸遗迹单位的器物进行横向比较，将形态一致的器物所代表的单位归并在一起，并结合已知的遗迹叠压关系，划分出时代的早晚序列"，由此形成三期划分方案，并初步论述了典型器物的演变规律。1991 年，杨晶发表的论文也以器物组合和器物形态演变为基础，分析了马桥、越城、寺墩、福泉山、龙南的出土资料，将良渚文化分为四期，绝对年代为公元前 3300—前 2000 年，该文的分析、论述过程更系统详尽，但对宽把杯的演变序列存在明显的误判。栾丰实基本准确地把握了鼎、鬶、豆、壶、带流罐、带流杯六种典型器物的演变关系，结合单位器物组合，

[1] 宋建：《论良渚文明的兴衰过程》，载浙江省文物考古研究所编《良渚文化研究——纪念良渚文化发现六十周年国际学术讨论会文集》，科学出版社，1999 年。
[2] 中村慎一：《中国新石器时代的玉琮》，《东京大学文学部考古学研究室研究纪要》第 8 号，1989 年印刷。
[3] 吴卫红：《良渚文化的初步分析》，《考古学报》2000 年第 4 期。
[4] 李新伟：《良渚文化的分期研究》，载《考古》编辑部编《考古学集刊 12》，中国大百科全书出版社，1999 年。

划分了四期 5 段，参照大汶口的分期，指出良渚文化一至三期相当于大汶口中期和仰韶晚期，年代为公元前 3500—前 3000 年，良渚文化四期相当于大汶口晚期和庙底沟二期文化，年代为公元前 3000—前 2600 年。宋建综合利用了福泉山、千金角、平丘墩的层位关系，并基本准确地归纳了几种典型陶器，将良渚文化划分为四期 6 段，绝对年代为距今 5200—4000 年。

1978—1986 年，浙江省文物考古研究所陆续发掘了浙北 7 处遗址、80 余座良渚文化墓葬，其中平邱墩等部分墓葬之间还存在少量叠压打破关系，为良渚文化的分期提供了比较丰富的资料。芮国耀负责对这批遗存进行系统整理和分期研究，初步将这批墓葬分为三期 4 段[1]，其中吴家埠二层的 9 座墓葬被排在这一分期方案的最早期[2]。1996 年，芮国耀在浙北小墓分期的基础上，结合江浙沪地区已调查发掘的百余处遗址的资料，考察了典型陶器器形的演变和陶器组合的变化，归纳了鼎、双鼻壶、豆、簋、宽把杯、圈足罐、尊等器形的演变，选取 38 个典型单位，结合共

① 芮国耀：《浙江北部地区良渚文化墓葬的发掘（1978—1986）》，载浙江省文物考古研究所编《浙江省文物考古研究所学刊：建所十周年纪念（1980—1990）》，科学出版社，1993 年。
② 王明达：《余杭吴家埠新石器时代遗址》，载浙江省文物考古研究所编《浙江省文物考古研究所学刊：建所十周年纪念（1980—1990）》，科学出版社，1993 年。

存关系，划分为十组，并根据十组之间组合的差异，归纳为六期，由此形成了六期 10 段的划分，总体年代相当于大汶口文化和龙山文化[①]，第一期以吴家埠、庙前为代表，年代为距今 5300—5100 年，第三期以反山、瑶山为代表，年代为距今 4900—4500 年，第六期年代为距今 4000 年。这是当时最细的分期方案，不过，一期 1 段、2 段以及二期 1 段现在也被不少学者归入崧泽晚期或崧泽—良渚过渡阶段。

以上各家分期分段略有差异，但总体上各家对良渚文化主要器型的演变规律已逐渐形成比较一致的认识。

陶器的分析结合玉器形态的演变也为良渚文化的分期尤其是瑶山、反山一类的贵族墓地的分期提供了便利。日本金泽大学教授中村慎一最早开始系统关注良渚文化玉器的年代分期，尤其是对琮进行了年代排序[②]。刘斌较早对玉琮的型式演变进行了研究，指出玉琮的发展可分为三个式，Ⅰ式为圆琮，Ⅱ式玉琮已出现四角，但折角大于 90°，Ⅲ式玉琮为折角略等于 90° 的方琮，并认为最早的玉琮源于刻画神灵的穿孔玉

----

① 芮国耀：《良渚文化时空论》，载余杭市文史资料委员会编《文明的曙光——良渚文化》，浙江人民出版社，1996 年。
② 中村慎一：《中国新石器时代的玉琮》，《东京大学文学部考古学研究室研究纪要》第 8 号，1989 年印刷。

柱①。方向明归纳了冠状器、三叉形器及龙首纹、兽面纹眼部纹饰、琮节面神人兽面纹的演变规律，认为瑶山墓地起始年代早于反山墓地，结束年代也早于反山，二者有一段时间共存，瑶山墓葬按年代排列大体为M9 最早，M11 其次，M10 再次，M12、M2、M7 再次，M1、M4 最晚，反山墓葬按年代排列为 M12、M17 最早，M22、M15 其次，M16 再次，M20、M23 再次，M14、M18 最晚，反山年代大体相当于芮国耀六期方案中的第三期，即公元前 4900—4500 年②。随后方向明对反山、瑶山年代的再讨论中，归纳了豆、假腹圈足盘、过滤器的演变规律，指出瑶山、反山大体相当于良渚早期偏晚阶段至中期。瑶山、反山各墓的年代认识也有了调整，总共划分为三个阶段，其中瑶山 M9 最早，瑶山其余墓葬及反山 M12、M15、M16 其次，反山其余墓葬年代最晚③。蒋卫东归纳了玉琮、玉璧、玉钺、冠状器、锥形器、三叉形器的演变规律，最终将良渚文化玉器系统分为早期（包括早晚两段）、中期（包括早晚两段）、晚期（包括早晚两段），其中瑶山 M1、M4、M5、M14 属早期晚段，瑶山其余墓葬及反山 M12、M15、M16、M17、M18 属中期早段，反山 M14、

①　刘斌：《良渚文化玉琮初探》，《文物》1990 年第 2 期。

②　方向明：《反山、瑶山墓地：年代学研究》，《东南文化》1999 年第 6 期。

③　方向明：《反山、瑶山年代问题的再讨论》，载浙江省博物馆编《东方博物（第二十七辑）》，浙江大学出版社，2008 年。

M20、M22、M23 属中期晚段[①]。秦岭也对瑶山、反山的刻纹风格进行了系统分析，指出瑶山 M1、M4、M5、M14 年代最早，其次是瑶山 M11、M9、M10，再次是瑶山 M12、M2、M7 及反山 M16、M15，反山 M12、M17、M18、M22 再次，反山 M20、M14、M23 最晚[②]。赵晔分析了官井头新出土的良渚文化早期镂空兽面牌饰（M21：6）、龙首纹梳背（M64：4）、双兽首玉璜（M65：10）、镯式琮（M92：1、2、3）与瑶山、反山等出土的相关器物的关系，丰富了良渚文化玉器的形制，尤其是镂空兽面牌饰和镯式琮的发现为探讨兽面纹的产生及追溯良渚遗址群玉琮的发展序列提供了新的资料[③]。

在 20 世纪 90 年代分期讨论的基础上，随着崧泽晚期至良渚早期阶段考古学资料的丰富，学术界对崧泽文化向良渚文化的过渡及二者的分界进行了有益的讨论。宋建在姚家圈 1989 年发掘资料的基础上，结合越

---

① 蒋卫东：《神圣与精致》，浙江摄影出版社，2007 年。蒋卫东：《玉器的故事》，杭州出版社，2013 年。

② 秦岭：《环太湖地区史前社会结构的探索》，北京大学博士毕业论文，2013 年。秦岭：《良渚玉器纹饰的比较研究——从刻纹玉器看良渚社会的关系网络》，载浙江省文物考古研究所编《浙江省文物考古研究所学刊（第八辑）：纪念良渚遗址发现七十周年学术研讨会文集》，科学出版社，2006 年。

③ 赵晔：《良渚玉器纹饰新证》，载杨晶、蒋卫东执行主编《玉魂国魄：中国古代玉器与传统文化学术讨论会文集（六）》，浙江古籍出版社，2014 年。

城、汤庙村、福泉山、双桥、龙南和草鞋山等遗址相关资料，将一批具有浓厚崧泽文化风格但开始向良渚早期转变的一批遗存归纳为崧泽—良渚过渡阶段[①]。仲召兵将崧泽晚期遗存分为崧泽晚期和崧泽末期，崧泽末期约相当于崧泽—良渚过渡阶段，并通过分析陶器组合与形态、玉器种类与组合和社会分化的变化，指出"罗墩和赵陵山的早期墓葬、张陵山上层墓葬、福泉山黄土层9座墓葬为代表的这一阶段遗存可以作为良渚文化开始的标识，也即崧泽文化与良渚文化的分界"[②]。赵晔也对官井头的发掘材料进行了初步研究，将官井头墓地分为崧泽晚期、崧泽—良渚过渡阶段、良渚早期三大阶段，三个阶段联系紧密，"向我们揭示了崧泽文化向良渚文化转变的完整过程"，同时指出，官井头良渚早期贵族墓葬的发现也有助于我们认识良渚遗址群崛起的本地背景[③]。

　　钱山漾文化的确认和良渚晚期后段的提出使关于良渚文化下限的问题讨论也较之前更为深入。2004—2005年钱山漾遗址第三次发掘和钱山

---

① 宋建：《关于崧泽文化至良渚文化过渡阶段的几个问题》，《考古》2000年第11期。

② 仲召兵：《环太湖地区崧泽文化末期考古学文化面貌及聚落的变迁——兼谈崧泽文化与良渚文化的分界》，《东南文化》2013年第3期。

③ 赵晔：《大雄山丘陵——一个曾被忽视的文化片区》，载浙江省文物考古研究所编《崧泽文化学术研讨会论文集（2014）》，文物出版社，2016年。

漾文化的确认，使环太湖地区的史前文化序列更为完善①。2000年前后，良渚遗址群中的石前圩、卞家山、文家山、天打网、凤山等遗址陆续发现一类以侧扁鼎足为特色的遗存。赵晔系统论述了良渚遗址群内出土的良渚晚期后段遗存，指出这类遗存有别于广富林文化，仍是良渚文化的一部分，年代相当于福泉山第五期，建议命名为"卞家山类型"②，随后在《良渚遗址群》报告结语中再次进行了阐述，提出良渚末期遗存的命名，并进一步指出"遗址群内良渚社会的繁荣贯穿了良渚文化的各个时段的始终"，"不能排除莫角山遗址在良渚文化各个时段都发挥着作用"③。笔者、刘斌系统梳理茅草山、文家山、仲家山、城墙及城河、扁担山、姜家山等遗址出土的良渚最晚阶段的遗存，并通过与钱山漾文化、广富林文化、好川文化的对比，认为其年代与钱山漾文化和好川晚期接近，而

① 丁品、郑云飞、程厚敏、潘林荣、郭勇：《浙江湖州钱山漾遗址进行第三次发掘》，《中国文物报》2006年4月21日。

② 赵晔：《卞家山遗址良渚晚期遗存的观察与思考》，载西安半坡博物馆、良渚文化博物馆编《史前研究（2004）》，三秦出版社，2005年。

③ 赵晔：《良渚遗址群时空观察》，载浙江省文物考古研究所编《浙江省文物考古研究所学刊（第八辑）：纪念良渚遗址发现七十周年学术研讨会文集》，科学出版社，2006年。

早于广富林文化，并将之命名为"良渚文化晚期后段遗存"[1]。

绝对年代的讨论也在深化。2000 年前后，学术界对良渚文化上限在距今 5200 年或 5300 年的认识较为一致[2]，但对于其下限形成几种不同

[1]　陈明辉、刘斌·《关于良渚文化晚期后段的思考》，载中国社会科学院古代文明研究中心等《禹会村遗址研究——禹会村遗址与淮河流域文明研讨会论文集》，科学出版社，2014 年。

[2]　吴卫红：《良渚文化的初步分析》，北京大学硕士毕业论文，1993 年，正式发表于《考古学报》2000 年第 4 期。张忠培：《良渚文化的年代和其所处的社会阶段》，《文物》1995 年第 5 期。芮国耀：《良渚文化时空论》，载余杭市文史资料委员会编《文明的曙光——良渚文化》，浙江人民出版社，1996 年。丁品：《试论崧泽文化向良渚文化的转变》，载浙江省文物考古研究所编《良渚文化研究——纪念良渚文化发现六十周年国际学术讨论会文集》，科学出版社，1999 年。浙江省文物考古研究所：《良渚遗址群》，文物出版社，2005 年。

的观点：距今 4000 年前后 ①、距今 4100 年前后 ②、距今 4300 年前后 ③、距今 4600 年前后 ④。蒋卫东仔细梳理了良渚文化的 52 个测年数据，尤其是

① 芮国耀：《良渚文化时空论》，载余杭市文史资料委员会编《文明的曙光——良渚文化》，浙江人民出版社，1996 年。宋建：《论良渚文明的兴衰过程》，载浙江省文物考古研究所编《良渚文化研究——纪念良渚文化发现六十周年国际学术讨论会文集》，科学出版社，1999 年；王明达：《良渚文化的去向——当前良渚文化研究的一点思考》，载上海博物馆编《长江下游地区文明化进程学术研讨会论文集》，上海书画出版社，2004 年。浙江省文物考古研究所：《良渚遗址群》，文物出版社，2005 年。

② 吴卫红：《良渚文化的初步分析》，《考古学报》2000 年第 4 期。

③ 黄宣佩：《关于良渚文化绝对年代的探讨》，载余杭市文史资料委员会编《文明的曙光——良渚文化》，浙江人民出版社，1996 年。牟永抗、刘斌：《论良渚》，油印本，1986 年，收入《牟永抗考古学文集》，科学出版社，2009 年。刘斌：《良渚文化后续的若干问题》，载浙江省社会科学院国际良渚文化研究中心编《良渚文化探秘》，人民出版社，2006 年。杨晶：《关于良渚文化晚期较晚阶段的遗存》，载浙江省文物考古研究所编《浙江省文物考古研究所学刊（第八辑）：纪念良渚遗址发现七十周年学术研讨会文集》，科学出版社，2006 年。丁品：《良渚文化向马桥文化演化过程中若干问题的思考》，载浙江省博物馆编《东方博物（第六辑）》，浙江大学出版社，2002 年。

④ 栾丰实：《良渚文化的分期和年代》，《中原文物》1992 年第 3 期。栾丰实：《再论良渚文化的年代》，《浙江学刊》2003 年增刊。张忠培：《良渚文化的年代和其所处社会阶段》，《文物》1995 年第 5 期。

22 个碳 –14 测年数据，并将之"落实到良渚文化的分期成果中去进行交叉分析和取舍"，指出与良渚文化上限相关的数据有 3 个，可定为距今 5200 年前后，与良渚文化下限相关的数据有 4 个，分别位于距今 4500 年、距今 4300 年和距今 4000 年三个区间，在此基础上又通过与大汶口、石家河文化的交叉比对，认为良渚时期与大汶口中晚期年代相当这一观点可从，同时根据石家河文化的 4 个测年数据和广富林文化的 2 个测年数据，综合得出良渚文化下限年代约为距今 4300—4200 年 [1]。随着中华文明探源课题开展，课题组提出良渚文化上限是公元前 3300 年，而良渚文化下限和大汶口文化与龙山文化的界限均为公元前 2300 年。

　　以往的分期工作往往将不同小地区的不同遗址的材料整合在一起进行分析，但各个小地区陶器组合并不完全一致，发展速率也有差异，且目前部分小地区内材料已经积累得较丰富，尤其是良渚古城区、嘉兴地区和苏南沪西地区，发表的资料也较翔实，均包含有从崧泽晚期至良渚晚期的不同时期墓葬资料，具备了各地区单独分期的条件。进入 21 世纪，部分学者已经开始在单个聚落群的历时性研究中取得重要突破。

----

[1]　蒋卫东:《良渚文化下限年代的探讨》，载浙江省社会科学院国际良渚文化研究中心编《良渚文化探秘》，人民出版社，2006 年。

一 太湖西南良渚古城区的分期

丁品将良渚文化整体的聚落与社会发展阶段划分为三个阶段：第一阶段约距今 5300—5000 年，为文化转变和聚落发展期，以吴家埠第二层及墓地、庙前一期墓葬、龙南一期和二期墓葬、福泉山一期墓葬为代表，也有学者将此阶段归入崧泽—良渚过渡阶段；第二阶段约距今 5000—4600 年，为王权和古国特征最明显的鼎盛期，以瑶山、反山、汇观山、庙前二期墓葬、赵陵山 M77、福泉山二期和三期墓葬、高城墩等为代表；第三阶段约距今 4600—4300 年，为王权、古国衰微，小国林立或部族割据的时期，以反山 M21、汇观山 M4、庙前三期墓葬、横山 M1 和 M2、寺墩 M3、福泉山四期和五期墓葬等为代表[①]。赵晔根据庙前、瑶山、文家山等遗址的资料，将良渚遗址群的墓葬分为三期 5 段，指出"良渚遗址群内良渚社会的繁荣贯穿了良渚文化各个时段的始终"[②]。

据不完全统计，良渚遗址群范围内已发掘崧泽时期墓葬近 200 座、良渚时期墓葬近 400 座。崧泽时期墓葬中比较重要的且发表资料的有石

[①] 丁品：《良渚文化聚落群初论》，载西安半坡博物馆、良渚文化博物馆编《史前研究（2004）》，三秦出版社，2005 年。

[②] 赵晔：《良渚遗址群时空观察》，载浙江省文物考古研究所编《浙江省文物考古研究所学刊（第八辑）：纪念良渚遗址发现七十周年学术研讨会文集》，科学出版社，2006 年。

马兜、官井头、庙前、吴家埠 4 处，良渚时期墓葬中比较重要且发表资料的有庙前、卞家山、文家山、反山、瑶山和汇观山等，另外近年来新发掘的姜家山也是很重要的考古资料，填补了城内反山王陵之外贵族墓地资料的空白。

随着《庙前》《瑶山》《反山》《文家山》《卞家山》等资料的完整刊布，良渚遗址群已有条件进行单独的、细致的年代学探讨。庙前遗址是遗址群内发掘延续时间较长、揭露面积较大的一处村落遗址，1988—1989 年、1990 年、1992 年、1993 年、1999—2000 年、2001 年共经历了六次发掘，发掘成果已结集出版。庙前遗址中不仅发现延续时间较长、较丰富的墓葬遗存，也发掘出较丰富的生活遗存，为良渚文化的分期提供了重要的资料，遗址年代从崧泽晚期、良渚早期一直延续到良渚晚期，遗址中包括多处墓区，不同时期的墓区位于遗址的不同区域，墓葬埋设为平面展开式，而非上下重叠式。瑶山墓地和反山墓地墓葬之间同样缺乏这种打破关系，属展开式墓地，这两个墓地最大的区别是瑶山墓地不出土玉璧，而反山墓地出土玉璧，这应该是两者年代早晚的一种体现。在瑶山阶段良渚古城莫角山、水利系统和城墙应尚未修建，而反山阶段是良渚古城的建城期和繁荣期。不过无论是从陶器组合还是从玉琮等玉器形态来看，瑶山墓地偏晚阶段和反山墓地偏早阶段年代衔接相当紧密。文家山和卞家山的年代均从良渚早期偏晚阶段延续至良渚晚期，这两处墓地的早期阶段与瑶山晚段和反山墓地大致同时，卞家山墓地墓葬资料最为丰富，墓葬基本处于同一层位，打破关系也不多。文家山墓地地层简单，统一分为六层，其中多数墓葬分别开口②层下打破③层和开口③层下，是良渚古城遗址范围内唯一一例地层叠压关系明确的墓葬遗存，各墓葬地层叠压关系可归纳为如表5-1所示。

表 5-1　墓葬层位表

层位	墓葬
开口②层下打破③层	M1、M3、M4、M5、M6、M9、M13
开口③层下	M7、M8、M10、M11、M12、M14、M16、M17
开口层位不明打破基岩	M2
开口表土下打破⑥层	M15、M18

根据以上5处墓地的发掘资料，结合官井头、姜家山、上口山、钵衣山等墓地的资料，可将良渚遗址群的崧泽晚期墓葬分为两期，良渚时期墓葬资料分为早晚两大阶段、四期、8段。

崧泽晚期器物形态演变序列最丰富的是圈足罐和尊，其次为鼎和圈足盘。

崧泽晚一期：庙前第一、二次发掘的东区M4、M1、M6和M3、M5，庙前第一、二次发掘的西区M32、M21、M23（M17、M20两座小孩墓应属此期，这5座墓葬头向一致，年代相近，可能代表了一个核心家庭）。此段圈足罐仰折沿、口部较敞、圈足较矮、器身鼓胖，鼎形态多样，或为宽仰折沿、大口、三足外撇明显。

崧泽晚二期：庙前第一、二次发掘的西区 M25 和 M13、M15、M18、M26。此段圈足罐小高领、小口、扁鼓腹，特征明显，开始出现矮胖型双鼻壶。

良渚早一期 1 段：以庙前第一、二次发掘的西区 M7、M9、M10、M12、M14、M19、M24、M27、M28、M29、M30、M31 为代表，瑶山M1、M5、M14 这 3 座女性墓可能也属此段（3 座墓均出土半圆顶冠状器，M1、M5 出土的鼎足横截面呈扁椭圆形，显示出较早的形态），官井头也有一批属此段的墓葬。此段圈足罐折沿、扁垂腹，圈足盘为崧泽晚期假腹圈足盘的退化形式，鼎足仍为延续崧泽晚期而来的扁圆形截面，此段开始出现以瑶山和官井头为代表的女性贵族群体，预示着良渚遗址群的崛起。

良渚早一期 2 段：以瑶山 M9、M4、M3 组和 M12、M6、M11、M10、M7、M2 组，庙前第三、四次发掘的 M4、M5、M6、M11、M2、M9，卞家山 M7、M10、M15、M16、M21、M32、M33，文家山 M7、M8、M12 和上口山 M6 为代表，其中瑶山 M9 组又应略早于瑶山 M12组。此段男性贵族（瑶山 M9）开始出现，随后又出现了男性王者（瑶山 M12），玉礼器系统日渐成熟，兽面纹系统发展迅速，神人兽面纹也在此段出现，标志着良渚王国的初创。

良渚早一期也可称为瑶山期。

良渚早二期 1 段：以反山 M12、M15、M16、M17，卞家山 M1、M2、M8、M11、M14、M17、M24、M28、M31、M41、M46、M47、M56、M58、M60、M66，上口山 M4、M7 为代表。此段高等级墓葬中开始出现少量大孔玉璧，出现全形的神人兽面纹，也即神徽，玉礼器发展成熟。反山 M12 为目前良渚文化中等级最高的墓葬，是瑶山 M12 的后继者，推测墓主也是良渚古城莫角山、水利系统、反山等的规划者和营建者，标志着王国形态的成熟。

良渚早二期 2 段：以反山 M14、M20、M22、M23，文家山 M15、M2、M17 和 M10、M16、M14，卞家山 M5、M6、M18、M23、M26、M27、M30、M37、M52、M53，庙前第三、四次发掘的 M7、M8、M10 为代表，另外姜家山大部分墓葬属此段。反山 M20 是该段等级最高的墓葬，也可能是一代国王的墓葬。此段圈足罐最大腹径开始上移，鼎足外缘开始加厚。玉琮开始变高，冠状器流行两侧边去角。

良渚早二期也可称为反山期。

良渚晚三期 1 段：反山 M18，庙前第三、四次发掘的 M1，卞家山 M22、M59。此段墓葬数量较少。豆柄开始变高，圈足罐耸肩。

良渚晚三期 2 段：以庙前第五、六次发掘的 M5、M6、M7、M8、M1 和 M23、M17、M15、M11、M3，文家山 M6、M13、M9、M14，卞家 山 M9、M20、M34、M48、M51、M55、M57、M62、M63、M64、M65 为代表。此段豆柄继续变高变细，圈足罐耸肩特征更加明显。

良渚晚四期 1 段：文家山 M1、M3、M5，卞家山 M25、M45、M50，新地里 M83、M73、M68、M41、M40、M28、M20、M11、M9、M3 同时。此段圈足尊开始出现，流行细高柄豆。

良渚晚四期 2 段：以汇观山 M4，反山 M19 和 M21 为代表，此期墓葬其少，年代与新地里 M86、M29、M15 和 M5 同时。此段圈足尊最大腹径下移全腹中部（图 5-1）。

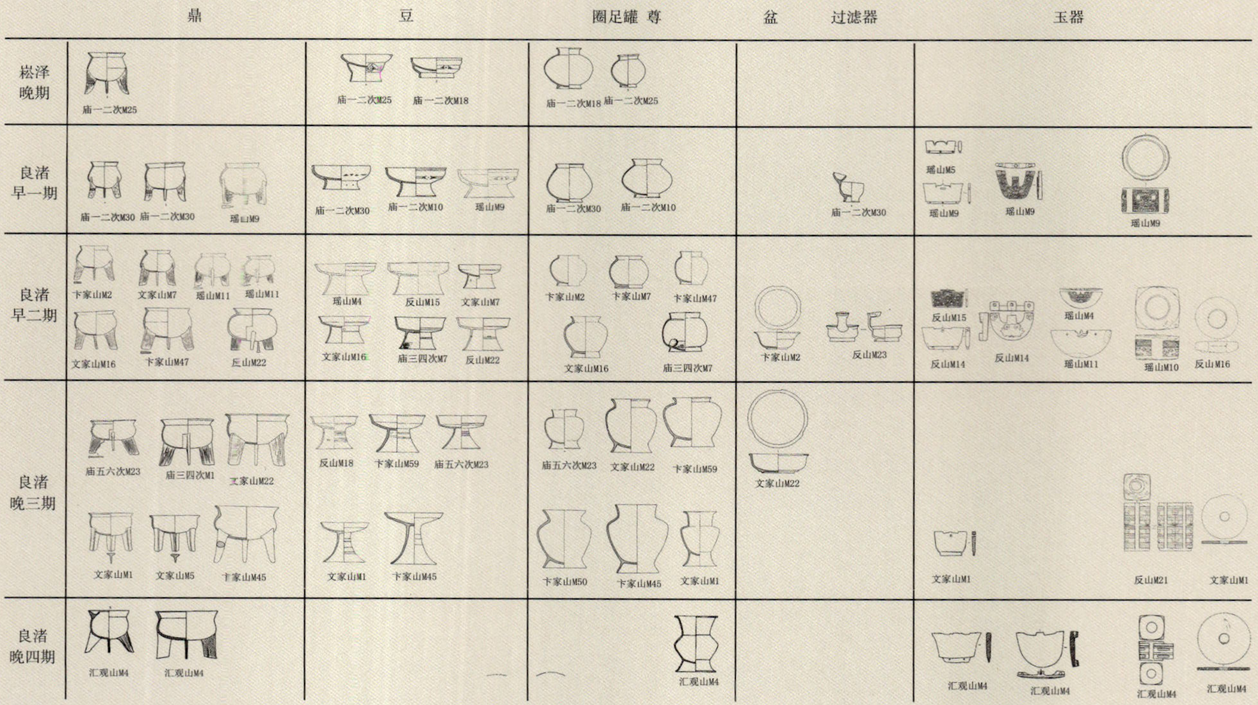

图 5-1 太湖西南良渚古城区的分期

鼎　豆　圈足罐 尊　盆　过滤器　玉器

崧泽晚期

良渚早一期

良渚早二期

良渚晚三期

良渚晚四期

二　太湖东南的分期

2000 年之后，太湖东南（嘉兴地区）发掘或披露的几处重要良渚文化墓地或生活遗存的材料，为我们探讨良渚文化的分期尤其是墓葬的分期提供了丰富的资料。如 2001—2002 年发掘新地里遗址，揭露 2960 平方米，清理良渚文化墓葬 140 座，墓葬之间存在复杂的叠压打破关系，为良渚文化的分期创造了极好的条件，报告将这批墓葬分为两期 6 段，各期段之间"联系相当紧密，具有明显的延续性"[1]。另外比较重要的资料还有小兜里、达泽庙、普安桥等，这 3 处墓地均发现崧泽晚期至良渚早期的墓葬，包含有本地区年代最早的良渚文化墓葬。

1. 小兜里

小兜里随葬器物组合为鼎、鼎式鬶、二鼻簋、双鼻壶、圈足罐、平底盆，陶器组合与良渚古城区差异甚大。良渚古城区不管是墓葬还是生活堆积，双鼻壶出土数量都很少，卞家山仅 3 座墓出土双鼻壶（M5、M35、M47），鼎式鬶和三鼻簋也不见，两区可做对比的主要是鼎、圈足罐、平底盆和少量双鼻壶。

---

[1]　浙江省文物考古研究所：《新地里》，文物出版社，2006 年。

西区墓葬 50 座，东区墓葬 5 座。

早一期：以小兜里西区 M20、M25、M26 和 M21 为代表。此期相当于瑶山阶段，其中 M20、M25、M26 年代略早，从圈足罐、平底盆来看大致相当于良渚古城区早一期 1 段，M21 年代稍晚。这 4 座墓均与土台Ⅰ第二阶段相关，M20 随葬陶器仍有浓厚的崧泽风格，且土台Ⅰ第二阶段对应的生活堆积中出土大量崧泽风格的粗泥陶凿形鼎足，泥质陶豆盘、罐、杯仍为崧泽文化的遗留，与良渚式的夹砂鱼鳍形足共存，可见小兜里的崧泽文化下限要晚于良渚古城区。土台Ⅰ第一阶段墓葬则属崧泽晚期，对应的生活堆积中以粗泥陶为主，夹砂陶极少。

早二期 1 段：以小兜里西区 M23、M29、M34 组和 M7、M8、M14、M22、M43、M50、M52 组为代表，从双鼻壶等器物的形态来看，M23 组年代应略早于 M7 组。此段墓葬大致相当于良渚古城区早二期 1 段，卞家山 M47 可供对比。此段新出现高柄豆，且该区高柄豆的出现时间要早于良渚古城区。这批墓葬中 M22、M23、M29、M34、M43 和 M50、M52 属丁土台Ⅱ第二阶段墓葬（第一阶段 M24、M38 属崧泽晚期），对应的生活堆积中仍存有较多粗泥陶凿形鼎足等遗物。

此段的 M7、M8、M14 与早二期 2 段的 M2、M3、M5、M6、M12、M13 集中于发掘区东南部，属同一墓区。

早二期2段：以小兜里西区 M2、M3、M5、M6、M12、M13、M27、M28、M32、M36、M37、M39、M40 为代表。从双鼻壶、鼎、圈足罐的形态来看大致相当于良渚古城区早二期2段，卞家山 M5 可供对比。这批墓葬中 M27、M28、M32、M36、M37、M39、M40 属于土台Ⅱ第三阶段墓葬。

晚三期：M9，墓坑已被破坏。

2. 达泽庙

达泽庙 M2、M4、M7、M8 属良渚早一期偏晚至早二期。

3. 新地里

发掘者对新地里遗址南部高地和北部低地的地层分别进行了统一。地层分12层，其中在12层层表堆筑了东、西2处土台，在土台面、⑪B层、⑧层、⑥层和⑤层层表都发现一定数量的良渚文化墓葬，报告据此将墓葬区分为有叠压关系的五层墓葬。另外 M139 叠压于西部土台之下，是层位上最早的墓葬，仅出土2件残陶器，可能为"牺牲"遗迹。现将发表有陶器的各层墓葬罗列如表5-2所示。

表 5-2　墓葬层位表

层位	西面土台墓葬	东面土台墓葬
第五层墓	打破⑤层：数量众多，共 102 座，包括 M1～M7、M9～M24、M26～M31、M33、M35～M37、M40～M41、M43～M49、M52～M53、M64～M65、M67～M68、M70、M96、M100～M101、M106～M107、M112～M113 等。另外 M32、M38、M54（报告称开口⑤层下打破⑥层）、M55～M57、M59、M61（报告称开口⑤层下打破⑥层）、M62、M66、M71～M76（报告称 M76 开口⑤层下）、M79、M83～M84、M86、M102～M103、M114～M117、M119、M121～M131、M140 也应属第五层墓 该层墓葬之间有复杂的打破关系，列举如下： M2 → M28（大墓），M3、M23 → M43，M4 → M18 → M54，M4 → M20 → M46，M10 → M45 → M46，M7 → M44，M10 → M47，M12、M48 → M52，M19 → M48 → M54，M14 → M55、M56，M15 → M49，M21、M24 → M62，M24 → M53 → M59，M29 → M30，M35 → M68，M37、M38 → M57，M64 → M65，M73（大墓）→ M66，M71 → M86，M96 → M100，M102 → M103 → M127 → M130 → M131，M103 → M122 → M124，M114 → M115，M117 → M119	
第四层墓	⑤层下打破⑥层：M42、M50、M51、M60、M69、M82、M91、M92； ⑪层下打破⑧层：M25、M80、M84、M99	
第三层墓	⑥层下打破⑧层：M97； ⑪层下打破⑧层：M89	⑥层下打破土台：M39、M58、M63、M88、M90 和 M105 ⑥层下：M81
第二层墓	开口⑩ E 下打破⑪ B：M109； 开口⑧层下打破⑪ B：M95、M98、M104、M108、M111 开口⑧层下：M87、M93、M94、M110	
第一层墓	开口⑪ B 下打破早期土台：M120、M132、M136、M137 开口⑪ B 下：M118、M138	无

以上，⑪B、⑩E、⑩D、⑩C、⑩B、⑨C、⑨B、⑧、⑦B均为人工堆筑层，⑪A、⑩A、⑨A、⑦A为生活废弃堆积。新地里最早的土台下叠压的12层基本遍布整个发掘区，"包含有粗泥陶凿形鼎足、夹砂鱼鳍形鼎足等遗物"，说明包含有较多崧泽遗风。

早二期1段：M93、M118、M132、M138和M39、M63、M88、M90、M105，包括了部分西部土台第一层墓、1座第二层墓和部分东部土台墓。

早二期2段：M42、M51、M60、M69、M80、M82、M91、M92组（第四层墓），M89、M97组（第三层墓），M87、M94、M95、M98、M104、M108、M109、M110、M111组（第二层墓），M120、M136、M137组（第一层墓）和M58、M81，包括了西部土台部分第一层墓、所有第二层墓、所有第三层墓、绝大部分第四层墓和部分东部土台墓。归入此段的墓葬层位关系相当丰富，报告所划分的第二、三、四层墓乃至第一层墓之间年代间隔并不长。

晚三期：M17、M18、M21、M23、M31、M35、M36、M44、M47、M48、M49、M52、M54、M60、M61、M62、M68、M72、M74、M77（③层下）、M78（①层下）、M96、M99、M107、M114、M115、M116（①层下打破⑧层）和M2、M3、M22、M28、M30、M32、M43、M55、M56、M57、M119、M121、M123、M125、M127、M128、M130、M140，

此期圈足罐耸肩高体。

晚四期1段：M11、M20、M40、M41、M49、M73、M124。此期尊耸肩。

晚四期2段：M83、M86、M29、M126、M15、M40、M5，M4、M7、M9、M19、M101、M113、M117。

桐乡东南—海宁西北遗址群文化面貌与良渚古城区有更多相似性，部分鼎、豆、圈足罐的形态可做对比，同时还出土本地仿制的三叉形器，均显示出与良渚古城区的密切关系。但大量出土的双鼻壶和少量三鼻簋等器型则显示出与海宁东部—海盐西部遗址群的紧密联系。

嘉兴地区圈足罐数量多、序列全，与良渚古城区一致，鼎尤其是早期鼎的形态和发展序列总体也接近良渚古城区。新地里的豆数量很少且不成序列，仅在早期出现几件，显然与良渚古城区风格一致。双鼻壶、三鼻簋数量多、序列全，与小兜里近似。晚期新出现鼎式甗、圈足盆、宽把杯，显然是受到海宁东部—海盐西部遗址群乃至苏南—沪西的影响。新地里显示出两种陶器传统的融合。

4. 南河浜与湖州地区

南河浜M53、M48、M88、M92、M45大致相当于良渚文化早二期

1 段偏晚至早二期 2 段。

　　湖州地区良渚文化遗存所获不丰富，昆山遗址以崧泽晚期遗存为主，其中有少量几座墓葬即 M29、M52、M54、M56、M60 和 M58 大致进入良渚文化年代范围，相当于良渚文化早一期，从高柄豆的演变规律来看，M58 年代应略晚于 M60 等墓葬。此阶段的典型器型是夹砂足鼓腹鼎、双鼻壶，但墓中仍随葬凿形足鼎、鼓腹杯、筒腹杯、鼓腹壶、鼓腹盆、平底盆等崧泽文化遗留下来的大量器型。

三　太湖东部的分期

　　太湖东部（苏南沪西地区）发掘资料较丰富，以赵陵山、张陵山、罗墩、福泉山等为代表。

1. 赵陵山

　　赵陵山③层下墓葬 M77 和少部分④层、②层下墓葬等属良渚早一期，可分 2 段，早一期 1 段以④层下 M61、M75 和③层下 M38、M46、M78、M79 为代表，早一期 2 段以③层下 M60、M77 和②层下 M24 为代表。晚三期以 M18 为代表。赵陵山④层下的墓葬基本都属于崧泽晚期，已出现最早形态的双鼻壶。赵陵山 M77 随葬品共 111 件（组），以单件计 157 件，其中玉器 123 件，约占 78.3%，包括素面玉琮 1 件、玉权杖端饰 3 件（报告称玉插件）、龙首玦 2 件、无榫锥形器 4 件、冠状器 1 件、镯环 5 件，另出象牙镯环 2 件等，部分镯环显示出向大孔玉璧的演变，不见玉钺、玉璧等，石器有石钺 15 件、石镞 2 件、石锛 3 件。

2. 张陵山

张陵山西山②层墓葬 M1～M5 属良渚早一期 1 段，陶器组合以鱼鳍形足鼎、宽把杯、鼓形杯、圈足盘、双鼻壶为代表，M4 发掘和征集随葬品共 41 件，包括兽面纹镯形玉琮 1 件、玉璧 2 件等。

3. 罗墩

罗墩清理墓葬 14 座，编号 M1～M14，可分两段。早一期 1 段以 M4、M7、M8、M9、M11、M13、M14 为代表，此段墓葬中仍有一定数量的以凿形足鼎、假腹圈足盘、敛口豆、双腹壶等为代表的崧泽风格随葬品，但也共出冠状器、双鼻壶、宽把杯等遗物，显示大部分该段墓葬的年代已进入良渚文化范畴，其中 M7 随葬品共 48 件，以陶器为主，共 22 件，仅见中型玉礼器冠状器 1 件、玉镯 2 件，不见琮、璧、钺等大型玉礼器，石器有石钺（6 件）、石锛（1 件）两种。早一期 2 段以 M3 为代表，年代与赵陵山 M77 相当。

4. 福泉山

福泉山早一期以 3 层墓 M145 及 4 层墓 M126、M139、M143、M150、M151 为代表，此期器物组合有凿形足鼎、鱼鳍形足鼎、鼓腹杯、鼓腹壶、壶形豆、大口缸、矮领罐等，器物组合与崧泽晚期差异不大，部分器型如盆形鱼鳍形足鼎、大口缸、矮领罐沿用至良渚时期，同时出现最早形态的宽把杯；M145 出土扁腹圈足罐，形制与庙前良渚早一期 1 段同类器近似，说明福泉山的此期年代已进入良渚文化的年代范畴，大致与良渚古城区瑶山期同时。

早二期 1 段以 M109 为代表，器物组合中已不见凿形足鼎等崧泽风格陶器，宽把杯向圆鼓腹发展，之前的矮领罐发展为有领罐，新出现冠状器、大孔玉璧、鼎式甗，年代大致与反山 M12 相当。可归入此段的墓葬较少，M109 属低等级贵族，表明此阶段福泉山墓地已出现明显的社会分化。

早二期 2 段以 M60、M94、M120、M124、M132、M136、M144 等为代表，器物组合以双鼻壶、宽把杯、高柄豆、鼎式甗、浅腹盆形鼎、大口缸为主，同时也有少量圈足罐、三鼻簋，器物组合与小兜里的近似，与良渚古城区的差异明显，其中 M60 随葬器物 72 件，包括玉璧、冠状器、玉璜、带钩、锥形器等玉器，属低等级贵族。

晚三期以 M9、M65、M74 这 3 座高等级贵族墓为代表，器物组合仍以宽把杯、高柄豆、双鼻壶、三鼻簋为主，新出现 T 形鼎足（主要为浅腹盆形）。M9 随葬品共 119 件，包括玉琮 3 件、玉钺 2 件、玉璧 4 件、象牙权杖 1 件，等级相当高；M65 随葬品共 128 件，包括玉琮 2 件、玉钺 2 件、玉璧 2 件，M74 随葬品最多，达 171 件，包括玉钺 4 件、玉纺轮 1 件、成组锥形器 7 件等。这 3 座墓葬出土的部分玉琮、冠状器、半圆形器、端饰等玉器的形态和风格与良渚古城区反山期偏晚（以 M20 为代表）近似，M74 还是良渚古城区以外唯一一例使用成组锥形器的墓例，颇为特殊，不过多玉钺随葬、不出三叉形器是其重要特点。此阶段已经出现明显的阶层分化，以 M9 等为代表的精英阶层开始部分采纳玉礼器系统标识身份和地位。

晚四期 1 段以 M40、M101 为代表。M40 随葬品共 120 件，包括玉琮 3 件、玉璧 3 件；M101 随葬品共 95 件，包括玉钺 1 件。

晚四期 2 段以 M67 为代表。

5. 吴家场

根据层位关系，吴家场的 6 座良渚文化墓葬中，M210、M211 开口 6K 层下，年代最早，M211 随葬有 T 形足鼎、高柄豆、宽把杯，从高柄豆、宽把杯的形态来看其年代要略早于福泉山晚三期的 M65 和 M74，但可归入同一期。

M207 开口 6B 层下，简报认为 M204 年代与之相当。M205 也开口 6B 层下，打破 M207，简报认为 M203 年代与之相当。从 M207 和 M205 出土器物形态来看，年代大体相近，属晚四期 1 段。吴家场大墓 M207 随葬品达 308 件，包括玉琮 1 件、玉钺 6 件、玉璧 1 件、象牙权杖 2 件、人头盖杯 1 件，也包含石镞、牙镞、石刀等，同时还有殉狗 6 只。

6. 亭林

亭林 M7、M16 属晚四期 1 段，其中 M16 随葬品丰富，共 80 件，以陶器为主，共 37 件，其中双鼻壶便有 27 件，玉器包括高节琮 1 件、玉璧 3 件、琮式管 1 件，石器数量、种类丰富，有石镞 4 件、石钺 10 件、石犁 1 件、石镰 1 件、石锛 1 件、石刀（"耘田器"）1 件。

四 太湖北部的分期

太湖北部已发掘的良渚文化遗址数量不多，以高城墩、寺墩、邱承墩为代表。

1. 高城墩

　　清理墓葬14座,墓地并不完整,东南部破坏严重。陶器组合为红陶罐、豆、双鼻壶、鼎、甑鼎,随葬陶器为明器,一半以上无法修复,组合不完善,红陶罐、弧腹豆随葬概率较高,尤其是红陶罐几乎不见于同时期其他区域墓地,是该墓地的典型特征。玉器占出土遗物的93%,这一特征与良渚古城区最为接近,主要有玉琮(共出8件)、玉璧(共出8件)、玉钺(共出3件)、锥形器及管珠等,大型玉礼器出土数量均不多,不见冠状器、玉璜、三叉形器、成组锥形器等中型玉礼器。石器有石钺、石刀、石镞、石锛,随葬石器组合总体与苏南—沪西地区的组合较为接近。其中12座墓葬出土石钺或玉钺,未出土玉钺和石钺的2座墓葬也出土多孔石刀或石镞,14座墓葬均未随葬纺轮,可见,从随葬品来看,男女两性的差异并不显著,这也是高城墩墓地区别于瑶山、反山墓地的重要特征。

　　高城墩墓地的陶器组合中已不见崧泽遗风,玉礼器形态也比较成熟,其年代晚于罗墩墓地和福泉山、赵陵山、张陵山早一期的墓葬,总体年代属早二期,与反山墓地年代大体相当。M13出土刻纹玉琮的特征与瑶山早一期2段M10的玉琮特征接近,年代要早于墓葬本身的年代,可能是传世物品。

　　早二期1段以M4、M7、M11为代表,出土双鼻壶腹部较圆鼓,出土大孔玉璧。M11 属较高等级的贵族，随葬品共 36 件，玉器 29 件，包括玉琮 2 件、玉璧 1 件、玉钺 1 件，石钺 1 件，陶器有 6 件，包括鼎、豆、双鼻壶、罐。M4、M7 属较富裕的平民。

早二期 2 段以 M1、M2、M5、M8、M10、M13 为代表，出土扁圆腹双鼻壶、小孔玉璧、折盘豆等，年代相当于福泉山 M132。M5、M8、M13 随葬琮、璧、钺，M1 随葬钺、璧，M10 随葬璧，均为贵族墓葬。M13 是高城墩等级最高的墓葬，墓葬部分残缺，出土随葬品共 40 件，包括玉琮 2 件、玉璧 1 件、玉钺 1 件，另外早年该墓还出土玉琮 2 件。M1 靠近墓主头端墓葬局部被破坏，随葬品共 35 件（组），单件计共 40 件，包括玉钺 1 件、玉璧 1 件。M5 随葬品共 49 件，包括玉琮 2 件、玉钺 1 件、玉璧 1 件。M8 随葬品共 69 件，包括残玉琮 1 件、玉璧 2 件。M10 随葬品共 43 件，包括玉璧 1 件。

2. 寺墩

1978—1979 年试掘的 M1 以及 1982 年发掘的 M3 和 M4 属良渚晚四期 1 段。仅 M3 陶器组合相对完整，共发表陶器 4 件，包括双鼻壶、高柄豆、夹砂簋、圈足盘各 1 件，从双鼻壶、圈足盘、高柄豆的形态来看，与福泉山晚三期偏晚的同类器形态近似，但结合邱承墩和亭林，可知这类高节琮主要出在晚四期，故将这几座墓的年代暂定为晚四期 1 段。玉器有玉琮（高节琮、矮节琮、镯形琮）、玉璧，石器有石钺、石锛、石刀。M4 出土的两节琮（M4∶1）和 M3 出土的镯形琮（M3∶43），制作精致，保留了良渚早期玉琮的形制和风格，可能是传世品或复古品。M3 随葬品共 100 多件，包括玉琮 33 件、玉璧 24 件、玉钺 3 件，其中，1 件镯形琮位于头部，2 件制作得较精致的玉璧位于腹部和胸前，其余玉琮与玉璧环绕于人骨四周，另外还随葬玉镯及石钺、石刀和石锛，不见冠状器、三叉形器、玉璜等中型玉礼器，与高城墩墓地一脉相承。M4 发掘出土随葬品仅 5 件，包括玉琮、玉璧各 1 件，但 1973 年此处曾出土过玉器 30 余件，包括玉璧、玉琮各 10 余件，以及玉钺等重型礼器。

根据寺墩 1978—1979 年的试掘和 1982 年的发掘，寺墩北部包括上文化层和下文化层，上文化层出土粗砂红陶缸片、丁字形鼎足、鬶口沿、高座豆圈足等，属良渚晚期；下文化层出土扁三角形和扁方形的鼎足，矮座豆圈足、矮圈足杯底，从发表的少量陶器标本看，此层及 M2 属崧泽晚期。寺墩东部的文化层年代相当于寺墩北部的上文化层。

3. 邱承墩

第二期和第三期遗存属良渚文化。其中第二期遗存的层位关系如下：M2 ～ M11 →③→ JS1、JS2 →④，其中 JS1 和 JS2 其实是 2 座台基式房址。第三期遗存是在第二期 2 座房址的基础上加高了第③层堆筑土后形成的，清理墓葬 10 座，开口②层下打破③层。

早期包括④层、JS1 ⑤和 M7、M8（在报告中被归入第三期，M2、M9、M10、M12 可能也属此期，这几座墓葬的层位疑有误），陶器组合以各类杯为主，M7 出土具有崧泽风格的假腹圈足盘，但 JS1 ⑤层还出土一件良渚早二期阶段的双鼻壶，年代大致相当于高城墩墓地，④层出土的一件折腹圈足盘也具有良渚文化风格，说明 M7、JS1 ⑤可能已进入良渚早期的年代范畴。

晚三期以 M4、M6 为代表，器物组合为 T 形足鼎式甗、T 形足鼎、三鼻簋，与房址边缘的废弃堆积 JS2 ②层出土的 T 形足鼎式甗形态接近，应属同一时期。

晚四期 1 段以 M3、M5 代表。

晚四期 2 段以 M11 代表。

邱承墩陶器组合以双鼻壶为主。玉礼器包括高节琮、玉钺、玉璧，玉镯的出土也较为普遍，不见三叉形器、成组锥形器，晚三期的 M4、M6 中还出土冠状器、玉璜等中型玉礼器，晚四期的墓葬中则不见冠状器、玉璜出土。石器组合有石钺、石锛。

4. 其他地区

在良渚文化分布区以外，也有不少遗址中有比较明显的良渚文化因素，为我们探讨良渚文化与周边邻近文化的互动提供了很好的条件。

（1）花厅

良渚文化分布的北部边界大致在废黄河一线，但良渚文化因素在淮河流域广泛存在，最突出的表现即是花厅遗址。花厅墓地总体上属大汶口文化中晚期，但在该墓地中有不少不容忽视的良渚文化因素[1]。花厅南区墓地清理墓葬23座，编号M101～M123，其中M105、M108、M115出土良渚早一期的双鼻壶。南区墓地仅出土少量玉环、玉珠等，墓主为平民。花厅北区墓地清理墓葬62座，包括10座大墓（M4、M20、M18、M16、M50、M34、M35和M23、M60、M61，随葬品数十件乃至上百件，其中8座有殉人），其中M2、M3、M4、M5、M12、M16、M18、M19、M20、M21、M23、M25、M29、M30、M32、M34、M35、M36、M42、M46、M47、M50、M59、M60、M61这25座墓葬出土良渚文化因素的陶器，出土概率达41％，出土双鼻壶、贯耳壶、圈足盘、高柄豆、玉琮、琮式管、冠状器、玉璜、锥形器、坠饰、玉钺、带把石刀，其中锥

---

[1] 南京博物院：《花厅》，文物出版社，2003年。

形器的出土频率最高。M19、M32、M36 的年代大体相当于良渚早二期。M12、M50 的年代相当于良渚晚三期。M18、M59、M60、M61 的年代大体相当于良渚晚四期。M60 随葬品最为丰富，达 149 件，陶器共 87 件，另有殉人 5 个、猪骨架 1 副、狗骨架 1 副，出土 2 件锥形器、1 件折盘高柄豆和玉璜等与良渚文化有关的遗物。M50 随葬品数量仅次于 M60，随葬品共 70 件，另有猪下颌骨 12 件、猪骨架 1 副，出土镯式琮 1 件、琮式管 2 件、玉钺 1 件、玉锛 2 件。M18 随葬品共 54 件，另随葬猪下颌骨 2 件，似为夫妻合葬墓，女性屈膝面向男性，头部出土 5 件锥形器，似成组，男性墓主出土镯式琮 1 件、琮式管 2 件、石钺 4 件，陶器中包含双鼻壶、贯耳壶、宽把杯、圈足盘、三足盘等，该墓有浓厚的良渚文化风格。值得注意的是，花厅北区墓地 M35、M45、M16 出土的冠状器（报告称"冠状佩"）与桐乡新地里所出的最为接近。可见，花厅墓地自始至终均有一定数量的良渚文化器物出土，尽管墓葬方向、大量陶器属大汶口文化，但成组的玉礼器的出现使得良渚文化因素在墓地中相当显眼。由于太湖北部的高城墩、寺墩基本不出冠状器、玉璜这类中型玉礼器，因此，花厅墓地中的良渚文化因素可能是从嘉兴及苏南—沪西沿着海岸北上的。花厅之外，山东地区尤其是鲁中南、鲁东南地区的大汶口中晚期常见少量的良渚文化因素，最典型的锥形器，据栾丰实统计，"镞形器（笔者按：即锥形器）的出土地点遍及大汶口文化的分布区，如花厅（28 件）、野店（32 件）、大汶口（30 件）、凌阳河（22 件）、三里河（20 件）、尚庄（2 件）、西夏侯（6 件）、呈子（2 件）"，质地有玉和石两种；又如双鼻壶，野店（M31：10）、呈子（M65：9）、大汶口（M55：1、M78：6）均有出土；再有宽把杯，三里河（M2110：33）也有出土。根据栾丰实的总结，良渚文化在大汶口中期对大汶口文化的影响较大，而在大汶口晚期对良渚文化的影响增强[①]。

（2）好川

好川文化主要分布在浙南山区，以好川遗址发表的遗存最为丰富。好川墓地共清理墓葬80座[②]，出土有良渚文化器物的单位有 M1、M2、M3、M4、M6、M7、M8、M9、M10、M11、M12、M14、M15、M17、M18、M20、M21、M22、M26、M27、M29、M30、M31、M32、M34、M35、M36、M37、M38、M39、M40、M41、M42、M43、M44、M45、M46、M47、M48、M49、M50、M51、M52、M53、M55、M56、M57、M59、M60、M62、M63、M64、M70、M72、M73、M75、M79，多达57座，出土概率高达71.3%，相关器物有锥形器、袋足鬶、尊、高柄豆、三鼻簋等，器类不甚丰富。M17、M45的年代相当于良渚晚三期。M1、

----

① 栾丰实：《论大汶口文化和崧泽、良渚文化的关系》，载中国考古学会编《中国考古学会第九次年会论文集：1993》，文物出版社，1997年。另参考栾丰实：《良渚文化的北渐》，《中原文物》1996年第3期。

② 浙江省文物考古研究所：《好川墓地》，文物出版社，2001年。

M2、M3、M4、M7、M27、M59、M60、M72 的年代等相当于良渚晚四期。另有不少墓葬已经晚于良渚文化的年代范畴。可见良渚文化因素是好川文化的重要组成部分，但好川文化也吸收了大汶口文化晚期、薛家岗文化晚期、昙石山文化的不少因素，不能简单地将其说成良渚文化的变体。

（3）石峡

石峡文化主要分布于粤北北江流域，另在粤西（封开县）和粤东（海丰县）也有分布，范围较广，以石峡遗址发表遗存最为丰富，石峡报告将石峡文化遗存分为早（早Ⅰ段和早Ⅱ段）、中、晚三期[①]。出土良渚文化相关器物的单位有相当于良渚早期的 M17（早Ⅱ段，矮琮）、M44（早Ⅱ段，双鼻壶）、M69（早Ⅱ段，矮琮）、M99 和相当于良渚晚期 M57（早Ⅱ段，双鼻壶）、M105（早Ⅱ段，高节琮）、M54（晚期，矮琮，高柄豆、袋足鬶可与好川文化早期同类器比对），另有年代暂不定论的 M6（晚期，圆琮）、M10（中期，矮琮）、M42（中期，龙首镯）、M43（中期，玉璧）、M99（早Ⅱ段，龙首镯）、M104（中期，矮琮）等单位，器型包括琮、璧、龙首镯、袋足鬶、双鼻壶等。石峡出土的玉石钺、玉环可能也与良渚文化密切相关。在赣江流域，也常见有一定等级的良渚文化因素，如 1983

① 广东省文物考古研究所等：《石峡遗址——1973—1978 年考古发掘报告》，文物出版社，2014 年。

年靖安郑家坳出土矮体玉琮（相当于良渚早期，应属薛家岗文化）、新余拾年山出土矮体玉琮，1982 年丰城荣塘乡官坟山出土良渚晚期高节琮、城冈山出土玉钺，1977 年德安县湖湾乡出土玉琮等[①]。赣江流域是良渚文化向粤北影响的中转站，同时也是向湖南中部影响的中转站，如湘乡岱子坪 M62 出土贯耳壶（M62∶1），同出有屈家岭早期的高领罐、鼎、甑和薛家岗文化的高柄豆、壶[②]。

（4）薛家岗

薛家岗文化分布于皖江西部至鄂东、赣北地区，以薛家岗遗址发表遗存最为丰富。薛家岗遗址清理墓葬 153 座，年代从崧泽早期跨至良渚

---

① 万良田、万德强：《江西出土的良渚文化型玉琮》，载徐湖平主编《东方文明之光——良渚文化发现 60 周年纪念文集》，海南国际新闻出版中心，1996 年。江西省文物考古研究所等：《江西新余拾年山遗址》，《考古学报》1981 年第 3 期。万德强：《丰城出土的良渚文化玉器》，《江西义物》1989 年第 2 期。周迪人·《德安县几件馆藏文物》，《江西文物》1990 年第 3 期。方向明：《中国玉器通史·新石器时代南方卷》，海天出版社，2014 年。

② 湖南省博物馆：《湘乡岱子坪新石器时代遗址》，载湖南省博物馆、湖南省考古学会合编《湖南考古辑刊（第二集）》，岳麓书社，1984 年。关于该遗址性质和年代的判断，参考单思伟：《屈家岭文化研究》，武汉大学博士学位论文，2018 年。

晚期^①,其中报告所分的第四期和第五期大致与良渚文化同时,出有良渚
文化器物的单位有 M8、M11、M75、M76 和 M34、M47,相关器物有
折盘豆、双鼻壶、琮式管,不管是出土概率还是出土遗物数量均不多,
其中 M34 年代大致与良渚早二期相当,M8、M75、M76 年代大致与良
渚晚三期相当,M11 年代大致与良渚晚四期相当。另外,黄梅陆墩 M1、
M5、M8、M17、M19 出有良渚文化的双鼻壶和锥形器、坠饰等^②,其中
M8 年代大致相当于良渚晚三期,M16 年代大致相当于良渚早二期。

　　此外,皖东的定远山根许(德胜村)¹、肥东张集乡²,皖中杭埠河
流域的舒城杨家岗头、锣哐等^③,皖北的蚌埠龙王庙³、萧县金寨⁴等均可
见或多或少的良渚文化因素,其中金寨总体属大汶口文化,兼有少量屈
家岭文化和良渚文化因素(以 1 件 T 形足为代表),定远山根许的遗物
应属良渚晚期的一座大墓,除高节玉琮、玉璧外,还同出有丁字形鼎足、
袋足鬶等,另外肥东张集乡出土良渚晚期高节玉琮,显示皖东地区可能
也属于良渚文化尤其是良渚晚期的分布范围,且存在一定等级的中心聚
落。郧阳区青龙泉屈家岭晚期出土的一件石琮(T62⑥:67)无疑是一

① 安徽省文物考古研究所:《潜山薛家岗》,文物出版社,2004 年。
② 中国社会科学院考古研究所湖北工作队:《湖北黄梅陆墩新石器时代墓葬》,
《考古》1991 年第 6 期。
③ 安徽省文物局等:《杭埠河中游区域系统调查报告》,文物出版社,2012 年。

件仿制品，可能是良渚文化借由皖东、皖北向西影响的反映[①]。

根据上述分析，可知良渚早期阶段便有向北、向南、向西的强势影响，并一直延续到良渚晚期。尤其是北和南两个地区，均伴随着大型玉礼器和少量陶器（但不成组合）的出土，这很可能是良渚王国上层的主动性行为。

有关遗址的参考文献：

1. 吴荣清：《安徽省定远县德胜村出土良渚文化遗物》，载徐湖平主编《东方文明之光——良渚文化发现 60 周年纪念文集》，海南国际新闻出版中心，1996 年。

2. 安徽省文物局编：《安徽省出土玉器精粹》，众志美术出版社，2004 年。彭余江、桂金元：《肥东出土安徽首件大玉琮》，《中国文物报》1997 年 6 月 8 日第 1 版。

3. 中国社会科学院考古研究所等：《蚌埠禹会村》，文物出版社，2012 年。

4. 安徽省文物考古研究所、萧县博物馆：《安徽萧县金寨新石器时代遗址西区 2016 年发掘简报》，《东南文化》2020 年第 3 期。

[①] 中国社会科学院考古研究所：《青龙泉与大寺》，科学出版社，1991 年。方向明：《中国玉器通史·新石器时代南方卷》，海天出版社，2014 年。

生计与经济

一 稻作农业和其他植食生产

作为目前世界上最重要的粮食作物，水稻现在的
种植面积占世界谷物种植面积的 22% 左右，以南亚、
东亚、东南亚等为代表的亚洲水稻种植面积又占世界
水稻种植面积的 90% 左右[①]，在当地生计类型中具有
非常重要的意义。

环太湖地区存在以稻作农业为绝对主体的生业经
济模式。稻谷遗存早在 20 世纪五六十年代就已经有
所发现，如在水田畈、澄湖等遗址，特别是近年来茅
山大型水稻田与良渚古城城内炭化稻谷堆积的发现，

---

① 郑云飞、蒋乐平：《上山遗址的古稻遗存及其在稻作起
源研究上的意义》，《考古》2007 年第 9 期。

为我们理解良渚时期稻作农业的发展水平提供了非常好的资料，让我们在稻作驯化研究、稻作农具的辨识、稻田管理的研究、稻作亩产量推算、稻米来源研究等方面均取得了较大的成就。

长江下游地区是稻作驯化研究的重点区域，驯化水稻的历史至少从上山时期就已经开始[1]，在跨湖桥时期驯化特征已较明显[2]，而在河姆渡时期和马家浜时期尤其是在马家浜晚期逐渐驯化成熟[3]，因此在经崧泽文化发展而来的良渚时期，稻作农业已经相当成熟。

一般认为良渚时期的农业工具包括石犁、破土器、石镰、石刀、耘

---

[1]　郑云飞、蒋乐平：《上山遗址的古稻遗存及其在稻作起源研究上的意义》，《考古》2007 年第 9 期。

[2]　浙江省文物考古研究所：《跨湖桥》，文物出版社，2004 年。

[3]　傅稻镰、秦岭、赵志军、郑云飞等：《田螺山遗址的植物考古分析——野生植物资源采集与水稻栽培、驯化的形态学观察》，载北京大学中国考古学研究中心、浙江省文物考古研究所编《田螺山遗址自然遗存综合研究》，文物出版社，2011 年。郑云飞、蒋乐平、Gary W.Grawford：《稻谷遗存落粒性变化与长江下游水稻起源与驯化》，《南方文物》2016 年第 3 期。马永超：《长江下游地区的水稻驯化过程——水稻扇形植硅体的证据》，山东大学硕士学位论文，2016 年。高玉：《环太湖地区新石器时代植物遗存与生业经济形态研究》，北京大学硕士学位论文，2012 年。

田器等（图 6-1）。牟永抗和宋兆麟通过形态分析并参考民族学资料，对石犁和破土器做了复原研究，认为石犁已经有配套的犁床、犁辕甚至犁箭，指出石犁和破土器均源自石耜，而破土器则是一种开犁沟的工具，说明长江下游地区最迟在距今 5000 年前就已经出现了犁耕农业[1]，这一观点得到了学术界的普遍认同[2]。蒋卫东以新地里出土分体石犁为基础，对良渚文化出土的石犁进行了分型分式研究，讨论了石犁的组装问题，认为当时的石犁还只能浅耕，起到除草松土的作用，并指出当时采用横纵反复耕作的交耕法，在此基础上进一步推测良渚时期已经出现单位面积较大、形制较规整的水稻田[3]。方向明也对石犁进行了深入的研究，同时思考了陈星灿等学者对于石犁定性的质疑，指出"如果直接称为犁尚有异议的话，称之为犁形器、原始犁当无大碍"，并认为其可能是一种踏犁[4]，后来又指出石犁的作用可能与青铜耨刀类似，可用于水稻田作业

....

[1]　牟永抗、宋兆麟：《江浙的石犁和破土器——试论我国犁耕的起源》，《农业考古》1981 年第 2 期。

[2]　吴汝祚：《太湖文化区的史前农业》，《农业考古》1987 年第 2 期。程世华：《良渚文化的原始农业及其意义》，《中国农史》1990 年第 2 期。游修龄：《良渚文化与稻的生产》，载余杭市文史资料委员会编《文明的曙光——良渚文化》，浙江人民出版社，1996 年。

[3]　蒋卫东：《新地里遗址出土的良渚文化分体石犁的初步研究》，载西安半坡博物馆、良渚文化博物馆编《史前研究（2004）》，三秦出版社，2005 年。

[4]　浙江省文物考古研究所、湖州市博物馆：《毘山》，文物出版社，2006 年。

庄桥坟 H70：1 石犁

卞家山台 I③：12 石破土器

卞家山台 I②：26 石镰

新地里 M31：4 石刀（耘田器）

图6-1　良渚时期的典型农业工具

中的薅草、薅秧，并结合茅山大面积水稻田的发现，指出石犁完全可以用于翻土和整治，可称为原始犁耕[1]。耘田器的命名最初提出于钱山漾发掘简报[2]，但对于耘田器的命名和功能，学术界有过不少反思和讨论，也曾提出过石耘冠、菱角形石器[3]、双翼形石器（推割器）[4]等命名。牟永抗对良渚时期存在中耕除草提出怀疑，推测耘田器是镶嵌在木耜前端的石耘冠[5]。游修龄推测良渚时期应是采取直播而非插秧、撒播而非点播的耕作方式，以这种方式种植的水稻植株间距不规则，无法使用耘田器，故

① 方向明：《长江下游新石器时代晚期的石犁及其相关问题》，载中山大学岭南考古研究中心编《岭南考古研究（13）》，中国评论学术出版社，2013年。质疑石犁的文章可见刘莉、陈星灿等：《新石器时代长江下游地区的三角形石器是石犁吗？——昆山遗址出土三角形石器微痕分析》，《东南文化》2013年第2期。孙瀚龙：《"石犁"的实验考古研究与微痕分析》，载浙江省文物考古研究所编《崧泽文化学术研讨会论文集（2014）》，文物出版社，2016年。

② 浙江省文物管理委员会：《吴兴钱山漾遗址第一、二次发掘报告》，《考古学报》1960年第2期。

③ 杨美莉：《良渚文化石质工具之研究——三角形石质工具的形制、性质之分析》，《农业考古》1999年第3期。

④ 任式楠：《关于良渚文化双翼形石器的讨论》，载任式楠《任式楠文集》，世纪出版集团、上海辞书出版社，2005年。

⑤ 牟永抗：《浙江新石器时代文化的初步认识》，载中国考古学会编《中国考古学会第三次年会论文集（1981）》，文物出版社，1984年。

而良渚时期不存在耘田器一类的中耕工具[1]。蒋卫东指出这类石刀可能与制革有关[2]。基于**毘山**墓葬出土的 31 件该类石刀，方向明系统梳理了耘田器从最初的石刀门类中分离出来单独命名随后又回归到石刀门类的过程，指出从"此类石器与石镰共出看，此类石器不应该与季节性的农业收割有关"，而认为"更可能是用于动物肉食类的加工，也包括皮革"，或与加工竹编或苇编有关[3]。而近些年的微痕分析显示,所谓耘田器是一种收割稻穗的工具。

临平遗址群中茅山遗址良渚文化水稻田的发现为我们了解当时村落的农业生产状况提供了重要资料。茅山遗址是一处典型的坡地形遗址，揭露出居住区、墓葬区和稻田区，其中稻田区位于山麓南侧的低地，共揭露出良渚中期、良渚晚期和广富林时期三个阶段的水稻田遗迹。良渚中期的稻田规模并不大，呈面积不大的条块状，每个稻田面积从 1 ～ 2 平方米到 30 ～ 40 平方米不等，田块之间为生土田埂，并分布有小河沟；发展到良渚晚期,则形成面积达 83 亩[4](约 55000 平方米)的超大稻田区，

---

[1]　游修龄:《良渚义化与稻的生产》,载余杭市文史资料委员会编《文明的曙光——良渚文化》，浙江人民出版社，1996 年。游修龄：《良渚文化时期的农业》，载浙江省文物考古研究所编《良渚文化研究》，科学出版社，1999 年。

[2]　蒋卫东：《也说"耘田器"》，《农业考古》1999 年第 1 期。

[3]　浙江省文物考古研究所、湖州市博物馆：《毘山》，文物出版社，2006 年。

[4]　1 亩约等于 666.7 平方米。

经发掘发现 5 条南北向的红烧土田埂和 2 条东西向的河沟，这些田埂长 17 ～ 19 米，将整个稻田区分为许多面积为 1000 ～ 2000 平方米的大田块（图6-2）；广富林时期农耕层发现沟渠、牛脚印和零星人脚印。郑云飞等根据稻田土壤中的炭屑，多年生和水生、湿生植物为主的植物构成，以及多年生杂草要明显多于一年生杂草，推测当时翻耕的仅为浅层表土，未采取深耕技术，当时主要的耕作方式是火耕水耨[①]。"良渚文化时期，以火耕水耨技术为代表的原始稻作生产已经相当成熟，生产规模大，产量高，稻米成为先民食物的重要来源"[②]。通过对茅山良渚晚期耕作土及上下地层的土壤微形态分析，可知当时集约化耕作受益于成功的水资源管理，并可观察到土壤翻耕、以人和动物粪便施肥和用火的证据[③]。

近年来，浙江省文物考古研究所发掘了余姚施岙遗址，揭露出分别属河姆渡文化、崧泽文化和良渚文化的水稻田，总面积达 8 万平方米，周边勘探发现以田螺山为中心分布有 90 万平方米的水稻田，规模相当

---

① 郑云飞、陈旭高、丁品：《浙江余杭茅山遗址古稻田耕作遗迹研究》，《第四纪研究》2014 年第 34 卷第 1 期。

② 郑云飞：《良渚文化时期的社会生业形态与稻作农业》，《南方文物》2018 年第 1 期。

③ 庄奕杰、丁品、Charles French 著，宿凯、靳桂云译，庄奕杰校：《中国长江下游茅山遗址新石器时代晚期水稻耕作的水资源管理及农业集约化》，载山东大学东方考古研究中心编《东方考古：第 12 集》，科学出版社，2015 年。

图6-2 茅山遗址良渚晚期的稻田及相关遗迹

惊人（图 6-3）。良渚文化的水稻田揭露较为完整，田块面积较大，达 750～1900 平方米[①]。由此可见，大规模田块应该已经成为良渚时期稻作的标准配置。

　　有学者根据宋代和清代的稻作亩产量，上推良渚时期的稻作亩产量不会超过 100 千克[②]。游修龄根据历史文献记载和民族学资料，推测良渚时期谷物的产量大约为谷物播种量的 15 倍[③]，不过，由于良渚时期每亩稻田的播种量不明，无法据此推算亩产量。田螺山和茅山水稻田的发现为我们探讨稻作农业的发展提供了绝好的材料。郑云飞根据田螺山揭露的稻田的植硅石含量分析，推算出田螺山的河姆渡早期稻田亩产量为 55 千克，河姆渡晚期稻田亩产量为 63 千克[④]，而茅山遗址良渚晚期和广富林时期的稻田水稻植硅体的密度平均高达 44000 粒 / 克，通过植硅体和稻谷重量的关系，推算当时的稻田亩产量为 141 千克，反映了此时稻作

①　王永磊等：《余姚市施岙遗址古稻田考古发掘取得阶段性重大收获》，文博中国微信公众号，2020 年 12 月 28 日。

②　程世华：《良渚文化的原始农业及其意义》，《中国农史》1990 年第 2 期。

③　游修龄：《良渚文化与稻的生产》，载余杭市文史资料委员会编《文明的曙光——良渚文化》，浙江人民出版社，1996 年。

④　Zheng Y F, Sun G P, Qin L, et al. Rice fields and modes of rice cultivation between 5000 and 2500BC in East China. Journal of Archaeological Science, 2009, 36(12): 2609-2616.

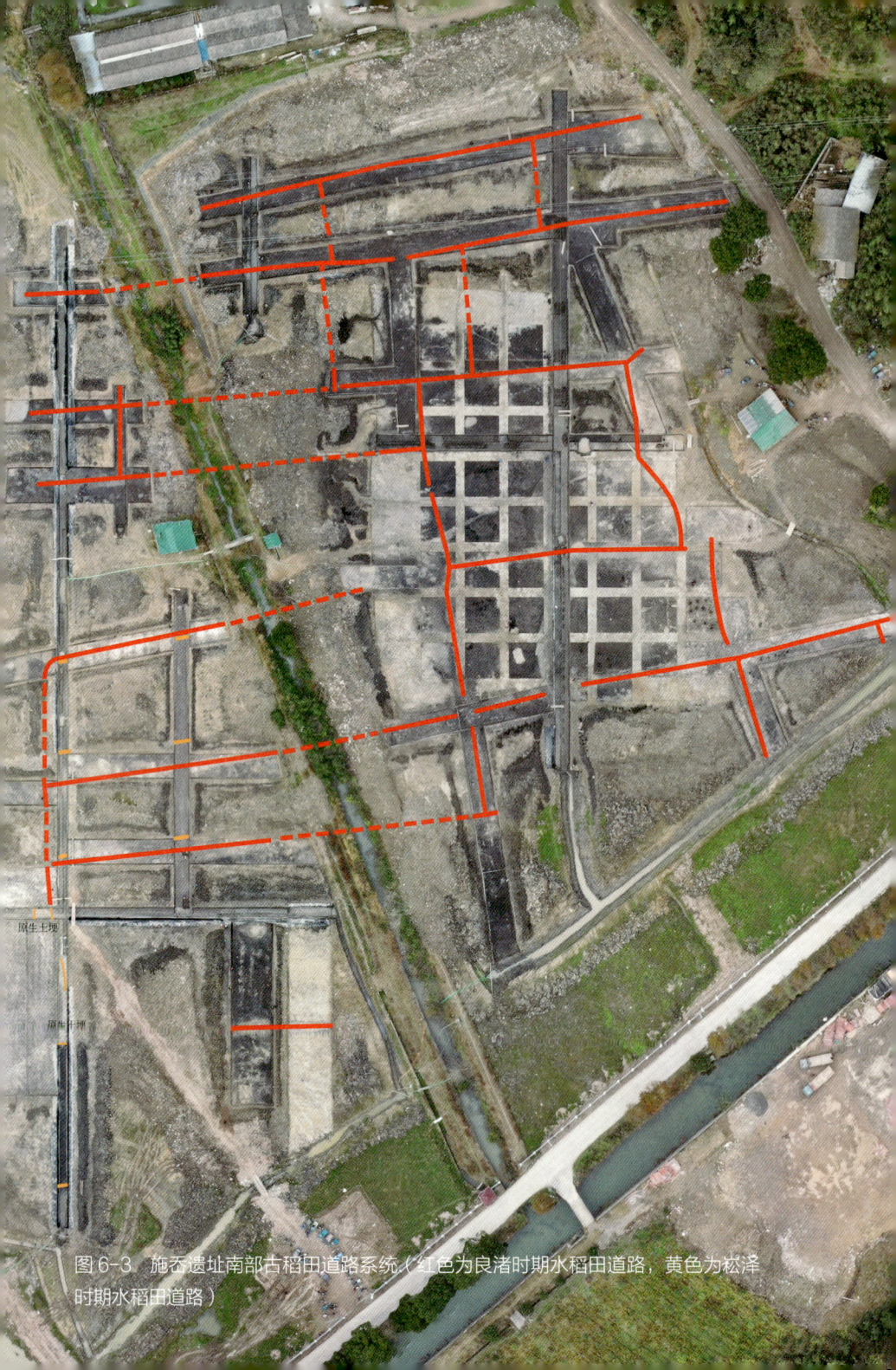

图 6-3 施岙遗址南部古稻田道路系统（红色为良渚时期水稻田道路，黄色为崧泽时期水稻田道路）

农业相对于河姆渡时期已有长足的进步[①]。

良渚古城莫角山宫殿区及其周边多处炭化稻谷的发现为我们认识当时稻作农业的发达程度提供了直接的证据。2010—2012 年莫角山东坡的发掘中，在莫角山土台的边坡以东清理了一个编号为 H11 的大型灰坑，坑内的填土可分三层，其中第一层和第三层均为灰黑色土，浮选出大量炭化稻谷遗存，经分析该灰坑中共填埋约 12240 千克稻谷，很可能是粮仓失火后倾倒烧毁稻谷、灰烬等废弃物的场所（图 6-4 和图 6-5）。2013 年，在莫角山西南坡的发掘过程中也发现过数量可观的炭化稻谷堆积。在莫角山宫殿区及宫殿区北部的沈家村台地的钻探中也曾发现多处蕴含丰富炭化稻谷堆积的区域。2017 年对莫角山宫殿区以南的池中寺进行了大范围勘探和揭露，发现两大片炭化稻谷堆积，面积分别达 6700 和 5150 平方米，测算出炭化稻谷总量近 20 万千克（图 6-6）。这充分说明城内稻谷储藏量相当丰富，间接反映出以良渚国王为代表的王国统治阶层拥有巨大的财富[②]。2010 年以来，我们在美人地、莫角山等遗址进行发掘的同时，也在古城遗址内外做过专门的良渚文化稻田的钻探和调查，但并未发现明确的水稻田迹象，说明居住在城内及外城的人很可能是不生产水

----

①　郑云飞、陈旭高、丁品：《浙江余杭茅山遗址古稻田耕作遗迹研究》，《第四纪研究》2014 年第 34 卷第 1 期。

②　浙江省文物考古研究所：《良渚古城综合研究报告》，文物出版社，2019 年。

H11 平面

H11 剖面

图 6-4　莫角山东坡 H11 平、剖面图

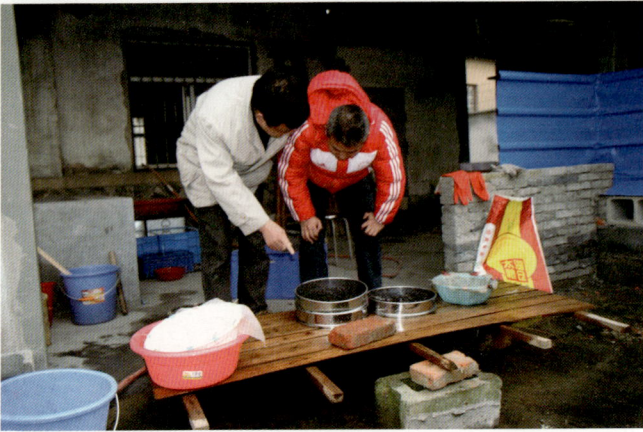

浮选

浮选出的炭化稻谷

图 6-5　H11 内出土、浮选的炭化稻谷

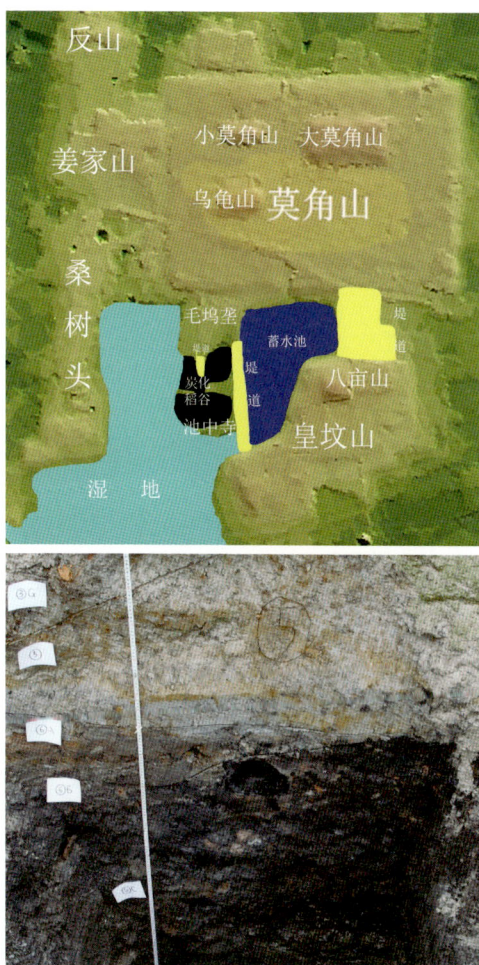

图6-6　池中寺周边格局及炭化稻谷层局部

稻的，这些水稻应是由古城郊区的居民以及良渚遗址群以外的居民提供的，当时可能已经产生了类似贡赋或奉献制度。

据推测，古城城址区共居住着约 2 万居民[1]，城外郊区也居住了 2 万多人，他们一年的粮食需求量是巨大的，以每人每天 500 克稻米的消耗量计算，每人每年需消费 182.5 万千克的稻谷，以当时平均亩产 75 千克的稻谷产量，养活 4 万人口需要近 10 万亩稻田，稻田的占地总面积将达到 65 平方千米。尽管良渚古城遗址的分布范围约 100 平方千米，但在这一范围内，并非所有的土地都可以种植水稻，比如古城西北部的库区以及遗址群内大片存在的湖泊、河流、沼泽、湿地等就不能满足种植水稻的条件。古城郊区的人口在满足自身生活所需之外，所剩余的粮食是不足以满足整个古城居民所需的。查阅资料可知，2020 年整个余杭区农田面积总共也只有约 350 平方千米，总人口数量为 100 余万人，而整个余杭区除去良渚遗址群外遗址数量不足 100 处，存在大片未被开垦的区域，人口也不会超过 2 万人，开发力度不到现在的十分之一，本地可提供的稻产应当不会超过 50%。如此，良渚古城的"贡赋或奉献制度"不仅仅覆盖良渚遗址群，毫无疑问也覆盖了包括临平遗址群在内的良渚古城腹地范围，乃至面积更大的嘉兴地区等。嘉兴地区的良渚文化墓葬中

[1] 人口推测依据王宁远：《从村居到王城》，杭州出版社，2013 年；浙江省文物考古研究所：《良渚古城综合研究报告》，文物出版社，2019 年。

往往随葬石刀、石镰、石犁等农业工具,姚家山甚至出土礼制化的玉刀（耘田器），显示该地区的良渚先民对农业生产的重视。

水稻是一种高产的作物，在所有粮食作物中土地载能最高，据美国考古学家推测，东南亚大河三角洲一熟稻的载能约为 500 人 / 平方千米，而锄耕旱作农业土地的载能仅为 12 人 / 平方千米，种植水稻，可以在同等面积内供养更多的人口[①]。水稻同时也是劳动力密集型作物,稻与水关系密切。种稻不仅本身需要投入大量劳动力，而且还需要花费更多的人力、物力和财力来营建适当规模的灌溉系统。良渚古城外围水利系统最重要的功能可能是调节季节性水源不均和满足水稻灌溉需求，其次才是防洪。在良渚同时代，良渚遗址群无疑是规模最宏伟、工程量最大、人口最多的都城，并率先形成广域王权国家，这大概也与良渚人掌握了大规模种植水稻的能力有关。

除了稻谷，卞家山、美人地和钟家港等遗址淘洗出大量植物种子（图6-7），如橡子、桃、杏、梅、南酸枣、柿子、葡萄等木本植物的种子，以及瓠瓜、甜瓜、菱角、芡实。稻谷出土概率分别占卞家山和美人地出土植物遗存总数的 32.7 %和 82.17 %，其次比较多的是南酸枣、甜瓜、芡实和橡子，分别占卞家山出土植物种子的 21.2 %、13.4 %、11.3 %和 6 %。

① 转引自陈淳:《环境、稻作农业与社会演变》,《科学》2005 年 57 卷第 5 期。

桃

菱角

南酸枣

甜瓜

李子

图6-7　钟家港浮选出的部分植物种子

稻谷在形体上与现代栽培稻种的粳亚种类似。郑云飞认为，良渚时期长江下游传统植物性食物结构已经初步形成，当时不仅栽培稻米、瓠瓜和甜瓜，甚至可能开始栽培桃、梅、杏、葡萄、豆类和菱角[1]，"瓜、果、蔬菜俱全，基本形成了长江中下游地区的传统稻作农耕文化体系的生业特色"[2]。

二 家畜饲养与渔猎

良渚时期的动物考古起步较晚，目前浙江省境内开展过系统动物考古且正式发表资料的遗址仅卞家山、美人地2处，另外钟家港近年的发掘资料正在整理，以上3处遗址年代均主要集中于良渚晚期。桐乡董家桥遗址文化面貌主要为崧泽晚期，也做过系统的动物考古工作，可作参考。卞家山出土了2058件动物骨骼遗存，可鉴定动物骨骼1640件，其中猪骨达1526件，约占93%，狗骨占0.4%，鹿科、水牛骨分别占5.1%

---

[1] 郑云飞：《植物种子和果实遗存的分析》《植物种实遗存所反映的先民食物结构》，载浙江省文物考古研究所《卞家山》，文物出版社，2014年。郑云飞、陈旭高、赵晔、王宁远、刘斌：《卞家山和美人地遗址的植物遗存分析报告》，载浙江省文物考古研究所《良渚古城综合研究报告》，文物出版社，2016年。

[2] 郑云飞：《良渚文化时期的社会生业形态与稻作农业》，《南方文物》2018年第1期。

和 0.1%，另有约 1% 的鸟类、爬行动物和数量较多的软体动物，等等[①]（图 6-8）。美人地动物骨骼合计 200 件，其中哺乳动物类共 198 件，另有淡水龟、鸭科各 1 件；哺乳动物中，可鉴定科属的约 167 件，猪骨最多，共 154 件，鹿科其次，共 12 件，牛科至少 1 件。根据统计，猪骨占所有动物骨骼的 77%，鹿科占 6%[②]。有 20 件左右哺乳动物骨骼未判断科属，但其中应有不少猪骨，因此，猪骨所占比例应高于 77%（图 6-9 和图 6-10）。董家桥出土崧泽晚期至良渚早期动物骨骼 169 件，猪骨占 33.7%，鹿科占 33.7%，牛科占 2.4%，狗骨占 0.6%，另有獐、羊和少量食肉类动物等，根据部分猪骨的年龄结构和牙齿测量数据推测主要属于家猪[③]。猪所占比例远远低于良渚古城遗址城址区。

良渚古城遗址城址区中出土的动物骨骼中，猪骨占绝大多数，可达

....

[①] 张颖：《卞家山遗址动物骨骼的鉴定与研究》《软体动物的鉴定和研究》，载浙江省文物考古研究所《卞家山》，文物出版社，2014 年。

[②] 松井章、菊地大树、松崎哲也、江田真毅、丸山真史、刘斌、王宁远：《良渚遗址群美人地遗址出土动物遗存（初报）》，载松井章、菊地大树《中国新石器时代家畜、家禽起源和东亚扩散的动物考古学研究》，2016 年。另收入浙江省文物考古研究所《良渚古城综合研究报告》，文物出版社，2019 年。

[③] 王华、游晓蕾、田正标、胡继根：《浙江桐乡董家桥遗址动物遗存初步分析》，载浙江省文物考古研究所编《浙江省文物考古研究所学刊（第十辑）》，文物出版社，2015 年。

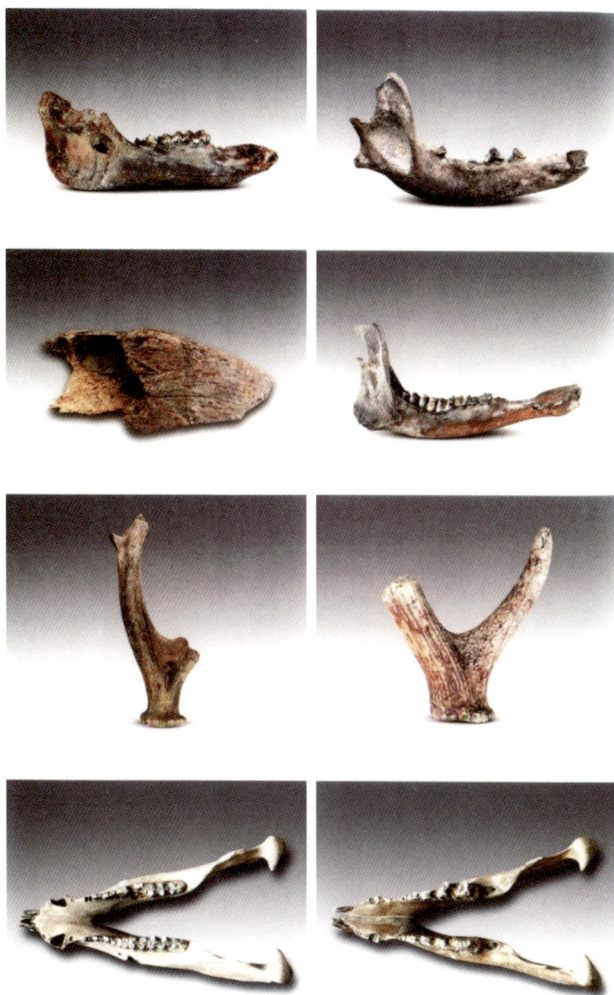

图 6-8 卞家山遗址出土动物骨骼遗存

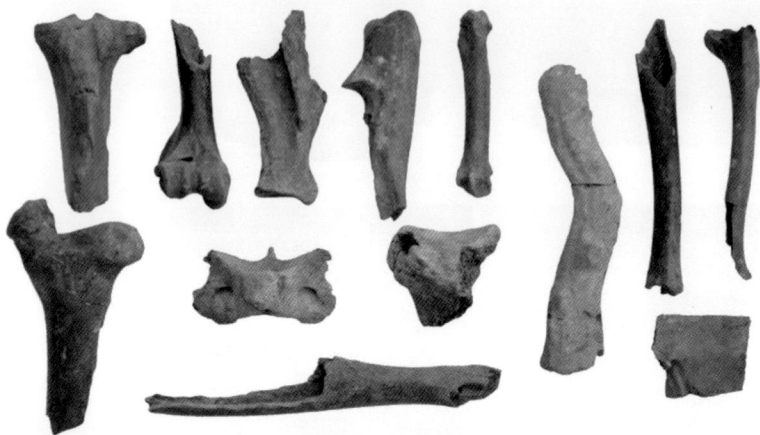

图 6-9　美人地遗址出土动物骨骼遗存

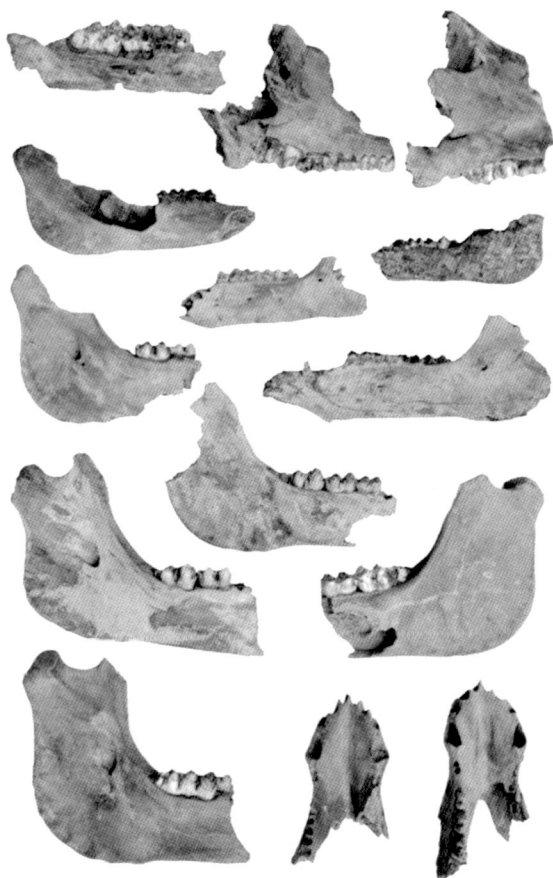

图 6-10 猪的上颌骨和下颌骨

90％左右。张颖根据卞家山动物骨骼的研究指出，"良渚文化时期，家猪饲养技术已经出现，并得到一定程度的发展，因而家猪占据了哺乳动物的绝大多数，成为人们的主要肉食来源之一"[1]。宋姝综合从年龄、性别的量化及人工饲养所引起的病理现象的分析出发，也认为良渚古城遗址（包括美人地、卞家山、钟家港）中出土的猪骨应主要属于家猪，家猪是当时人的主要肉食来源，并推测猪骨测量数据偏大的原因可能是当时采取放养的方式[2]。

我们还对美人地遗址和卞家山遗址出土的人骨、猪骨和狗骨进行了碳氮同位素分析，发现狗骨与人骨的碳氮同位素值非常接近，应是与人类一同进食的家犬。猪骨的碳氮同位素检测结果则更具多样性，既有与人骨一样有较高的氮同位素的个体，也有与中小型鹿一样有较低的氮同位素的个体[3]，具体原因还有待进一步探索。

....

[1] 张颖：《卞家山遗址动物骨骼的鉴定与研究》，载浙江省文物考古研究所《卞家山》，文物出版社，2014 年。

[2] 宋姝：《良渚义化遗址出土动物遗存的阶段性研究总结》，载浙江省文物考古研究所《良渚古城综合研究报告》，文物出版社，2019 年。宋姝：《良渚文化时期的动物资源利用和家畜饲养》，待刊。

[3] 米田穰：《长江中下游新石器时代人类与动物骨骼的碳氮同位素分析》，载松井章、菊地大树《中国新石器时代家畜、家禽起源和东亚扩散的动物考古学研究》，2016 年。

三　手工业

发达的农业和家畜饲养为良渚古城和良渚文明的出现奠定了坚实的基础，并由此出现从农业中脱离出来的专业手工业者，他们从事玉石器、漆木器、陶器、纺织等制作，社会分工达到很高的程度，且部分高端手工业为贵族所垄断成为"官营"手工业，如玉器制造业等。

1. 玉器生产

良渚文化玉器发现数量甚多，但目前所知的玉器作坊寥寥可数。宁镇地区的句容丁沙地[1]、丹徒磨盘墩[2]、镇江戴家山[3]等遗址发现数量不等的燧石制品和玉料。磨盘墩出土和采集石制品 5532 件，除少数玛瑙外均为黑色燧石制品，可能是专门制作燧石工具尤其是石钻的作坊，同时也出土了少量玉料和玉石器，说明也有少量制玉活动，年代属崧泽晚期（第⑤层）至良渚时期（第④层）。丁沙地年代属良渚晚期，出土玉器 8 件、玉料 70 件，其中玉料包括琮、璧、镯类的钻芯，另外有 261 件燧石、黑曜石、石英等制品和 42 件打磨、切割工具。戴家山试掘了 1 个灰坑，出土 77 件燧石制品，年代属良渚时期，另外在句容石狮乡和桥村采集到燧石和玛瑙制品。正如丁沙地的简报所提出，"宁镇地区的沿江靠山处可能存在一个玉石作坊群……由于紧邻以寺墩、高城墩为中心的良渚文化太湖西北区，该作坊群必然最先与此区发生密切联系，并逐渐成为良渚文化玉礼器的主要生产区"。宁镇地区可能存在制作玉器尤其是高节琮的玉料和燧石矿藏，这或许是寺墩遗址群在良渚晚期发展壮大的重要原因。

良渚遗址群范围内，在塘山遗址金村段也曾发现制玉遗存，1996—1997 年和 2002 年进行了试掘和发掘，清理 2 座良渚晚期墓葬，并获得大批玉石制品（图 6-11 至图 6-13），其中 2002 年发掘 458 平方米（图 6-14），获得 460 余件玉石制品，包括砾石、磨石、切磋用石、雕刻用石以及 100 余件与制玉相关的遗物，器类有琮、璧、钺、镯、锥形器、管珠钻芯等，年代属良渚晚期[①]。近年来在良渚古城城内钟家港河道内发现大量与制作玉器、石器、骨角器、漆木器有关的遗物，发掘者推测钟家港河道两岸尤其是东侧的台地上分布着大量手工业作坊区，在钟家港南段河东岸的钟家村台地上发现大片的红烧土堆积，台地边缘堆积中出土较多黑石英石片、玉料、玉钻芯、石钻芯等遗物，钟家村台地上应分布有集中的玉石制作作坊区，反映出城内手工业经济相当繁荣[②]（图 6-15 和图 6-16）。

---

① 王明达、方向明、徐新民、方忠华：《塘山遗址发现良渚文化制玉作坊》，《中国文物报》2002 年 9 月 20 日。方向明：《良渚塘山（金村段）2002 年度的发掘——良渚晚期制玉遗存的发现》，载浙江省文物考古研究所编《浙江考古新纪元》，文物出版社，2009 年。

② 浙江省文物考古研究所：《良渚古城综合研究报告》，文物出版社，2019 年。

图6-11　塘山遗址金村段 T11 出露的所谓"工作台"遗迹

图 6-12　塘山遗址金村段贵族墓葬 M1

带切割痕的玉料

磨石

玉琮残片、钻芯、玉璧残片等

图6-13　塘山遗址金村段出土的玉石器制作遗存

图 6-14　2002 年塘山遗址金村段发掘场景

图 6-15　钟家村南段淘洗工作场景

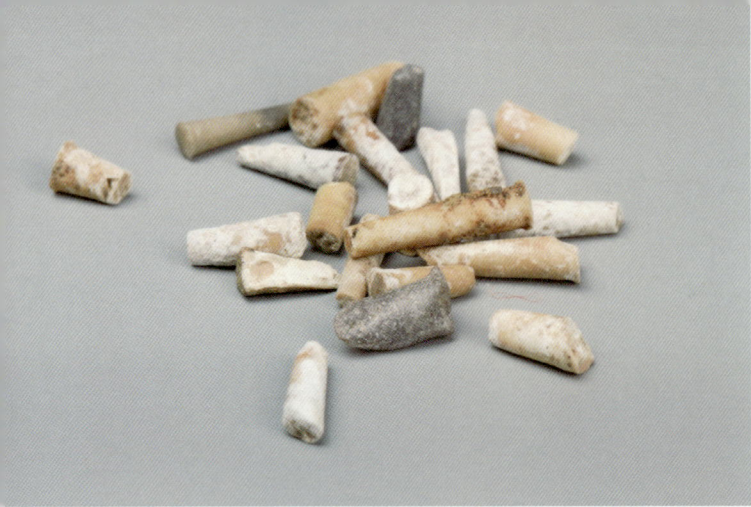

T2337 ④ A 层玉管钻芯

T2336 ⑦ A 层玉料

T2336 ⑦ A 层燧石

图 6-16　钟家港中区
的玉石器制作遗存

近年来，德清确认了包括杨墩、保安桥、王家里、小桥头等多处遗址点组成的中初鸣制玉作坊遗址群，面积达 100 万平方米，是专业制作管珠和锥形器等小件玉器的作坊遗址（图 6-17），"生产规模大，是迄今为止长江下游地区良渚文化时期发现的规模最大的玉器加工作坊遗址群，对这一时期生产经济模式的研究，以及玉料来源、产品流通的人群和社会研究具有极为重要的意义"[1]。

王明达最早提出琢玉是一种高端而神秘的技术，掌握这一技术的人分化出去后成为统治者的来源之一[2]。刘斌和蒋卫东也认为玉器从找矿、开采到加工制琢都需要专门的知识和高超的技艺，制玉的玉工可能就是墓主人也即贵族自身，他们通过对制玉过程的垄断、对成组玉礼器的垄断和对神形象的垄断，完成对神权的垄断[3]。方向明指出，良渚玉文明是以精神领域的认同为基础的，上层阶级掌握了玉器的来源、生产和分配，

① 方向明：《浙江德清发现良渚文化玉器加工作坊遗址群》，《中国文物报》2019 年 2 月 22 日第 5 版。
② 《考古》编辑部：《中国文明起源研讨会纪要》，《考古》1992 年第 6 期。
③ 刘斌：《良渚制玉的社会性问题初探》，《东南文化》1993 年第 1 期。蒋卫东：《良渚玉器的原料和制琢》，载浙江省文物考古研究所编《良渚文化研究》，科学出版社，1999 年。

图 6-17　中初鸣制玉作坊遗址群玉器及玉料

琢玉工艺本质上是高端人群控制下的神秘工艺[1]。因此,玉器制作不仅仅是一种工艺,更是研究良渚社会实现神权统治的最重要的手段。关于琢玉工艺方面的研究,浙江省文物考古研究所的考古前辈曾进行过深入研讨,取得了许多前沿性的学术成果。

在 1988 年发表的反山发掘简报中,考古队员就对出土玉器的加工工艺进行了初步研究,指出玉器上可观察到呈弧形的线切割和呈线形的锯切割两种加工痕迹,带孔的可分辨出管钻和实心钻两种钻孔方式。在刻纹技法方面,存在阴纹线刻、减地法浅浮雕、半圆雕甚至通体透雕等多种技法,有的花纹中仅 1 毫米的宽度内竟刻有四五根细线,神工鬼斧,堪称微雕[2]。牟永抗对汪遵国提出的良渚时期存在砣切割的观点[3]提出质疑,认为良渚时期主要的切割工艺是锯切割和线切割,刻玉的工具应是玛瑙、燧石、石英等硬度较高的石材,无论是玉料剖割还是琢刻纹饰均

---

① 　方向明: 《控制中的高端手工业——良渚文化琢玉工艺》,载浙江省文物考古研究所、北京大学考古文博学院、北京大学中国考古学研究中心、良渚博物院、杭州市余杭博物馆编著《权力与信仰: 良渚遗址群考古特展》,文物出版社,2015 年。方向明:《琮·璧——良渚玉文明因子的接力与传承》,《大众考古》2015 年第 8 期。
② 　浙江省文物考古研究所反山考古队:《浙江余杭反山良渚墓地发掘简报》,《文物》1988 年第 1 期。
③ 　汪遵国: 《论良渚文化玉器》,载余杭市文史资料委员会编《文明的曙光——良渚文化》,浙江人民出版社,1996 年。

未发现使用铊具的迹象，并首次对线切割工艺进行了系统的解释，指出
管钻作为当时最先进的技术,所使用的器具以竹管可能性最大[①]。蒋卫东
提出良渚方国中心址的选择可能与本地存在丰富的玉矿有关，他认为良
渚人采取线切割工艺的主要原因是软玉硬度高、韧性大，同时也是为了
节省玉料[②]。近年来, 方向明对琢玉工艺进行了系统讨论，内容涉及玉料
来源、线切割、片切割、双面管钻、掏膛、减地浅浮雕、阴线刻等[③]。

2. 石器生产

良渚文化石器种类相当丰富，包括石锛、石钺、石镞、石斧、石凿、
石镰、石刀、V 形石刀（耘田器）、石犁、大斜把石刀（破土器）、多孔

---

① 牟永抗：《良渚玉器三题》，《文物》1989 年第 5 期。牟永抗：《良渚文化
玉器·序言》，文物出版社、两木出版社，1989 年。
② 蒋卫东：《良渚玉器的原料和制琢》，载浙江省文物考古研究所编《良渚文
化研究》，科学出版社，1999 年。
③ 方向明：《史前琢玉的切割工艺》，《南方文物》2013 年第 4 期。方向明·
《控制中的高端手工业——良渚文化琢玉工艺》，载浙江省文物考古研究所、北京
大学考古文博学院、北京大学中国考古学研究中心、良渚博物院、杭州市余杭博物
馆编著《权力与信仰：良渚遗址群考古特展》，文物出版社，2015 年。方向明：《良
渚文化玉器用料探秘》，《大众考古》2015 年第 3 期。方向明：《良渚文化玉器
的琢制工艺》，《大众考古》2015 年第 4 期。

石刀、石铲、石耜、石网坠、石纺轮、石锤、砺石、磨石、燧石雕刻刀、钻头、钻芯等（图 6-18）。根据功能，可以划分为农业工具（石镰、石刀、V 形石刀、石犁、大斜把石刀、石耜、石铲）、木作工具（石斧、石锛、石凿、石刀、石铲）、渔猎工具（石镞、石网坠）、纺织工具（石纺轮）、武器及仪式用品（石钺、石镞、多孔石刀）、加工工具及相关石器（石锤、砺石、磨石、燧石雕刻刀、钻头、钻芯）等，其中农业工具、木作工具和武器的数量较多。值得一提的是，不少石器应当是多功能用途，如：石刀既可以用于收割，也可以用于切割动物性物质，甚至可以用于加工竹木器；石铲可以作为农业工具同时也可以加工木器[①]；又如石镞，既可以作为武器，也可以作为渔猎工具；石钺也值得一提，石钺最初是一种武器，但在崧泽至良渚时期，也常常作为一种象征权力和地位（尤其是男性）的物品随葬于墓中，其中很多都不开刃，并无实用功能。

根据最近的研究，可知石钺、石锛、石斧的岩性相对复杂，石镞、纺轮主要以易磨的泥岩制成，石锛多为纹层状硅质岩制成，石刀、石镰、石犁、V 形石刀、大斜把石刀大半为坚硬的斑点角岩（砂岩、泥岩等变质形成）制成，砾石、磨石则主要为砂岩，说明良渚人已经会有意识地

---

①   陈虹、孙明利、唐锦琼：《苏州五峰北遗址磨制石器的"操作链"及"生命史"研究》，《考古》2020 年第 11 期。

图 6-18　良渚古城遗址中出土的石钻芯等与玉、石器制作有关的遗存

选择某种合适的原材料制作相应的石器，存在选料的专业化趋势[①]。

2018—2019 年，我们陆续对良渚古城城内外的台地进行了长探沟发掘和试掘，在城内的毛竹山、高北山、沈家村、小马山、钟家村（偏北部）、野猫山、西头山、公家山、张家山、桑树头和城外的盛家村、金家头、美人地、迎乡塘的表土或边坡的良渚文化生活废弃堆积中发现制作玉器、石器相关的成品、半成品和加工玉石器的磨石、燧石，说明城内外的手工业生产活动相当发达，充分证实良渚古城核心区外应该主要是各类手工业作坊区，尤其是玉石器作坊。

最近，还有迹象显示，不同作坊可能有集中生产某种器型（或称为生产产品的专业化）的趋势，尤其多见石镞、石钺一类的武器，如 2019 年发掘的钟家村出土遗物以石镞和磨石为主，其他器类罕见，有可能是专门制作石镞的作坊，而雉山下地点曾采集 10 余件石钺坯，该区域还曾勘探出一大片石块堆积，不排除是专门制作石钺作坊的可能。值得重视的是，城内的这些作坊遗址中均未发现打制坯料形成的石片、废料，也就是说，古城内应该不存在打制坯料的活动，而主要做坯料的深加工工序。那么，良渚古城城内作坊的这些石器坯料从何而来呢？ 2020 年上

---

①   姬翔、王宁远、董传万、罗以达:《工程与工具: 良渚石记》，浙江大学出版社，2019 年。

半年，浙江省文物考古研究所在开展良渚古城腹地区域系统调查时，了解到萧山王家山曾采集到大量石钺、石锛的坯料和打制形成的废片，同出有侧扁足和锥形足等，年代属于良渚晚期后段。另外，萧山老虎洞也曾发现与石器制作有关的遗存 ①。这些线索都提醒我们，余杭西部、富阳至萧山的山前地带甚至更远的山区，可能存在不少这样的石器作坊，甚至有些作坊可能只生产坯件，与良渚古城城内的石器作坊存在生产工序上的分工协作，如是，则良渚古城周边的玉石器生产或许已经存在生产工序的专业化。

2016 年，苏州五峰北遗址发掘出土了 3805 件与石器制作有关的遗物，既有成品、半成品、毛坯和制作石器的磨石、石锤，也有大量石片和断块，生产的产品以石凿、石刀、石斧、石铲为主，另有少量石锛、石镞等，总体上以生产工具为主 ②。微痕研究显示，石凿主要用于加工木头，石镞主要用于狩猎，石刀用于切割肉类或加工木头。可见，五峰北石器作坊

----

① 杭州市文物考古研究所、萧山博物馆、上海大学历史系：《浙江萧山老虎洞遗址发掘简报》，《东南文化》2021 年第 10 期。曹骏、杨金东、崔太金：《萧山老虎洞遗址出土玉器加工工具及相关问题的初步认识》，待刊。

② 中国社会科学院考古研究所、苏州市考古研究所：《江苏苏州市五峰北遗址2016 年发掘简报》，《考古》2020 年第 1 期。陈虹、孙明利、唐锦琼：《苏州五峰北遗址磨制石器的"操作链"及"生命史"研究》，《考古》2020 年第 11 期。

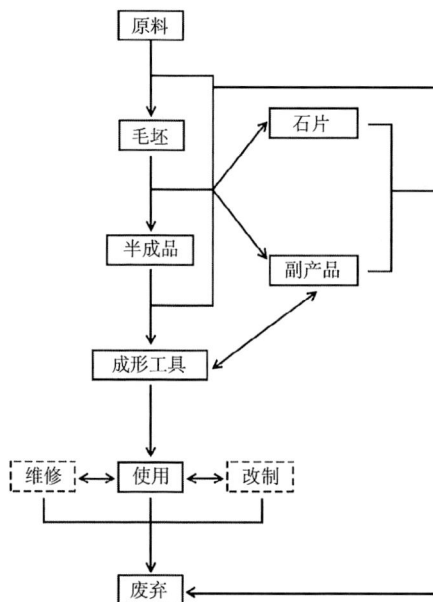

图 6-19 五峰北遗址的石器操作链

工序完备，是全流程作坊，但生产工序上的专业化程度远远不如良渚古城内的手工业作坊（图 6-19 和图 6-20）。

五峰北遗址出土的石凿及相关副产品

1. 最初剥离的厚石片　2～6、9. 不同阶段的侧刃面修身石片　7. 顶端厚石片　8. 最终产品
10. 厚耳形长石片　　（图中的标本并非来自同一件石核，此处仅为示意石凿的生产流程）

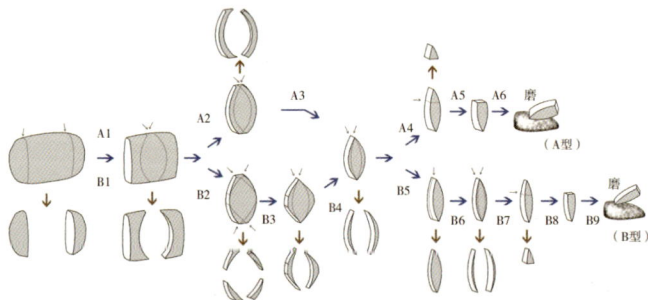

五峰北遗址石凿生产流程建模图

（图中 A1～A6 和 B1～B9 分别指代 A、B 两型石凿的具体生产流程）

图 6-20　石凿生产流程（据陈虹、孙明利、唐锦琼：《苏州五峰北遗址
磨制石器的"操作链"及"生命史"研究》,《考古》2020 年第 11 期）

3. 制陶

良渚文化陶器器形种类丰富，有 20 多种，按良渚陶器的功能用途，可以将它们区分为炊煮器、盛食器、酒水器和盛储器等几类[①]。炊煮器有鼎、鼎式甗、甑鼎等。盛食器有豆、圈足盘、三足盘、圈足盆、平底盆、三鼻簋、碗、钵等。酒水器包括过滤器、袋足鬶、实足鬶、宽把杯、双鼻壶、贯耳壶、壶、杯等。盛储器主要有圈足罐、尊、红陶罐、有领罐、折沿罐、瓮、大口缸、大口尊等，其中袋足鬶和实足鬶也算作用来加热酒水的炊器。除了满足日常生活所需的陶器外，良渚细刻纹陶器应当具有礼器的性质。此外，良渚文化墓葬中随葬个体较小、制作粗疏的明器，与日用陶器判然有别。

良渚文化素来以黑陶著名，施昕更先生即以城子崖遗址和城子崖报告为参照对象，对良渚这处"黑陶文化遗址"进行研究。关于黑陶制法，报告也有比较详细的观察和叙述："现在所见山东及杭县的黑陶，多数以磨轮制……磨轮所制的陶器，都匀薄而整齐，表面尚遗留当时制作的痕迹"，"最明显的是细致旋纹，并利用旋转制成并行的凸起弦纹，以为装饰"，"底部常带螺旋纹内部有卷旋纹"，"器形圆整，轮廓优美……一部分轮制所不能完成者，如鼻、把、足等，及小形之器，皆代以手制，

[①]　赵晔：《内敛与华丽：良渚陶器》，浙江大学出版社，2019 年。

内部遗留刮拭纹及指纹等可证，而杭县黑陶，范制者则未见，并且从出土的陶片比较，轮制者较手制者为普遍，与山东城子崖后期相似"[1]。

　　1955 年浙江省文物管理委员会发掘长坟遗址，出土了不少烧变形的器物，被认为附近可能有制陶作坊，也收获了一批细泥黑陶，据观察，"（胎）除个别羼入砂粒外，一般都很细腻。全部轮制，只有鼻、把手是手制的……当时的轮制技术已经相当发达，器形规则，一丝不苟，最薄的陶壁竟达 0.15 厘米……最厚的也不超过 0.5 厘米……每件陶器的表里都施一层黑色陶衣，经打磨燃烧后，呈现出漆黑色或铅黑色的光泽。但火候不高，胎质和陶衣都显得比较细软，因而剥落和褪色的现象十分严重。也有少数火候较高的，质坚硬，击之有清脆声"[2]。

　　良渚文化的泥质陶器中，除了少部分泥质红陶，其余基本上都是黑皮陶。在不少夹砂陶器，如鼎的外壁，也往往带有一层黑衣，除了美观的作用外，可能也起到防渗的作用。这种黑皮是在陶胎上涂抹一层薄薄的泥浆并磨光后，通过渗碳工艺制作而成的。根据卞家山出土的 8 万多

[1]　施昕更：《良渚——杭县第二区黑陶文化遗址初步报告》，浙江省教育厅出版，1938 年。
[2]　浙江省文物管理委员会：《良渚黑陶的又一次重要发现》，《文物参考资料》1956 年第 2 期。

片陶片的统计，"夹砂陶的黑色系陶片约占73％，且大部分夹砂灰陶带有黑衣，红色系陶片仅占27％；泥质陶中黑色系陶片比例约为89.5％，且大部分泥质灰陶也带有黑衣，少数尚有铅光，红色系陶片仅占约10.5％"[1]。

　　根据李文杰的研究，中国的轮制技术最早出现在关庙山四期（油子岭文化晚期）、崧泽遗址（崧泽晚期），其次是西夏侯墓地（大汶口晚期）[2]。长江下游地区于崧泽晚期开始出现轮制成形，但不普遍，而进入良渚时期，除了大量的泥质陶如豆、双鼻壶，甚至许多夹砂陶如鼎、器盖等也采用轮制制成，轮制使用相当普遍，且普遍施陶衣，以渗碳的工艺烧成黑皮陶。良渚文化的陶器中也不再见到崧泽时期风格多样的陶器类型，如塔形壶、分段式豆等，这其实是轮制技术普及的必然结果，反映了良渚时期制陶工艺得到快速的发展，进入了规模化生产的新阶段（图6-21）。但遗憾的是，到目前为止，我们尚未找到良渚时期的制陶作坊，甚至连成形的陶窑都未发现，这限制了我们对良渚时期制陶工业发展状况的认识。

　　根据广富林遗址良渚文化和广富林文化的陶器的化学元素分析，良

① 赵晔：《内敛与华丽：良渚陶器》，浙江大学出版社，2019年。
② 李文杰：《中国古代制陶工程技术史》，山西教育出版社，2017年。

姜家山 M2：44 豆柄内壁的轮制痕迹（1）

姜家山 M2：44 豆柄内壁的轮制痕迹（2）

姜家山 T2750G1 ③：20 壶内壁螺旋状轮制痕迹

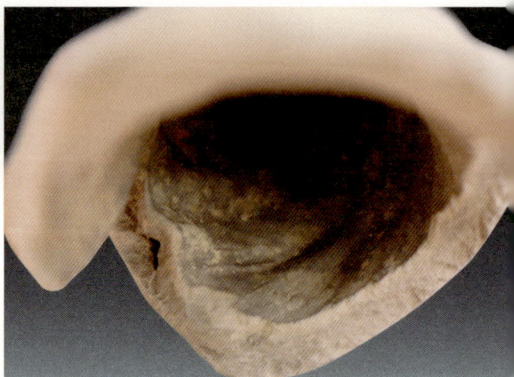

葡萄畈豆柄内壁麻花状扭转纹

图 6-21　反映良渚制陶工艺的标本

渚文化的陶片标本散点绝大多数比较集中，"表明其陶器原料的来源比较单一，也说明陶器的生产方式比较集中，规模相对比较大"，而广富林文化陶器原料来源则"比较复杂，呈现出多源性"，"分散获取原料、小规模分散生产是广富林文化的陶器生产方式"[1]。

4. 纺织、漆木器、骨角牙器、竹编

有关纺织业的遗存发现的不多。1958 年钱山漾遗址第二次发掘时，在一件竹筐里发现了距今约 4300 年的绸片、丝带和丝线等丝织物，同时还发现了较多的麻布片[2]。绸片残长 2.4 厘米、宽 1 厘米，呈黄褐色，经显微镜观测，可知绸片为平纹组织，经纬丝线由 20 多根茧丝合并而成，丝线不经加捻，而是直接借助丝胶的黏着力合并，丝缕平直，每根丝线平均直径为 167 微米，绢片的经纬密度为每厘米经 52.7 根、纬 48 根[3]。1926 年由我国考古学家最早独立发掘的山西夏县西阴村遗址，就出土过半个截断的蚕茧[4]。以上两项考古发现均较早，尚属孤证。1981—1987 年

[1]　宋建：《陶瓷理化测试分析与社会复杂化进程探索》，载中国社会科学院考古研究所科技考古中心编《科技考古（第 3 辑）》，科学出版社，2011 年。

[2]　浙江省文物管理委员会：《吴兴钱山漾遗址第一、二次发掘报告》，《考古学报》1960 年第 2 期。

[3]　徐辉等：《对钱山漾出土丝织品的验证》，《丝绸》1981 年第 2 期。

[4]　李济：《西阴村史前遗存》，《清华大学院刊》第三种，1927 年。

发掘的荥阳青台遗址，除了有麻葛残片发现，其部分瓮棺葬具中还附着有丝织物残片，这是迄今为止世界上最早的丝织品，这些丝织物有平纹纱和二经绞罗两类，其中浅绛色罗的发现显示当时还出现了印染技术[①]。

　　纺轮最开初是以废陶片改制而成的，并不考究，但随着纺织业的发展及其重要性的凸显，纺轮的制作也逐渐精细化，不仅器型变得规整，有的甚至装饰有刻画和彩绘纹样。到了良渚时期，甚至出现了玉质的纺轮和织具，如瑶山 M11 中即发现玉纺轮与捻杆（图 6-22），以及反山 M23 中出土的一套玉织具（图 6-23），均出自女性墓中。反山 M23 内出土的 3 组 6 件套玉质镶嵌件，分别是长度为 34 厘米的有机质卷布轴、分经杆（或为卷经轴）和机刀（也称打纬刀）两端的镶嵌件。反山 M23 中有大量的玉礼器随葬，其中玉璧就有 54 件，同时共出有玉璜等仅出自女性墓的玉器，是目前发现的等级最高的良渚文化女性墓葬，墓主身份很可能为良渚王国的王后。玉织具出土于王后墓这一现象说明王后有掌管女工诸事的运作的责任，同时也反映了纺织业受到良渚贵族的特别重视。

　　木工是良渚文化的一种重要手工业门类。虽然木质遗存在南方酸性

---

① 张松林、高汉玉：《荥阳青台遗址出土丝麻织品观察与研究》，《中原文物》1999 年第 3 期。

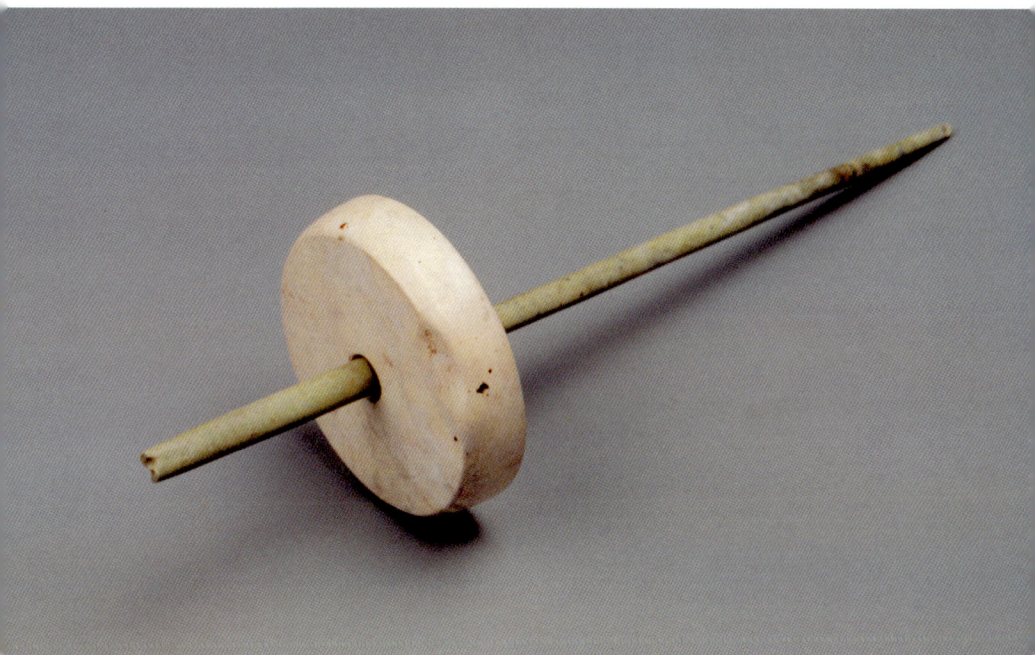

（a）

图 6-22 瑶山 M11：16 玉纺轮与捻杆及出土场景

图 6-23　反山 M23 玉织具

土壤中不易保存，但我们在处于潜水面之下的古河道、水井等遗迹中往往能发现比较完好的木质遗存。根据出土的木质遗存的功能，可以将其概括为建筑材料（房屋、井圈、护岸、码头、榫卯构件、木构活动面、木构地垄、木构箱笼）、丧葬材料（棺椁）、交通工具（独木舟、竹筏、木桨）、生活器具（木盘、木盆、木斗、木屐）、生产工具（点种棒、木舂）、玩具（木陀螺）。良渚古城近几年发掘出土了大量木质遗存，如美人地、钟家港等河岸边普遍发现木构护岸，钟家港发现 3 根推测用来建造宫殿的大木作以及木盆、木盘等，甚至有多件木盆坯料，莫角山内发现木构地垄、木构活动面、木构箱笼等，可见在良渚古城的营建和使用过程中消耗了大量的木材。

　　木器中比较特殊的一类是漆器，早在距今 8000 年的跨湖桥文化中就已经出现木弓，距今 7000 年的河姆渡文化也发现有漆碗，历史颇为悠久。良渚文化中出土的漆器有陶胎和木胎两种。良渚文化是我国史前时期木胎髹漆工艺发展的巅峰，漆器往往作为贵重物品随葬在等级较高的墓葬中和良渚古城城址区内，如反山、瑶山墓地中出土的嵌玉漆杯、嵌玉漆圆形器、嵌玉囊形器，小青龙墓地出土的漆觚，卞家山、钟家港出土的漆觚、漆盆、漆盘、漆筒形器等（图 6-24）。另外，仙坛庙、小兜里等遗址崧泽—良渚过渡阶段的墓葬中也随葬有陶胎漆器，器型有壶、豆等。

卞家山 G1②：171 漆筒形器

卞家山 G1②：237 漆觚

卞家山 G2②B：10 漆器盖

卞家山 G1①：140 漆盘

（a）

卞家山 T4 ⑪：37 木桨　　　　　　　　　卞家山 T3 ⑪ A：78 木臿

钟家港 T2732 ⑥：4 木盆坯件　　　　　　钟家港 T2333 ⑥：6 残漆盆

（b）

图 6-24　卞家山和钟家港出土的漆木器

　　竹（筡）器是木质遗存的另一类常见品种。竹子被大量使用在房屋墙壁中的竹骨泥墙中，另外在良渚古城遗址的考古发掘中常常可以见到竹编的脚手片（图 6-25 至图 6-27）。钱山漾遗址出土了 200 多件竹制品，

图 6-25　莫角山西坡出土的竹编脚手片

图 6-26　钟家港出土的编织物

图 6-27　钟家港出土的编织环

器形有捕鱼用的"倒梢"、竹席、篓、篮、筐、谷箩、簸箕等[①]，竹编物是钱山漾人生产和生活中不可或缺的器具。尖山湾也出土竹（苇）器20多件，包括篮、筐、畚箕、篓、篾席等[②]。尽管钱山漾和尖山湾遗址属钱山漾时期，但也略可推知良渚时期竹编的盛况。

骨角牙器发现不多，器形只有骨镞、骨锥、骨靴形器、骨匕、骨刀、骨端饰、象牙权杖、象牙镯、象牙梳齿、牙镞、野猪獠牙头饰或项饰等10多种，甚至还有人头骨制作的头盖杯（图6-28）。

① 浙江省文物管理委员会：《吴兴钱山漾遗址第一、二次发掘报告》，《考古学报》1960年第2期。

② 浙江省文物考古研究所、诸暨博物馆、浦江博物馆：《楼家桥、茜塘山背、尖山湾》，文物出版社，2010年。

反山 M20：17 鲨鱼牙齿

吴家场墓地 M207 象牙权杖

嘉兴高墩 M3 头部野猪獠牙发饰

图 6-28　骨角牙器

四 贸易和交换

长江流域新石器时代的商品交换问题很早就引起学者的关注。张弛根据对大溪、北阴阳营和薛家岗等遗址出土的玉石器的分析，指出长江中下游地区存在大溪和北阴阳营—薛家岗两个石器制作工业区，"如仅以石器和玉器来看，贸易的范围大体可划分出中游和下游两个大的集团，同时又有以薛家岗所在地区为中介发生的两大集团之间的交流（只是规模要小一些），从而在大溪文化中晚期和崧泽文化时期形成了沿长江的贸易圈"[①]。蒋卫东较早提出良渚文化时期已经存在交换和贸易的迹象，根据新地里方圆数十千米无岩石山的特征及丁沙地、塘山制玉作坊的发现，指出玉器、玉料存在远距离交流、交换和贸易的现象，尤其是绿松石可能来自黄河流域，并认为从这一方面来看，良渚玉器具有世俗性的一方面[②]。何驽分析了长江流域距今 7000 年以来以双墩、薛家岗等遗址出土的可能与商品贸易有关的遗物，并根据良渚文化相关手工业遗存的发现提出了大胆的推测："良渚城是建立在商品经济之上的大都会，良

---

①　张弛：《大溪、北阴阳营和薛家岗的石、玉器工业》，《考古学研究（四）》，科学出版社，2000 年。

②　蒋卫东：《神圣与世俗——关于良渚文化玉器功能的若干思考》，载浙江省文物考古研究所编《浙江省文物考古研究所学刊（第六辑）：第二届中国古代玉器与传统文化学术讨论会专辑》，科学出版社，2004 年。浙江省文物考古研究所：《新地里》，文物出版社，2006 年。

渚文化所建立的国家依赖于商业文明所提供的物质基础。良渚文明是长江流域从7000年以降商品经济发展在史前时期创造的文明最高水平……是中国文明起源商品经济模式的集成代表。"但他也指出，"目前我们对良渚文化商品经济的总体认识还很模糊，这方面的考古研究还亟待深入与加强"[1]。

　　近年来良渚古城城址区大量玉石器作坊（均属良渚晚期），以及德清中初鸣制玉作坊遗址群（属良渚晚期）的发现和发掘，结合以往宁镇地区的大量燧石作坊，很清楚地显示了良渚时期的手工业在选材、产品种类、生产工序方面的专业化程度，暗示了大规模商品交换和贸易的存在。以往，学术界将过多的研究兴趣集中在贵族大墓出土的精美玉器及其上琢刻的神人兽面图案上，从而强调良渚文明神权至高无上、王权为辅的文明模式。良渚社会确实从一开始便逐渐形成了较成熟的一主多神宗教，凝聚了大量的人口，但农业、手工业和商品贸易作为经济基础的作用不容忽视，尤其是进入良渚晚期阶段，良渚古城城址区及周边兴起了大规模的作坊群，而作为主神的神人兽面则多以简化的形式出现，良渚社会的世俗性日益彰显。

---

[1]　何驽：《长江流域文明起源商品经济模式新探》，《东南文化》2014年第1期。

有关遗址的参考文献：

1.　南京博物院考古研究所：《江苏句容丁沙地遗址第二次发掘简报》，《文物》2001 年第 5 期。

2.　南京博物院等:《江苏丹徒磨盘墩遗址发掘报告》,《史前研究》1985 年第 2 期。陈淳、张祖方:《磨盘墩石钻研究》，《东南文化》1986 年第 1 期。

3.　镇江博物馆：《江苏镇江市戴家山遗址清理报告》，《考古与文物》1990 年第 1 期。

本书为国家重点研发计划课题"长江流域文明进程研究"（课题编号 2020YFC1521603）和"中华文明起源进程中的生业、资源与技术研究"（课题编号2020YFC1521606），以及国家文物局"考古中国"重大项目"长江下游区域文明模式研究"的阶段性成果。本书出版得到浙江省委宣传部良渚考古系列图书出版经费的资助。

良渚文明丛书
Liangzhu Civilization Series

陈明辉 著

良渚文明手册

下

Handbook of
Liangzhu
Civilization

ZHEJIANG UNIVERSITY PRESS
浙江大学出版社
·杭州·

图书在版编目(CIP)数据

良渚文明手册 / 陈明辉著. -- 杭州 ： 浙江大学出
版社，2022.7
　　（良渚文明丛书）
　　ISBN 978-7-308-22736-0

　　Ⅰ. ①良… Ⅱ. ①陈… Ⅲ. ①良渚文化－手册 Ⅳ.
①K871.13-62

中国版本图书馆CIP数据核字(2022)第101496号

良渚文明手册
LIANGZHU WENMING SHOUCE

陈明辉　著

策 划 人	陈丽霞　丁佳雯	
丛书统筹	丁佳雯　陈丽霞	
责任编辑	丁佳雯　肖　冰	
责任校对	戴　田	
美术编辑	程　晨	
排　　版	杭州林智广告有限公司	
出版发行	浙江大学出版社	
	（杭州市天目山路148号　　邮政编码　310007）	
	（网址：http://www.zjupress.com）	
印　　刷	浙江海虹彩色印务有限公司	
开　　本	880mm×1230mm　1/32	
印　　张	21	
字　　数	426千	
版 印 次	2022年7月第1版　2022年7月第1次印刷	
书　　号	ISBN 978-7-308-22736-0	
定　　价	128.00元	

目　录　Contents

第十章　文明与国家

第七章

聚落与社会

墓葬和居址均为聚落考古的主要内容，一直以来环太湖地区良渚文化墓葬资料丰富而居址材料较少，因此以往良渚文化的聚落考古主要集中于墓地和墓葬的研究。1996 年以来仙坛庙、普安桥等遗址的发掘，让我们发现了较为丰富的居址材料，丰富了聚落考古的内容。此章主要介绍整体聚落的分布及聚落中居址的考古发现及其所反映的社会组织，下一章则会对墓葬材料进行专门介绍。

一 区、群、组、点

本书在第四章已根据遗址的分布情况和出土遗物的组合特征将良渚文化分为核心区和外围区，分布面积约为 13 万平方千米。其中核心区即环太湖流域，发现遗址 900 余处，可分良渚古城区（良渚古城腹地范围）、太湖东南（嘉兴地区）、太湖东部（苏南沪西）、太湖北部（常州、无锡、张家港、常熟）、太湖西部（包括浙西北安吉长兴和宜溧地区）5 个区；外围区发现遗址 100 余处，可分为宁绍地区（包括舟山）、金衢地区、宁镇地区、江淮地区、芜湖地区 5 个区。这 10 个区也可称为遗址区或聚落区。

根据聚落的组合、集群关系，可将良渚文化聚落考古划分为遗址区（共 10 个区）、遗址群（包括良渚遗址群、临平遗址群、普安桥—姚家山遗址群等）、遗址组（如良渚古城城址区组、姚家墩组等）、遗址点（单个遗址）4 个宏观研究层次。

关于遗址群的划分，已有一些学者进行过初步探讨。中村慎一曾根据玉琮的出土情况，将良渚文化遗址分为 8 个遗址群，即良渚遗址群、桐乡—海宁遗址群、临平遗址群、德清遗址群、海盐—平湖遗址群、吴县—昆山遗址群、青浦遗址群和常州遗址群[①]。王明达曾将余杭境内的古文化遗址划分为莫角山中心区、荀山聚落区、小古城聚落区、南湖聚落区、

---

① 中村慎一：《良渚文化的遗址群》，载北京大学中国考古学研究中心、北京大学震旦古代文明研究中心编《古代文明（第 2 卷）》，文物出版社，2003 年。

横山聚落区、塘栖聚落区六大区块 ①。临平遗址群（大致等同于王明达的横山聚落区）位于良渚遗址群以东，是规模和级别略低于良渚遗址群的次中心遗址群 ②，可视为良渚古城的远郊腹地 ③。近年来，在国家文物局"考古中国"重大项目"长江下游区域文明模式研究"的指导下，浙江省文物考古研究所正在持续开展良渚遗址群的全覆盖式勘探和浙江境内良渚文化遗址的专题系统调查，并取得了一些初步收获。根据已有的学术成果，笔者认为，可初步划分出以下几个比较明确的遗址群：良渚遗址群（另有附属性的临平遗址群和德清遗址群等，属良渚古城遗址的远郊腹地）、普安桥—姚家山遗址群（即桐乡南部—海宁西北遗址群）、海宁东部—海盐西部遗址群、嘉兴东南—平湖遗址群、高城墩—寺墩遗址群（或称常州遗址群）、邱承墩遗址群（或称无锡遗址群）、张陵山—赵陵山—福泉山遗址群（苏沪地区）等。需要指出的是，遗址群的命名方式目前

----

①　王明达：《浙江余杭境内古文化遗址分布的初步认识》，载中国江南水乡文化博物馆编《江南水乡文化》，中国艺术出版社，2007 年。

②　赵晔：《临平茅山的先民足迹》，载浙江省博物馆编《东方博物（第四十三辑）》，浙江大学出版社，2012 年。赵晔：《浙江余杭临平遗址群的考察》，《东南文化》2012 年第 3 期。

③　刘斌、王宁远、陈明辉、朱叶菲：《良渚：神王之国》，《中国文化遗产》2017 年第 3 期。刘斌、陈明辉、闫凯凯、王永磊、朱雪菲、朱叶菲：《良渚古城考古的实践、收获与思考》，载杭州市园林文物局编《杭州文博（第 21 辑）：良渚古城遗址申遗特辑》，浙江古籍出版社，2018 年。

尚难统一，如接受度最广的、遗址分布密集且有中心聚落或高等级墓地的良渚遗址群和临平遗址群，是以遗址或地方命名，因而江苏的考古工作者倾向于使用寺墩遗址群这一命名表示以寺墩为中心的一片遗址，也可备一说。良渚遗址群的考古工作最充分，根据最近在仁和的调查勘探工作，仁和一带也可归入良渚遗址群的范围，则良渚遗址群面积可达近200平方千米。

（一）良渚遗址群

良渚遗址群概念的提出和持续性的考古工作是20世纪80年代以来至2006年浙江地区聚落考古的重要内容。20世纪80年代以来，以吴家埠、反山、瑶山、莫角山等遗址的发现和发掘为契机，在良渚瓶窑一带展开了持续性调查，提出良渚遗址群的概念[①]，王明达还提出要从木材、石材、

----

① 王明达：《"良渚"遗址群概述》，载余杭县政协文史资料委员会编《良渚文化（余杭文史资料第三辑）》，余杭人民印刷厂，1987年。王明达：《良渚遗址群田野考古概述》，载余杭市文史资料委员会编《文明的曙光——良渚文化》，浙江人民出版社，1996年。费国平：《浙江余杭良渚文化遗址群考察报告》，《东南文化》1995年第2期。

玉材 3 种重要资源的获取考虑良渚遗址群的选址问题[①]。芮国耀提出将良渚遗址群分为以莫角山为中心的区域、围绕荀山的区域、东苕溪以北沿山地带 3 个聚落密集区[②]。1981 年、1984 年、1998—1999 年和 2002 年总共四次大规模调查共确认遗址 135 处，据此划定了 42 平方千米的遗址群面积，并出版了调查报告《良渚遗址群》，报告对 135 处遗址点进行逐一介绍，并将良渚遗址群内的遗址类型分为礼制性工程、祭坛、墓地、居址、作坊、土垣六大类，遗址等级分为以莫角山为代表的第一等级、以姚家墩为代表的第二等级、以庙前为代表的第三等级，并把遗址群也分为 3 个遗址密集区，其中遗址群西南部莫角山区有 50 多处遗址，遗址群北部大遮山山前地带有 30 多处遗址，遗址群东南部以荀山为中心约有 20

①　王明达：《良渚遗址群再认识》，载浙江省文物考古研究所编《浙江省文物考古研究所学刊（第八辑）：纪念良渚遗址发现七十周年学术研讨会文集》，科学出版社，2006 年。王明达：《论良渚遗址群》，载浙江省文物考古研究所编《浙江省文物考古研究所学刊（第九辑）：纪念浙江省文物考古研究所成立三十周年论文集》，科学出版社，2009 年。

②　芮国耀：《失落的文明——论良渚遗址群》，载浙江省文物考古研究所编《良渚文化研究》，科学出版社，1999 年。芮国耀：《良渚遗址群聚落考古研究问题的思考》，载上海博物馆编《长江下游地区文明化进程学术研讨会》，上海书画出版社，2004 年。

处遗址 [①]。

2006—2007 年良渚古城被发现之后，良渚遗址群的考古工作从遗址群考古转入都邑考古的新阶段。自 2007 年以来 [②]，以良渚古城为核心开展了持续的考古发掘、调查和勘探工作，关于良渚古城聚落格局的认识

....

[①]　赵晔：《余杭良渚遗址群调查简报》，《文物》2002 年第 10 期。赵晔：《良渚遗址群的时空观察》，载浙江省文物考古研究所编《浙江省文物考古研究所学刊（第八辑）：纪念良渚遗址发现七十周年学术研讨会文集》，科学出版社，2006 年。浙江省文物考古研究所：《良渚遗址群》，文物出版社，2005 年。

[②]　浙江省文物考古研究所：《良渚古城遗址 2006—2007 年的发掘》，《考古》2008 年第 7 期。刘斌：《良渚古城》，载浙江省文物考古研究所编《浙江考古新纪元》，科学出版社，2009 年。刘斌：《良渚古城的发现与初步认识》，载吉林大学边疆考古研究中心编《新果集：庆祝林沄先生七十华诞论文集》，科学出版社，2009 年，又见浙江省文物考古研究所编《浙江省文物考古研究所学刊（第九辑）：纪念浙江省文物考古研究所成立三十周年论文集》，科学出版社，2009 年。刘斌：《寻找消失的王国——良渚遗址的考古历程（良渚古城发现记）》，载吉林大学边疆考古研究中心编《庆祝张忠培先生八十岁论文集》，科学出版社，2014 年。

已经以多篇论文的形式刊布[①]，近年正式以研究报告的形式出版[②]，现择要叙述如下：古城遗址主要由城址区、水利系统、郊区聚落三部分组成，占地面积达 100 平方千米，规模极为宏大。城址区及水利系统均由人工

① 刘斌、王宁远：《良渚古城外围结构的探索》，载王巍编《中国考古学会第十四次年会论文集（2011）》，文物出版社，2012 年。刘斌、王宁远：《良渚遗址的考古新发现》，《中国社会科学院古代文明研究中心通讯》2012 年 1 月第 22 期。刘斌、王宁远：《2006—2013 年良渚古城考古的主要收获》，《东南文化》2014 年第 2 期。刘斌、王宁远、陈明辉等：《良渚古城——新发现和探索》，载浙江省文物考古研究所编《权利与信仰：良渚遗址群考古特展》，文物出版社，2015 年。刘斌、王宁远、陈明辉：《良渚古城的规划与建筑方式》，载上海博物馆编《"城市与文明"学术研讨会论文集》，上海古籍出版社，2016 年。Liu B, Wang N Y and Chen M H. A realm of gods and kings: the recent discovery of Liangzhu city and the rise of civilisation in south China. Asian Archaeology, 2016, 4: 13-31. 良渚古城考古队：《良渚古城城内考古发掘及城外勘探取得重要收获》，《中国文物报》2016 年 12 月 16 日。刘斌、王宁远、陈明辉、朱叶菲：《良渚：神王之国》，《中国文化遗产》2017 年第 3 期。刘斌、陈明辉、闫凯凯、王永磊、朱雪菲、朱叶菲：《良渚古城考古的实践、收获与思考》，载杭州市园林文物局编《杭州文博（第 21 辑）：良渚古城遗址申遗特辑》，浙江古籍出版社，2018 年。刘斌：《寻找消失的王国——良渚遗址的考古历程（良渚古城发现记）》，载吉林大学边疆考古研究中心编《庆祝张忠培先生八十岁论文集》，科学出版社，2014 年。
② 浙江省文物考古研究所：《良渚古城综合研究报告》，文物出版社，2019 年。

堆筑而成，土石方总量达 1005 万立方米，工程浩大，无疑是一个经历了几十年甚至上百年建设过程的庞大系统工程。城址区占地面积为 8 平方千米，由宫庙区、内城和外城三部分组成。莫角山位于古城的正中心，是距今 5000 年前后人工营建的长方形土台，其上分布有 3 座宫庙台基、35 座房屋台基和 1 处大型沙土广场。在莫角山以南分布有皇坟山台地，是一处面积稍小的宫庙区。皇坟山以西的池中寺新发现包含近 20 万千克稻谷的炭化稻谷堆积，显示出城内稻谷储藏量之巨。宫庙区以西分布着反山、姜家山等王陵和贵族墓地，年代为距今 5000 年前后。宫庙区以西的钟家港河道内出土大量玉器、石器、漆木器的半成品和制作废料，说明河道两侧可能存在各类手工业作坊。内城城墙略呈圆角长方形，南北长约 1910 米、东西宽约 1770 米，总面积近 300 万平方米，共发现 8 座水城门，四面城墙各 2 座，另外在南城墙中部发现陆城门 1 座。除南城墙无外城河外，其余三面城墙均有内、外城河，城内河道纵横，构成发达的水路交通体系与临水而居的居住模式。内城墙以外，分布着扁担山—和尚地、里山—郑村、卞家山—迎乡塘及东杨家村、西杨家村等长条形高地，均为人工堆筑而成，构成古城的外城，合围面积达 8 平方千米，其中卞家山发掘出墓地、居住区、大型灰沟、木构码头、河埠头等遗迹。根据城址区居住台地的面积及仙坛庙、新地里的人口推测结果，推算出城址区（外城以内）人口数量为 15200 ～ 22900 人。古城西北部的水利系统由 11 条水坝组成，并确认溢洪道 2 处，这个系统可形成 13 余平方千米的库区和 4600 余万立方米的库容量，可能兼有防洪、调水、运输、灌溉等诸方面的用途。城址区东部和北部分布有大量的郊区聚落，占地面积为 30 多平方千米，由数百处台地遗址组成，其中已经发掘的庙前聚落组被视作典型的小型村落遗址，以姚家墩为中心的聚落被视为中型聚落遗址。位于城址区外围的瑶山、汇观山应是与观象测年有关的天文台[①]，废弃后成为王陵及贵族墓地。

良渚古城遗址是整个良渚文化的核心，是良渚文明的都城，它与良渚玉器等一同构成良渚文明的最具代表性的物质遗存。良渚古城遗址位于浙江余杭地区一处面积达 1000 平方千米的 C 形盆地北部。古城南北分别峙立着大遮山和大雄山 2 座天目山余脉，西部散布着一系列低矮山丘，这三处山体均距古城约 2 千米，东部则是敞开的平原，总体让人有一种以山为郭之感。发源于天目山脉的东苕溪，自西南向东北蜿蜒流过，最终向北注入太湖。可见，古城的所在区域有着广阔的腹地、优越的自然环境，由此带来了丰富的资源和便利的交通条件。

自 2007 年良渚古城发现和确认之后，经过 10 余年不间断的考古发掘、调查和勘探，我们对良渚古城的结构布局和格局演变有了一个基本的认

---

① 刘斌：《良渚文化的祭坛与观象测年》，载浙江省文物考古研究所编《浙江省文物考古研究所学刊（第八辑）：纪念良渚遗址发现七十周年学术研讨会文集》，科学出版社，2006 年。

识。良渚古城城址区可分四重，最中心为面积约为 30 万平方米的莫角山台基为古城的第一重。莫角山连同其南部的皇坟山、池中寺，西部的反山、姜家山、桑树头，北部的毛竹山、朱村坟、高北山等台地，海拔高度多在 8 米以上，为宫庙区、王陵及贵族墓地区等高等级功能区，是城址核心区，可作为古城的第二重，面积约为 110 万平方米。此外内城城墙以内其余台地主要为手工业作坊区，内城城墙内的面积为 300 万平方米，作为古城的第三重。最外围是由众多环绕内城的台地组成的面积近 800 万平方米的外城，堆筑高度也由内而外逐渐降低，显示出明显的等级差异。古城北部和西北部还分布着规模宏大的水利系统，围合成面积广阔的库区。在古城东部则是面积超过 40 平方千米的郊区。良渚古城城址区、库区和外围郊区的占地面积达到 100 平方千米，规模极为宏大。整个城市系统的布局与山形水势充分契合，显示良渚先民在规划古城之时视野之广阔。

良渚人创造的规模庞大的城市系统在中国城市建设史上具有划时代的意义，书写了辉煌的篇章。莫角山宫殿区（图 7-1）堪称中国最早的宫庙区，面积要远远超过年代更晚的龙山时代的石峁、陶寺和夏代的二里头的宫庙区或宫城。其城市布局已形成类似后世都城中宫城、皇城、内城、外郭的多重结构体系，这是中国最早构建多重城市格局的尝试，具有重要的开创意义。以 8 平方千米的外城计算，其占地规模一直领先了 1500 年，直到公元前 1500 年前后才被郑州商城超越。

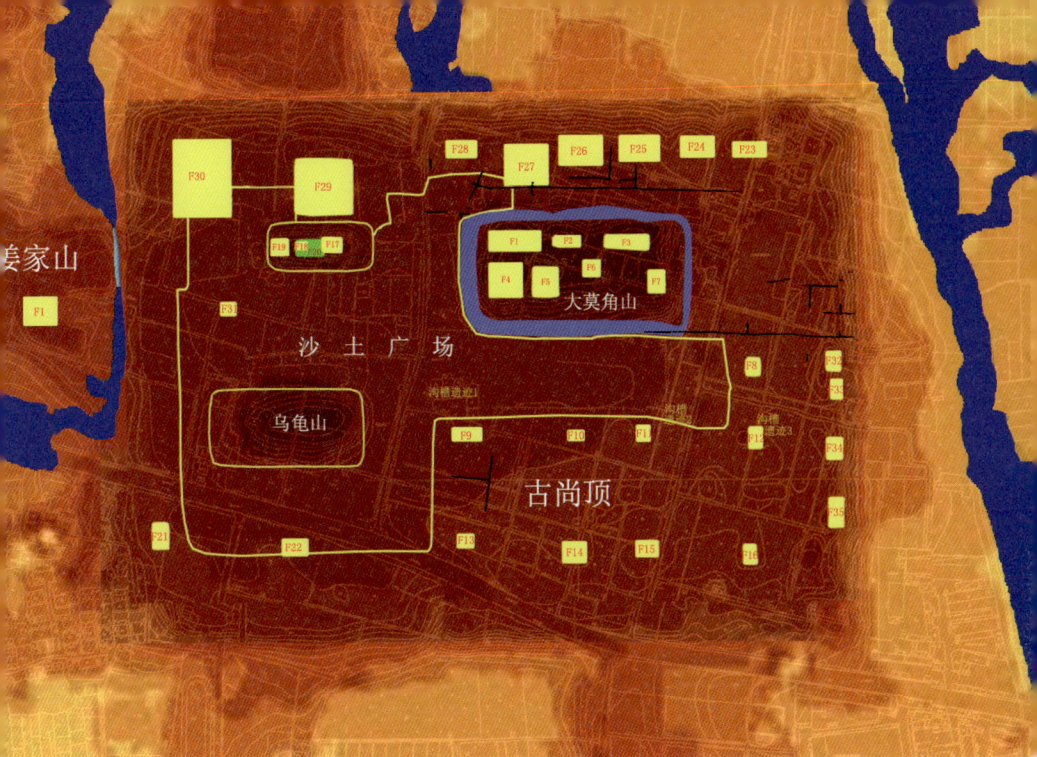

图 7-1　良渚古城莫角山宫殿区遗迹分布图

　　现今我们已对良渚古城各构成遗址的年代情况有了初步的认识。根据墓葬随葬陶器的年代学研究，城内西北部反山贵族墓地、城外东北部和西北部的瑶山与汇观山的祭坛及贵族墓地，以及作为外城组成部分的卞家山、文家山墓地的始建和早期使用年代约在公元前 3000 年甚至更早。在城外西北部发现的 11 条水坝中，岗公岭、鲤鱼山、狮子山、老虎岭、周家畈、秋坞等 6 个水坝，由北京大学年代学实验室经碳 –14 测定，年代大多落在良渚早期，即公元前 3000 年前后。

　　莫角山堆筑土内的草裹泥经测年为公元前 3000 年前后，近年来在钟家港中段的发掘中，发现河道早期堆积（测年为公元前 3000—前

2900 年）叠压在莫角山东坡之上，从层位学上也证实了莫角山的始建年代为公元前 3000 年前后，与瑶山、反山墓地以及城外水利系统的年代相一致，即公元前 3000 年左右。

良渚古城的四面城墙的解剖发掘中，在城墙内外的城河内均发现大量良渚晚期的生活垃圾，碳 −14 年代显示其年代上限在公元前 2900 年前后，年代下限在公元前 2300 年前后，说明城墙的始筑年代不会晚于公元前 2900 年。

外城范围内的文家山、卞家山均从良渚早期沿用到良渚晚期，美人地、里山、扁担山等进行过考古发掘的台地年代均属良渚晚期，可见外城的营建和使用也延续了较长时间。

1. 莫角山土台

莫角山土台位于古城的正中心，是一处人工营建的长方形土台，呈长方形覆斗状，台底东西长约 630 米、南北宽约 450 米，面积近 30 万平方米。勘探显示，莫角山土台堆筑时，其西部利用了一座自然山体，首先以取自沼泽的青淤泥，将山体东部的低洼地填高，形成莫角山土台的大基础，其上再堆筑黄土，东部的人工堆筑层厚度为 10 ～ 12 米，西部的人工堆筑层厚度为 2 ～ 6 米。整个莫角山土台的人工堆筑土方量达到 228 万立方米，是古埃及金字塔出现之前全世界规模最大的单体建筑工程，也是公元前 2000 年以前全世界规模最大的土方工程（图 7-2）。

在莫角山土台上分布有大莫角山、小莫角山、乌龟山等 3 个小型土台,应为主要的建筑基址。其中大莫角山位于莫角山东北部，是面积最大、最高者，台底东西长约 180 米、宽约 97 米，呈长方形覆斗状，相对高度为 5 ～ 6 米，人工堆筑厚度约 16.5 米。在 2013—2015 年 3 年的考古发掘中，我们在大莫角山顶上发现了 7 个面积为 300 ～ 900 平方米的房屋台基，呈南北两排分布，北排 3 个，为 F1 ～ F3，南排 4 个，为 F4 ～ F7。经解剖发掘发现,大莫角山的四面，最初留有宽 5.5 ～ 12.8 米、深 0.6 ～ 1.5 米的围沟。大莫角山无疑是莫角山上最重要的建筑基址（图 7-3 和图 7-4）。

小莫角山位于莫角山西北部、大莫角山西部。小莫角山是莫角山土台上面积最小的建筑台基，东西长约 90 米、南北宽约 40 米，面积约为 3500 平方米，相对高度约 5 米，人工堆筑厚度约 6 米。从 2015 年下半年开始，在小莫角山上进行考古工作，最终发掘确认小莫角山山顶存在 4 个分属于两个不同阶段的良渚文化房址。部分房址保存得较好、规模较大，丰富了我们对莫角山上房址的形态及聚落布局的认识。

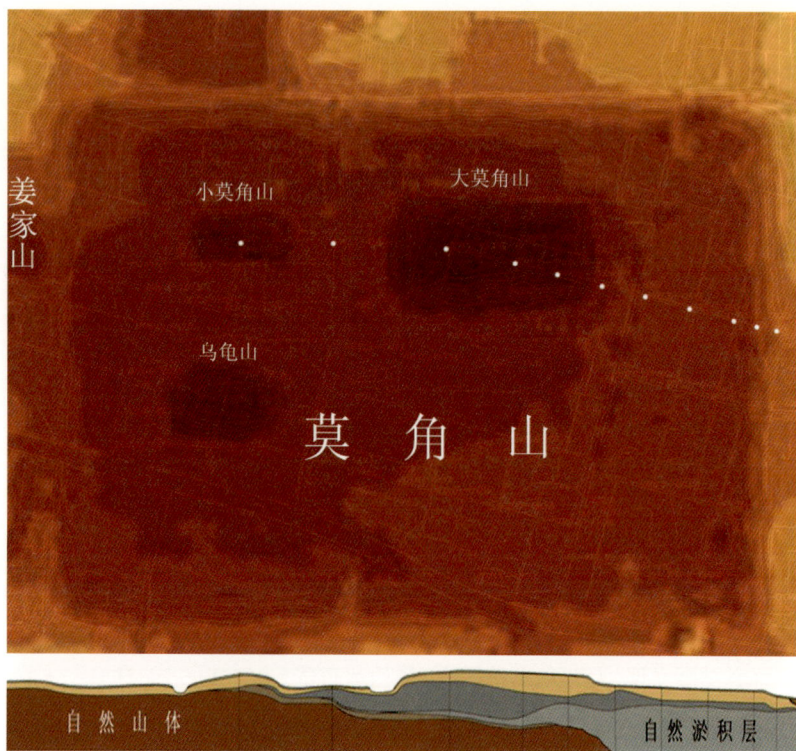

图 7-2　勘探显示的莫角山土台堆筑过程

图 7-3　大莫角山南坡发掘揭露的围沟及围沟废弃填平后的石头墙基、柱洞
建筑遗迹（上）

图 7-4　大莫角山南坡沙土广场的解剖情况（下）

　　乌龟山土台位于莫角山西南部。通过发掘明确了其底部东西长约130米、南北宽约67米，面积约为8500平方米，相对高度约4米，现存人工堆筑厚度约7米。因历年来的人为破坏，其顶部未发现良渚文化的房屋台基等遗迹。

　　莫角山上除3座建筑台基之外，还有大面积的沙土广场、成排分布的房屋台基以及石头盲沟组成的排水系统等大型遗迹。其中沙土广场分布于莫角山中部，面积为7万余平方米，是以一层沙、一层泥交错夯筑而成的，一般厚30～60厘米，最厚的部分达130厘米，在发掘中剥剔出明显的夯窝迹象[①]，应是莫角山上举行重要仪式的场所（图7-5）。

　　从古城的布局来看，莫角山土台位于整个古城的正中心，大莫角山是其内最重要的建筑基址。站在大莫角山上，城内外甚至大遮山与大雄山之间都可尽收眼底，使得在其上居住的统治者拥有广阔的视野。根据良渚文化玉器的研究，我们可知良渚文化中神权占据主导的地位，而王权与神权是紧密结合的，王可能同时也是神。在苏美尔文明和玛雅文明中，占据城市最核心位置和地势最高处的建筑往往是王或者祭司祭祀神灵的神庙和举行重大仪式的场所。以往我们笼统地称莫角山为宫殿区，

---

① 浙江省文物考古研究所：《余杭莫角山遗址1992—1993年的发掘》，《文物》2001年第12期。

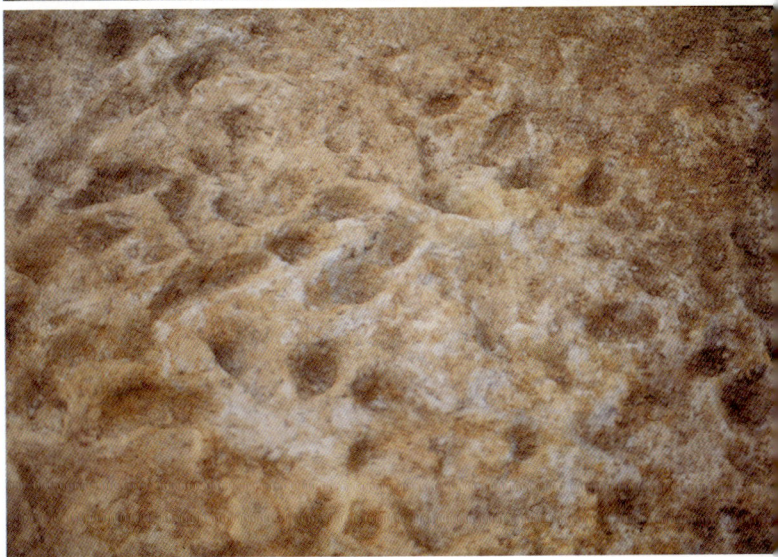

图 7-5 沙土广场
清理

但参照世界早期文明的相关成果，莫角山作为仪式中心的可能性会更大些，其中大莫角山、小莫角山和乌龟山可能是仪式中心内的 3 处神庙建筑基址。

2. 城址核心区

莫角山连同其南部的皇坟山、池中寺，西部的反山、姜家山、桑树头，北部的毛竹山、朱村坟、高北山等台地，共同构成面积约 110 万平方米的城址核心区（图 7-6）莫角山土台以南分布着面积达 24 万平方米的皇坟山遗址，堆筑厚度达 8 ~ 10 米，皇坟山的最高处为堆筑厚度达 16.5 米的八亩山台基。这座台基与大莫角山台基南北相对，面积相当，推测是另一处重要的宫殿台基或神庙建筑基址。在皇坟山与莫角山之间，有人工堆筑的台地相通。由此可知，古城中部为由莫角山和皇坟山等构成的宫庙群。

莫角山南部、皇坟山和桑树头之间分布有池中寺台地和毛坞垄台地。2017 年对池中寺进行了大规模的勘探工作，确认台地面积约为 1.2 万平方米，堆筑厚度约为 3 米，其中黄褐色堆筑土厚约 2 米，其下为炭化稻谷堆积和青灰色堆筑土。炭化稻谷堆积共分南北两大片，南片面积为 6700 平方米，堆积厚度普遍约为 70 厘米，局部厚达 120 厘米，北片面积达 5150 平方米，堆积厚度约为 25 厘米。两片炭化稻谷堆积的总体量约 6000 立方米。根据以上勘探结果及随机取样所获得的稻谷平均密

北

反山　毛竹山　高北山
　　　　　朱村坟

姜家山
龙顶　　　莫角山

桑树头　毛坞垒
池中寺　皇坟山

凤山

窑山

内城　　外城　　古河道　　　0　　　　　　　500米

图 7-6　良渚古城城址核心区

度（1毫升的土中包含稻米粒数），我们对该堆积的稻谷埋藏量进行了估算。取样研究显示稻谷密度为2.17粒/毫升，假设稻谷的千粒重为15克（现代稻谷千粒重为18～34克），则计算出池中寺稻谷的重量［重量＝平均密度×分布体积×15（克/千粒）］约为195300千克，说明池中寺或其周边分布有大面积的粮仓建筑。此外，池中寺台地中部还有3座良渚晚期的房屋台基，建于台地黄褐色堆筑土之上，单个房屋台基面积为300～500平方米（图7-7）。同时通过对池中寺台地外围的勘探，确认在池中寺东部，皇坟山和毛坞垄、莫角山宫殿区之间存在一条人工营建的堤道，堤道呈南北向，长约220米、宽20米。该堤道是沟通皇坟山、池中寺、毛坞垄和莫角山的通道。同时通过堤道的拦蓄，在莫角山、皇坟山和池中寺之间形成一处面积约为3.4万平方米的大型蓄水池，推测是城内宫殿区的重要水源地。池中寺西部和南部为低洼湿地，在良渚时期为大片水面。

2019年对莫角山宫殿区北部的高北山台地进行长探沟发掘，发现台地上分布有东西成排的3座房屋台基，每座房屋台基面积约为100平方米，同时在高北山台地南侧和西侧发现大面积夯筑的沙土广场，夯筑厚度约45厘米，由一层沙、一层泥交替夯筑而成，与莫角山宫殿区内的沙土广场工艺一致，沙土广场边缘砌石加以保护，非常考究（图7-8和图7-9）。莫角山北部的高北山、毛竹山等台地可能是较低一级的行政和仪式建筑基址。

图 7-7　池中寺房屋台基航拍

　　莫角山、池中寺和皇坟山以西在建城前就是地势较高的南北向土岗，良渚先民依托土岗堆土加高后，自北向南埋设了反山、姜家山和桑树头等王陵和贵族墓地。如此，形成了宫庙在城址中部、高等级墓地在城址西部的格局，这种布局方式很可能模仿了太阳东升西落的自然现象。

　　紧邻莫角山西北角的反山墓地 1986 年清理出土 11 座随葬大量玉器的良渚文化高等级墓葬，其中 9 座属良渚早期[1]，以 M12 出土玉器种类、

----

① 　浙江省文物考古研究所：《反山》，文物出版社，2005 年。

图 7-8　高北山航拍

图 7-9　高北山西侧沙土广场的解剖

数量最为丰富，尤其是玉琮王、玉钺王以及完整神徽图案的出土显示该墓墓主可能是良渚王国的一位王者。反山墓地目前仍是等级最高的良渚文化墓地。

反山墓地以南为姜家山遗址，这是一处依托自然山体人工堆筑的大型土台，经勘探，台地平面大致呈长方形，东西长约 270 米、南北宽约 220 米，面积约为 50000 平方米，最高处海拔约为 14 米。2015—2016 年，姜家山清理良渚墓葬 14 座，墓葬大致呈三排分布，共出土文物 425 件（组），以单件计共 644 件，包括玉器、石器、陶器、骨器等，玉器占绝大多数，共 363 件（组），以单件计共 582 件。姜家山墓地是良渚古城遗址中的一处高等级贵族墓地，其出土器物显示其与反山墓地年代相当。其中姜家山最高等级的男性墓 M1，出土器物 65 件（组），以单件计共 175 件，其中玉器 54 件（组），以单件计共 164 件，包括玉琮 1 件、玉璧 9 件、石钺 9 把、成组锥形器 1 组 7 件、冠状器 1 件、三叉形器 1 组 2 件等。

姜家山墓地以南为桑树头遗址，早年曾有村民在此发现玉璧等玉器，可能也为一处良渚文化贵族墓地。

3. 内城

良渚古城略呈圆角长方形，正南北方向，南北长 1910 米、东西宽 1770 米，总面积近 300 万平方米。凤山、雉山两座自然山丘为西南角与东北角,城墙总长约 6 千米,宽 20 ～ 150 米,保存得最好的地段高约 4 米。城墙底部普遍铺垫了一层厚 20 ～ 40 厘米的石块作为基础, 可起到加固的作用, 墙体则以取自山上的黄土夯筑。除南城墙无外城河外, 其余三面城墙均有内、外城河, 形成夹河筑城的模式。目前共勘探发现 8 座水城门, 四面城墙各有 2 座,与内外水系连通,水城门宽 30 ～ 60 米, 南城墙中部还设计了一座由 3 处小型夯土台基构成的陆城门(图 7-10)。

2019 年, 为配合陆城门展示,对陆城门进行了长探沟发掘,遗憾的是, 由于历年的破坏, 城门内的 3 处门墩仅存高度不足 1.5 米, 其上未发现建筑遗迹。但发掘证实陆城门内外均为人为挖低后形成的湿地水域, 当时并不存在联通城内外的南北向陆上通道, 显然不具备以往我们所推测的陆城门功能。在湿地水域范围内仅发现良渚晚期后段堆积, 推测陆城门在建成后很长时间内是作为仪式性城门而非实用性城门。

除了沿着城墙的城河之外, 在城内共发现古河道 51 条, 河道宽度一般为 10 ～ 50 米, 深度一般为 2 ～ 4 米, 构成完整的纵横交错的水路交通系统, 整个良渚古城犹如一座水城。据勘探, 这些河道以及内外城河绝大多数为人工开挖而成, 总长度达 31562 米。

2015 年下半年至 2016 年, 为了配合良渚古城申遗,对良渚时期的古地貌进行标识和局部恢复,了解河道内堆积以及两岸台地的性状, 我

图 7-10　陆城门及野猫山航拍

们对钟家港古河道进行了发掘清理（图 7-11）。通过发掘，我们对钟家港的年代、淤积过程，以及河道两岸遗址的功能有了初步了解。发掘显示钟家港南段和北段由于紧邻两岸台地，河道堆积中存在大量的陶器、石器以及木器等遗物，此外，通过淘洗还发现了大量的动植物遗存，以及少量人骨标本。遗存中还包括不少石器、骨器、漆木器的坯料和半成品。此外，钟家港南段的发掘取得了重要突破，在南段河道东岸的钟家村台地边缘堆积中出土较多黑石英石片、玉料、玉钻芯、石钻芯等遗物，说明此段河岸台地应该主要是玉石制作的手工业作坊区。在西岸的李家山台地上也发现有制作漆木盘的坯料。这些说明李家山和钟家村台地上可能分别存在漆木器和玉石器作坊，这是城内首次发现的手工业作坊区。

　　2018—2019 年，我们陆续对城内外的台地进行了长探沟发掘和试掘，在城内的毛竹山、高北山、沈家村、小马山、钟家村（偏北部）、野猫山、西头山、公家山、张家山、桑树头和城外的盛家村、金家头、美人地、迎乡塘的表土或边坡的良渚文化生活废弃堆积中发现玉器、石器相关的成品、半成品和加工玉石器的磨石、燧石，这说明城内外的手工业生产活动相当发达，充分证实了良渚古城核心区外主要是各类手工业作坊区，尤其是玉石器作坊。这些作坊的原料来源、生产过程、组织模式、产品流向是我们今后需要重点研究的内容。结合城内发现的大量稻谷、家猪骨骼，农业、手工业和贸易相关的经济考古将是良渚古城研究的新的增长点。

河　道

李家山台地

钟家港南段西岸揭露的护岸遗迹

（a）

钟家港中区第一阶段木构件 h15、h11、h14

（b）

图 7-11　钟家港发掘

4. 外城

在良渚古城的外围，分布着扁担山—和尚地、里山—郑村、卞家山—迎乡塘及东杨家村、西杨家村等长条形高地，均为人工堆筑而成，宽30～60米，人工堆筑高1～3米。这些长条形遗址断续相接，构成多个围绕古城城墙分布的框形结构，基本形成外城的形态，合围面积近8平方千米（图7-12）。在这些遗址和城墙之间还分布着美人地、钟家村、周村等居住地。外城的存在显示当时在古城外围一定范围内是经过规划的居住区、墓地和手工业作坊区，这些是良渚古城的整体组成部分，部分台地始建于良渚早期，但大部分建筑和使用年代为良渚晚期。

卞家山遗址整体呈东西向长条形，长约1000米，宽30～50米，高出农田1～2米。2003—2005年进行了发掘，共清理良渚文化墓葬66座、房址1处、灰坑5个、灰沟3条、木构码头遗迹1处（图7-13）。发掘区北部为良渚早期至晚期的墓地（图7-14），中部为良渚晚期先后沿用的2条大型灰沟，南部为良渚晚期的水埠及木构码头。卞家山遗址为我们勾勒出良渚古城外围居民生活的风貌，从出土遗物分析，外城范围应该是主要的平民居住区和手工业作坊区。

美人地遗址位于良渚古城东城墙东北部，为长条形土台，东西长约270米、南北宽30～60米，海拔4～5米，高出周边农田1～2米。

图 7-12　良渚古城外城结构

图 7-13　卞家山码头

2010 年 3 月至 2011 年 4 月对美人地遗址进行了解剖发掘，揭示出制作考究的居住台地、木板河岸和古河道等遗迹（图 7-15），显示了当时先民临河而居的生活模式。

良渚古城西南部分布着文家山及杜山、仲家山、张家墩等遗址，其

图 7-14　卞家山墓地

中文家山遗址依托海拔 7.1 米的自然山体。2000 年 11 月对文家山进行了抢救性考古发掘，发现一处延续时间较长的良渚文化墓地（图 7-16 和图 7-17），清理墓葬 18 座，出土器物 300 余件。文家山墓地不同等级的墓葬同处一个墓地，表明这里是一处低等级贵族家族墓地；地层中发现的 20 多件石质钻芯说明文家山可能存在手工业作坊区。

图 7-15 美人地出土木板河岸遗迹

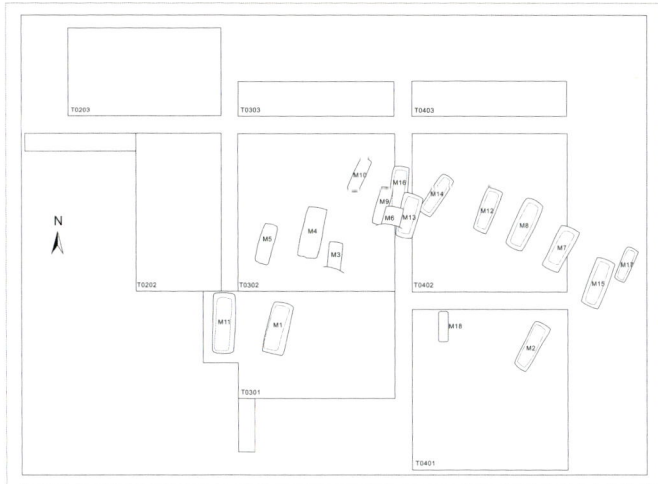

图 7-16　文家山墓地

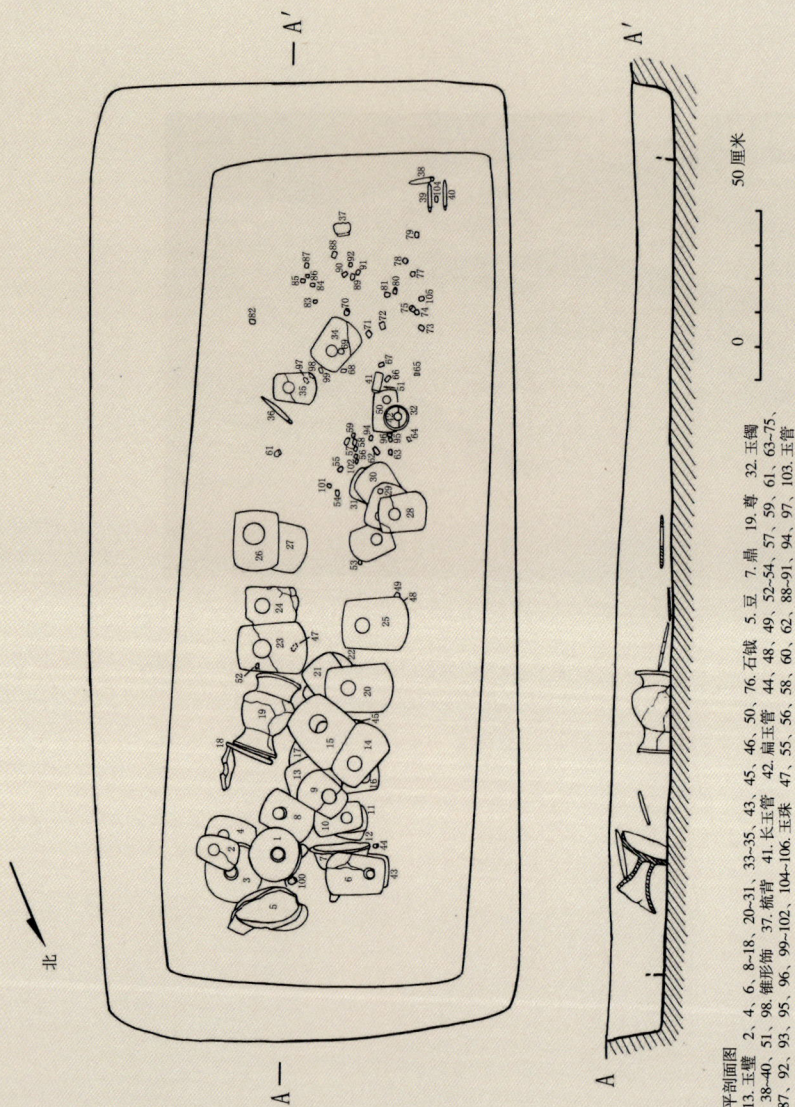

M1 平剖面图
1、13. 玉璜　2、4、6、8-18、20-31、33-35、43、45、46、50、76. 石钺　5. 豆　7. 鼎　19. 尊　32. 玉镯
36、38-40、51、98. 锥形饰　37. 梳背　41. 长玉管　42. 扁玉管　44、48、49、52-54、57、59、61、63-75、
77-87、92、93、95、96、99-102、104-106. 玉珠　47、55、56、58、60、62、88-91、94、97、103. 玉管

（a）

50 厘米

北

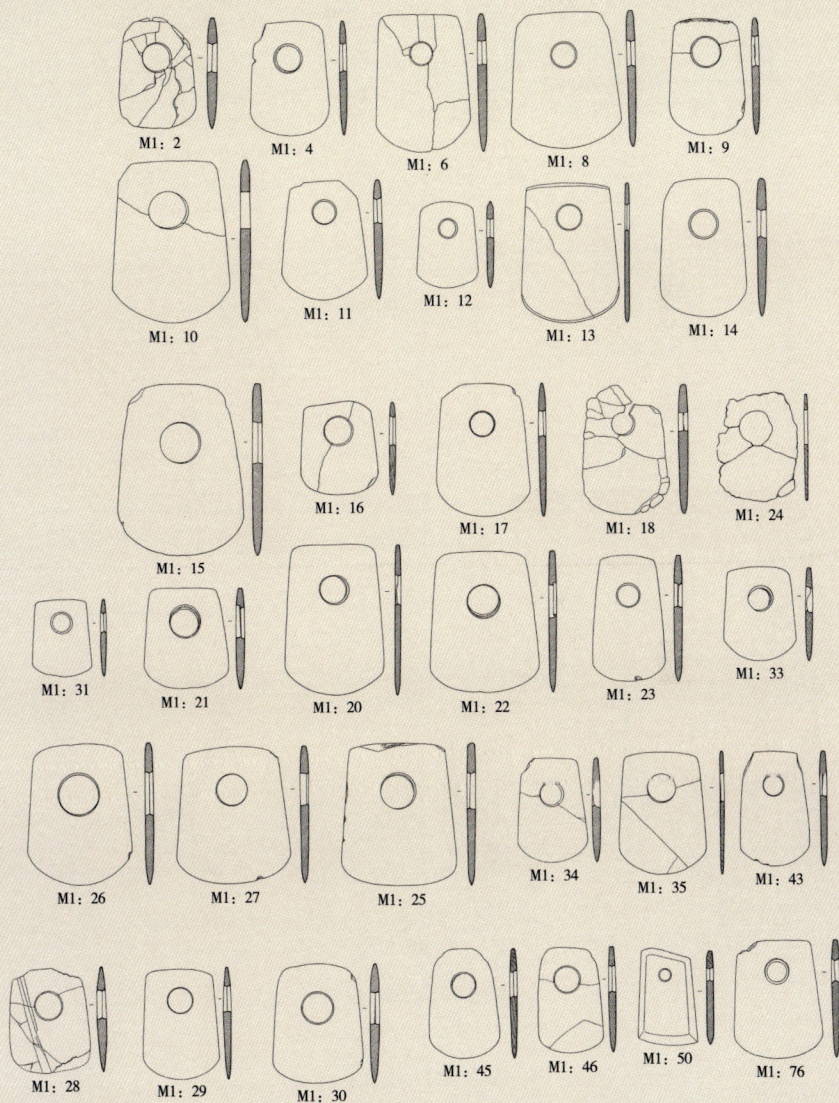

M1：2　　M1：4　　M1：6　　M1：8　　M1：9

M1：10　　M1：11　　M1：12　　M1：13　　M1：14

M1：15　　M1：16　　M1：17　　M1：18　　M1：24

M1：31　　M1：21　　M1：20　　M1：22　　M1：23　　M1：33

M1：26　　M1：27　　M1：25　　M1：34　　M1：35　　M1：43

M1：28　　M1：29　　M1：30　　M1：45　　M1：46　　M1：50　　M1：76

（b）

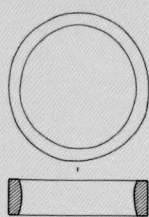

M1：98

M1：37

M1：40   M1：39   M1：38

M1：51

M1：36

M1：32

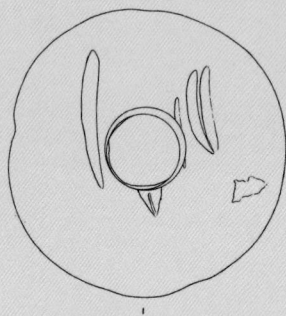

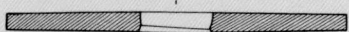

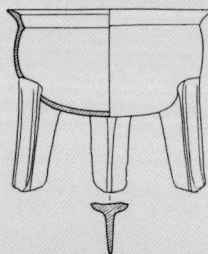
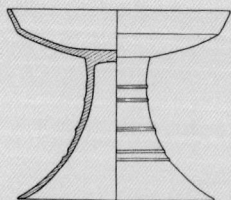
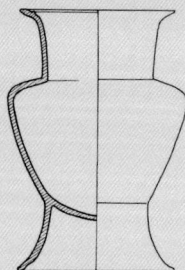

M1：7   M1：5   M1：19

M1 陶器（比例均为 1：4）

（c）

图 7-17   文家山低等级贵族墓葬 M1

5. 水利系统

　　近年来经过调查和试掘，已确认在良渚古城的西北部和北部存在一个更大范围的治水体系（图 7-18），目前已发现 11 条堤坝遗址，主要修筑于两山之间的谷口位置，可分为南北两组坝群，即塘山、狮子山、鲤鱼山、官山、梧桐弄等组成的南边的低水坝群，及由岗公岭、老虎岭、周家畈、秋坞、石坞、蜜蜂垄组成的北边的高水坝群，分别构成前后两道防护体系。整个水利系统在良渚古城北部和西北部形成面积约为 13 平方千米的储水面，蓄水量达到 4600 万余立方米。其中古城北部沿山分布的塘山长堤总长达 5 千米、宽 20～50 米、相对高 2～7 米，距大遮山山脚 100～200 米，坝顶海拔为 12～20 米。塘山中段的坝体具有双层结构，中间形成东西向渠道，北坝略高，海拔为 15～20 米，南坝略低，海拔为 12～15 米，渠道底部海拔为 7～8 米。古城西部的狮子山、鲤鱼山、官山、梧桐弄等水坝长 35～360 米不等，宽约 100 米，坝顶海拔约为 10 米，堆筑厚约 10 米，处于塘山向西南的延伸线上。岗公岭等高水坝位于古城西北部 8～11 千米处，坝体长 50～200 米，宽约 100 米，堆筑高 10～15 米，可形成两组库区，其中岗公岭、老虎岭、周家畈坝顶海拔为 25～30 米，秋坞、石坞、蜜蜂垄坝顶海拔为 35～40 米（图 7-19）。岗公岭等坝体的堆筑方式与莫角山较为接近，下部为青灰土，上部为纯净的黄色黏土。整个水坝系统人工堆筑土方量达 288 万立方米，仅塘山长堤堆筑土方量就达 198 万立方米，这是同时期世界上规模最大的水坝

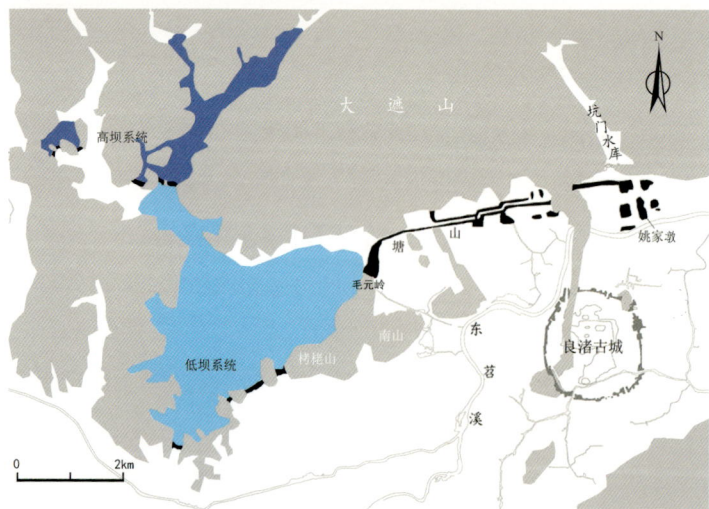

图 7-18　良渚古城及外围水利系统

图 7-19　水坝
航拍图

系统，也是世界上规模最大的公共工程。

　　整个水坝系统通过自然山体将多段坝体组合，从堆筑结构的角度看，塘山底部铺石、上部堆土的模式和良渚古城城墙是一致的。岗公岭、蜜蜂垄等大型坝体采用内芯以淤泥堆筑、外部包裹黄土的模式，和莫角山土台的堆筑如出一辙。从工艺的角度看，岗公岭、秋坞、梧桐弄、狮子山等都使用草裹泥工艺堆筑。因此，水坝的结构和工艺与典型良渚遗迹的一致性，也是判断其属良渚文化的重要旁证。我们从大的角度观察，推测这个系统可能兼有防洪、运输、用水、灌溉等诸方面的用途[①]。

　　从防洪角度看，天目山为浙江省最大的暴雨中心，夏季极易形成山洪，对地处下游平原的良渚遗址群形成直接的冲击。通过水利系统的高、低两级水坝，可以将大量的来水阻留在山谷和低地内，解除洪水直接的威胁。据研究这些坝体大致可以阻挡短期内 870 毫米的连续降雨，即相当于本地区百年一遇的降雨量。

　　该系统在运输上也应具有重要作用。天目山系可以为遗址群提供丰

----

① 王宁远、闫凯凯：《良渚先民的治水实践与上古治水传说》，载中国社会科学院古代文明研究中心《禹会村遗址研究：禹会村遗址与淮河流域文明研讨会论文集》，文物出版社，2014 年。

富的石料、木材及其他动植物资源。但与平原区发达的水网不同，本地
区的山谷陡峻，降雨季节性明显，水量变化大，夏季山洪暴发，冬季则
可能断流，大多时候不具备行船的可能，通过筑坝蓄水形成的库容，可
以形成连接各个山谷的水上交通运输网络。如高坝系统的岗公岭、老虎
岭和周家畈三坝，以坝顶高程最低的海拔 25 米计，根据谷底高程推算，
满水水面可沿山谷上溯 1500 米左右。低坝系统的鲤鱼山坝群海拔约 9 米，
蓄满水时水面可北溯 3700 米左右，直抵岗公岭坝下方。

6. 祭坛墓地

　　良渚古城的外围还分布着瑶山、汇观山等祭坛遗址和权贵墓地。瑶
山是一座海拔约为 35 米的自然山丘，位于良渚古城东北约 5 千米处。
1987 年在瑶山的顶上第一次发现了良渚文化的祭坛，祭坛的西边和北边
是覆斗状的石头护坡，祭坛顶部平整，在顶上以挖沟填筑的方式做出规
则的回字形灰土框，由内而外形成红土台、灰土框和砾石台面三重结构。
祭坛上共清理打破祭坛的 13 座良渚大墓，这些大墓分两排埋在祭坛的
南侧（图 7-20 至图 7-22）。汇观山位于良渚古城西边约 2 千米处，是一
座海拔约为 22 米的自然小山，发掘出一座形制与瑶山十分相似的祭坛，
在祭坛的西南部发现并清理了 4 座良渚文化大墓（图 7-23 和图 7-24）。

祭坛西灰土沟

中心土台

祭坛总范围

图 7-20　瑶山祭坛总体布局（2017）

图 7-21　瑶山祭坛中心土台

图 7-22　瑶山祭坛护坡石坎

图 7-23　复原后的汇观山祭坛

图 7-24　汇观山祭坛全景

7. 近郊

良渚古城 8 平方千米城址区之外、100 平方千米城市系统范围以内还分布着广阔的郊区。郊区聚落主要分布在古城的东部、北部和南部，根据测绘信息，可知良渚古城的郊区聚落（塘山以东、大遮山与大雄山之间）总面积超过 40 平方千米，是遗址分布最为密集的区域。

　　此前调查共发现多处遗址密集分布的区域，如位于良渚古城以东的以荀山为中心的荀山遗址群及古城东北部的大遮山山前遗址群。荀山遗址群调查发现约 30 处遗址，其中庙前遗址揭露面积最大，发掘出大量良渚文化的墓葬、房址、河沟、水井、窖穴、灰坑等遗迹。大遮山山前遗址群调查发现近 40 处遗址，其中有属水坝系统一部分同时兼有制玉作坊、墓葬分布的塘山遗址，以及瑶山祭坛和权贵墓地，也有梅家里、梅园里、官庄、姚家墩一类等级稍低的聚落遗址或墓地。

　　近年来，良渚古城城内核心区的勘探结束之后，我们继续对古城以东的郊区聚落进行了大规模全覆盖式勘探，发现郊区聚落的遗址分布密度远远超出原先调查的认识。同时，我们在原先调查认为没有遗址或遗址分布较稀疏的地方也陆续发现了更多遗址。如 2015—2016 年及 2016—2017 年分别完成良渚古城东北约 200 万平方米和 160 万平方米的勘探工作，共发现良渚时期遗迹现象 199 处，其中台地 97 处、河道 25 条，在这一范围内原先调查发现的遗址仅约 20 处，通过勘探所知的遗址数量是原先调查发现的遗址数量的近 5 倍。

　　姚家墩遗址周边很早就引起了学者的密切关注。刘斌根据对卢村的发掘、姚家墩的试掘情况，及对以姚家墩为中心的共 7 处遗址的调查（图 7-25），指出姚家墩聚落组与莫角山聚落组正处于南北同一轴线上，位置

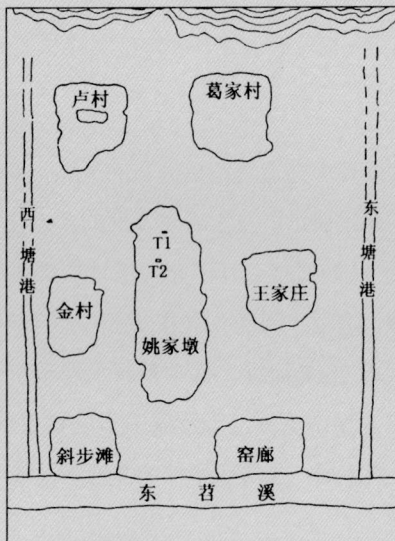

图 7-25　姚家墩及其周边遗址（据刘斌）

相当重要 [1]，方向明甚至指出良渚古城的布局模式可能是姚家墩遗址的扩大版 [2]。因此，在 2017—2019 年，我们将勘探的重点调整到古城北部姚家

---

[1]　刘斌：《余杭卢村遗址的发掘及其聚落考察》，载浙江省文物考古研究所编《浙江省文物考古研究所学刊（第三辑）》，长征出版社，1997 年。

[2]　方向明：《良渚聚落模式的探索——以浙北地区为例》，载中国社会科学院考古研究所、郑州市文物考古研究院编《中国聚落考古的理论与实践——纪念新砦遗址发掘 30 周年学术研讨会论文集（第一辑）》，科学出版社，2010 年。

台　地

河　道

图 7-26　2017—2019 年姚家墩周边的勘探成果

墩周边一带，勘探面积共 150 万平方米，探出良渚时期台地 25 处、河道 7 条。勘探结果显示，姚家墩一带存在由一处中心遗址及多处小遗址构成的聚落组，如早年便得到辨认的姚家墩聚落组，又如近年来确认的东黄头聚落组（图 7-26）。根据以往的调查资料，在此次勘探区以东还分布有百亩山聚落组、梅园里聚落组、官庄聚落组、下溪湾聚落组等，其中下溪湾聚落组面积最大，这些聚落组可能是等级低于古城城址区的社会组织在聚落分布中的表现形式。

2019 年，为配合瓶窑小城镇改造，还对良渚古城城址区以南、以西部分涉及开发的区域进行了大规模的前置勘探工作，勘探面积近 6 平方千米，新发现良渚时期遗址 12 处，遗址主要在大雄山以北山麓地带，在大雄山以西极少。

根据上述调查和勘探情况，我们推测良渚古城以东的郊区聚落台地总数将会超过 600 处，占地面积预计为 250 万平方米，推测居住人口有 2 万~ 3 万人。

在国家文物局"考古中国"重大项目"长江下游区域文明模式研究"的支持下，2020—2025 年，我们将继续对良渚古城以东的郊区聚落进行全覆盖式勘探，每年勘探范围约 3 平方千米，2025 年之前大致可完成良渚古城遗址郊区聚落的系统勘探工作。届时将会对古城以东郊区聚落中台地、河道等遗迹的分布情况有更深入、全面的了解，为进一步分析良渚古城的控制范围、城乡结构、人口规模、组织形式、经济生产、统治模式奠定坚实的基础。

8. 远郊

良渚古城的腹地——整个 C 形盆地及邻近的德清东部、萧山、富阳约 2000 平方千米范围内，还分布有不少良渚文化遗址，部分呈集群分布状。

其中最重要的是东距良渚古城约 30 千米的临平一带，陆续调查出近 20 处良渚文化遗址，被称为临平遗址群。1993 发掘的横山遗址清理良渚晚期贵族墓葬 2 座，其中 M2 出土玉琮 4 件、玉璧 2 件、玉钺 1 件，并出土多达 132 件石钺。近些年，茅山和玉架山遗址相继被发掘，其中茅山遗址揭露出一处典型的依山傍水的聚落，包括良渚文化的稻田区及墓葬区和居住区等多个功能分区结构[①]，墓葬区包括良渚文化墓葬 204 座，"其中 30 多座等级较高的墓葬埋设在聚落中部地势较高的专营墓地上"，这一区域曾出土过 1 件玉琮，显示出该墓地具有一定的等级（图 7-27）。玉架山遗址面积约为 15 万平方米，由 6 个环壕共同组成一个良渚文化的完整聚落，清理墓葬 600 余座，并发掘出以 M200、M214、M149 为代表的十余座高等级贵族墓葬，是良渚文化聚落考古的重要发现（图 7-28 至图 7-35）。由于临平遗址群良渚文化遗存的陶器组合、丧葬习俗、用

---

① 丁品、郑云飞等：《浙江余杭临平茅山遗址》，《中国文物报》2010 年 3 月 12 日。

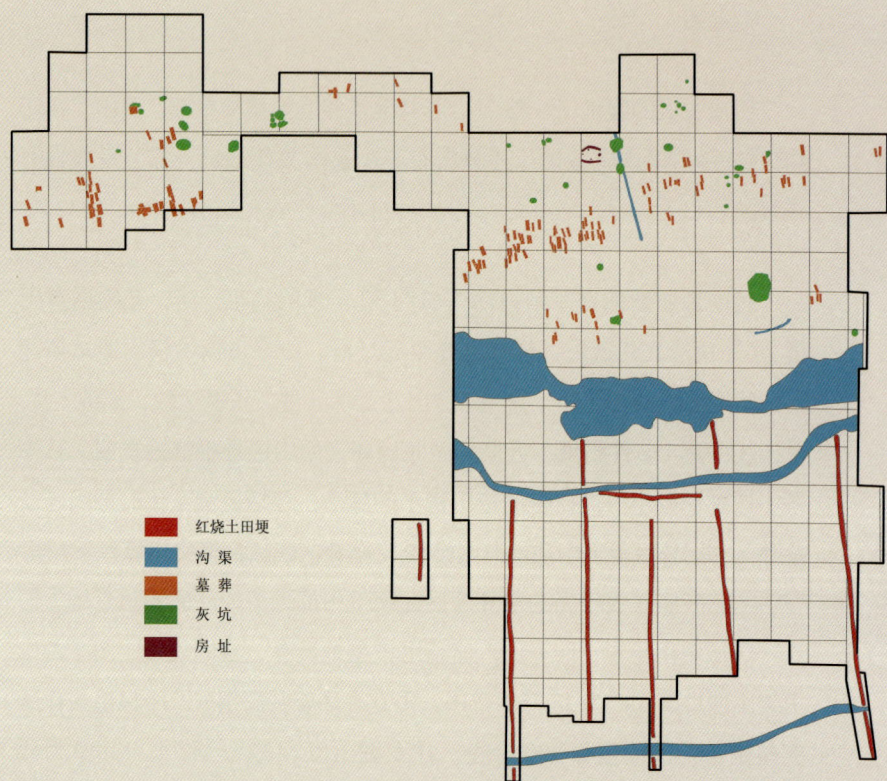

图 7-27　茅山聚落东区遗迹总图

N

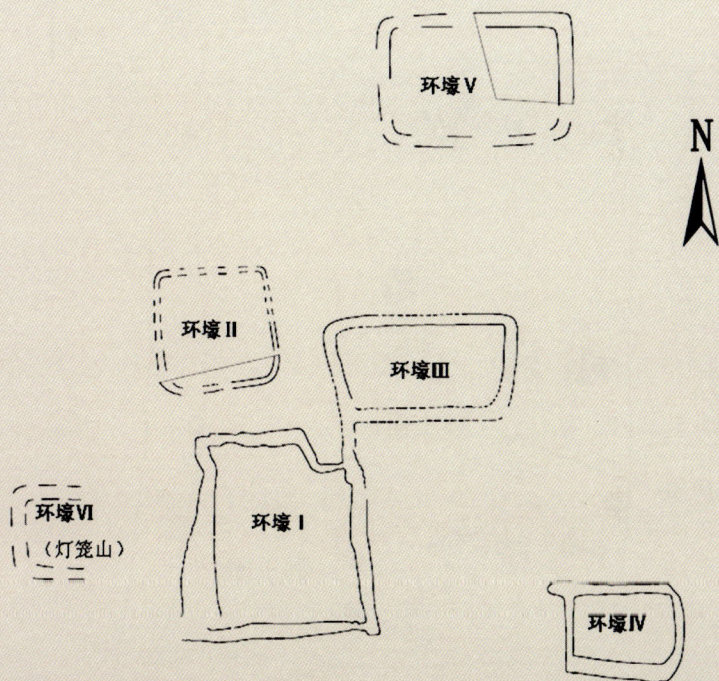

图 7-28　玉架山遗址 6 个环壕聚落的分布示意图

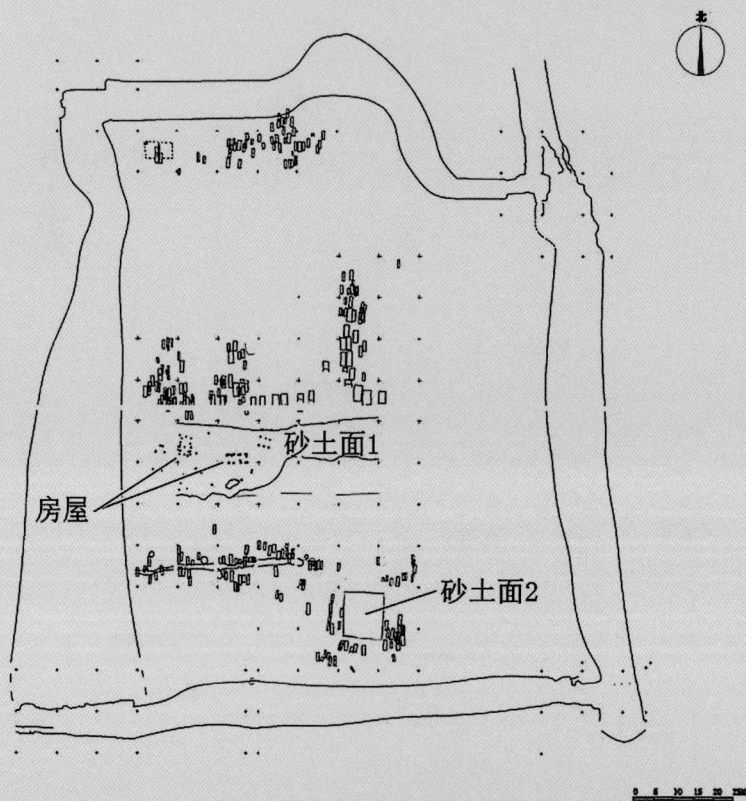

图 7-29　玉架山环壕Ⅰ遗迹平面图

环壕Ⅳ西段

环壕Ⅲ南段

环壕Ⅲ西段

环壕Ⅰ南段

环壕Ⅱ东南转角

图 7-30　玉架山环壕聚落壕沟解剖图

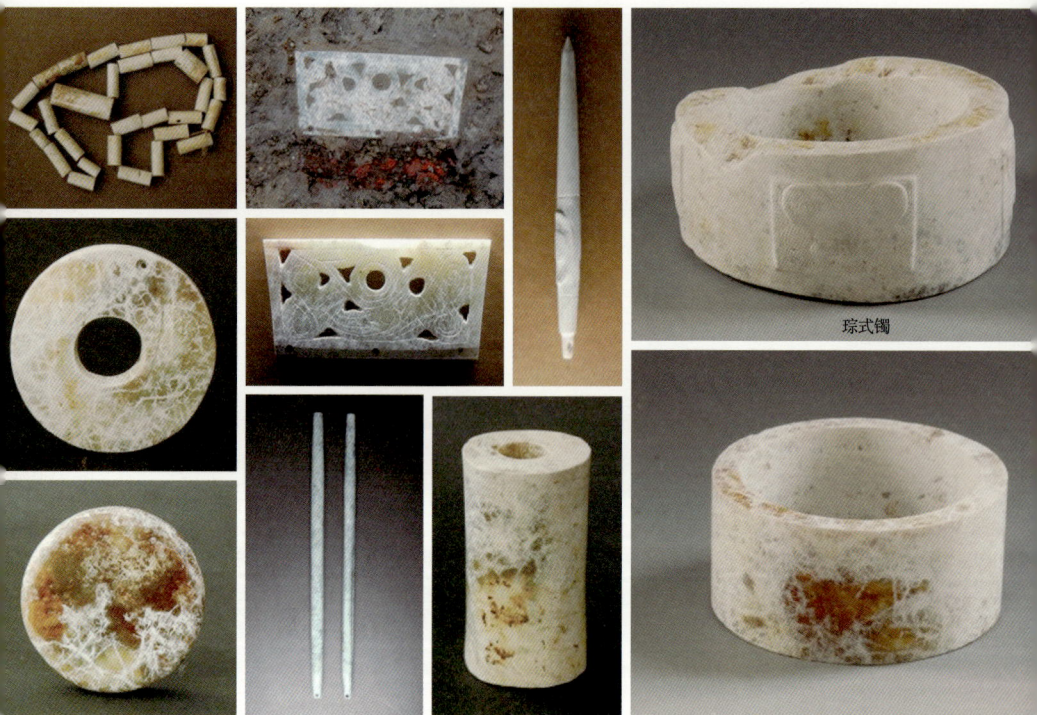

琮式镯

图 7-31　玉架山高等级墓葬 M200 出土玉器

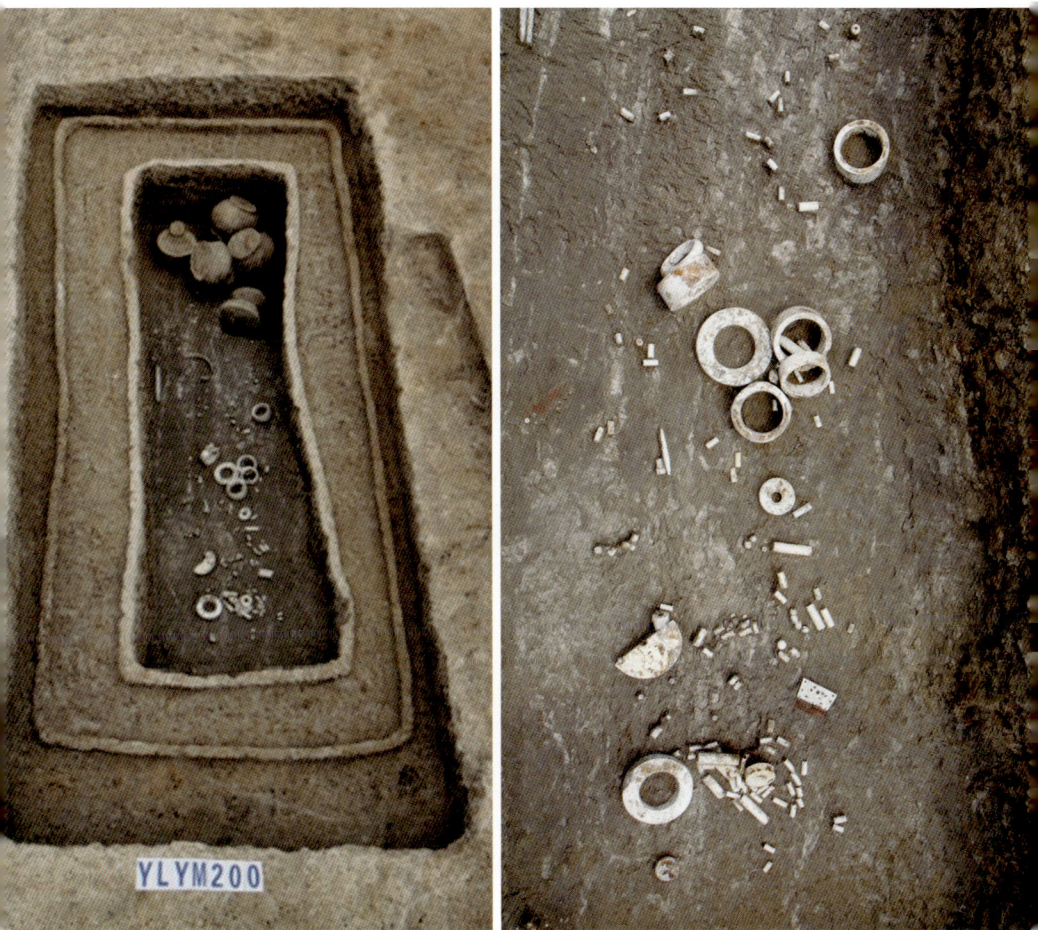

图 7-32　玉架山高等级墓葬 M200 平面、局部

图 7-33　玉架山高等级墓葬 M200 出土陶器

玉制度与良渚遗址群非常接近，且其与桐乡东南—海宁西北遗址群之间有一二十千米的遗址分布空白区，且陶器组合、丧葬习惯、用玉制度也有一定的差异，因此也将临平遗址群视为良渚古城腹地的东端。

另外，近年来德清雷甸中初鸣一带的调查、勘探、试掘及发掘显示，距离良渚古城约 18 千米处的德清雷甸一带分布着 20 余处与玉器制作加

图 7-34 玉架山高等级墓葬 M149

09YLYM149

图 7-35　玉架山高等级墓葬 M149 局部

工有关的遗址点，分布总面积达 100 万平方米，年代为距今 4800—4500
年，已命名为中初鸣制玉作坊群，而以德清雷甸、余杭塘栖为主的区域
可暂称德清遗址群。其中木鱼桥、小桥头、保安桥、桥南、王家里等经
过发掘，均出土数量不等的带加工痕迹的玉料、玉锥形器、磨石、燧石等。
这一玉器加工作坊群产品原料、种类集中，以玉锥形器等小件玉器为主，
玉器及原料数量丰富，说明这里有相当大的生产规模。中初鸣遗址出土
的玉器半成品、成品均为玉锥形器、玉管、玉坠等，通过成分分析等方
式将其与良渚遗址群，临平遗址群，海宁、嘉兴等地区的良渚晚期遗址
内出土的同类器形进行比较，进一步讨论良渚时期的玉料来源、玉器流
通、经济模式,将是今后良渚玉器研究的一个重要学术增长点。从保安桥、

王家里清理的 7 座墓葬资料可知，随葬品的组合和风格与良渚古城遗址的墓葬接近。在德清东部应存在以中初鸣制玉作坊群为中心的一处遗址群，可作为良渚古城腹地的北部。与雷甸相邻的塘栖镇也发现几处良渚文化遗址，并出土玉琮、玉璧等遗物，显示出一定的等级。

2016—2019 年，因杭黄高铁富阳站的建设，浙江省文物考古研究所连续对瓦窑里遗址进行了四次考古发掘，清理 30 多座崧泽晚期至良渚早期的墓葬，随葬陶器包括鼎、过滤器、豆、盘、双鼻壶、罐、纺轮等，随葬陶器组合与良渚古城遗址墓葬接近。富阳一带应是良渚古城遗址腹地的东南端。

国家文物局"考古中国"大课题"长江下游区域文明的演进和模式课题（2020—2025）"中，另一项最重要的子课题是对良渚古城的腹地范围进行区域系统调查。目前已陆续完成余杭地区、德清东部地区的区域系统调查工作，调查涉及面积约 700 平方千米，新发现良渚文化遗址近20 处，共确认遗址 150 余处，遗址面积一般不大，多在数千至 3 万平方米。总体上遗址数量少，分布稀疏，等级较低。

良渚遗址群的崛起原因及其与西苕溪地区甚至凌家滩文化的关系已引起不少学者的关注。现在已知的良渚遗址群范围内马家浜和崧泽文化遗址均不超过 10 处，而到了良渚时期遗址暴增至 300 多处。刘斌很早就注意到，在崧泽晚期突然出现以大量凿形足鼎等为代表的来自长江中游和淮河流域的因素①，而到了良渚时期又变回以鱼鳍形足鼎为主流，这是崧泽早期的一种回归。良渚人统一信仰的神灵形象的产生、玉礼器系统的创建、王权体系和创世纪的领袖人物可能就是在驱逐外来因素的基础上形成的，并最终选择了良渚遗址群作为都城的选址②。王宁远从聚落变迁的角度指出，崧泽时期西苕溪地区遗址和墓葬较多，而到了良渚时期遗址和墓葬极少，人口有从西苕溪向良渚所在的 C 形盆地迁移的过程③。方向明从锯齿璜及出廓璜、环璧、玉版、玉鹰及八角星纹指出凌家滩玉文化向东影响的迹象，并指出"从瑶山、反山高等级显贵墓葬为代表的良渚文化早期玉器中，我们看到了凌家滩玉文化的影子"④。笔者根据环太湖地区史前时期墓葬头向的研究指出，太湖南部地区从崧泽晚期开始即受到来自凌家滩文化的极大影响，良渚遗址群的崛起有强烈的西苕溪乃至巢湖流域的背景⑤。

......

① 浙江省文物考古研究所：《南河浜》，文物出版社，2005 年。

② 刘斌、王宁远、陈明辉：《良渚古城的规划与建筑方式》，载上海博物馆编《"城市与文明"学术研讨会论文集》，上海古籍出版社，2016 年。

③ 王宁远：《从村居到王城》，杭州出版社，2013 年。

④ 方向明：《凌家滩玉文化的东渐与良渚文化早期玉器》，载杨晶、蒋卫东执行主编《玉魂国魄：中国古代玉器与传统文化学术讨论会文集（五）》，浙江古籍出版社，2012 年。

⑤ 陈明辉：《环太湖地区史前时期头向传统的区域差异及演变——兼谈良渚古城崛起的背景》，《博物院》2019 年第 2 期。

（二）普安桥—姚家山遗址群（即桐乡南部—海宁西北遗址群），兼及海宁东部—海盐西部遗址群等

海宁及其附近区域考古调查较为详尽，共发现百余处遗址，以南北向的平阳堰港为间隔分为东西两大区块，东部包括黄湾、袁花、马桥、硖石，西部包括许村、长安、周王庙、盐官、斜桥[1]。《新地里》报告中将嘉兴—沪南地区划分为 7 处良渚文化遗址分布较密集的地块：桐乡东南—海宁西北地块、海宁—海盐交界地块、嘉兴东北地块、嘉兴东南地块、平湖西南—海盐东北地块、上海金山地块、桐乡西南地块[①]。方向明分析了玉器在不同遗址群的分布情况，指出良渚文化各集群之间存在着以良渚遗址群为中心的多层次、由里及外的关系网，形成了以玉为纽带、以玉明贵贱的凝聚性聚落布局[②]。

在太湖东南部（嘉兴地区），普安桥—姚家山遗址群（桐乡南部—海宁西北遗址群）等级较高，普安桥—姚家山遗址群位于嘉兴地区的中心位置，可能是良渚古城直接控制的次级遗址群。不少遗址出土过玉琮、

---

① 浙江省文物考古研究所、桐乡市文物管理委员会：《新地里》，文物出版社，2006 年。

② 方向明：《良渚玉文明》，载杨晶、蒋卫东执行主编《玉魂国魄：中国古代玉器与传统文化学术讨论会文集（七）》，浙江古籍出版社，2016 年。

玉钺、玉璧等玉礼器，如出土玉琮的遗址便有普安桥、新地里、湾里村、姚家山、张家桥、桃子乡、顾家门、荷叶地、佘墩庙等，玉钺、玉璧的出土更为普遍，年代从良渚早期（普安桥、新地里）延续至良渚晚期（姚家山、佘墩庙等）。普安桥—姚家山遗址群在浙北地区等级仅次于良渚遗址群和临平遗址群。其中普安桥和姚家山分别是该遗址群目前发现的崧泽晚期—良渚早期和良渚晚期等级最高的遗址。该遗址群遗址总数达80余处，分布范围为220余平方千米，遗址密度较高。其中普安桥从崧泽晚期偏晚开始出现王级大墓（M8），并奠定了良渚文化"玉殓葬"传统的基础[1]。良渚早期较早阶段的中心聚落仍在普安桥，以M11为代表，该墓随葬品共52件（组），其中玉器有45件，包括玉琮、玉钺、大孔玉璧、冠状器、三叉形器[2]，年代大致与反山M12相当（图7-36和图7-37）。另外良渚早期偏晚阶段的新地里M137随葬品共23件（组），以单件计共28件，出土玉琮（图7-38）、玉耘田器把手，另有管珠（叶蜡石为主）14件（组），以单件计共16件，其余为陶器，有鼎、双鼻壶、圈足盘、罐、纺轮，推测墓主为女性，该墓"是迄今为止出土玉琮的良渚文化墓葬中随葬器物最少的个例"[3]，等级较高。良渚晚期出土有玉琮的区域中心增多，距离普安桥不远的姚家山（图7-39）清理墓葬7座，分南北两排，

---

[1]　蒋乐平、王永磊、陈明辉：《浙江新石器时代考古》，待刊。
[2]　方向明：《良渚墓葬》，待刊。
[3]　浙江省文物考古研究所等：《新地里》，文物出版社，2006年。

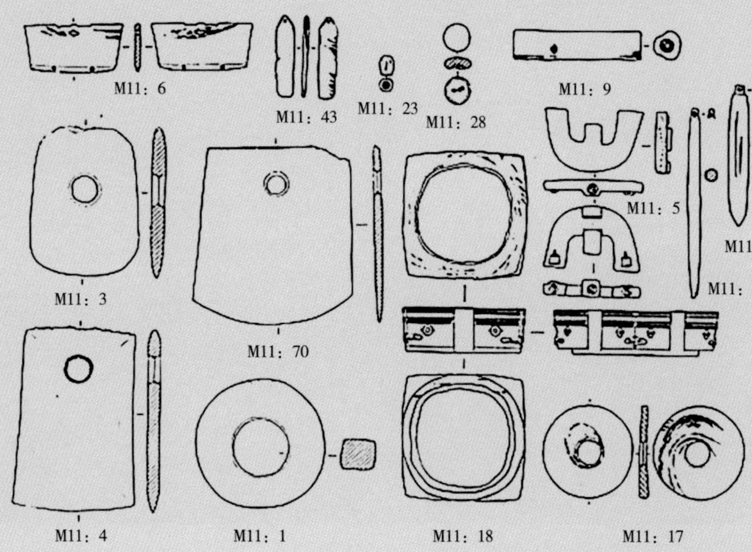

图 7-36　普安桥 M11 出土的重要遗物

代表了一个高等级贵族家庭，是嘉兴地区同时期等级最高的墓地，出土各类随葬品 260 余件（组），以玉器为主，有玉琮、玉钺、玉璧、三叉形器、冠状器、琮式管等，石器以石钺为主，有少量石锛、石镞，玉、石器种类、质地和风格均与良渚遗址群比较接近。但由于该区总体上缺乏覆盖式勘探，聚落与聚落之间的分组关系不甚清楚，限制了我们对该区聚落模式的认识。近年来，浙江省文物考古研究所正在"考古中国"重大项目"长江下游区域文明模式研究"的支持下，对嘉兴地区的重点遗址进行全覆

图 7-37 普安桥 M11 三叉形器出土场景

图 7-38　新地里 M137 出土的玉琮

图 7-39　姚家山 M7

盖式勘探，期望对这些区域中心聚落的布局能有更深层次的认识。

从该区新地里、普安桥等的资料可知，该区域的陶器组合和玉器组合尽管相对于良渚遗址群和临平遗址群已有一定程度的变化，但也仍有明显的相似度，如均出土三叉形器，部分墓例陶器组合与良渚遗址群相当接近，如普安桥 M11、M10 和新地里 M51、M80、M87、M88、M132、M138 等，器物组合以鱼鳍形足鼎、圈足罐、豆为主，且自身特色也非常明显，如豆比较少见，又如出土良渚遗址群少见而嘉兴地区普遍可见的双鼻壶、三鼻簋、宽把杯等。

嘉兴地区还有海宁东部—海盐西部遗址群、嘉兴东南—平湖遗址群等至少 2 处遗址群，遗址分布均较密集。其中海宁东部—海盐西部遗址群有遗址 60 处左右，未出土玉琮，仅出土玉钺、玉璧，无明显中心聚落。嘉兴东南—平湖遗址群有遗址 30 余处，其中戴墓墩出土玉琮 1 件，尽管体量甚小，但仍显示出较高的等级。

（三） 高城墩—寺墩遗址群，兼及邱承墩遗址群

太湖北部偏西的常州一带分布 20 余处新石器时代遗址，不过有不少遗址中仅有马家浜时期和崧泽时期遗存，而无良渚时期遗存，崧泽文化与良渚文化之间似有文化断层。含有良渚文化遗存的遗址有 10 余处，数量不多，分布较为零散，其中高城墩和寺墩等级最高，这 2 座遗址是

太湖西北部不同时期的中心聚落。近年来寺墩、青城墩、象墩的考古工作显示这几处均为具有一定规模的由多个台地组成的聚落组。

高城墩遗址[1]是一处典型的台墩型遗址。台墩原来面积近1万平方米，高达10余米，1958—1984年因开挖池塘和取土烧砖被大面积破坏，仅存北部和南部两块面积共计约2000平方米，现存相对高度仅5米，海拔7米，经钻探遗址现有文化层分布在南北各60米的范围。1999—2000年对残存土墩进行了抢救性发掘，发掘面积为1100平方米，发现崧泽文化灰坑1个、良渚文化高台墓地1处，高台墓地上共清理土台1座、墓葬14座。土台揭露平面近方形，东西宽6.5米，南北揭露长4.75米，其南部为墓葬区。整个台地东部发现长35米、宽度超过4.6米的红烧土堆积（图7-40）。

墓葬东西成排分布，墓主头南足北。出土玉器的墓葬有13座，随葬玉器数量为2～69件不等，共出玉器308件，器型有琮、璧、钺、镯、锥形器、坠饰、管珠、环等，不见玉璜、冠状器、三叉形器和成组锥形器。如前所述，高城墩墓地年代总体相当于反山墓地，属早二期（早二期1

[1] 陈丽华：《江苏江阴高城墩出土良渚文化玉器》，《文物》1995年第6期。江苏省高城墩联合考古队：《江阴高城墩遗址发掘简报》，《文物》2001年第5期。南京博物院、江阴博物馆：《高城墩》，文物出版社，2009年。

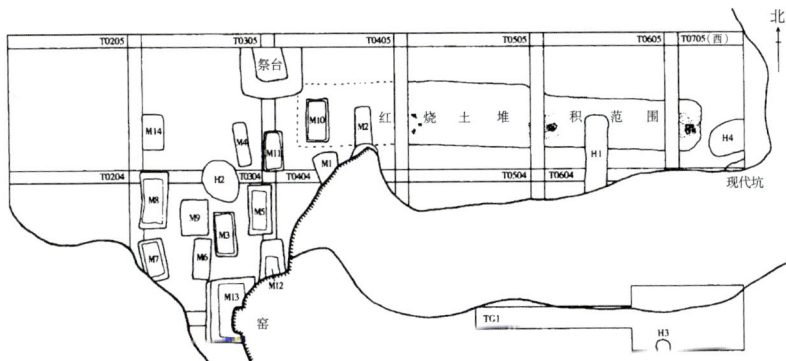

图 7-40　高城墩平面图及发掘场景

段有 M4、M7、M11，早二期 2 段有 M1、M2、M5、M8、M10、M13)，其以玉器为主的丧葬传统与良渚古城区的墓地接近，部分玉器也显示出两地可能有紧密的联系，不过其玉礼器组合不甚完善，陶器组合也独具特色。

M11 墓主属较高等级的贵族,随葬品有 22 件(组),以单件计共 36 件,其中玉器 16 件（组）,以单件计共 29 件,包括玉琮 2 件、玉璧 1 件、玉钺 1 件,石钺 1 件,陶器 6 件,包括鼎、豆、双鼻壶、罐。

M5、M8、M13 也随葬琮、璧、钺。M5 随葬品共 33 件（组）,以单件计共 49 件,其中玉器 25 件（组）,以单件计共 41 件,包括玉琮 2 件、玉钺 1 件、玉璧 1 件。M8 随葬品共 28 件（组）,以单件计共 69 件,其中玉器 20 件（组）,以单件计共 60 件,包括残玉琮 1 件、玉璧 2 件。

高城墩的 14 座墓葬中以 M13 规模最大、等级最高,为长方形土坑竖穴墓,墓坑开口长 4.6 米、宽 3.2 米、深 1.9 米,墓主头部及上身部分被现代砖窑破坏。葬具置于墓坑中部偏东,平面呈长方形,顶部板痕长 3.9 米、宽 1.9 米、厚 0.07 米,盖板由条状木板横向排列而成,底板宽度要大于盖板。据此推测墓葬仅有一椁,椁长 3.6 米、宽 2 米、残高 1.1 米,椁底部以直径 0.2～0.4 米的原木拼成长方形木框,坑底放置横向原木,其上再铺设椁底板。随葬品包括玉器、石器、陶器三类,共 15 件（组）,以单件计共 40 件,其中玉器 9 件（组）,以单件计共 32 件,包括玉琮 2 件（从博物馆藏品中复原）、玉璧 1 件（从博物馆藏品中复原）、玉钺 1 件,石钺 4 件。M13：13 玉琮刻纹相当繁密,工艺精湛（图 7-41）。

高等级大墓中出土玉琮的墓有 5 座,共 8 件。M3、M8 各出玉琮 1

图 7-41　高城墩 M13 及出土玉琮

件，M5、M11、M13 各出玉琮 2 件。出土玉钺的墓葬有 3 座，M1、M5、
M13 各 1 件。出土玉璧的墓葬有 M1、M2、M5、M8、M10、M11、M13，
除 M8 出 2 件外其余均出 1 件，共 8 件。可见，高城墩高等级大墓可分
三个层级，最高等级的墓葬为 M13，其次为 M11、M5、M8、M1，再次
为 M2、M3、M10。另有一些仅出土少量小件玉器甚至不出的平民墓葬，
如 M4、M6、M7、M9、M12、M14。

在良渚早期，高城墩 M13 的等级仅次于瑶山、反山部分墓葬及玉架山 M200 等少数墓葬，年代与反山 M12 接近或略晚，属良渚早期偏晚，有学者推测高城墩玉器是从良渚古城分发出去的，良渚古城可能对高城墩有政治上的支配关系[①]，高城墩或为良渚王国向北拓展的重要基地。但总体上，常州一带的良渚早期遗址和墓葬发现得极少，似为点状分布，不见明显的集群现象。

寺墩遗址[②] 位于江苏省常州市东北部郊区，原是一处相对高 10 余米的椭圆形土墩，东西长 100 米、南北宽 80 米，后因取土烧砖而被严重破坏，现存遗迹东西长约 80 米、南北宽约 40 米、高约 6 米。以寺墩土墩为中心，周边密集分布着许多台墩型遗址，总称寺墩遗址，总面积达 150 万平方米。

1973 年在土墩以东出土玉琮、玉璧 30 余件，1976 年在土墩北部出

① 中村慎一：《城市化和国家的形成——良渚文化的政治考古学》，载浙江省文物考古研究所编《良渚文化研究——纪念良渚文化发现六十周年国际学术讨论会文集》，科学出版社，1999 年。

② 南京博物院：《江苏武进寺墩遗址的试掘》，《考古》1981 年第 3 期。南京博物院：《1982 年江苏常州武进寺墩遗址的发掘》，《文物》1984 年第 2 期。陈丽华：《江苏武进寺墩遗址的新石器时代遗物》，《文物》1984 年第 2 期。江苏省寺墩考古队：《江苏武进寺墩遗址第四、第五次发掘》，载徐湖平主编《东方文明之光——良渚文化发现 60 周年纪念文集》，海南国际新闻出版中心，1996 年。

土崧泽至良渚时期的陶器二三十件，1978 年在电灌站北农田中出土玉琮、玉璧 3 组共 20 余件。1978 年和 1979 年进行了两次试掘，试掘面积为 425 平方米，清理崧泽文化墓葬 1 座（M2）、良渚文化墓葬 1 座（M1）、良渚文化灰坑 2 个，发现崧泽文化和良渚文化的地层堆积。1979 年在土墩以东的庄桥村，农民建房取土时挖出玉琮 1 件、玉璧 4 件。1980 年调查初步确定土墩以东分布有面积较大、等级较高的良渚晚期墓地。1982 年在土墩以东进行了较大规模发掘，发掘面积为 800 平方米，清理 2 座良渚晚期大墓（M3 和 M4）。

M1 为南北向，墓主头向 187°，人骨不存，未发现墓坑葬具。出土随葬品 10 件（组），以单件计共 27 件，包括玉璧 5 件、玉琮 2 件（一件 8 节，一件 2 节）、项饰 1 组（包括玉珠 13 件、玉管 4 件、玉坠 1 件）、端饰 1 件、杯形器 1 件。在 M1∶1 玉璧上铺有一层花岗岩砂粒，可能为解玉砂。

M3 和 M4 位于 1979 年发掘的 M1 以东，M1、M4、M3 这 3 座大墓自西向东成排分布。

M3 未发现墓坑和葬具，墓主头向 196°，仰身直肢，保存有头骨、肢骨残块和趾骨，股骨明显经火烧，骨架长约 1.55 米，为 20 岁左右男性。随葬品 100 余件，包括陶器 4 件（夹砂圈足斜腹簋、双鼻壶、圈足盘、高圈足豆各 1 件，位于头部）、石锛 4 件、石钺 1 件、石刀 2 件、玉镯 3 件、

玉镯形器 1 件、玉钺 3 件、玉瑁 1 件、带槽坠饰 3 件、端饰 1 件，另有
锥形器 2 件（位于头部）、玉管 6 件、玉珠 13 件（绝大多数散见于头部，
推测为串饰）、玉琮 33 件、玉璧 24 件。玉琮颜色以黛绿、淡青为主，镯
式琮（M3：43）位于头部右上方，其余均为方体琮（最少的 1 节，最多
的 15 节，一般为六七节，M3：26 最高，共 13 节，高 33.5 厘米）；头前
方 1 件，脚后 4 件，其余围绕人骨四周放置。玉璧颜色以墨绿、淡绿为主，
最大的玉璧（M3：65）位于腹上部，胸部上也有一件制作得较精致的玉
璧，其余玉璧散置于头前脚后，有 20 件玉璧碎为数块，其中有 5 件玉璧
随葬前有意破为两半，分置两处且相隔较远，有 1 件玉璧甚至碎为 21 块。
多数玉璧和石钺叠压在墓主身下（图 7-42 和图 7-43）。

M4 中也没发现墓坑和葬具，人骨不存，墓主头向 184°。玉器不见
火烧痕迹。随葬品残留 5 件，包括玉琮 1 件、玉璧 1 件、石钺 1 件、玉
管 2 件。1973 年出土的 30 余件器物大致位于 M4 所在位置，共出玉璧、
玉琮各 10 余件，另有石钺、玉珠、黑陶等遗物，推测为 M4 中所出。
M4：1 玉琮是寺墩出土的玉琮中最精美的，透闪石质（图 7-44）。

1993 年底至 1994 年初及 1994 年底至 1995 年初寺墩又进行了第四、
第五次发掘，发掘区位于寺墩东侧，两次发掘面积共 1022 平方米。清理
良渚文化灰坑 5 个、灰沟 2 条，最重要的收获是良渚文化大墓 1 座——
M5。

图 7-42　寺墩 M3

图 7-43　寺墩 M3 出土玉器、陶器

图 7-44 寺墩 M4 出土玉器

    M5 西距 M3 仅 5 米，应属同一排墓葬，也属良渚晚期，坑口受到地层及遗迹破坏，形状已不完整，长 5.2 米、残宽 2.35 米、残深 0.1 米，直壁平底。墓主头向 192°，人骨不存。残留随葬品 88 件，包括玉琮 2 件（其中一个为 11 节，位于脚端，另一个 3 节，位于腰部）、玉钺 1 件、玉璧 2

件（其中1件仅存残片）、琮式管1件、玉带钩2件、玉牌饰2件、玉锥形器8件、玉管33件、玉片4件、小玉珠2件、玉珠21件、玉饰1件、石镞2件以及双鼻壶1件、豆4件、鼎1件、鼎式甗1件。

寺墩M3是良渚晚期最高等级的墓葬，属良渚晚四期1段，堪称王墓。M3、M4、M1这3座大墓东西成排分布，可能是一处贵族家族墓地，M4其次，M1再其次。寺墩是太湖西北部良渚晚期最高等级的区域中心聚落，而M3是该区域的统治者，此时太湖北部地区应当出现了与良渚古城相竞争的政治实体。

高城墩繁盛期与寺墩繁盛期分别属良渚早期偏晚阶段和良渚晚期偏晚阶段，持续时间并不长，各仅一两百年，二者之间又有200余年的间隔，因此这2处年代不同的高等级聚落之间的关系尚不明确。目前寺墩遗址已作为"考古中国"重大项目"长江下游区域文明模式研究"中江苏子课题的核心项目，正在持续进行考古勘探和发掘。

在无锡市区范围，也发现不少良渚时期的遗址，其中邱承墩等级最高，可称为邱承墩遗址群（或称无锡遗址群）。邱承墩遗址位于江苏省无锡市鸿山镇向东约1千米处，遗址面积约为1万平方米，2003—2005年发掘了2015平方米，发现马家浜时期、崧泽时期和良渚时期的遗存。

如前所述，邱承墩①良渚时期遗存可分为早期、晚三期和晚四期，其中晚四期1段的M3、M5和晚四期2段的M11为高等级大墓。

　　M3，墓主头向200°，墓坑长3.09米、宽1.16米、深0.63米，人骨无存。随葬器物共62件（组），以单件计共264件，其中玉器19件（组），以单件计共221件，包括玉琮3件、玉璧7件、玉钺2件、玉镯1件以及片状饰1组35片、项饰1组169件、玉锥形器3件、条形玉片1件。3件玉琮分别是2件5节的简化兽面纹琮和1件9节的简化兽面纹琮。另有石器17件（均为石钺）、陶器26件（双鼻壶13件、壶盖2件、杯10件、豆1件）。玉琮、玉璧集中于腿骨位置及脚端，石钺集中于腰部（图7-45至图7-49）。

　　M5，墓主头向204°，墓坑长3.58米、宽1.05米、深0.25米，人骨无存。随葬器物共54件（组），以单件计共136件，其中玉器27件（组），以单件计共109件，包括玉琮2件、玉璧9件、玉钺3件、冠状器1件、玉镯2件和片状饰1组17片、项饰1组66件、锥形器2件、耳珰2件、

---

①　张明、李则斌等：《江苏无锡邱承墩遗址首次发现良渚文化高台墓地和双祭台》，《中国文物报》2006年4月19日。江苏省考古研究所、无锡市锡山区文物管理委员会：《江苏无锡鸿山邱承墩新石器时代遗址发掘简报》《文物》2009年第11期。南京博物院、江苏省考古研究所、无锡市锡山区文物管理委员会：《邱承墩》，科学出版社，2010年。

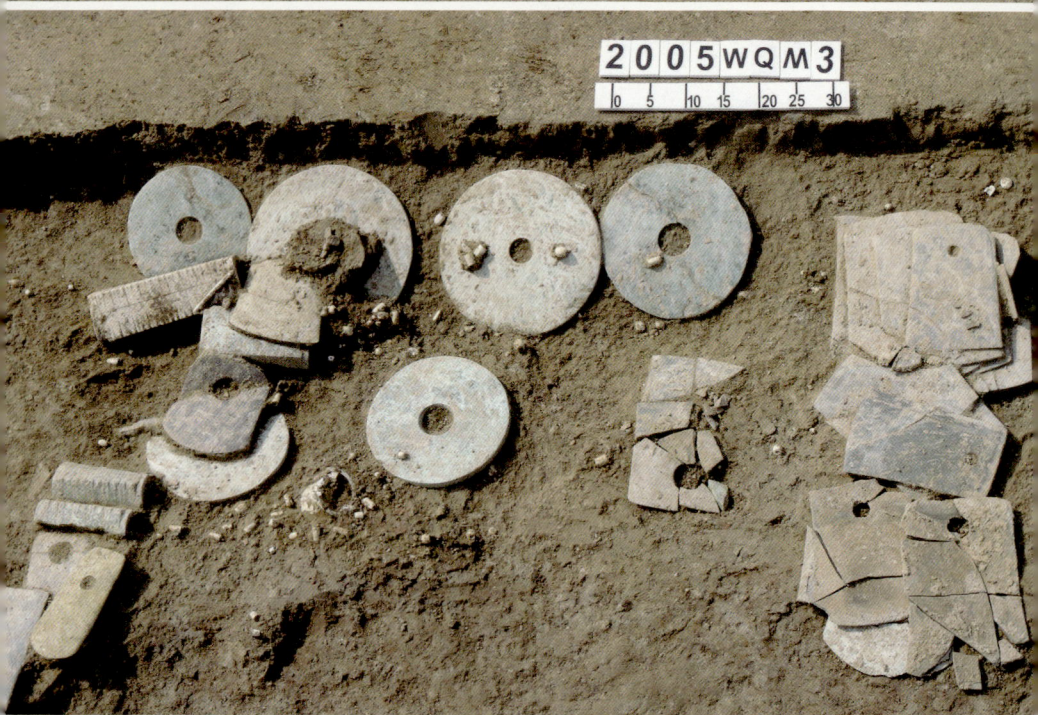

图 7-45　邱承墩 M3 随葬玉器、石器及出土情况

410

图7-46　邱承墩 M3 平面图

1. 片状玉饰　2. 玉项饰　3、5、36 玉坠　4. 条形玉片　6、10-11. 玉琮　7、37-39、41-42、44-45、55-56、58-60. 陶壶　8、13、22、24-25、27-34、62. 石钺　9、14、35. 石斧　12. 玉斧　15. 玉镯　16-21、23. 玉璧　26. 玉钺　40、61. 陶壶盖　43、46-54. 陶杯　57. 陶豆

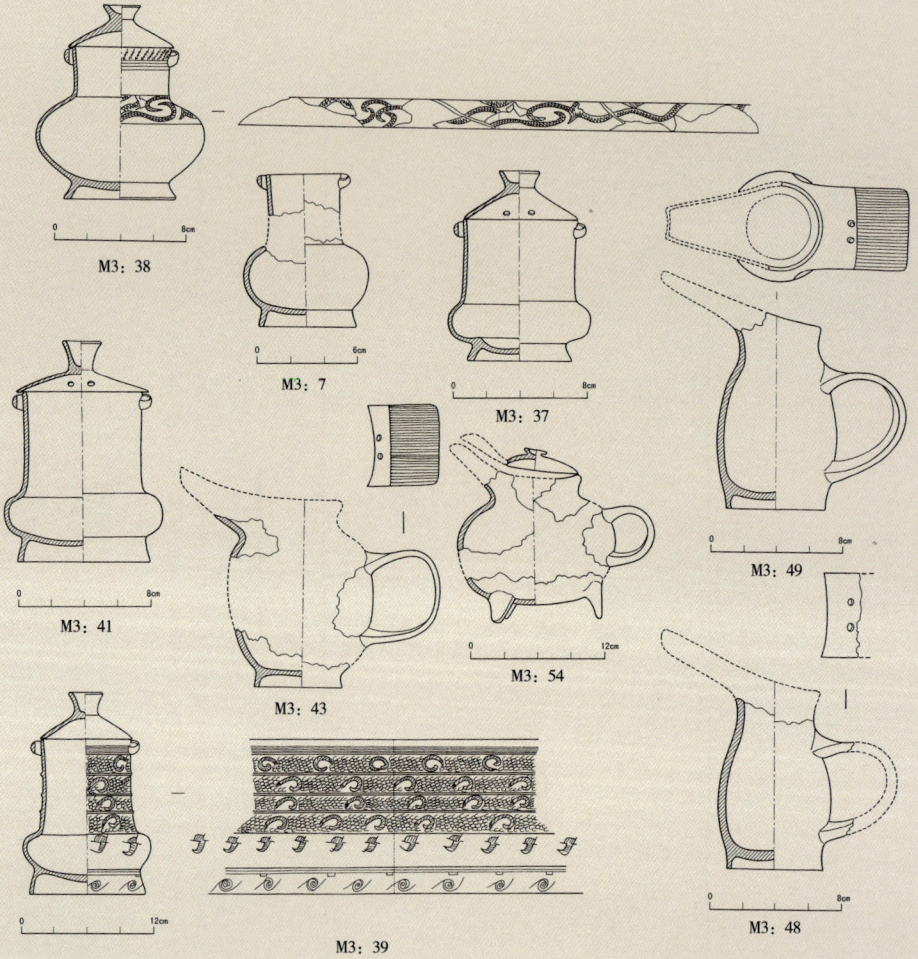

M3：38

M3：7

M3：37

M3：41

M3：43

M3：54

M3：49

M3：39

M3：48

图 7-47　邱承墩 M3 出土陶器

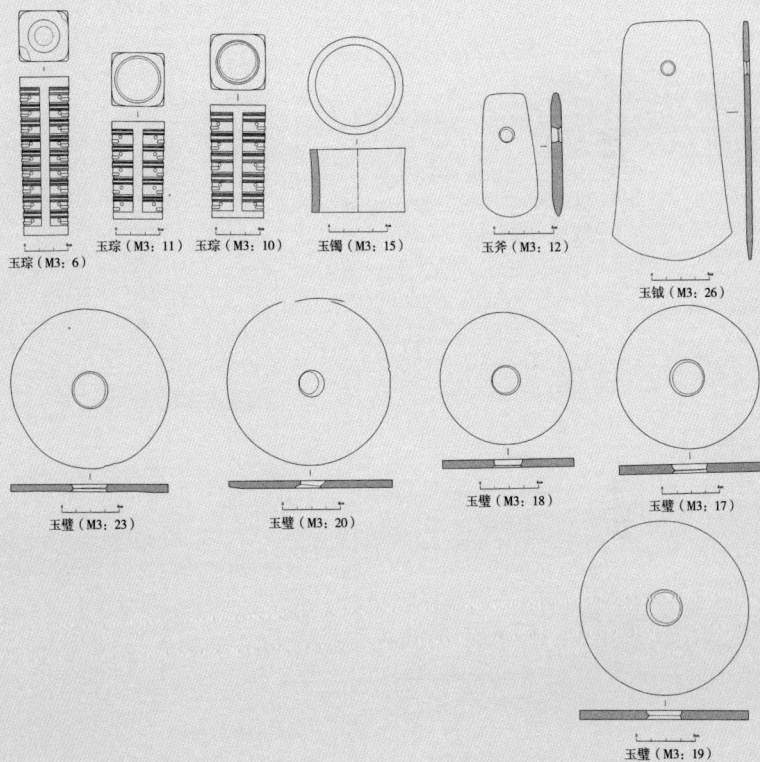

图 7-48　邱承墩 M3 出土大中型玉器

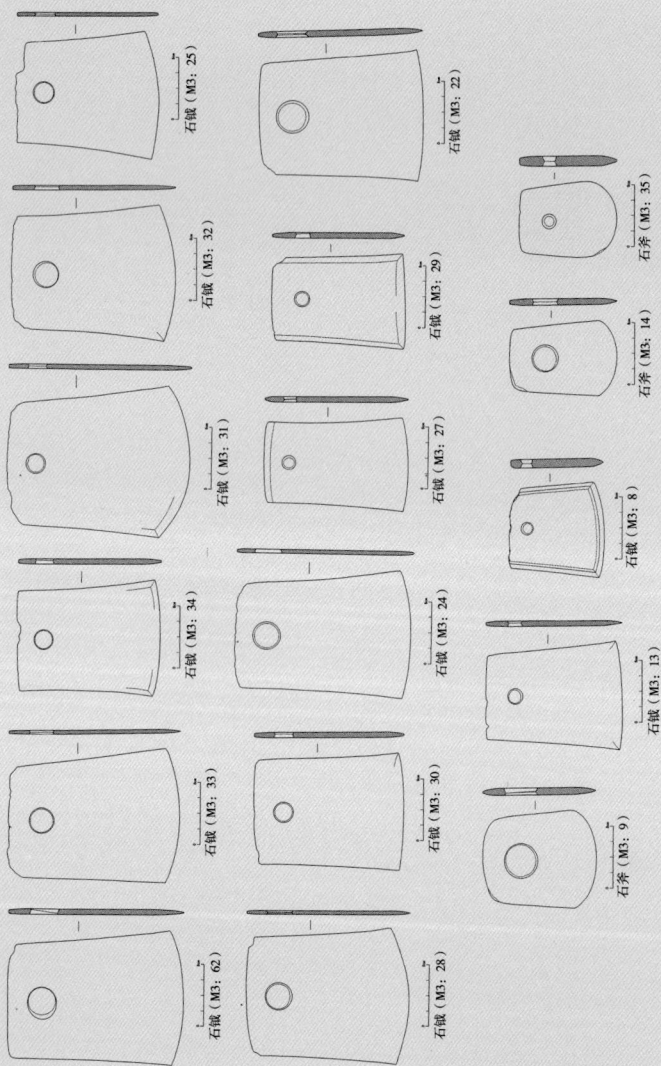

图 7-49 邱承墩 M3 随葬石钺和石斧

端饰 1 件、葫芦形挂饰 1 件、带槽片饰 2 组 3 件。玉琮为 1 件 9 节的简化兽面琮和 1 件 11 节的简化兽面纹琮。另有石器 8 件（石锛 1 件、石钺 7 件）、陶器 19 件（鼎 2 件、豆 5 件、双鼻壶 7 件、壶盖 1 件、罐 2 件、圈足盘 1 件、实足鬶 1 件）。玉璧置于身体右侧，石钺、玉钺置于身体左侧，玉琮置于左脚端（图 7-50）。

M11，墓主头向 194°，墓坑长 3.55 米、宽 0.99 米、深 0.45 米。随葬器物共 54 件（组），以单件计共 175 件，其中玉器 22 件（组），以单件计共 144 件，包括玉璧 6 件、玉钺 2 件、琮式管 1 件（2 节的简化兽面纹）、玉镯 2 件和串饰 1 组 123 件、锥形器 5 件、端饰 2 件、片状饰 1 件、凿形饰 2 件。另有石器 14 件（石刀 1 件、石锛 1 件、耘田器 1 件、石钺 11 件）、陶器 17 件（鼎 5 件、豆 4 件、簋 5 件、器盖 1 件、壶 1 件、杯 1 件）。玉璧置于下肢两侧，石钺、玉钺置于上肢两侧。

整个墓地仅出土冠状器 1 件，未见成组锥形器、三叉形器、玉璜等，存在与良渚古城玉礼器略有差异的玉器组合、传统和风格。

在良渚晚期，邱承墩 M3、M5 等级与福泉山吴家场类似，仅次于寺墩 M3，显示邱承墩是良渚晚期的一处重要区域中心遗址。不过，邱承墩遗址周边的良渚文化遗址分布较为稀疏、分散，聚落集群状况还有待进一步考古揭示。

（a）

2005WQM5

图 7-50　邱承墩 M5 及出土玉璧（引自浙江省文物考古研究所等：《良渚八十年》，文物出版社，2016 年）

（四）张陵山　赵陵山—福泉山遗址群

江苏的张陵山、赵陵山和上海的福泉山是太湖以东良渚时期重要的区域中心聚落，赵陵山、张陵山的高等级墓葬属良渚早期偏早阶段，而福泉山崛起于良渚早期偏晚阶段，最繁荣的时期为良渚晚期，区域中心有从西向东迁移的趋势。

张陵山西山②层墓葬 M1～M5 属良渚早一期 1 段，陶器组合有鱼鳍形足鼎、宽把杯、鼓形杯、圈足盘、双鼻壶，其中 M4 发掘和征集随葬品共 41 件，包括兽面纹镯形玉琮 1 件、玉璧 2 件。

赵陵山[2]总面积为 16 万平方米，1990 年、1991 年、1995 年三次发掘总面积约为 1215 平方米，清理崧泽至良渚时期墓葬 90 座、灰坑 34 个、土台（报告称为祭台）1 座、红烧土堆积 3 处。赵陵山发掘了一批良渚文化墓葬，比较重要的有良渚早期显贵墓 M77，另外，良渚晚期大墓 M18 随葬品共计 85 件，出土冠状器、琮式管、玉镯等 74 件玉器。在土台下西北边缘揭露出一片良渚晚期的丛葬墓群（图 7-51）。

M77（图 7-52）属早一期 2 段，为长方形竖穴土坑墓，墓口长 3.3 米、宽 1～1.15 米、深 0.3 米，墓主头向 162°。人骨保存较好，骨架范围长 1.75 米，为成年男性。葬具痕迹清晰，盖板表面发现红黑色装饰，盖板上发现龙首玦 2 件、玉珠 2 颗、隧孔珠 1 颗、玉镯 1 个，底板长 2.9 米、宽 0.59～0.62 米，由此可推测葬具为上下组合的长方形彩绘独木棺。出土随葬品共 111 件（组），以单件计共 157 件，其中玉器达 123 件，约占随葬品的 78.3%。出玉琮 1 件、冠状器 1 件、龙首玦 2 件、玉镯 5 件、锥形器 4 件、象牙镯 2 件、骨杆 1 件、石钺 15 件，陶器有鼎、豆、杯、罐等 10 件。M77 是良渚早期等级最高的贵族墓葬之一（图 7-53 至图 7-59）。

丛葬墓群共发现 20 座墓葬、21 个个体，成排分布，这些墓葬均未发现明显的墓坑和葬具痕迹。对 15 具保存较好的个体进行了鉴定，从性

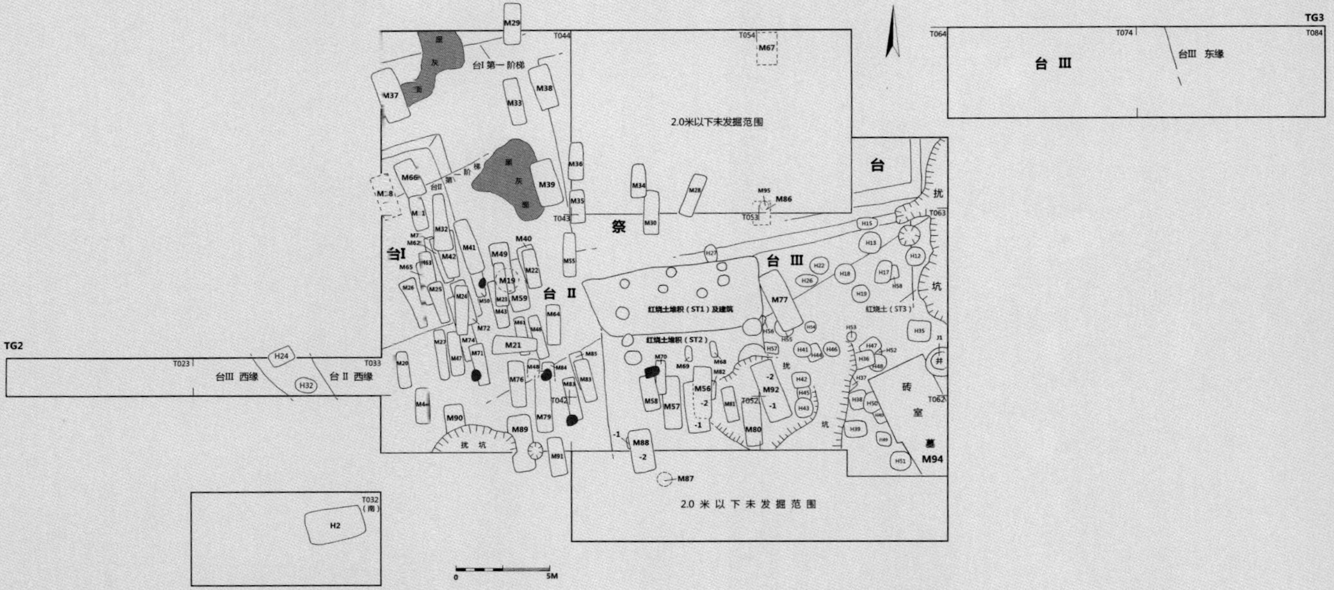

图 7-51 赵陵山山体主发掘区总平面图

图 7-52　赵陵山遗址 M77

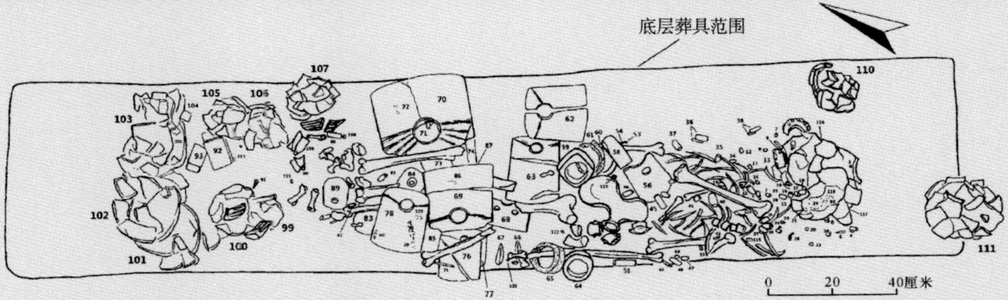

葬具内：2~4、6~17、20~24、28、31、54、72、82、109、121. 玉鼓形珠　5、53、91. 玉端饰　18、19. 玉隧孔珠　25、26、30、32、34~36、38、41、42、46、48、55、57（-1）、112、122、123. 玉长珠　27、37、39、40、43~45、47、49、51、81、88、90、108、113、115~120. 玉管　29、58、60、64. 玉镯环　50、75、80、98. 玉锥形器　56、62、63、69、70、73、74、76~78、83~85、87、89. 石锛　59. 玉琮　61、65. 象牙镯环　66、67. 石镞　71、79、86. 玉插件　92、93、104. 石钺　99、100、107. 陶鼎　101~103. 陶豆　105、106. 陶杯　68. 石刀　96. 陶罐　110. 陶器　111. 陶器

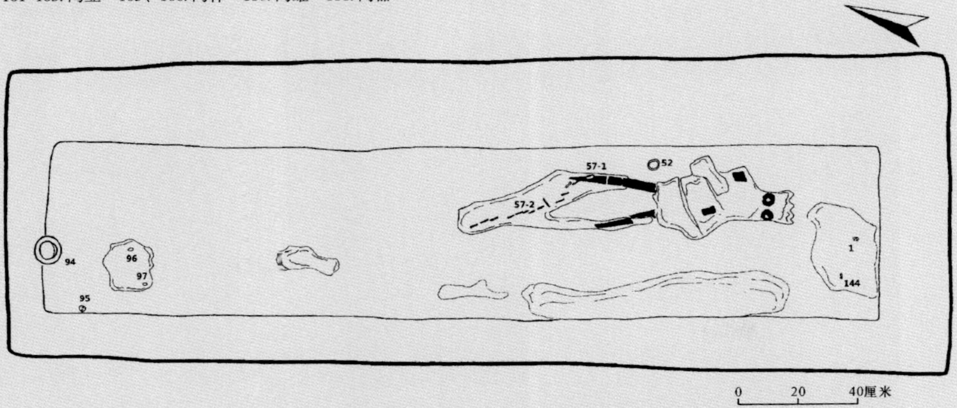

葬具上层：1、144. 玉珏　52. 玉环　57-1. 玉管　57-2. 骨杆　94. 玉镯环　95. 玉隧孔珠　96. 玉隧孔珠　97. 玉鼓形珠

图 7-53　赵陵山 M77 平面图

421

图 7-54 赵陵山 M77 玉梳背（上）
图 7-55 赵陵山 M77 素面玉琮（半成品）（下）

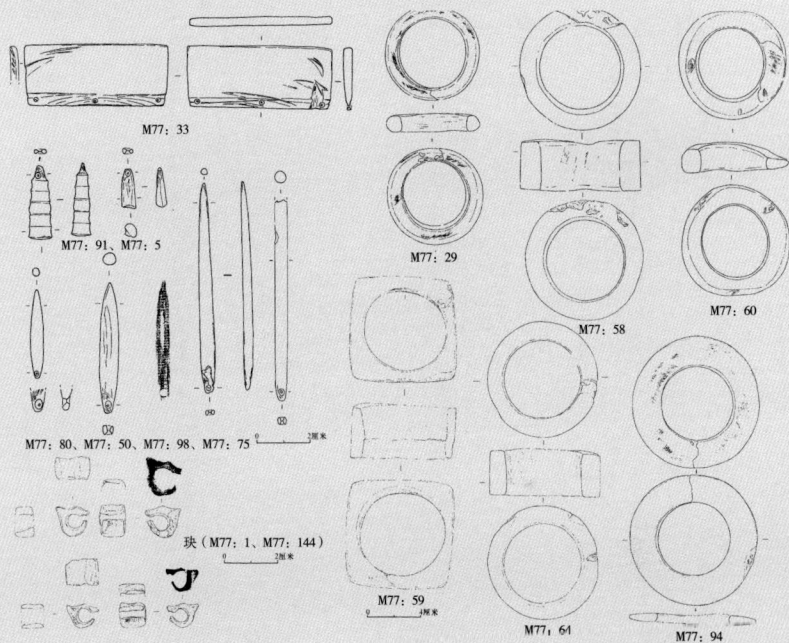

图 7-56　赵陵山 M77 出土玉器

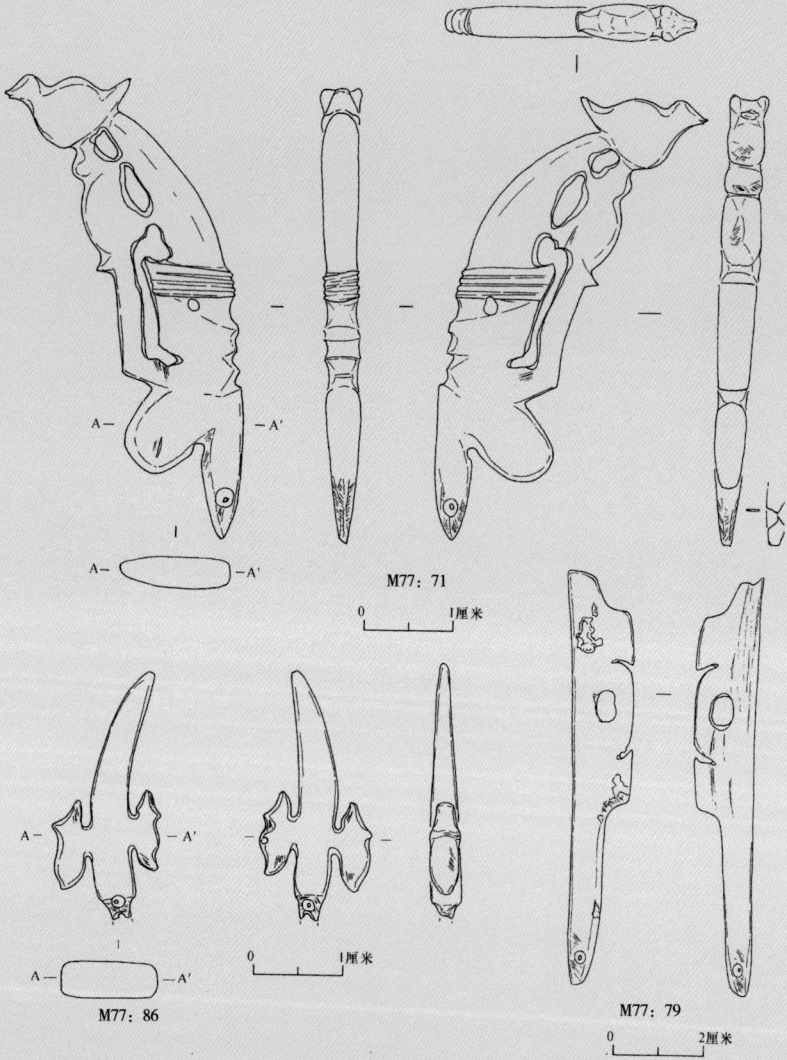

M77: 71

M77: 86

M77: 79

图 7-57　赵陵山 M77 出土玉插件

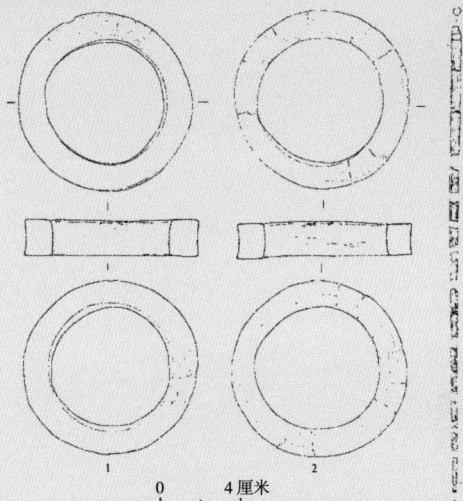

1、2.象牙镯环（M77：61、M77：65）3.骨杆（M77：57-2）

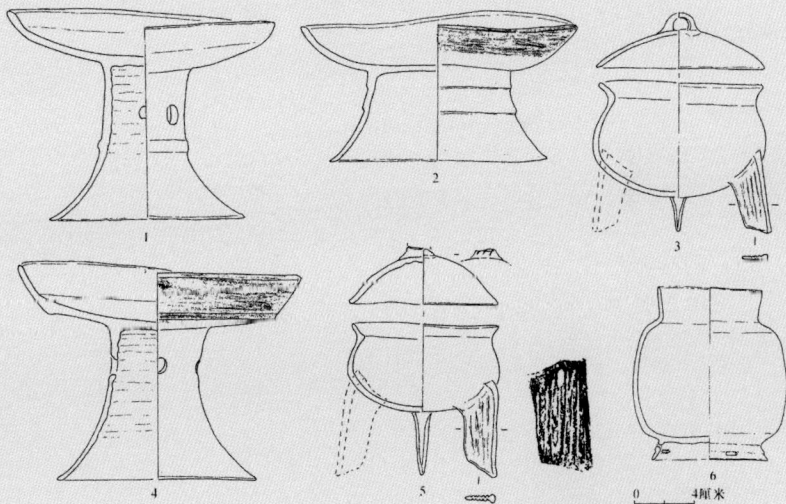

1、2、4.豆（M77：101、M77：102、M77：103）　3、5.鼎（M77：99、M77：100）　6.罐（M77：110）

图 7-58　赵陵山 M77 出土象牙器、骨器、陶器

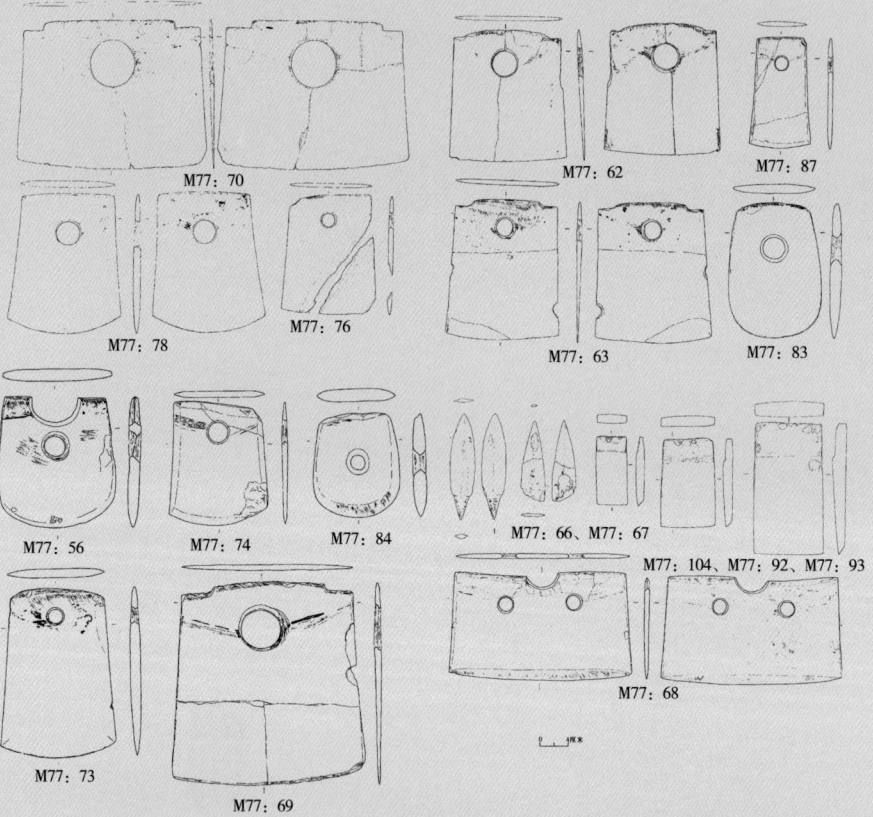

M77: 70

M77: 62

M77: 87

M77: 78

M77: 76

M77: 63

M77: 83

M77: 56

M77: 74

M77: 84

M77: 66、M77: 67

M77: 104、M77: 92、M77: 93

M77: 68

M77: 73

M77: 69

图 7-59　赵陵山 M77 出土石器

别方面看，其中男性 6 具、女性 3 具，其他性别不明。不少个体存在被绑缚、肢体不全、身首分离的迹象，如 M10 中骨架保存得较好，但身首异处，相隔距离达 3.5 米，上身仰身、下部屈肢，可能是捆绑所致，墓主为幼儿，身长 0.84 米。

福泉山遗址位于上海市西部青浦区重固镇西侧，为一处良渚文化典型的土墩形遗址，土墩东西长 94 米、南北宽 84 米、高 7.5 米，为墓地分布范围，土墩周边也有文化层分布，遗址范围以福泉山为中心，东西长约 500 米、南北宽约 300 米，面积约为 15 万平方米。

1979 年在土墩周边试掘了 130 平方米。1982 年在土墩顶部发掘了 305 平方米。1983—1984 年再次进行了发掘，揭露面积达 1000 平方米。1986—1988 年进行第三次发掘，发掘面积为 800 平方米。以上发掘总面积为 2235 平方米，总共清理崧泽文化建筑遗迹 1 处、墓葬 19 座，良渚文化墓葬 30 座。遗址文化分布层自下而上依次为马家浜文化、崧泽文化和良渚文化。

崧泽时期的 19 座墓葬较为集中地分布于建筑遗迹北部，从随葬品来看，当时社会成员之间相对比较平等，社会分化并不显著。

30 座良渚文化墓葬中有 29 座集中出自福泉山土墩顶上，从良渚早期延续到晚期。墓葬之间分布规律不明显，存在大量叠压打破关系。有

3 座墓葬墓坑较大，如 M60 坑长 4 米、宽 1.7 米、深 2.85 米，坑内发现葬具。部分墓葬附近有祭祀遗存、人牲坑，也有部分墓葬有人殉现象（如良渚早期 M139）。墓主头向以南向为主，共 22 座。墓葬随葬品多寡不一，有的无随葬品或随葬品极少，有的随葬品多达百件以上，如随葬品分别多达 119 件、120 件、128 件、171 件的 M9、M40、M65、M74，另外，M101 随葬品共 95 件。从墓葬平面图可知，随葬品较丰富的墓葬有集中分布的趋势，如墓地中部 M60、M65、M67 自北向南排列，周边再无其他墓，随葬品分别为 72 件、128 件和 56 件，属墓地中的中高等级墓葬。墓地东部自北向南分布有 M40、M9 2 座较高等级的墓葬，随葬品分别为 120 件和 119 件。墓地西部墓葬数量最多，以小型墓葬为主，同时也有墓地中最高等级的墓葬 M74 以及 M101、M132、M136 等随葬品数十件的较大型墓葬。总体来看，在福泉山墓地，大墓与小墓分区埋葬的现象不显著，推测是家族墓地的可能性较大。

M9（图 7-60）属晚三期，未揭露墓坑，墓主头向似为正南，仰身直肢，发现玉琮 2 件、镯式琮 1 件、玉钺 2 件、玉璧 4 件、玉石管串 1 组 66 件、琮形管 2 件、玉镯 2 件、玉锥形器 4 件、端饰 1 件、玉坠 1 件、玉套管 5 件、玉饰片 17 件，兽面纹象牙雕刻器 1 件，石钺 9 件，另有陶盉 1 件、器盖 1 件，以单件计共 119 件（图 7-61）。

M65 属晚三期，为刀形土坑墓，坑长 4.1 米、南部宽 1.4 米、北部宽 0.8

图 7-60　福泉山 M9 平面

米，墓底发现葬具痕迹，人骨保存状况很差，墓主头向南。随葬品包括
玉琮 2 件、玉钺 2 件、钺镦 1 件、钺瑁 1 件、玉璧 2 件、玉锥形器 5 件、
玉锥形器套管 2 件、玉坠 1 件、玉管 4 件、玉珠 97 件、鼎 1 件、豆 2 件、
双鼻壶 1 件、簋 1 件、盉 1 件、宽把杯 1 件、壶 1 件、石钺 3 件，以单
件计共 128 件。

　　M74 属晚三期，未揭露墓坑，是福泉山墓地中随葬品最丰富的墓葬。
人骨保存状况很差，墓主头向 188°，仰身直肢。随葬品包括玉钺 4 件、
钺镦 1 件、钺瑁 1 件、冠状器 1 件、玉璜 1 件、玉镯 1 件、玉锥形器 12 件、
半圆形饰 1 件、套管 1 件、玉管 7 件、玉菱形饰 1 件、玉环 1 件、玉坠 2

M9：21 带鸟纹玉琮

M9：21 局部线图

M9：21 玉琮鸟纹

M9：36 象牙雕刻器照片

图 7-61　福泉山 M9 出土玉琮及象牙雕刻器

件、玉纺轮 2 件、项饰 1 组（包括玉珠 47 件、管 2 件）、玉粒 55 件、鼎 5 件、豆 7 件、双鼻壶 2 件、宽把杯 1 件、带流壶 1 件、圈足罐 1 件、簋 2 件、带流壶 2 件、缸 1 件、圈足盆 1 件、带扳小罐 2 件、熏炉 2 件、器盖 4 件，以单件计共达 171 件。从出土玉璜、玉纺轮等玉器推测 M74 为女性墓，同时锥形器中有 7 件集中出土于头骨附近，推测为成组锥形器，而在良渚古城附近成组锥形器仅出土于男性墓，因此其颇为特殊。

M40 属晚四期 1 段，未揭露墓坑，墓主头向南。随葬品包括玉琮 1 件、玉钺 1 件、玉璧 2 件、玉锥形器 2 件、柱形器 1 件、玉管 1 件、玉鸟 1 件、玉管 1 件、玉珠 6 件、玉饰片 20 件、玉套管 1 件、玉珠 8 件、陶鼎 1 件、陶簋 1 件、宽把杯 2 件、器盖 1 件，石斧 1 件等，以单件计共 120 件。

M101 属晚四期 1 段，墓坑长 2.4 米、宽 1 米、深 0.25 米，葬具清晰，为大树干对半剖开，中部挖空后扣合而成。随葬品较丰富，包括玉钺 1 件、冠状器 1 件、玉镯 1 件、玉锥形器 12 件、玉环 4 件、玉坠 1 件、管珠 52 件、鼎 2 件、圈足盆 2 件、圈足盘 2 件、器盖 2 件、豆 3 件（图 7-62）、双鼻壶 2 件、高圈足壶 2 件、圈足罐 1 件、鸟形盉 1 件、宽把杯 2 件、石钺 4 件，以单件计共 95 件。12 件锥形器中有 4 件集中出土于头部。

另外，M60（早二期 2 段）、M132（早二期 2 段）、M136（早二期 2 段）、M67（晚四期 2 段）等墓葬出土玉琮、玉钺或玉璧等重要遗物，随葬品均达六七十件。

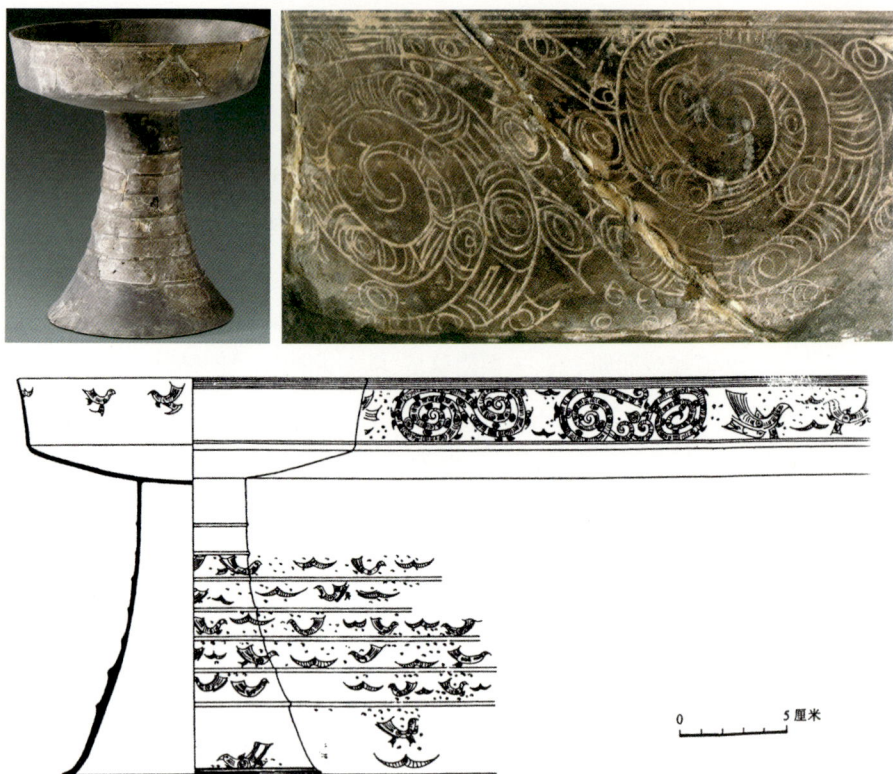

图 7-62　福泉山 M101 出土刻纹豆

2008—2009 年在福泉山土墩以北约 250 米处发现吴家场墓地,清理良渚文化墓葬 2 座, 其中 M204 为贵族墓葬,出土玉琮、玉璧、玉钺等重要遗物;2010—2011 年再次对吴家场进行发掘,发掘面积为 231 平方米,清理良渚文化墓葬 3 座。吴家场墓地总面积近 2000 平方米,堆筑于灰黑色淤泥上,墓葬之间等级差异较大,小墓如 M210 随葬品仅 5 件陶器和石器。吴家场墓地发掘最重要的收获是贵族墓葬 M207 的发现。

M207(图 7-63 至图 7-65),属良渚晚四期 1 段,墓主头向 178°。通过发掘观察到墓葬上有封土,并发现墓葬塌陷现象,墓葬南部被 2009 年调查的探沟打破,残长约 3.85 米、宽约 2 米、深约 0.9 米,棺长约 2.95 米、宽约 0.9 米,棺底明显内凹,推测为独木棺,可观察到棺盖、棺底的痕迹,棺盖、棺底可见髹漆痕迹。墓主头向南,为成年男性。墓内殉狗 6 具,或位于棺上,或位于棺外。棺外随葬有陶罐和尊。绝大多数随葬品位于棺内。整个墓葬随葬品达 308 件,包括玉琮 1 件、玉钺 6 件、玉璧 1 件、玉瑁 6 件、玉锥形器 4 件、玉管 8 件、玉珠 179 件、玉粒 23 件、玉片 7 件、玉坠 1 件、嵌玉漆器 1 件、石钺 4 件、石镞 4 件、石刀 1 件、象牙权杖 2 件、骨板 2 件、靴形器 1 件、未定名骨器 5 件、骨镯 1 件、獠牙器 12 件、骨片 4 件、牙饰 1 件、牙镞 1 件、锥形骨器 1 件、动物牙齿 1 件、人头盖碗 1 件,以及鼎 1 件、带盖鼎 1 件、鼎口沿 1 件、鼎式甗 1 件、豆 6 件、双鼻壶 1 件、罐 1 件、尊 1 件、缸 1 件、圈足盘 2 件、单把匜 1 件、单把杯 1 件、宽把杯 3 件、双把匜 2 件、大口尊 1 件、实足鬶 1 件、器座 1

图 7-63 吴家场 M207 室内提取后全景

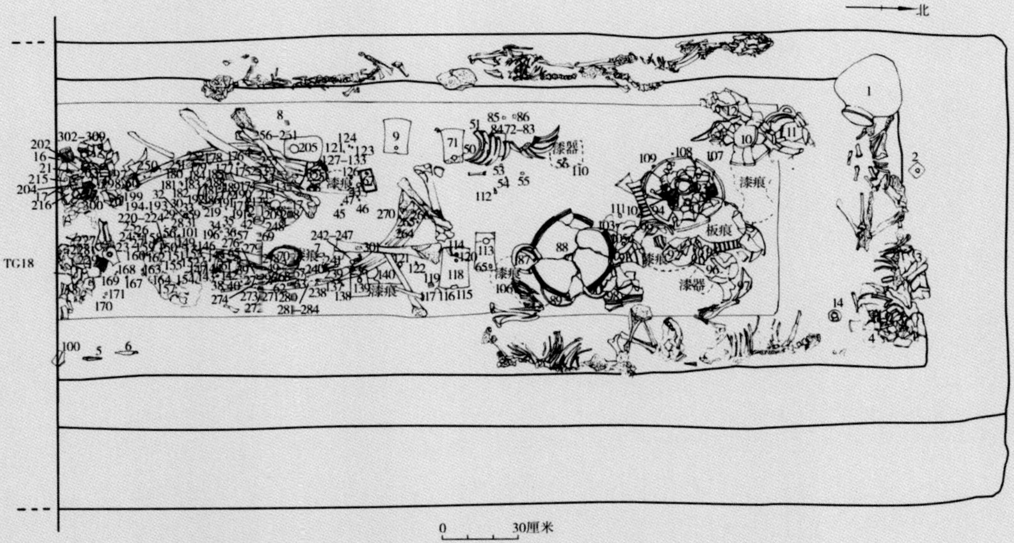

1.陶罐　2、67、140、205.石钺　3.陶缸　4.鼎口沿　5、6、104、206.石镞　7、8、115、117、251、278、279、301.玉管　9、71、84、113、118、139.玉钺　10.陶器座　11.陶单把匜　12.陶鼎　13.陶尊　14.陶杯　15、94.圈足盘　16、85、86、202、267、277、280.玉片　17、23-37、39-43、45-59、66、101、105、107-110、116、122-125、127-133、137、135、1-2-155、158-181、183-201、203、204、208-218、220-229、231-237、240-250、252、256-261、263、268、271-274、297-300、302-308.玉珠　18.陶单把杯　19、22、230.陶阔把壶　20.双鼻壶　21、93.陶双把匜　38、44、120、126、182、238.玉帽　60、61.象牙权杖　62、64.骨板　63.靴形骨器　65、111、119、207、296.骨器　68.玉琮　69.玉璧　70.骨镯　72-83.獠牙器　87、91、92、95、99、103.豆　88.陶大口尊　89.人头盖骨碗　90.陶鼎（带盖）　96.陶三足盉　97.陶器口沿　98.甄　100.石刀　102、264、265、269.骨片　106.牙饰组件　112.牙镶　114、135、136、239.玉锥形器　121.玉坠　134、141、156、157、219、253-255、275、276、281-295.玉粒　262.锥形骨器　266.动物牙齿　270.嵌玉珠漆器

图 7-64　吴家场 M207 平面图

图 7-65　吴家场 M207 玉琮

件等。尤为珍贵的是 2 件雕刻神徽图案的象牙权杖，出土时位于墓主两侧，如 M207 : 61，由象牙对剖制成，片状，表面装饰细刻纹，共雕刻 10 组神徽，以细密云雷纹做底，墩上装饰 2 组鸟纹和 2 组兽面纹，亦以云雷纹做底，通长 90.5 厘米。

福泉山是上海地区等级最高的良渚文化遗址，也是一处等级较高的墓地（尤其是在良渚晚期）。它实际上是一处由福泉山、吴家场、陆坟堰、堰西港西侧等几处台地组成的聚落组，面积有数十万平方米。

二　聚落的层级与社会组织

良渚文化聚落等级的划分是良渚文化聚落考古的另一个重点。刘斌将良渚文化墓地分为三个等级，聚落也分为对应的三个等级，第一等级是莫角山一类的良渚都城型遗址，第二等级是卢村、姚家墩等所代表的中等级聚落，第三等级是龙南、庙前一类的一般村落[①]。《良渚遗址群》报告中的等级划分与此近似。王宁远根据遗址的规模、结构和性质，将良渚文化聚落分为三个等级：一级聚落都、二级聚落邑、三级基层聚落，形成金字塔型的聚落等级模式，遗址的不同分区可能对应不同的政治实体[②]。

良渚遗址群在良渚文化中的地位是学术界比较关注的问题，尽管有少部分学者认为良渚古城只是良渚文化各个中心聚落中的一个，如蒋卫东将良渚文化分布区划分为七个区域类型（后来又扩充为八个），并指出良渚文化的每一个区域类型可能代表着组成方国联盟的邦国，每个邦国都有类似莫角山、寺墩的拥有大型建筑基址和最高等级显贵者墓葬的

---

①　刘斌：《良渚文化聚落研究的线索与问题》，载浙江省文物考古研究所编《良渚文化研究》，科学出版社，1999 年。

②　王宁远：《从村居到王城》，杭州出版社，2013 年。

都邑性遗址①。但更多的学者认为它是整个良渚文化的中心聚落。如赵晔指出，以莫角山为中心的聚落群，代表了良渚文化的最高水平，是良渚方国的统治中心，可称为都城和王城，赵陵山、福泉山、寺墩是次中心聚落群，荷叶地和大坟墩是一般聚落群②。又如严文明在 2016 年良渚遗址考古发现 80 周年学术研讨会上讲到，"假若良渚是一个国都的话，那些（指福泉山、寺墩等）就是各个州郡所在地，这就是一个很像样的广域王权国家了"。③赵辉也对良渚的国家形态进行了全面的论述，认为"就目前考古资料反映的情况看，整个良渚社会中确实存在一张以良渚古城为中心的'中央'联系着各个'地方'中心的网络结构。单就这一点而言，良渚是有那么一点接近于地域国家的样子的"④。

良渚古城遗址是环太湖地区目前发现的唯一一处史前城址，属超大型聚落，占地面积达 100 平方千米，核心区城址区面积也达 800 万平方

① 蒋卫东：《良渚文化高土台及其相关问题的思考与探讨》，载浙江省文物考古研究所编《纪念浙江省文物考古研究所建所二十周年论文集（1979—1999）》，西泠印社，1999 年。

② 赵晔：《良渚文化祭坛、墓地及其反映的社会形态初探》，载浙江省文物考古研究所编《良渚文化研究》，科学出版社，1999 年。

③ 严文明：《华夏文明五千年，伟哉良渚——严文明先生总结讲话》，《中国文物报》2016 年 12 月 2 日。

④ 赵辉：《良渚的国家形态》，《中国文化遗产》2017 年第 3 期。

米，城址区之外还分布着数百处郊区聚落，郊区聚落内分布有数十处面积达数十万平方米的聚落组。寺墩、福泉山、玉架山等聚落实际上均是由数个至数十个台地组成的聚落组。其中寺墩面积最大，为150万平方米，其聚落组的核心——寺墩台地的面积也不过3000余平方米，与莫角山不可同日而语。尤其值得注意的是，寺墩在繁盛期时尽管出现区域性王权，但持续时间仅100余年，且已属良渚最晚阶段，即晚四期。

良渚古城遗址的玉礼器系统最齐全、最完善，并呈现出以良渚古城为中心，向外逐渐衰减的趋势。如良渚古城腹地范围以外，基本不见成组锥形器，三叉形器也仅在桐乡南部—海宁西北遗址群有分布，再往东、往北则不见。

现有的证据支持良渚王国不只是城邦，而是广域王权国家。在绝大部分时期内，良渚古城遗址均是唯一的都邑性遗址，具有强大的控制力和辐射力，是整个环太湖的政治中心、宗教中心、经济中心和人口中心。

在良渚早一期偏早阶段，良渚遗址群范围内尚存在官井头等葬俗不同于瑶山的贵族群体，瑶山在其最早阶段并未显示出独一无二的地位。而在早一期偏晚阶段，尤其是瑶山 M12 的出现，标志着良渚遗址群内贵族群体整合的完成和王权的崛起，且很快扩张至临平遗址群，形成以玉架山 M200 为核心的贵族群体。在良渚早一期，太湖东部分布有张陵山、赵陵山、罗墩等等级较高的聚落，并有各自的特色，这些聚落与瑶山的关系还难定论。

在良渚早二期，良渚古城系统营建基本完成，以反山为代表的王族取代瑶山成为良渚遗址群（良渚古城遗址）的统治阶层。此期也是良渚古城势力最大、影响最深远的时期。太湖东南嘉兴地区的桐乡南部—海宁西北遗址群被良渚古城直接控制，出现以普安桥 M11 为东部的区域统治者，其用玉制度与良渚古城遗址几无二致。太湖东部以张陵山、赵陵山、罗墩为代表的贵族势力似已消失，而福泉山开始出现以 M109（冠状器、大孔玉璧）和 M60（随葬器物 72 件，包括玉璧、冠状器、玉璜、带钩、锥形器等玉器）为代表的低等级贵族，这可能与良渚古城势力的扩张有直接的关系。另外，在太湖北部出现了据点式的聚落——高城墩，花厅的高等级贵族也在这一时期崛起。

三　建筑的类型、种类和技术

高蒙河先生曾将环太湖地区的建筑划分为四种类型：地穴式建筑、平地式建筑、干栏式建筑、台基式建筑[1]。笔者在此基础上将良渚文化的建筑分为五类。

---

① 高蒙河：《长江下游考古地理》，复旦大学出版社，2005 年。

（一）房屋台基的确认：从普安桥、仙坛庙到小兜里

普安桥、仙坛庙、新地里、小兜里等遗址的发掘是基层聚落考古的典范，这几处遗址均为台墩形遗址，这种遗址形态在太湖以南占据主导地位。在仙坛庙等遗址认识的基础上，王宁远回顾并梳理了达泽庙、荷叶地、大坟墩、东八角漾、杨家角、大坟、周家浜、戴墓墩、庄桥坟等遗址，它们早先被认为是祭坛、土台墓地或未定性的土台遗迹，被认为很大可能均是与仙坛庙土台相同的一类房屋遗迹，很具启发性[①]。绰墩（报告称为祭台）[3]、姚家墩和近年来发掘的三亩里、图泽、西长浜、小兜里、酒地上、皇坟头等遗址也有类似房屋土台的发现。王宁远的聚落分级和基础研究最为翔实，形成了专门的著作[②]，尤其是仙坛庙的聚落考古及相关研究是普安桥之外的又一经典。考古显示基于血缘关系的居葬合一模式是良渚时期的主要聚居形态。

普安桥遗址面积约为 3600 平方米，1995—1998 年在土墩南侧发掘了 600 平方米。遗址主体属于崧泽晚期，并有少量良渚早期的墓葬。发

---

① 王宁远：《遥远的村居——良渚文化的聚落和居住形态》，浙江摄影出版社，2007 年。王宁远：《嘉兴地区良渚时期台墩遗址性状的再认识》，载浙江省文物考古研究所编《浙江省文物考古研究所学刊（第九辑）：纪念浙江省文物考古研究所成立三十周年论文集》，科学出版社，2009 年。
② 王宁远：《从村居到王城》，杭州出版社，2013 年。

掘中，"通过对各种堆积性状的仔细辨认和各活动面的细致把握，已基本理清了人工土墩的形成过程，准确判断了相关遗迹的相互关系（房址与墓葬的共时性）"，首次发现房屋台基与台基边墓葬的组合关系，房屋为方形或长方形，面积为 20～30 平方米，或有隔间，房址内或外有灶等遗迹[①]。整个遗址分为四个阶段：F5 土台阶段—F3 土台阶段—"M4"（实为一处房址）阶段—第四阶段，但其中"M4"阶段可根据墓葬随葬品的不同分为以 M8 为代表的较早阶段和以 M10 为代表的较晚阶段，分属崧泽晚期和良渚早期，这样，整个遗址可分为五个阶段：F5 土台阶段（以 M36 为例，共 5 座墓葬）—F3 土台阶段（以 M19、M15、M20 为例，共 16 座墓葬）—"M4"阶段（以 M8、M17 为例，各出土龙首纹玉器 1 件，共 7 座墓葬）—M10 阶段（以 M10 为例，年代属良渚早二期，共 2 座墓葬，另一座为 M18）—原第四阶段。第一阶段即 F5 阶段，有 3 个东西向小土台，此阶段可知有 F9 叠压 F12、F5 叠压 F8、F7 叠压 F11 再叠压 F12 的层位关系，房址两侧或埋设相应的墓葬。第二阶段即 F3 阶段，各土台之间有生活废弃堆积，小土台连接成东西向长土台，东西分布有 3 处房屋建筑，其中也有 F2 叠压 F4 的层位关系。第三阶段即"M4"阶段，M4 为房屋

---

① 秦岭：《环太湖地区史前社会结构的探索》，北京大学博士论文，2005 年。普安桥中日联合考古队：《桐乡普安桥遗址早期墓葬及崧泽风格玉器》，载浙江省文物考古研究所编著《浙北崧泽文化考古报告集（1996—2014）》，文物出版社，2014 年。

土台,田野编号为 M4,根据后期发掘的经验,M4 应该是一处房址所在地,在其东西侧分布着若干墓葬。第四阶段即 M10 阶段,在 M4 房址东侧分布有一处起建时间略晚的土台,埋设墓葬 M10 和 M18。第五阶段原生层面已破坏,仅发现打破土台的几座墓葬,如 M1,此阶段墓葬未发表遗物,年代不详。由此可知崧泽晚期可分为三个小阶段(第一至第三阶段),第一阶段和第二阶段共有测年数据 7 个,年代集中于公元前 3350—2900 年这一范围,其中第三阶段年代可能与良渚早一期(瑶山期)同时,第四阶段属良渚早二期(反山期)。部分房屋台基可辨有基槽、柱坑、灶等遗迹。

仙坛庙遗址面积约为 6000 平方米,发现崧泽晚期晚段呈南北两排分布的 5 处房屋台基,其中南排 3 处、北排 2 处,墓葬埋设于台基两侧;良渚早期阶段两排土台扩展成 2 个长条形台基;到良渚中晚期南排台基不断向北扩建,并叠压于北排台基上,形成目前的台墩。5 处房屋台基编号为 1～5 号,台基之间间距 10 余米。可惜台基表面破坏严重,仅在 2 处房屋台基表面发现直径仅 10 余厘米的柱洞,另外,在土台之间的灰坑、水井填土和台基边废弃堆积中发现大量红烧土块,部分可辨为木骨泥墙,说明台基上曾有建筑存在。遗址的东半部分未发掘,根据王宁远的推测,每排房屋台基应当有 5～6 处,整个遗址房屋台基数量为 10～12 处。台基营建有挖坑堆筑和直接地面堆筑两种形式,以纯净黄土或灰土堆筑而成。墓葬中往往随葬石镰,显示出农业的重要性。

土台 1 位于南排西部，顶部面积现存 7 米 ×7 米，南部边坡发现柱洞 1 个，东坡和北坡发现生活废弃堆积，土台两侧发现墓葬 8 座。

土台 2 位于南排中部，堆筑考究，顶部面积为 6 米 ×8 米，挖坑堆筑，台顶铺设草裹泥，东西两侧分布有红烧土，西侧发现柱洞 1 个，北坡分布有生活废弃堆积，西侧埋设墓葬 3 座（均南北向），东侧埋设 5 座（除 1 座东西向外其余均呈南北向），东侧的 M34（随葬品共 15 件，包括玉璜 1 件、隧孔珠 2 件、小玉环 2 件、玉片 4 件等）、M59（随葬品 11 件，包括玉镯 1 件、隧孔珠 1 件、小玉环 2 件、玉片 1 件、石钺 1 件等）墓坑尺寸是同期最大，且出土涂朱绘彩黑皮陶。M34、M59、M49 这 3 座墓葬头部埋设夹砂缸，显示出一定的等级。M34 和 M59 东西紧挨，北侧为儿童墓 M40，可能属于一个核心家庭。墓葬首先埋设于土台东侧，自西向东依次埋设；最后转而埋设于土台西侧，自西东向西依次埋设，规律性明显。

土台 3 位于南排西部，顶部面积为 7 米 ×7 米，仅在东部发现 2 座墓葬，各随葬 3 件陶器。

以上 3 座土台中，土台 1 年代最早，土台 2 和土台 3 可能是在土台 1 的基础上扩散的结果。

土台 4 中发现墓葬 3 座，其中有婴儿墓 2 座。

土台 5 的西面发现 5 座墓葬，东面发现 6 座墓葬。

仙坛庙的聚落格局反映了私有制小家庭，玉器反映了贸易的存在，且成员之间地位比较平等，男女性差异不明显，儿童随葬品略少。

仙坛庙聚落内部可分为单个土台、土台组、成排土台、整个聚落四个层次，可能分别对应核心家庭、扩大家庭、大家族、氏族，单个核心家庭人口为 4～5 人，整个聚落人口为 40～60 人，总体上聚落以血缘关系为纽带，不同的家庭存在一定的贫富分化[1]（图 7-66）。

小兜里遗址的发掘情况与仙坛庙颇为类似，其年代包括崧泽晚期、良渚早期至良渚晚期。通过发掘揭示了作为居住用的土台（至少有六个）及周边墓葬（55 座，其中崧泽时期 26 座、良渚时期 29 座）、灰坑、窖穴、水井的关系，"土台的拓展和营建较为频繁"。根据陶器的细微差别推测了墓葬的埋设次序，推测这类土台所代表的为家庭，而若干土台的

---

[1] 王宁远：《海盐仙坛庙遗址中期聚落》，载浙江省文物考古研究所编《浙江省文物考古研究所学刊（第八辑）：纪念良渚遗址发现七十周年学术研讨会文集》，科学出版社，2006 年。王宁远：《遥远的村居——良渚文化的聚落和居住形态》，浙江摄影出版社，2007 年。王宁远：《嘉兴地区良渚时期台墩遗址性状的再认识》，载浙江省文物考古研究所编《浙江省文物考古研究所学刊（第九辑）：纪念浙江省文物考古研究所成立三十周年论文集》，科学出版社，2009 年。

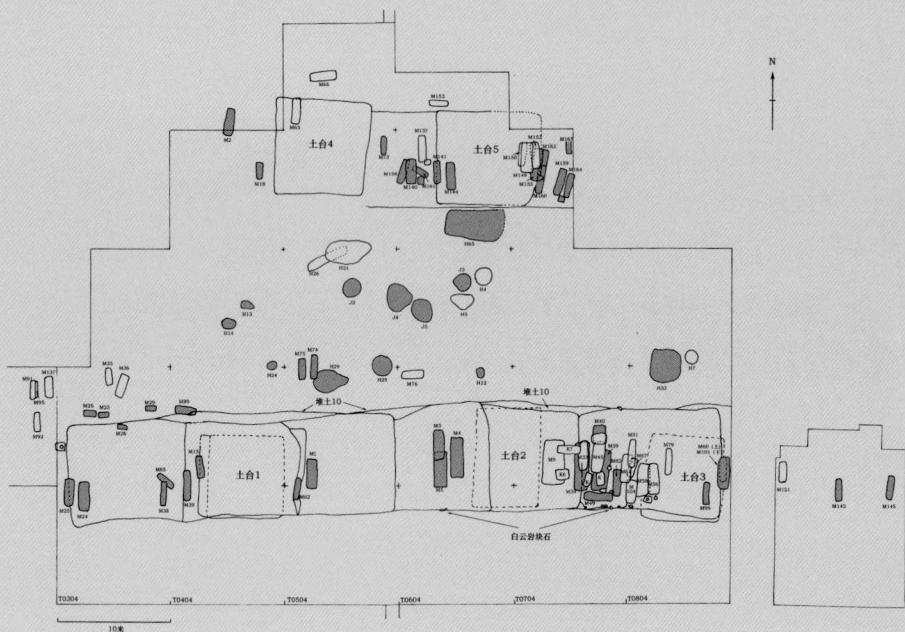

图 7-66 仙坛庙中期遗迹平面图

家庭集合构成家族,不同家庭单元之间也存在一定的社会分化^①。小兜里西区的土台Ⅰ和土台Ⅱ保存得最好,这2座土台的主体时间均为崧泽时期,少数墓葬延续至良渚时期。

---

① 浙江省文物考古研究所、海宁市博物馆:《小兜里》,文物出版社,2015年。

土台Ⅰ可分两个阶段，第一阶段的土台（第 23～16 层）面积为 188 平方米，第 14 层草木灰为此阶段的废弃堆积，涉及土台西侧的 M41、M46 和土台东侧的 M35、M44、M33、M45、M47，其中 M41 打破 M46、M20 打破 M35，属崧泽晚期。第二阶段的土台（第 13 层），包括西侧的 M25、M26 和东侧的 M20、M21，属良渚早一期，M20 随葬陶器仍有浓厚的崧泽风格，且此阶段对应的生活堆积中出土大量崧泽风格的粗泥陶凿形鼎足，泥质陶豆盘、罐、杯仍为崧泽文化的遗留，与良渚式的夹砂鱼鳍形足共存，可见小兜里的崧泽文化下限要晚于良渚古城区（图 7-67 ）。

土台Ⅱ面积约为 62 平方米，方形，年代跨度较大，延续时间较长，可分三个阶段。第一阶段属崧泽晚期，涉及 5 座墓葬，即 M24、M38、M30、M31、M51。第二阶段属良渚早二期 1 段，涉及 7 座墓葬，即 M22、M23、M29、M34、M43、M50、M52，对应的生活堆积中仍存有较多粗泥陶凿形鼎足等崧泽晚期遗物。第三阶段属良渚早二期 2 段，涉及 7 座墓葬，即 M27、M28、M32、M36、M37、M39、M40（图 7-68 ）。

此外，西区东南部也有一小片单独的墓地，年代属崧泽晚期到良渚早期，可分三个阶段。第一阶段属崧泽晚期，涉及 8 座墓葬，即 M16、M17、M18、M19 和 M4、M10、M11、M15。第二阶段属良渚早二期 1 段，涉及 3 座墓葬，即 M7、M8、M14，M8 随葬品共 26 件（组），包括大

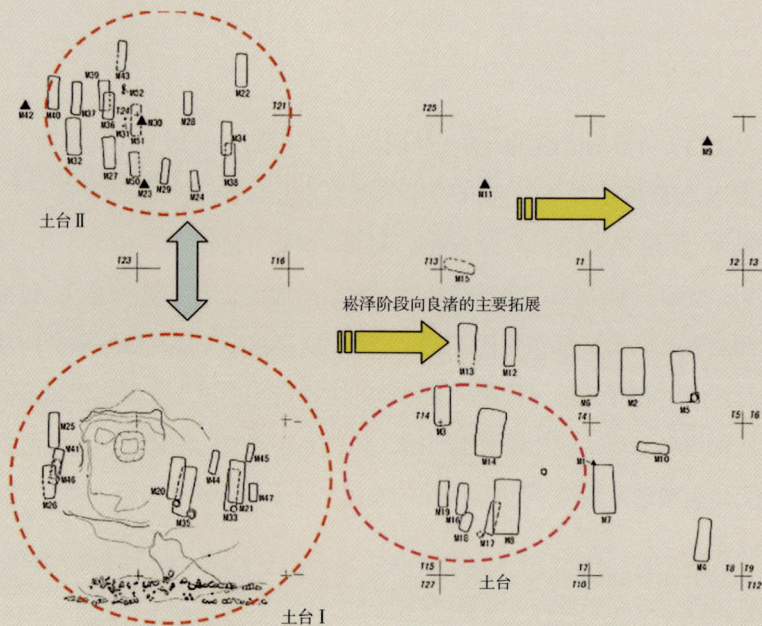

图 7-67　小兜里新石器时代时期堆积过程示意图

型玉礼器玉钺和中型玉礼器玉璜、玉镯，属等级较高的贵族墓葬。第三阶段属良渚早二期 2 段，涉及 6 座墓葬，即 M2、M3、M5、M6、M12、M13，其中 M2、M3 分别随葬器物 34 件（组）和 21 件（组），出土冠状器、玉镯等中型玉礼器，属最低等级的贵族，M5、M6 分别随葬 59 件（组）和 47 件（组），出土大型玉礼器玉钺和中型玉礼器冠状器、玉镯，为等级较高的贵族。

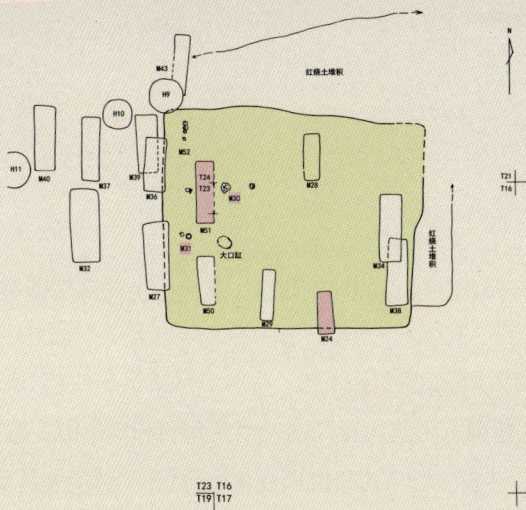

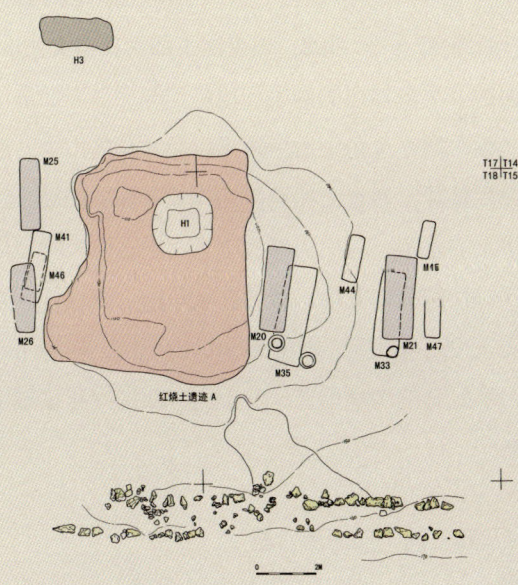

图 7-68　小兜里土台Ⅰ、土台Ⅱ及相关的遗迹总平面图

（二）宫庙式建筑及相关遗迹的考古收获：莫角山上的房屋建筑

宫庙式建筑是高级形态的房屋台基。莫角山宫殿区东西约 630 米、南北约 450 米。在此基础上再筑大莫角山、小莫角山和乌龟山 3 座宫庙台基。2012—2015 年浙江省文物考古研究所在整个莫角山（包括大莫角山、小莫角山和乌龟山以及姜家山）布设东西向和南北向宽 2 米或 3 米的长探沟，呈网状覆盖土台表面，一般发掘至良渚文化层面即止。发掘表明，整个莫角山遗址由于种植果树，在 20 世纪五六十年代遭到普遍的破坏，大部分区域表土层一般厚 30 ～ 50 厘米，表土层下即为良渚文化堆筑层，良渚文化地层的表面留下很多种树的沟渠和树坑，对土台表面造成较严重的破坏。另外汉六朝时期在莫角山土台边缘以及大莫角山等 3 座宫庙台基上，也埋设了许多墓葬，对土台和遗迹造成较多深层的破坏。但幸运的是，通过房屋垫土的差别，我们仍然找出了宫殿区原来房屋建筑的基本格局。通过有针对性的探沟发掘，我们在莫角山上发现了一系列重要遗迹，明确了 1992—1993 年发现的沙土夯筑面的范围，发现了一系列房屋台基及与房屋台基配套的沟槽遗迹、沙土面，新勘探和试掘出数量不少的石头盲沟遗迹。

1. 大莫角山土台及其上的 7 座房屋台基

大莫角山土台为覆斗形长方体，台底东西长约 175 米、南北宽约 88

米，土台总面积约为 15000 平方米，包括围沟部分面积约为 20000 平方米，台顶海拔最高处为 18 米，人工堆筑最厚处为 16.5 米，与古尚顶台面相对高度约 6 米。2013—2015 年在其上共确认 7 座房屋台基，面积为 300～900 平方米，呈南北两排分布。

其中 F2（图 7-69）柱洞保存得较好，格局较为清楚，房屋台基东西长约 25.5 米、南北宽约 11.5 米，高于房屋台基之间的地面约 0.6 米，这是 7 座房屋台基中面积较小的。台基北部、东部、南部分布有房屋使用时或是废弃后形成的红烧土堆积，红烧土边界规整清晰，以此我们大致可以确认房屋的范围。根据柱洞的分布情况，可知土台上的房址可分东西两个分间，每个分间规格相当，约 7.5 米 ×7.5 米，面积各约 56 平方米。台基北坡外、东坡以及西南转角处发现了较大型的柱洞，似为房屋的檐廊，檐廊范围东西长约 24 米、南部宽约 13 米；解剖发现 F2 经过两次堆筑加高过程，存在 3 个不同时期的使用阶段。在 F2 的西南侧还分布有一处沟槽遗迹，编号为沟槽遗迹 4，由南北向和东西向仅深 5～10 厘米的浅沟槽组成，填土多为红烧土颗粒夹杂炭屑，部分为灰白色填土，推测是一处木构建筑，以东西向和南北向木头交错搭建，其上再铺设木板，应该构成 F2 的户外活动面，分布范围为南北长约 15 米、东西宽约 11.5 米。

图 7-69　大莫角山上的 F2 布局图

2. 小莫角山土台及其上的 4 座房屋台基

　　小莫角山位于古尚顶高台的西北部、大莫角山西面。小莫角山是莫角山宫殿区内一座最小的宫殿台基，东西长约 90 米、南北宽约 40 米，面积约为 3500 平方米，顶部略呈东高西低状，良渚文化层表面海拔最高处 17 米，与周边相对高约 5 米，人工堆筑厚度约为 6 米。通过发掘确认小莫角山山顶存在 4 个分属于两个不同阶段的良渚文化房址。较晚阶段的 F17、F18、F19 东西成排分布，F17 和 F18 叠压在较早阶段的 F20 上。

部分房址保存较好、规模较大，丰富了我们对宫殿区内房址的形态及宫殿区内聚落布局的认识。

晚期阶段的 F17（图 7-70）房屋台基呈东西长 17.7 米、南北宽 12.7 米的长方形，顶部海拔约 17 米，总面积约为 220 平方米。台基上发现有由四周基槽和柱坑组成的房址，房址东西全长 15.5 米、南北宽 9 米，总面积约为 138 平方米。房址可分东西两室，分别为 F17-1、F17-2，两室四面均有基槽，其中两室北侧的基槽连通。房址被一些汉六朝时期墓葬和近现代坑打破。F17-1 呈东西、南北各长约 9 米的正方形，面积约为 81 平方米，基槽宽 60～145 厘米不等，西部基槽内共发现柱坑 8 个，推测是墙内立柱。F17-2 东西长 6.65 米、南北宽约 8.5 米，面积约为 56 平方米。北部基槽和东部基槽内各发现柱坑 2 个和 1 个，推测是墙立柱。房址东北部存有一处缺口，推测是与 F17-1 相通的门道。在西部基槽的中间存在一条残宽约 1.1 米的缺口，推测是 F17-2 的东门道，门道内发现柱坑 2 个，可能是门柱。室内均未发现灶坑等遗迹。

早期阶段的 F20（图 7-71）被晚期阶段的 F17、F18 叠压，为保护晚期房屋台基，未进行大规模解剖，因此房屋台基土台边界不明，比较明确的是墙体倒塌形成的红烧土堆积边界相对清楚，红烧土堆积范围整体呈长方形，其内夹杂有大量块状红烧土块，部分红烧土块一面平，且可见草拌泥迹象，是墙体废弃堆积无疑，这一范围东西长约 25.5 米、南北

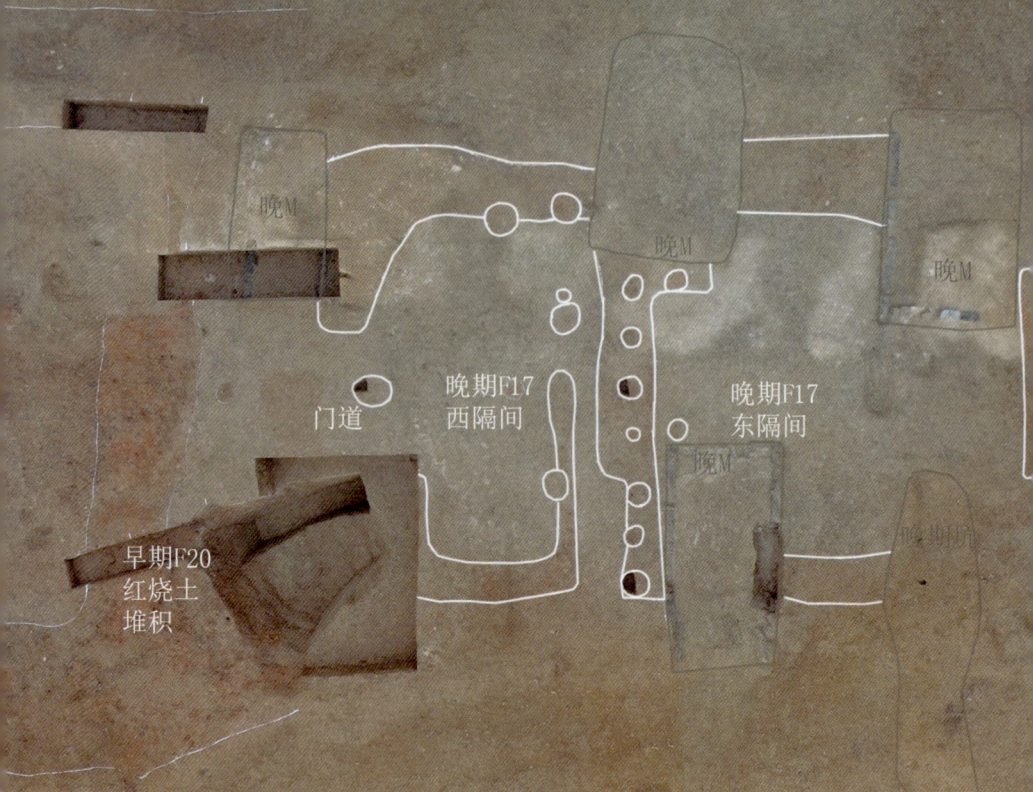

图 7-70 小莫角山晚期阶段的 F17

宽约 15.5 米，总面积约为 380 平方米，土台的边界和面积应大致与此接近，房屋台基海拔最高为 16.6 米。土台上发现有由基槽和柱坑组成的房址，建筑规模较大，规格较高。从现状来看，红烧土堆积范围边界清楚，在对北部、东部、南部红烧土堆积进行解剖的过程中，发现红烧土堆积下叠压有基槽遗迹，由此可知红烧土堆积大致标识了墙体的位置。房址东西长约 23 米（东边已确定，西边大致以红烧土堆积边为边界）、南北宽（南北边界已确定）约 15.3 米，总面积约为 350 平方米。房址由隔墙分成东西两室，分别编为 F20-1、F20-2。经解剖发现 F20-1 东边基槽、隔墙基

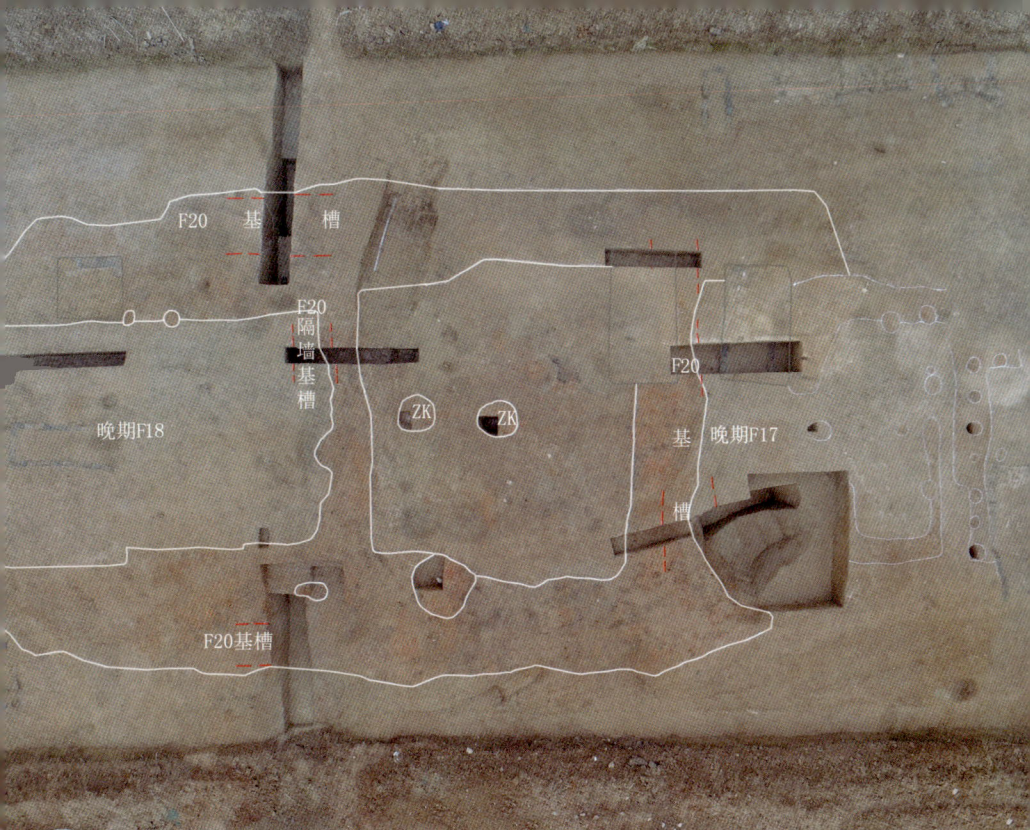

图 7-71　小莫角山早期阶段的 F20

槽及 F20-2 南北基槽，基槽宽 1.1 ～ 1.5 米，局部进行解剖后可知基槽存深 0.55 ～ 1 米。东室 F20-1 保存较好，室内部分东西长约 10 米、南北长约 12 米，总面积约为 120 平方米；东室内中部发现大型室内立柱 2 处，编号为 Z1、Z2，东西成排分布，直径分别为 1.25 米和 1.2 米，均发现柱芯，柱芯直径分别为 0.8 米和 1 米左右，另外还发现一处近椭圆形的疑似灶面，有明显的受火迹象，直径约 0.7 米。此外，南部基槽位置还发现一处直径达 1.8 ～ 2 米的红烧土坑，有可能是基槽立柱。西室 F20-2 大部分叠压于晚期阶段的 F18 下，西部基槽未能确定，规模与 F20-1 大致接近。F20

是莫角山宫殿区内目前发现的规模最大的单体房址，从直径超过1米的大型柱洞，宽度超过1.5米、深度达到1米的基槽遗迹以及规模巨大的红烧土堆积来看，F20的体量、规格相当高。

3. 乌龟山土台

乌龟山土台位于古尚顶高台的西南部。在3座宫庙台基中，乌龟山是遭受破坏最严重的，既没有在顶面发现房屋台基等建筑遗迹，台基边界和形态也都被破坏。20世纪70年代，为平整土地以种植果树，乌龟山顶部被挖去1～2米，在发掘表土时出土过较多的釉陶麒趾金和墓砖，而完全不见汉墓的迹象，这从一个侧面说明了遗址遭受破坏的程度。通过发掘明确了乌龟山的边界。台基顶部良渚文化层表面最高处海拔约16.5米，与周边相对高约4米，现存人工堆筑厚度约为7米。

4. 沙土广场

沙土广场分布于大莫角山南部、小莫角山南部、乌龟山南部及3座宫庙台基之间、良渚文化堆筑层表，1992—1993年发掘时就已有一定程度揭露，当时揭露的沟埂遗迹（即沟槽遗迹1）、柱坑建筑遗迹均位于沙土广场上。2013—2015年，通过持续地探沟发掘和勘探，沙土广场的分布范围日渐清晰。广场大致呈曲尺形，分布在东西长约465米、南北宽约320米的范围内，占地面积达7万平方米。沙土广场是以一层沙、一层泥交错夯筑而成的，沙土部分主要是河沙，掺杂泥土和石头颗粒，泥土主要为取自山上的黄色黏土，质地坚硬、制作考究。沙土广场采取平夯的工艺，夯筑层次清晰，曾剥剔出明显的夯窝，夯层多的达 15 层，各夯层一般厚 5 ～ 25 厘米，夯筑总厚度为 30 ～ 60 厘米，部分区域如乌龟山南部较薄，大莫角山南部最厚处可达 130 厘米。沙土广场应是莫角山宫殿区内举行重要仪式的场所。

5. 位于 3 座宫庙台基之外的房屋台基

在沙土广场南部和东部发现东西成排、南北成列分布的 9 座房屋台基，面积为 200 ～ 500 平方米，排列相当整齐，部分房屋台基仍略高出地表，9 座土台均以较纯净而坚硬的团块状黄褐土堆筑而成。我们仅以十字交叉的探沟确认了土台的大致边界，而未进行全面揭露，因此对土台的堆筑情况及其上的柱坑等遗迹的分布情况并不清楚。目前明确的是这 9 座房屋台基与沙土广场没有叠压关系，应该是房屋建筑与空地的沙土同时规划建设，在南方多雨的地区，沙土应起到户外渗水防粘的作用。这些房屋应该是宫殿区内的贵族居所。在这 9 座房屋台基的周边，还发现与之配套的沟槽遗迹和沙土面，它们共同构成房屋台基外的室外活动面。乌龟山南部分布有 2 座房屋台基，编号为 F21、F22，这 2 座房屋台基与大莫角山南部最南排的房屋台基 F13 ～ F16 处于东西一条线上，说明这一排房屋台基应该是统一规划建设的。

莫角山上共有 3 处沟槽遗迹，一处即 1992—1993 年揭露的沟埂遗迹，位于房屋台基 F9 北部，编号为沟槽遗迹 1，另 2 处均发现于 2013 年，分别位于房屋台基 F11 的东北部和 F12 的北部，编号为沟槽遗迹 2 和沟槽遗迹 3。这类沟槽遗迹在大莫角山房屋台基 F2 西南部也有发现，我们推测是房址外的木构活动面。下面我们以 F11 东北部的沟槽遗迹 2 为例加以说明。

沟槽遗迹 2（图 7-72）位于 STG26 与 WTG17 处，C0C0 区 I 块 T1201、T1101、T1202、T1302 范围内，开口表土下，打破沙土广场，共由 16 条沟槽组成。这些遗迹在 STG26 表土层发掘完后即露头，随后向南、北扩方，其南、北、西三面边界均已明确，东部由于压在马路下而未能揭露出来。该遗迹整体分布于南北长 19 米、东西宽约 15 米的范围内，面积约为 240 平方米。沟槽内填土为灰黄色沙土或浅黄灰色沙土，土质较被该遗迹打破的砂土面稍软，基本呈南北走向，仅一条为东西向，且东西向沟槽填土为灰白色土，异于南北向沟槽。沟槽均为长条形或不规则长条形，长度差异甚大，一般长 700 厘米，最长的为 1400 厘米，最短的仅 92 厘米，宽 10～100 厘米，深度大多在 10 厘米以内，最浅的为 2 厘米、最深的为 22 厘米，各沟槽间隔较近，间距在 10～75 厘米，部分沟槽有连通或分叉的现象。由于未能发现沟槽构成封闭单元，且各基槽间隔较小，因此排除其作为房屋基槽的可能性，我们推测这些沟槽可能与大莫角山南坡围沟底部的木头遗迹及大莫角山房屋台基 F2 西南部

图 7-72　沟槽遗迹 2

的沟槽遗迹的木构遗迹类似，在沟槽中可能原先铺设有南北向木头，其上或铺设东西向木头，共同构成户外活动面。

9 座房屋台基中，除 F15 和 F16 外，其余 7 座房屋台基周边均发现面积不一的沙土面。这类沙土面是以沙泥混合铺设而成的，未经夯筑，质地和考究程度远不如沙土广场，一般仅厚 5～10 厘米。由于探沟发掘面积有限，这些房屋台基附近的沙土面范围还不明确，推测是房屋台基外的散水或户外活动面。

此外，在古尚顶的东部边缘，发现确认南北向分布的 4 座房屋台基，编号为 F32～F35，现地貌仍明显隆起。

在古尚顶的北部边缘也发现确认了东西向分布的 8 座房屋台基，其中大莫角山北部有 6 座，编号分别为 F23～F28，小莫角山北部有 2 座，编号为 F29 和 F30，这 2 座面积较大，应该分别是一组建筑而不是单个房址的基础。

另外，在乌龟山西南部、小莫角山西北部的沙土广场上分布有 1 座小型房屋台基，编号为 F31。

6. 石头盲沟

大莫角山北部和南部的东西向石头遗迹可能是大莫角山周边的排水盲沟，在大莫角山部分已经有过叙述。另外在大莫角山东部和北部都发现与之相连的多条石头遗迹，呈东西向、南北向交叉状，分别延伸至莫角山的东坡和北坡，结构较为复杂，开口于表土层或良渚文化晚期生活废弃堆积下。石头遗迹一般宽 30～75 厘米、保存厚 10～40 厘米，石块直径为 10～20 厘米，多为直径 15 厘米左右的石块，石块之间往往填有细沙，在部分区段石头遗迹范围内可见沟槽迹象，说明在砌筑石头之前曾挖有沟槽。推测这些石头遗迹应为当时大莫角山周边向东、向北排水的盲沟。

（三）列柱式（干栏式）建筑的发现：庙前、金霸坟、龙南

1. 庙前（第一、二次发掘，F1～F4）

崧泽晚期偏早阶段房屋建筑 2 座，即第一、二次发掘的 F3 和 F4，开口西区②层下打破③层，其中 F3 又打破 F4，说明 F3 晚于 F4，房址北部发现同层下墓葬 1 座、窑址 1 座、河沟 1 条（G2）。

崧泽晚期偏晚阶段（报告归入良渚文化第二期）建筑 2 座，即第一、二次发掘的 F1 和 F2（图 7-73 和图 7-74），开口东区②层下打破③层，附近同层下发现崧泽晚期墓葬 5 座（M1、M3、M4、M5、M6，其中 M5 打破 F1 的柱坑 Z15）、河沟 1 条（G1），可能有密切的配套关系。F1 面积较大，建筑考究，由 26 个柱坑组成，柱坑基本成排成组分布，多为长方形，长 50～190 厘米，宽 30～85 厘米，深 20～60 厘米。坑内下部为灰黑或青灰色淤泥，上部有一层黄色硬土，柱坑底部多铺设长条形木板作为柱础，部分柱坑内残留木柱，为平底圆木，直径为 17～27 厘米。除西北面外另外三面均有双排柱坑。外圈长 10 米、宽 8.5 米，面积为 85 平方米，内圈长约 8 米、宽约 5.5 米，面积为 44 平方米。门道可能朝东北，面向河沟（G1）。③层是厚 0～28 厘米的黄色硬土，报

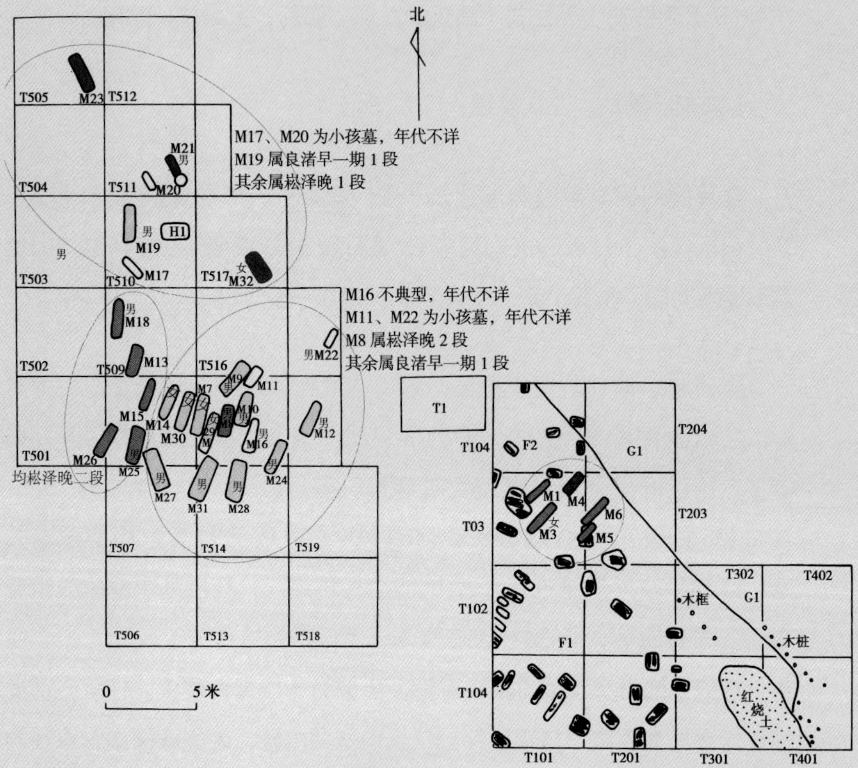

北

M17、M20 为小孩墓，年代不详
M19 属良渚早一期 1 段
其余属崧泽晚 1 段

M16 不典型，年代不详
M11、M22 为小孩墓，年代不详
M8 属崧泽晚 2 段
其余属良渚早一期 1 段

均崧泽晚二段

0   5 米

图 7-73　庙前第一、二次发掘遗迹分布图

462

图 7-74　庙前第一、二次发掘崧泽晚期的列柱式房屋建筑 F1 和 F2（北—南）

告推测是特意营建的居住面[1]，王宁远也认同这一观点[2]，但由于发掘区为海拔近 3 米的农田，F1 开口海拔仅 2.1 米，良渚古城城址区的台地面海拔一般都在 4 米以上，且房屋建筑台基还会在此基础上略堆高，相比之下，庙前 F1 地势太低，推测是干栏式建筑的可能性更大。5 座墓葬随葬

---

[1]　浙江省文物考古研究所：《庙前》，文物出版社，2005 年。

[2]　王宁远：《从村居到王城》，杭州出版社，2013 年。

器物均 2～7 件，种类不丰富，属于一般平民墓葬。在西区清理 30 座①层下打破②层的墓葬，其中有 12 座属崧泽晚期偏晚阶段，主要集中分布于西区靠西部，也均属一般平民墓葬，等级不高，尚未发现与这批墓葬相应的房屋建筑，同层下东部为良渚早期阶段的墓葬 13 座。由此可推测庙前 F1 等建筑是一般平民的居所或粮仓，等级不会太高。庙前第一、二次发掘还清理良渚晚期偏早阶段的水井 2 座（J1 和 H1，井底海拔分别约为 2.15 米和 0 米），如果 J1 确实作为水井使用，则说明良渚晚期水位线可达海拔 2.15 米以上。

第三、四次发掘清理柱坑式建筑 3 座，编号为 F1、F2、F3，均开口陶片面（开口①层下，②层属马家浜时期）下，陶片面中出土遗物主要以马家浜文化以及崧泽—良渚文化早期的陶片为主，但也出土良渚晚期的椭圆形豆盘、高领罐。柱坑为方形或圆形。F3 东西长 13 米、南北宽 5 米。3 座房址面积大体相当，说明这种建筑模式在庙前从崧泽晚期被沿用至良渚晚期。

庙前第五、六次发掘清理了 2 处良渚晚期的红烧土遗迹（报告第三阶段的红烧土遗迹 B 和第五阶段的红烧土遗迹 A，在红烧土遗迹 A 中还发现打破它的柱坑 17 个，多数柱坑直径为 30～40 厘米），性质不甚明确。

2. 金霸坟

清理崧泽晚期建筑 1 处（开口⑤层下）、红烧土堆积 1 处（开口④层下）。该遗址开口②层下的 M1 及第②、③层出土遗物均属崧泽晚期。建筑是与庙前一致的柱坑式建筑，共 9 个柱坑，长 5 ～ 5.3 米、宽 1.8 ～ 2.25 米，面积约为 10 平方米。发掘区为水田，地表海拔约 3.6 米，房址面海拔约 2.4 米，地势也比较低洼。

庙前和金霸坟发现的崧泽文化房屋建筑主要为柱坑组成的干栏式建筑，与嘉兴地区同等级的房屋建筑有着相当大的差异，这可能是良渚地区崧泽晚期的一种主要房屋样式，甚至部分沿用至良渚时期。

3. 龙南

1991 年和 1997 年进行了第三、四次发掘[①]，发掘面积各为 71 平方米和 220 平方米，遗存主体年代属良渚晚期（第④层及该层下 F1），良渚晚期单位中混有少量钱山漾文化遗物。这两次发掘的重要收获是干栏式建筑 F1。在 F1 废弃堆积下发现有南北两排条木，间距约 1 米，排木之间发现有木板残痕和编织席纹痕迹，其中北面排木尚发现 3 处生活遗

---

① 苏州博物馆等：《吴江梅堰龙南新石器时代村落遗址第三、四次发掘简报》，《东南文化》1999 年第 3 期。

图 7-75　仙坛庙 M52 出土器盖上的干栏式建筑图案细部

留堆积，出土数量较多的陶器。排木下发现木桩 30 个，分南北两部分，可复原为东西 3 间房且南部带有走廊的干栏式建筑，3 间房面阔分别为 3.4 米、2.4 米、2.4 米，进深 2.6 米，走廊宽 0.6 米，总面积约为 26 平方米。

仙坛庙 M52（良渚晚期）的一件器盖内壁正中刻画了干栏式建筑的图案（图 7-75）。

（四）地面式建筑：绰墩 [4]

绰墩遗址总面积为 40 万平方米，中心区四面环水，面积为 25 万平方米。遗址中心原有一处南北长 70 米、东西宽 30 米、高 6 米的土墩，土墩内曾出土玉琮、玉钺等文物，说明该遗址为一处良渚时期较高等级的聚落。

绰墩遗址共发现 10 座良渚时期房址（图 7-76），除 F11（浅穴式）和"祭台"（房屋台基）外均为地面式建筑，以方形房址为主，另有 2 座圆形房址。房址发现有基槽、室内灶、室内窖穴、祭祀坑（内有动物骨架）、室外排水沟、室外灶、红烧土堤岸等遗迹。F1、F2、F3、F5、F6、F9 和"祭台"（应为房屋台基，揭露 60 平方米）位于 I 区，报告未提供总图，聚落总体格局不明，且除 F3 外房址均未全面揭露，单体房址结构不甚清楚，从已揭露的情况看，房址面积较大，多为 40～70 平方米，最小的 F3 面积为 20 余平方米，最大的 F5 面积达 115 平方米以上。

F10、F11、F12 位于 II 区，F10、F12 在河道北侧，F11 在河道南侧，房址周边分布有水井、灰坑、红烧土堤岸等遗迹，但这些遗迹开口不同层位下。F10 开口④层下打破⑤层，平面呈长方形，揭露面积约为 10 平方米，西部、南部发现与河道（开口⑤层下）相通的排水沟（G5）和水井（同层下的 J15、J16、J17，其中 J16、J17 出双鼻壶，属良渚早晚期之际），南距河道 1.4 米，推测该组遗迹的年代应在良渚早晚期之际。F12 开口⑤层（良渚文化）下，平面呈长方形，长 8 米、宽 3.4 米，面积约为 27 平方米，分东西 2 间，西间分布有 H105，推测该间为炊煮区，但 H105 出

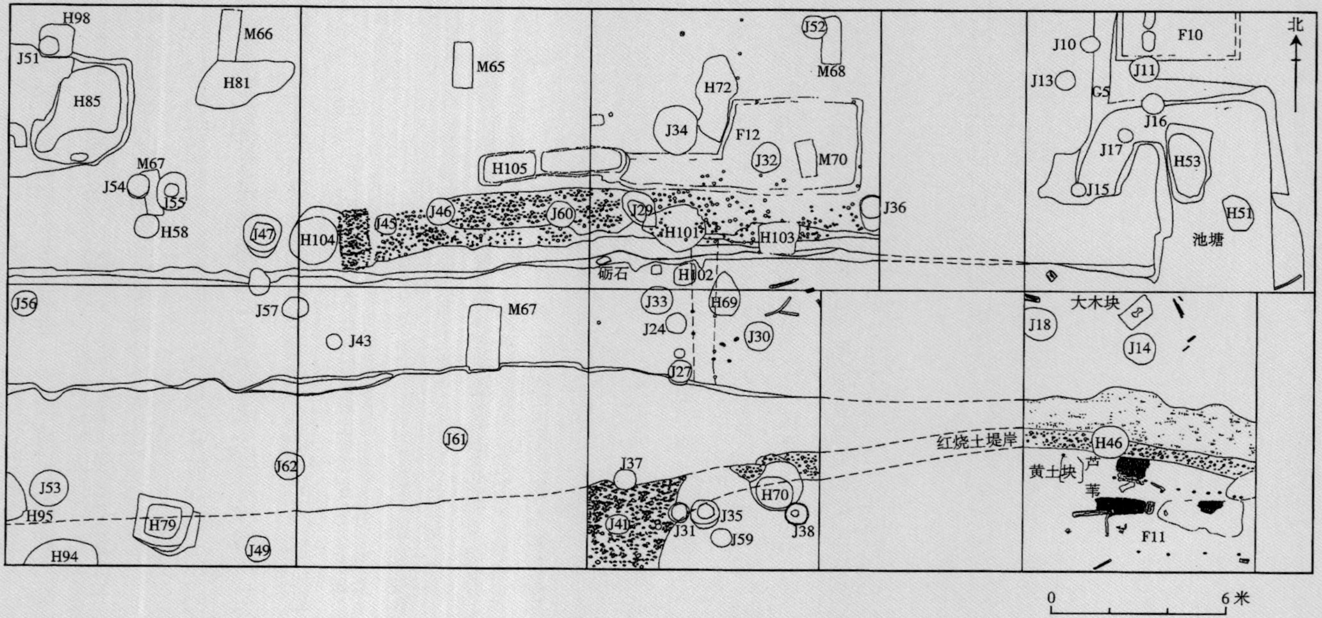

图 7-76　绰墩遗址 II 区良渚文化河道与村落

土崧泽文化陶鼎 2 件，则 F12 应属崧泽晚期。

地面式建筑在水田畈[5]（1 座，发现灶、柱洞等）、少卿山[6]（F1，揭露 12 平方米，发现芦苇编织墙）、马桥[7]（2 座，现存或揭露面积均不过数平方米，仅存居住面，保存不佳）、徐家湾[8]（2 座，其中 F1 现存面积约为 68 平方米，发现有经过夯打的居住面、地面灶、柱坑等，推测为面阔 3 间、进深二檩的两面坡式木结构房址）等也有发现，但保存均不佳。另外，茅山发现有 1 座良渚时期的长方形地面式建筑 F8，面积约为 18 平方米，分隔为大小两间，门道位于同一侧，门旁挖有立柱。

（五）半地穴式和浅穴式建筑：龙南[9]

龙南遗址（图 7-77 和图 7-78）面积为 4 万平方米，1987—1989 年进行了第一、二次发掘，发掘面积近 800 平方米。简报分为三期：第一期包括第 7～6 层，从出土陶器可知此期属崧泽晚期；第二期包括第 5～3 层，其中 3 层下发现由 11 座房址组成的村落，包括 87F2（唯一一座圆形房址，简报认为是猪圈）、87F3～87F6、88F1～88F4、88F5～88F6，从出土陶器可知此期也属崧泽晚期，下限或可至良渚早期；第三期包括第 2D 层及 2 层下遗迹，但简报中归入此期的墓葬多属崧泽晚期，如发表资料的 88M1、88M11，部分墓葬和遗迹属良渚早期，如 88M6、88M10。而 88H1 内出土有从崧泽晚期到钱山漾文化的遗物。

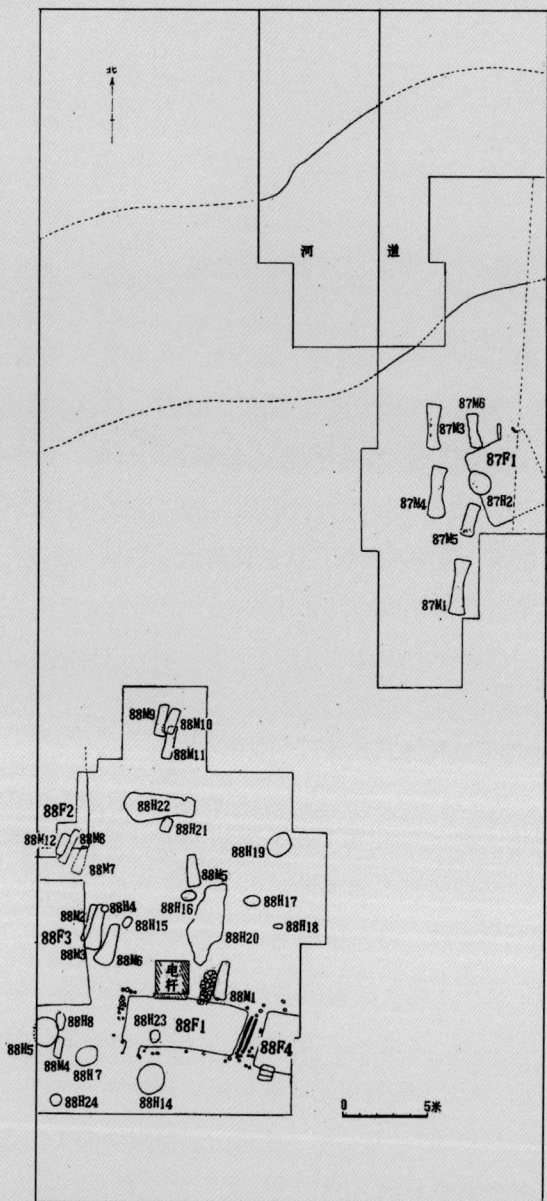

图 7-77　龙南早期晚段遗迹平面图

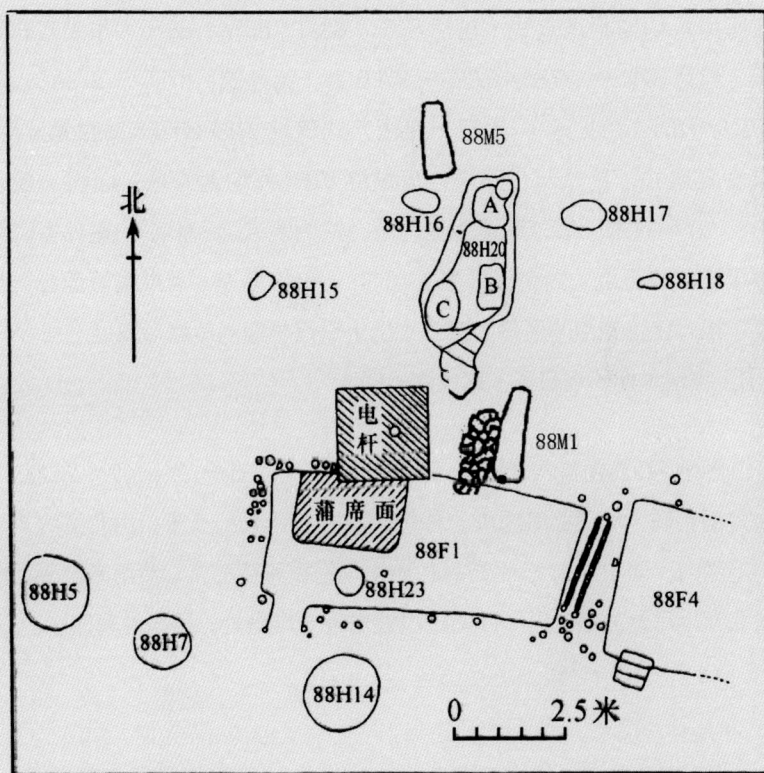

图 7-78　龙南 88F1 平面图与复原示意图

龙南遗址的聚落曾引起不少学者的关注[①]，郑小炉认为埋葬有动物骨架的祭祀坑可能是祭灶的遗留。

简报第二期（实际上主体属崧泽晚期，少部分延续至良渚早期）的11座房址均为半地穴式（包括 87F2、88F1、88F4、88F6）和浅穴式建筑（包括 87F3 ～ 87F6，87F3 ～ 87F6 为一组建筑，87F5 ～ 87F6 先建，87F3 ～ 87F4 为扩建）。另有一座浅穴式房址 87F1 被归入简报第三期，未发表遗物，具体年代不详。房址除 87F2 外均为方形，面积一般在10 ～ 20 平方米，部分房址发现门道、室内窖穴、"睡坑"、室外窖穴和垃圾坑、祭祀坑（内有猪骨架）、水井、防护堤岸、河埠头等遗迹，构成了相对比较完整的聚落。87F3（出土良渚早期的鱼鳍形鼎足）和 88F1（出土良渚早期的双鼻壶）属良渚早期。

绰墩 F11 也为浅穴式建筑，开口⑥层下，呈长方形，穴深 10 ～ 20 厘米，由柱洞、墙、居住面等组成，柱坑分布在东西长约 5 米、南北宽约 3 米的范围内，面积约为 15 平方米，还发现门楣和芦苇席，芦苇席位于室内东北部，可能为睡觉区；西南进门处发现一堆陶片，可能为餐饮区。F11

① 钱公麟：《吴江龙南遗址房址初探》，《文物》1990 年第 7 期。高蒙河：《从江苏龙南遗址论良渚文化的聚落形态》，《考古》2000 年第 1 期。朱紫君：《试论良渚文化的建筑》，《南方文物》2000 年第 1 期。郑小炉：《从龙南遗址看良渚文化的住居和祭祀》，《东南文化》2004 年第 1 期。

居住面出土较多陶器，包括高柄豆、T 形足鼎式甗、双鼻壶、瘦高宽把杯，年代属良渚晚四期。

有关遗址的参考文献：

1. 浙江省文物考古研究所、海宁市博物馆：《小兜里》，文物出版社，2015 年。赵晔：《海宁考古回眸》，《海宁文博》2008 年 10 月总七十一期。

2. 江苏省赵陵山考古队：《江苏昆山赵陵山遗址第一、二次发掘简报》，载徐湖平编《东方文明之光：良渚文化发现 60 周年纪念文集（1936—1996）》，海南国际新闻出版中心，1996 年。胡颖芳：《昆山赵陵山遗址勘探》，《2011 年南京博物院考古研究所年报》，南京博物院，2012 年 1 月。南京博物院：《赵陵山——1990—1995 年度发掘报告》，文物出版社，2012 年。

3. 苏州市文物考古研究所：《昆山绰墩遗址》，文物出版社，2011 年。

4. 苏州市文物考古研究所：《昆山绰墩遗址》，文物出版社，2011 年。

5. 浙江省文管会：《杭州水田畈遗址发掘报告》，《考古学报》1960 年第 2 期。

6. 苏州博物馆等：《江苏昆山市少卿山遗址的发掘》，《考古》2000 年第 4 期。

7. 上海市文物管理委员会：《上海马桥遗址第一、二次发掘》，《考古学报》1978 年第 1 期。上海市文物管理委员会：《马桥》，上海书画出版社，2002 年。

8. 苏州博物馆：《江苏张家港徐家湾新石器时代遗址》，《考古学报》1995 年第 3 期。

9. 苏州博物馆等：《江苏吴江龙南新石器时代村落第一、二次发掘简报》，《文物》1990 年第 7 期。

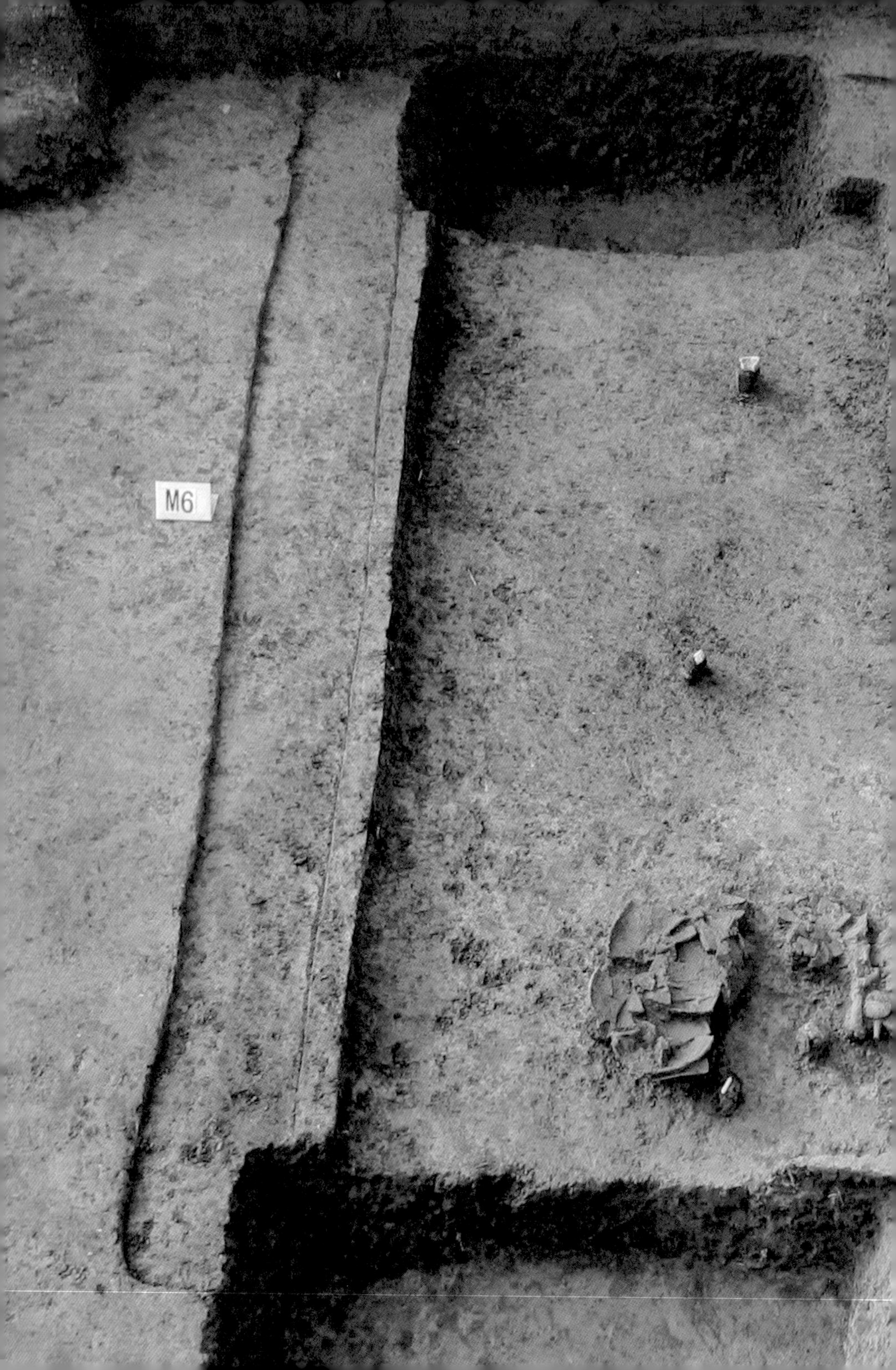
M6

墓地与葬俗

　　良渚文化墓葬发现数量大、序列全、等级多，是研究良渚文化年代分期、等级划分和社会分化的重要资料。据不完全统计，浙江境内已发掘良渚文化墓葬 2300 多座，其中杭州地区 1200 余座、嘉兴地区 1000 余座、湖州地区 50 余座、金衢地区 90 余座、宁绍地区 10 余座。其中多处遗址比较集中地清理了大批墓葬，如玉架山已清理墓葬 560 余座、庄桥坟已清理墓葬 271 座、茅山已清理墓葬 204 座、新地里已清理墓葬 140 座、达泽庙已清理墓葬 105 座。根据方向明统计，截至 2019 年，整个良渚文化分布范围内，已发掘的良渚文化墓葬超过 4000 座 [1]。

----

① 方向明：《良渚墓葬》，待刊。

早在 1957—1958 年邱城遗址发掘时即清理了一批崧泽晚期的墓葬（图 8-1），并首次剥剔出新石器时代的墓坑，以牟永抗先生为首的考古前辈将"认土、找（墓）边、摸（陶）片、剥（居住）面"作为工作守则，为今后浙江地区史前时期墓葬的发掘积累了宝贵的经验、奠定了坚实的基础[①]。

浙江省文物管理委员会联合杭州大学历史系于 1958 年在水田畈遗址清理了 3 座墓葬，报告认为这 3 座墓葬年代可能是春秋之际，不过根据文字描述来看应属良渚时期，这是良渚文化墓葬作为遗迹单元的首次揭露。上海市文物保管委员会于 1960 年和 1966 年在马桥遗址两次共发掘了 2589 平方米，清理了良渚文化墓葬 10 座，未发现墓坑，并揭露了墓葬和居住区的位置关系。上海市文物保管委员会还于 1961 年在广富林遗址试掘时清理墓葬 2 座，未清理出墓坑，并推测遗址的年代可能是新石器时代晚期，属良渚时期。马桥和广富林的发掘首次确认了良渚文化墓葬的存在。

---

① 梅福根：《浙江吴兴邱城遗址发掘简介》，《考古》1959 年第 9 期。浙江省文物管理委员会：《浙江省吴兴县邱城 1957 年发掘报告初稿》，载浙江省文物考古研究所编《浙江省文物考古研究所学刊（第七辑）》，杭州出版社，2005 年。牟永抗：《浙江省良渚文化考古研究的回顾与思考》，载良渚文化博物馆编《良渚文化论坛》，中国文化艺术出版社，2003 年。

图 8-1　邱城崧泽晚期墓葬

　　1973 年草鞋山 M198 中发现琮、璧、钺与良渚文化陶器共存，从而首次确认了良渚文化玉礼器的存在。在继江苏草鞋山发掘之后，1977 年吴县张陵山也发掘到了随葬琮、璧等的良渚文化大型墓葬，学术界因而开始对良渚玉器关注。随后，1982 年和 1983 年，上海市文物保管委员会在上海青浦福泉山遗址的发掘中也发现了随葬大量玉器的良渚文化大墓。这一认识上的突破，为我们寻找良渚文化大墓、探讨良渚社会的分化提供了基础资料。

　　浙江省在良渚文化墓葬的考古方面略显滞后。1978 年春海宁千金角、徐步桥和盛家埭遗址陆续发掘，清理良渚文化墓葬 26 座。1980—1981 年平邱墩进行了规模较大的发掘，这是浙江省考古所建所后第一次较大规模的发掘。1983—1984 年雀幕桥清理发掘良渚文化墓葬 5 座。1986 年德清辉山发掘了 2 座带木质葬具的良渚文化墓葬。以上 6 处遗址的相关内容结集出版了简报。

1986 年反山、1987 年瑶山和 1991 汇观山 3 处高等级贵族墓地的发掘，震惊了考古学界。反山、瑶山的发掘显示大墓棺椁存在的迹象。1988 年海宁荷叶地部分墓葬剥剔出清晰的棺椁痕迹。汇观山 M4 清理出明显的棺椁形态。

1995—1998 年普安桥的发掘，首次辨别出封土、封土塌陷和棺椁的形态等墓葬内涵。2009—2011 年小兜里墓葬发掘时关注了墓坑内堆积的细微层次及其形成过程、随葬品的位置及其埋藏过程、墓主骨骸的位移等细节内涵，最终复原了墓葬的棺椁形态及随葬品的空间位置（图 8-2）。

良渚文化分布核心区——环太湖地区的良渚文化墓葬基本上都是竖穴土坑墓，墓坑一般为南北向略偏西，墓主一般头朝南略偏西。以单人一次葬为主，多为仰身直肢。根据墓葬等级不同，有不使用葬具、使用单棺和使用一棺一椁三种类型。随葬品有玉器、石器、陶器、骨牙器、漆木器等。墓葬中随葬的陶器组合与生活用的陶器组合并不一致，墓葬随葬陶器器型较小，制作也粗劣，具有明器化的现象，不过平湖图泽部

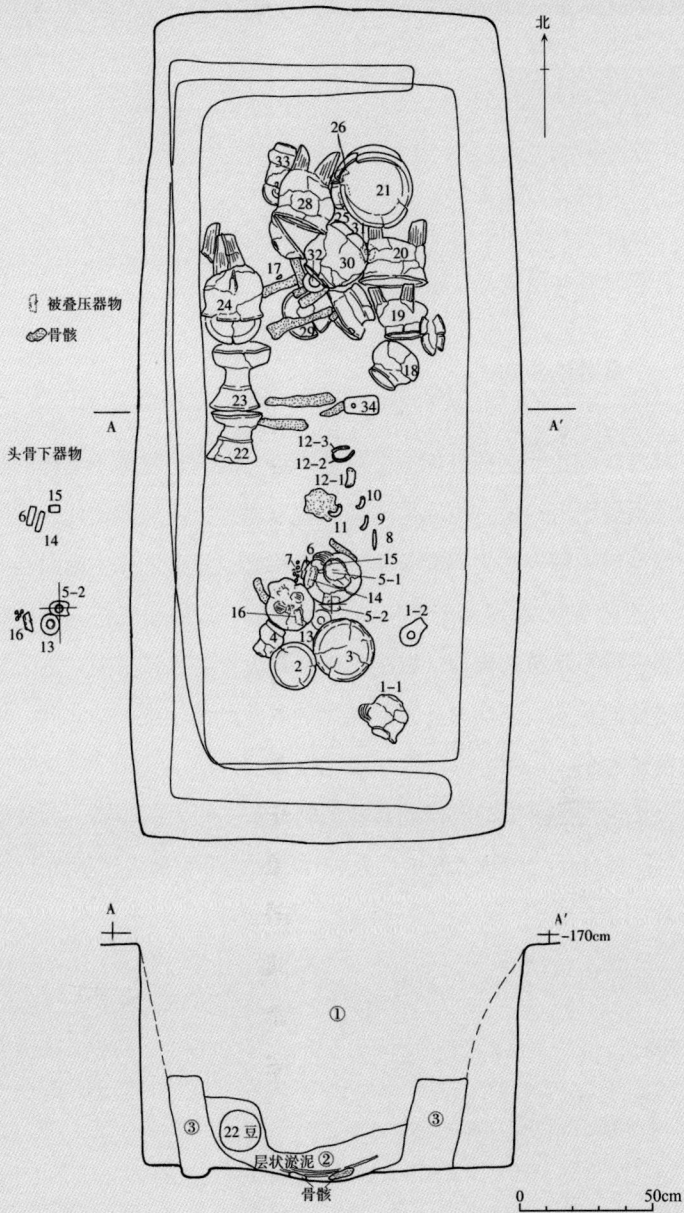

图 8-2　小兜里 M2

481

分墓葬也随葬实用陶鼎，较为特殊[①]。

一 墓葬的头向[②]

墓葬头向是葬制葬俗的一个重要内容，同时也是基于墓葬的社会考古学的重要研究对象，同向墓与异向墓在墓地、区域和文化区内的分布规律是探讨不同人群之间的关系的一把钥匙。王仁湘先生曾对当时全国范围内的近 9000 座墓葬的墓向进行了分析、归纳和总结，对头向形成的原因进行了系统的梳理，提出了许多建设性观点。其中，关于环太湖地区墓葬的头向，他认为马家浜文化的主向是比较统一的北向，崧泽文化逐渐转为东、东南以至南向，良渚文化的主向则为南向[③]。从该文发表至今，环太湖地区史前时期的墓葬资料又有了极大的丰富，为我们探讨这一地区墓葬头向传统的区域性差异和历时性变化奠定了基础。

----

① 芮国耀：《良渚文化陶器内涵及其礼器化现象的探讨》，载浙江省文物考古研究所编《浙江省文物考古研究所学刊（第八辑）：纪念良渚遗址发现七十周年学术研讨会文集》，科学出版社，2006 年。

② 此小节根据陈明辉《环太湖地区史前时期头向传统的区域差异及演变》（《博物院》2019 年第 2 期）改写，注释从略。

③ 王仁湘：《我国新石器时代墓葬方向研究》，载田昌五、石关邦主编《中国原始文化论集——纪念尹达八十诞辰》，文物出版社，1989 年。

由于酸性土壤的侵蚀，环太湖地区墓葬中的人骨保存状况一般都较差，绝大多数墓葬中墓主人骨仅残留少量牙齿、骨骼朽痕或骨渣等，难以判断墓葬头向。部分人骨保存状况较好或保存有牙齿的墓葬可直接判断墓葬头向，部分人骨全无的墓葬有时候可根据随葬的玉器、陶器的位置判断墓葬头向。

（一）马家浜时期

马家浜早期阶段炊器以釜为主，代表性文化有太湖西北部的以平底釜为炊器的骆驼墩文化和太湖东南部以圜底釜为炊器的罗家角文化。骆驼墩文化已发现数处遗址，包括骆驼墩、神墩、西溪、秦堂山等。相关证据已显示，马家浜早期阶段骆驼墩文化是环太湖的文化高地，祁头山文化、邱城一期、吴家埠一期均是在骆驼墩文化的传播影响下形成的。不过，日前为止并未发现马家浜早期阶段的土坑墓，甚至在骆驼墩文化的源头双墩文化中也未发现土坑墓，因此无法探讨其墓葬头向问题。

马家浜晚期阶段墓葬资料丰富，头向传统较为复杂，但小区域内头向基本统一，这从一个侧面反映出马家浜晚期阶段整个环太湖地区的文化整合并未发生，各个小区域有着很强的独立性，但北向传统显示出更强的生命力。笔者曾撰文指出，马家浜晚期阶段环太湖地区应划分为薛城文化、圩墩文化和庙前文化等多个小区域文化，并不存在面貌统一的马家浜文化[①]。太湖西部属薛城文化的三星村、神墩、骆驼墩、秦堂山等遗址，头向多朝东或东略北，可称之为东向传统，不过同属薛城文化的薛城遗址，墓葬头向仅一例为东南向，一例为东向，其余皆为东北向，可能是地理上距北阴阳营文化较近而受到其强烈影响所致。太湖北部属祁头山文化的祁头山墓地，也为东向传统，与太湖西部一致，但将祁头山墓地随葬釜、豆等，尤其是豆打碎覆盖墓主头部的现象在太湖西部中不见，器物组合也有较大差异，显示出较明显的地域特征，随后祁头山墓地及祁头山文化未在当地延续，太湖北部全部被圩墩文化所占据。太湖北东部的马家浜晚期阶段遗存以圩墩文化和马家浜文化为代表，该地区墓葬头向是以北向或北偏东为主向，葬式方面盛行俯身葬，且这种北向传统在太湖北部（以东山村、新岗为代表）根深蒂固，一直延续到崧泽晚期，到良渚时期才转为南向。此外太湖西南部的安乐、芝里等遗址发表了少量马家浜晚期的墓葬资料，人骨基本无存，根据随葬器物可知马家浜末期至崧泽早期似乎比较流行头向朝北，而到了崧泽晚期则转而流行头向朝南。吴家埠第四文化层清理墓葬 8 座，属马家浜时期，"葬式都是单人俯身直肢葬，头向北或略偏东"，无论是葬式还是头向均与太湖北部和太湖西南部相近。其中较为特殊的是江家山遗址，根据简报，

① 　陈明辉：《距今 6000 年前后环太湖流域的文化格局——兼论后冈时代》，载浙江省文物考古研究所编《崧泽文化学术研讨会论文集（2014）》，文物出版社，2016 年。

长兴江家山清理 292 座崧泽文化墓葬，"以早期墓葬数量为多"，简报公布了一批"崧泽早期"的 29 座墓葬，均开口④层下，人骨保存状况较好，墓葬中以无随葬品的为多，男性随葬石锛，女性随葬纺轮，部分墓葬随葬明器化扁折腹小罐，这些特征均与神墩马家浜晚期墓地接近，年代可能早至马家浜晚期阶段，但这批墓葬有一个显著的特点，即头向基本朝南，这是环太湖地区首次出现南向的传统，但昙花一现，到崧泽早期就转为北向为主了，显示出其特殊性。宁镇地区与皖江西部为北向传统，宁镇地区马家浜晚期阶段的遗存是北阴阳营文化，皖江西部马家浜晚期阶段分布着黄鳝嘴文化，墓葬头向均朝北。江淮东部与宁绍地区、金衢盆地为东向传统，墓葬头向绝大多数朝东，这种东向的习俗一直延续至良渚时期，显示出强大的生命力。

（二）崧泽时期

崧泽时期头向差异性开始变小，墓葬头向基本上都为南北向（略偏东或偏西），因此存在两种传统，即北向传统和南向传统。太湖北部崧泽早期主要为继承马家浜时期并延续至整个崧泽时期的北向传统，显示出强大的生命力，但也有部分墓地如南楼、绰墩崧泽早期墓葬头向朝南，但到了崧泽晚期，除了东山村、新岗 2 处墓地，环太湖地区的墓葬头向基本转为南向，北向传统逐渐式微。太湖西南部及东南部从崧泽早期的北向为主转为崧泽晚期的南向，太湖西南部马家浜晚期至崧泽早期阶段主要为北向传统，到了崧泽晚期，可辨墓葬头向的基本上都是朝南，发生了一个明显的转变，这在南河浜和崧泽墓地表现得尤为明显。

可见，在整个马家浜时期和崧泽早期，南向传统仅在江家山、南楼、绰墩等少数几处墓地有发现。但到了崧泽晚期，整个环太湖地区大多数墓葬头向均朝南，北向的葬俗日渐式微。环顾环太湖周边，只有凌家滩墓地墓葬头向以南向为主。凌家滩墓地面积达 14000 平方米，1987 年和 1998 年清理墓葬 44 座，墓葬开口层位分为四种：④层下、③层下、②层下、①层下。2007 年第五次发掘墓葬 4 座。大部分墓葬属崧泽晚期阶段（亦即大汶口早期 3、4 段）无疑，部分墓葬 87M13、87M17、98M16 出土的鬶、长颈壶等器型与东山村崧泽早期墓葬一致，年代可早至崧泽早期阶段。尽管人骨基本未保存，但从随葬品尤其是玉器的位置推测头向基本朝南。根据安乐、芝里、南河浜等太湖东南部和西南部相关遗址的分析可知，陶器组合和风格在崧泽早晚期之间出现了比较明显的变化，尤其是鼎。崧泽早期阶段环太湖南部的鼎主要有鱼鳍形足和铲形足两种，而到了崧泽晚期，凿形足鼎大量出现，"在崧泽晚期的前段，太湖流域主要受到来自长江中游和淮河流域的影响"[1]。由此似可佐证，环太湖南部地区崧泽晚期头向朝南传统的骤然形成似乎也与巢湖流域的凌家滩文化的影

---

[1] 浙江省文物考古研究所：《南河浜——崧泽文化遗址发掘报告》，文物出版社，2005 年。

响有关，苕溪下游太湖西南部是最早接触这一来自西部世界影响的区域。

（三）良渚时期

良渚时期整个环太湖地区墓葬头向得到了基本统一，崧泽晚期开始占主导地位的南向传统此时占据了绝对主导地位，绝大多数墓葬头向均朝南。环太湖地区以外，墓葬头向的主向明显不同，如江淮地区以朝东为主，宁绍地区及金衢盆地以朝东或东北为主，这两个区域的良渚时期遗存的陶器组合也有明显的自身特色，显示出文化分布边缘区的本地传统仍具有一定程度的维持。

王仁湘先生早已指出在一处存在主流头向的墓地中常常会有少量逆向墓，这些墓葬"在墓区有特定的埋葬位置，而且还有特殊的葬式，死者的待遇也常常与土向墓不同"[1]。良渚文化中也存在这种现象，如赵陵山土台下清理了 20 座良渚时期的丛葬墓，头向比较随意，11 座朝北，7 座朝南（其余不清楚），明显与其较为低下的社会地位有关，部分墓葬有明显的非正常死亡迹象。又如庄桥坟的 271 座良渚时期墓葬中"大部分墓葬的墓向为南北向，发现 22 座东西向墓……头向东或西，随葬品

---

① 王仁湘：《我国新石器时代墓葬方向研究》，载田昌五、石兴邦主编《中国原始文化论集——纪念尹达八十诞辰》，文物出版社，1989 年。

只有一两件或没有"，应是身份或地位有别于其他墓葬。

笔者特别关注了在良渚古城区存在的两种不一样的头向传统，即男女头向异向和男女头向同向（均朝南）。

1. 男女头向异向

卞家山墓地中墓主头向与性别之间联系的揭示，开启了良渚墓葬性别考古研究的新视角。卞家山墓地共清理墓葬 66 座，年代属良渚早期偏晚至晚期，存在男性墓基本头朝南、女性墓基本头朝北的现象。这一点《卞家山》发掘报告已经有了明确的介绍，此处不赘述。

文家山墓地也存在与性别有关的头向差异问题。文家山清理墓葬 18 座，M7 为女性墓，M5、M14 可能为女性墓，头均朝北，其余似乎均为男性墓，头均朝南。

新近发掘的姜家山（良渚早期）、黄路头（崧泽晚期至良渚晚期）也如此，仅存在极少数的反例。如姜家山墓地，2015 年清理了 14 座墓葬，除 1 座出土玉璜的女性墓葬头朝南外，其余女性墓葬均头朝北，男性墓葬均头朝南，而且男女在同一排中交错分布，也显示出与瑶山完全不一样的墓位排列方式。

官井头墓地中清理崧泽晚期墓葬 55 座、良渚早期墓葬 51 座，其中崧泽时期墓葬已发表了墓葬登记表和部分墓葬的相关资料，为我们进行性别考古分析创造了条件。这批崧泽时期墓葬头向包括朝南和朝北两种，朝南的墓葬共 30 座，朝北的墓葬共 25 座，朝南的墓中男性墓有 12 座、女性墓有 6 座（其余不清楚性别），朝北的墓中女性墓有 9 座、男性墓有 6 座（其余不清楚性别）。也就是说，崧泽时期男性墓偏向于头朝南，女性墓偏向于头朝北，但还没有卞家山、文家山、姜家山等这些良渚时期的墓地那么规范。官井头的发掘者赵晔对比了瑶山良渚早期的 M1、M4 等和官井头良渚早期的 M51、M54 和 M64，发现玉器随葬数量、种类、出土位置、配伍关系和形态都与庙前非常接近，且"官井头规格居前的七八座墓葬也应是女性墓葬"，并认为瑶山墓地最早的那批女性贵族是从官井头分流过去的。可见瑶山墓地的女性贵族墓继承了官井头良渚早期女性贵族墓的玉礼器系统。但根据赵文披露，"官井头良渚早期贵族墓以及大部分平民墓的头向均朝北，而瑶山墓地的头向均朝南"，显示出二者在头向传统上的巨大差异。

值得注意的是，石马兜公布的 2 座崧泽早期墓葬 M55、M78 头向均朝北，3 座崧泽晚期墓葬中有 2 座女性墓头朝南、1 座男性墓头朝北。这一现象说明男女墓葬头向异向的现象在崧泽晚期还没有完全成形，尽管在官井头和黄路头墓地这种趋势已经开始显露，但要到卞家山、文家山才完全形成。

墓葬男女头向异向的现象在新石器时代末期的佛山河宕墓地中也有发现，河宕共清理墓葬 77 座，其中 56 座墓葬进行了人骨鉴定，结果显示男性墓头向朝西，女性墓头向朝东。

2. 男女头向同向

同样明显的是，在瑶山、反山王陵中，不管是男性墓还是女性墓，头向一律朝南。

瑶山发掘了 13 座墓葬，其中 M12 为王墓。这些墓葬分南北两排，北排 6 座随葬玉璜、玉纺轮、圆牌串饰等，属女性墓；南排随葬玉钺、三叉形器、成组锥形器等，均为男性墓。不论男女，头向一律朝南。

反山是以该墓地最早的墓葬之一 M12 为核心的王族墓地，年代总体略晚于瑶山 M12，但随葬品总体比瑶山同级别的墓葬丰富很多，是良渚古城繁盛期的代表。根据现有的考古成果，可以推测正是以反山 M12 墓主为代表的统治阶层主导兴建了莫角山、水利系统和城墙、部分外城等大型工程。反山墓地共 11 座墓葬，9 座早期墓葬分南北两排，其中北排包括 2 座女性墓葬和 2 座男性墓葬，南排 5 座均为男性墓葬。不论男女，头向一律朝南。

庙前平民墓地的资料说明头向朝南不仅仅是王族墓葬的特征。庙前墓地六次发掘共清理墓葬68座，年代延续很长，包括崧泽晚期至良渚早期和晚期。从庙前墓地的发掘清理情况来看，不同阶段的墓葬一般集中分属不同区域，显示着墓葬选址在不断变化。检索头向资料发现，绝大多数墓葬头向均朝南，不论男女，这一特征与瑶山、反山是一致的。

　　从墓葬的排列方式来看，瑶山与庙前也有着明显的相似之处。庙前良渚早一期1段墓葬可能存在南排埋设男性、北排埋设女性的习俗，这一葬俗也与瑶山墓地一致。庙前西南组崧泽晚2段墓葬实际上分别处于良渚早一期1段墓组四排墓葬的西端，两者肯定有紧密的联系，可能是因为墓主同属一个血缘家族。若此说成立，则说明当时存在自西向东逐次埋设墓葬的葬俗，这种埋葬方式与瑶山的非常相似。可见，不管是墓葬头向、排列方式还是埋葬次序，瑶山都与庙前近似，可以说，瑶山墓地继承了年代更早的庙前墓地形成的"庙前传统"。

　　由此，我们可以推测良渚古城城内存在着具有不同头向传统但随葬陶器组合相同的两大类群体。第一类包括庙前、瑶山、反山，属王族墓地和平民墓地，男女头向同向，均朝南，起始于崧泽晚期，延续至良渚晚期，从庙前到瑶山再到反山，三者之间存在明确有传承关系的丧葬传统。第二类包括官井头、黄路头、卞家山、文家山、姜家山，属贵族墓地和平民墓地，男女头向异向，目前未发现王陵墓地的代表，在崧泽晚期还处于初创阶段，正式形成于良渚早期，延续至良渚晚期。这两大类群体基本同时共存，最终汇聚于瑶山墓地和良渚古城城址区。

据此可推测，良渚古城区的崛起是在瑶山、反山所代表的统治阶层整合了两种头向传统所代表的人群的基础上实现的。这两大类人群包括以官井头、卞家山、文家山、姜家山墓地为代表的本地人群，和以庙前、瑶山、反山为代表的外来人群。从渊源来看，良渚古城区以瑶山、反山墓地为代表的南向传统、器物组合、墓葬排列方式与分布于苕溪下游的湖州毗山崧泽晚期墓地最为接近，显示了二者紧密的亲缘关系，这一点从陶器传统上也能看出，最典型的即两地均共出大量圈足盘。而这一影响的更远的源头，则是年代属崧泽早期至晚期的凌家滩墓地。已有多位学者从随葬玉器和聚落变迁角度指出，良渚古城区崛起有着明显的西苕溪乃至巢湖背景。庙前的发掘及本文的研究则说明，来自西部的影响早在崧泽晚期阶段就已经存在，只是到了以瑶山、反山为代表的良渚早期，外部影响才占据了主导地位。

二 墓葬的分层、分级与社会阶层

墓葬的分期研究和社会等级的划分是良渚文化墓葬研究的两大重点。其中分期研究在前文已经论述，在此主要介绍墓葬的等级研究。

其中瑶山、反山的墓主人是学术界讨论的重要议题。反山发掘者最初提出反山是部落显贵者们的墓地[1]，反山发掘简报进一步指出反山是人工堆筑的专用墓地，墓主拥有神权、财富和军事统帅权，是一批部族的显贵，已成为凌驾于部族一般成员之上的特殊阶层，它可能是兼任酋长、巫师的人物[2]。瑶山发掘简报推测墓主就是巫觋，是神的代言人和祭坛的主事者[3]。反山发掘报告则指出，反山早期的 9 座墓葬以血缘纽带为核心组成宗族墓地，墓主"他们生前有密切的宗亲关系，又并非出自同一宗族，他们来自多个强盛的宗族，共同构成了以 M12 墓主为中心的'反山贵族集团'"，并认为反山 M12 墓主和寺墩 M3 墓主分别是良渚中期和晚期的王[4]。方向明认为，反山 M12、M14、M20、M23 的墓主均担任过王的角色[5]，瑶山中则是男性墓 M12、M7、M10 和女性墓 M11 等级最高[6]。

[1]　浙江省文物考古研究所：《浙江余杭反山发现良渚文化重要墓地》，《文物》1986 年第 10 期。

[2]　王明达：《反山良渚文化墓地初论》，纪念良渚遗址发现五十周年学术讨论会论文，油印本，1986 年，《文物》1989 年第 12 期。浙江省文物考古研究所反山考古队：《浙江余杭反山良渚墓地发掘简报》，《文物》1988 年第 1 期。

[3]　浙江省文物考古研究所：《余杭瑶山良渚文化祭坛遗址发掘简报》，《文物》1988 年第 1 期。

[4]　浙江省文物考古研究所：《反山》，文物出版社，2005 年。

[5]　方向明：《良渚玉文明》，载杨晶、蒋卫东执行主编《玉魂国魄——中国古代玉器与传统文化学术讨论会文集（七）》，浙江古籍出版社，2016 年。方向明：《土著金字塔：良渚反山王陵》，浙江大学出版社，2019 年。

[6]　方向明：《王陵和祭坛：瑶山遗址》，浙江大学出版社，2022 年。

  吴汝祚、牟永抗根据墓葬埋设的位置（土筑高台或平地）、玉礼器的数量和质量，将良渚文化墓葬划分为四个等级：第一等级以反山 M12 为代表，第二等级以福泉山 M9 为代表，第三等级以荷叶地 M8 为代表，第四等级为不使用玉器的墓葬。他们同时指出，以后资料积累多了，有增加等级的可能性[①]。刘斌也将良渚文化墓葬分为三个等级，第一等级以反山、瑶山、汇观山、寺墩、福泉山为代表，第二等级以荷叶地、佘墩庙、普安桥、亭林、赵陵山为代表，第三等级以平邱墩、千金角、徐步桥、庙前等为代表[②]，后来，又进一步在原来的第三等级以下增加了以福泉山、赵陵山墓地中无任何随葬品的墓葬为代表的第四等级墓葬[③]。蒋卫东认为良渚文化墓葬可划分为三个等级，第一等级以反山、瑶山、福泉山、寺墩和荷叶地等出土成组玉礼器的墓葬为代表，墓主是高级神职人员、军事首领和部族的民事决策者，第二等级以梅园里一类葬玉比例较高但不出玉琮、玉钺的墓葬为代表，第三等级以庙前、徐步桥、平邱墩等随

① 吴汝祚、牟永抗：《玉器时代说》，载徐湖平主编《东方文明之光——良渚文化发现 60 周年纪念文集》，海南国际新闻出版中心，1996 年。

② 刘斌：《良渚治玉的社会性问题初探》，《东南文化》1993 年第 1 期。刘斌：《良渚文化聚落研究的线索与问题》，载浙江省文物考古研究所编《良渚文化研究》，科学出版社，1999 年。

③ 刘斌：《良渚文化玉器发现与研究的历程及相关问题的思考》，载上海博物馆编《长江下游地区文明化进程学术研讨会》，上海书画出版社，2004 年。

葬品以陶器，石器为主，偶见小件玉器的墓葬为代表[①]。后来，蒋卫东进一步根据用玉的等级，将良渚文化墓葬分为五个档次：第一档次琮、璧、钺俱全；第二档次有琮、璧、钺但不齐全；第三档次无琮、璧、钺但有体量较大的玉器；第四档次无体量较大的玉器但有小件玉器；第五档次无玉器[②]。反山发掘报告根据已发掘的数十处良渚文化高台墓地资料，将这些墓地划分为五个级差，第一级为反山、瑶山、汇观山、寺墩，第二等级为福泉山、赵陵山、高城墩等，第三等级为荷叶地、亭林、新地里、文家山等，第四等级为达泽庙、大坟墩等，第五等级为平邱墩、徐步桥等[③]。

吴卫红根据良渚文化墓葬的发现情况将良渚文化的社会分为显贵、平民、人殉者三大阶层，显贵之中又分最显贵者和普通显贵者，平民也分为两个层次[④]。亭林遗址的发掘简报中指出，良渚社会可分为四大阶层，即以反山为代表的王（第一阶层），以福泉山、草鞋山等为代表的诸侯、

① 蒋卫东：《良渚玉器的原料和制琢》，载浙江省文物考古研究所编《良渚文化研究》，科学出版社，1999 年。

② 蒋卫东：《神圣与世俗——关于良渚文化玉器功能的若干思考》，载浙江省文物考古研究所编《浙江省文物考古研究所学刊（第六辑）：第二届中国古代玉器与传统文化学术讨论会专辑》，科学出版社，2004 年。

③ 浙江省文物考古研究所：《反山》，文物出版社，2005 年。

④ 吴卫红：《良渚文化的初步分析》，《考古学报》2000 年第 4 期。

首领（第二阶层），以亭林 M16 为代表的第三阶层，以江海、金山坟等为代表的平民墓（第四阶层）①。

以上文章是根据墓葬埋设的位置、玉礼器的出土情况等对墓葬和墓地等级进行的初步划分，由于大多数文章别有主题，故多未对墓葬的分级、分层展开系统论述。对良渚文化墓葬和墓地等级划分探讨最详尽的是以下三篇文章：

林留根根据随葬品的品类组合、数量多寡以及精美程度，将良渚文化墓葬分为大型墓（随葬品以玉器为主，有较多玉礼器和石质生产工具）、中型墓葬和小型墓葬（以陶器为主，无玉礼器，包括无随葬品的墓葬），并根据三种墓在同一墓地出现的组合关系，而将良渚文化墓地分为甲类墓地（属高级形态的墓地，以瑶山、反山、汇观山、福泉山、寺墩等为代表，其内部也可根据玉礼器的随葬情况分不同的等级）、乙类墓地（以张陵山和赵陵山为代表，大型、中型、小型墓葬并存）和丙类墓地（属平民墓地，与居住区杂处，无专门墓地，随葬品从无到 30 余件不等，根据种类和数量可将其再细分为五个等级），据此推测良渚社会已形成

① 上海博物馆考古研究部：《上海金山区亭林遗址 1988、1990 年良渚文化墓葬的发掘》，《考古》2002 年第 10 期。

平民、贵族和统治阶层这三大阶层组成的金字塔式的结构[1]。该文既对墓葬进行了层级的划分，同时将不同等级的墓葬放在墓地的背景中进行了初步的讨论，探讨了当时的社会分层。

      陆建方从分布、葬俗、墓地分类、墓葬分级等入手对良渚文化墓葬做了系统的研究，根据墓地所在地区、墓葬规模、葬具和随葬品的不同将良渚文化墓地分为五大群体：以反山、瑶山为代表的王室墓地，埋葬部族君主及其配偶、臣僚和巫觋，墓地内部可分等级，如反山墓地内可分君王、高级臣僚、巫师、殉人四个等级；以寺墩、福泉山为代表的公侯墓地，埋葬宗族同盟的宗主和机构成员，其中寺墩东区的 4 座墓葬墓主均为宗主，为宗主专用墓地，而福泉山墓地则有等级和分工的差异，总体上地位要低于寺墩，"可能是以宗主之下类似周代封国丞相、公卿等为主要对象的高台墓地"；以赵陵山为代表的强宗族墓地，埋葬族长、长老和宗族成员，其内可分家长、嫡长家庭、非嫡长家庭三个等级；以龙南、平邱墩为代表的基层宗族墓地；以赵陵山丛葬和福泉山殉人为代表的殉人和人牲[2]。该文将西周的宗族理论应用到良渚社会的分析中，取

①   林留根：《试论良渚文化的内部分层与社会结构》，载徐湖平主编《东方文明之光——良渚文化发现 60 周年纪念文集》，海南国际新闻出版中心，1996 年。
②   陆建方：《良渚文化墓葬研究》，载徐湖平主编《东方文明之光——良渚文化发现 60 周年纪念文集》，海南国际新闻出版中心，1996 年。

得了一定的成果，对墓地的分层讨论较为详尽。

张忠培先生以瑶山、福泉山和马桥 3 处墓地的资料为基础，在分期的基础上，根据随葬品的种类、性质及其反映的良渚人身份的区别，指出良渚文化的墓地可分为六个级别：第一级以瑶山墓地为代表，墓主随葬玉琮、玉钺等，是手握神权、军权的神王，是良渚文化的最高统治者；第二级以福泉山第三阶段墓葬为代表，既有随葬玉琮、玉钺的神王，也存在以 M60 墓主为代表的亦工亦军者；第三级以福泉山第二阶段墓葬为代表，随葬玉钺、石钺，而不见玉琮，应是掌管军权和亦工亦军者，而无掌权的神王；第四级以福泉山第一阶段墓葬为代表，随葬石钺和玉器，墓主是兼有战士身份的人；第五级以马桥 M3、M8 ~ M10 为代表，只随葬石钺，但不出土玉器，墓主也是兼有战士身份的人；第六级以马桥 M4 ~ M7 等为代表，仅随葬少量陶器甚至无随葬品，代表了社会最贫困的阶层。据此又将良渚文化的居民划分为四个等级，第四等级是第六级墓地的墓主，均从事农业劳动，处于社会下层；第三等级是第五、第四级墓地的墓主，是死后以石钺随葬的兼有战士身份的人，基本职业或为农业，或为手工业；第二等级是生前掌握军权，死后以玉钺随葬的人，可见于第三、第二和第一级墓地；第一等级是生前既掌握神权又控制军权、死后随葬玉琮和玉钺的神王，仅见于第二、第一级墓地[①]。

---

① 张忠培：《良渚文化墓地与其表述的文明社会》，《考古学报》2012 年第 4 期。

前辈的研究思路和研究成果为我们深化良渚文化墓葬的研究奠定了坚实的基础。鉴于良渚文化内部明确的区域差异、男性墓和女性墓等级的明显差异，以及目前各区域或遗址群资料的日渐丰富，笔者认为目前已经存在就单个区域或遗址群的墓葬资料，基于更细的分期尺度，探讨墓葬和墓地的等级划分的条件。笔者即尝试以良渚古城遗址已发表的墓葬资料为研究对象，并专就良渚古城繁荣期的墓葬进行分级和分层研究，从而探讨墓葬所反映的文明和国家形成的关系问题。据不完全统计，良渚古城遗址范围内已发掘崧泽时期墓葬近 200 座、良渚时期墓葬近 400 座，良渚时期墓葬中比较重要且发表资料的有庙前、官井头、卞家山、文家山和反山、瑶山、汇观山等，另外，近年来新发掘的姜家山也有很重要的考古资料，填补了古城内反山王陵之外贵族墓地资料的空白。

根据良渚文化墓葬材料的特性，笔者认为其相关分层研究应包含两个层次，墓地的分层和墓葬的分级。

（一）墓地的分层

良渚文化的多数墓地都是包含 10 ～ 20 座墓葬的小型墓地，代表延续了 3 ～ 5 代的核心家庭，根据埋葬位置和随葬玉礼器的情况，可将良渚古城遗址范围的墓地分为四个等级：第一等级为王族墓地，该类墓地位置独特，均埋设在经特殊处理的山顶"祭坛"或人工营建的大型土台上，以瑶山、反山为代表，该类墓地中至少存在 1 座王墓，同时也有高等级贵族、低等级贵族墓葬，但无平民墓葬，王墓中随葬数量丰富的琮、钺等大型玉礼器，单座墓葬随葬品达 600 件以上；第二等级为高等级贵族墓地，墓地中至少存在 1 座高等级贵族墓，也包含低等级贵族和平民墓葬，高等级贵族墓葬随葬品百件以上，随葬琮、璧、钺的数量或完整程度不如王墓，以姜家山墓地为代表；第三等级为低等级贵族墓地，以文家山墓地（良渚晚期阶段）为代表，墓地中最高等级者为低等级贵族，随葬品一般在 100 件以内，一般不随葬玉琮、玉钺，但均随葬有多件玉璧和冠状器、三叉形器等中型玉礼器，或随葬大量石钺；第四等级为平民墓地，以庙前、卞家山墓地为代表，墓地中基本上为平民，最多随葬单件冠状器、玉镯、3 件成组锥形器甚至玉璧等，随葬品一般数件至 10 余件。

在其他一些遗址里，还存在更低等级的墓地，类似杀殉或丛葬，最明显的是江苏昆山赵陵山遗址的丛葬墓群。另外，古城内的钟家港河道出土了人的头骨、肢骨等，为非正常死亡的个体，年代属良渚晚期。以上显示出第四等级平民墓地以下还有社会等级更低的群体。

良渚早期阶段在良渚文化分布范围内仅瑶山、反山 2 处王族墓地。从祭坛的规模和形制来看，汇观山的等级应不低于瑶山，可能也属王族墓地，但墓地破坏较严重，仅发现 4 座墓葬，未发现王墓。高等级贵族墓地可以张陵山东山（M4）、赵陵山（M77）、高城墩（M13、M11、

M5、M3）、福泉山（以 M74 为代表）、邱承墩（M3、M5、M11）和玉架山（M200、M149）、姜家山（M1）为代表。低等级贵族墓地以罗墩（M7、M8）、福泉山（M9、M40、M65）为代表。平民墓地数量多，分布广泛。

良渚晚期阶段，在良渚古城范围内未发现王族墓地，但太湖北部的寺墩异军突起，出现以 M3 为代表的王墓。高等级贵族墓地以福泉山、吴家场、后杨村、横山、姚家山等为代表。低等级贵族墓地以文家山（良渚晚期阶段）为代表。平民墓地数量多，分布广泛。

（二）墓葬的分级

根据本书第五章的分析，可知瑶山期晚段（早一期 2 段）和反山期早段（早二期 1 段）中既包含以瑶山 M12、反山 M12 为代表的王墓，也有以瑶山 M10、M2 和反山 M16 等为代表的高等级贵族墓葬，还有反山 M15 一类的低等级贵族墓葬，以及大量平民墓葬，墓葬数量最丰富、涉及墓地数量最多。但此期，就墓地而言，仅有以瑶山、反山为代表的王族墓地和以庙前、卞家山、文家山（良渚早期阶段）为代表的平民墓地，缺乏高等级贵族墓地和低等级贵族墓地。产生这种情况的原因可能有两个：考古暂未发现，或良渚早期社会阶层分化还不明显，贵族阶层还处在发育状态。

良渚早一期 2 段以瑶山 M9、M3、M4 组和 M7、M10、M12、M2、

M11、M6 组，庙前第三、四次发掘 M4、M5、M6、M11、M2、M9，卞家山 M7、M10、M15、M16、M21、M32、M33，文家山 M7、M8、M12 和上口山 M6 为代表。

良渚早二期 1 段以反山 M12、M15、M16、M17，卞家山 M1、M2、M8、M11、M14、M17、M24、M28、M31、M41、M46、M47、M56、M58、M60、M66，上口山 M4、M7 为代表。

下面将以上部分墓葬的随葬品出土情况逐一做简要叙述。

1. 王族墓地墓葬的分级

（1）瑶山 M9、M3 和 M4 组

瑶山 M9 为男性墓，随葬品编号 82 件（组），以单件计共 268 件，玉器 76 件（组），以单件计共 262 件，其中小型玉器管珠 234 件。大型玉礼器有玉琮 1 件、玉钺 1 件；中型玉礼器有 7 件成组锥形器（4 件琮式）、冠状器 1 件、带盖柱形器 1 组 2 件（柱形器刻纹）、刻纹三叉形器 1 件（可能配套玉管 M2：16）、玉镯 1 件；小型玉礼器有长管 3 件、龙纹管 1 件、琮式管 5 件、柱形器 2 件（形制、出土位置接近，可能成组）、条形器 1 件、锥形器 1 件、小型牌饰 1 件。另有嵌玉漆器 1 件。

　　瑶山 M3 为男性墓，随葬品编号 50 件（组），以单件计共 107 件，玉器 45 件（组），以单件计共 102 件，其中小型玉器管珠 84 件。大型玉礼器有玉钺 1 件；中型玉礼器有 5 件成组锥形器、刻纹三叉形器 1 件、冠状器 1 件、玉镯 3 件、带盖柱形器 1 组 2 件；小型玉礼器有琮式管 2 件、长管 1 件、单件锥形器 2 件（包括玉坠 1 件）。

　　瑶山 M4 为女性墓，随葬品编号 45 件（组），以单件计共 61 件，玉器 38 件（组），以单件计共 54 件，包括管珠（含与玉璜 M4：34 配套的管串 M4：35）38 件。未出大型玉礼器；中型玉礼器有冠状器 1 件、刻纹玉璜 1 件（配套管串 M4：35）、璜与圆牌串饰 1 组 9 件、玉镯 3 件；小型玉礼器有单件柱形器 1 件、单件锥形器 1 件。

　　（2）瑶山 M7、M10、M12、M2 和 M11、M6 组

　　瑶山 M7 为男性墓，随葬品编号 158 件（组），以单件计共 679 件，是瑶山墓地中发掘出土遗物最丰富的墓葬，玉器 147 件（组），以单件计共 667 件，但管珠粒数量也达到 603 件。大型玉礼器有玉琮 2 件（其中 M7：50 为壁形，射径为 11.7 厘米，形制近似琮王，略小于瑶山 M12：2784，位于手部，可能是琮王的前身）、玉钺 1 组 5 件（其中刻纹端饰 2 件、琮式管 2 件、钺 1 件）；中型玉礼器有权杖端饰 1 件（M7：29）、成组半圆形器（4 件，位于腰部）、成组玉镯棺饰（3 件）、成组锥形器 10 件（其

中琮式锥形器 2 件）、刻纹三叉形器 1 件（配长管）、冠状器 1 件、刻纹牌饰 1 件、带钩 1 件、带盖柱形器 1 组 2 件、玉镯 9 件；还有刻纹锥形器 2 件（其中 1 件《瑶山》报告定为坠饰）、单体琮式管 8 件、小型端饰 1 件、柱形器 2 件、长管 2 件。另有嵌玉漆器 1 件。

瑶山 M10 为男性墓，随葬品编号 105 件（组），以单件计共 562 件，玉器 99 件（组），以单件计共 556 件，包括管珠粒等小型玉器 502 件。大型玉礼器有玉琮 3 件（M10：16 为壁形，但体量较小，射径为 10.1 厘米，但也不排除为大琮前身的可能）、玉钺 1 件；中型玉礼器有成组柱形器棺饰 3 件（M10：1、M10：32、M10：34）、成组半圆形器 1 组 6 件（位于大腿部）、成组锥形器 11 件、刻纹三叉形器 1 件（可能配套 1 件玉管）、冠状器 1 件、刻纹牌饰 1 件、带盖柱形器 1 组 2 件、镯 7 件（M10：3 位于头部，其余位于手部）；小型玉礼器有单件柱形器 5 件（M10：23 和 M10：33 形制接近，可能成组）、长管 3 件（1 件刻龙首纹）、小型端饰 2 件、月牙形器 2 件、环形饰 1 件、条形饰 1 件、弹形饰 2 件。

瑶山 M12 为男性墓，尽管被盗，仍可确定是瑶山等级最高的墓葬。收缴文物 343 件（报告统计 344 件，去除 1 件琮），均为玉器，其中管珠粒等小型玉器 300 件。大型玉礼器有玉琮 7 件（包括大琮 1 件）、玉钺 1 件；中型玉礼器有权杖端饰 1 件（M12：2838）、成组半圆形器 1 组 4 件（位置已不可考）、成组柱形器棺饰（M12：2798、M12：2801、M12：

2803、M12:2804 这 4 件器型较大,其中可能有 3 件构成成组柱形器棺饰)、成组锥形器 1 组 9 件(均琮式)、冠状器 1 件、三叉形器 1 件、带盖柱形器 1 组 2 件、刻纹匕形器 1 件、刻纹匙 1 件、"器座" 1 件;小型玉礼器有单件柱形器 6 件、小型端饰 2 件、长管 2 件(其中 1 件刻纹)、刻纹锥形器 1 件(坠饰)、琮式管 1 件、刻纹管串 1 组 37 件,刻纹管串仅此 1 组,颇为罕见。

瑶山 M2 为男性墓,随葬品编号 62 件(组),以单件计共 190 件,玉器 56 件(组),以单件计共 184 件,其中小型玉器管珠粒 151 件。大型玉礼器有玉琮 2 件、玉钺 1 件;中型玉礼器有 7 件成组锥形器(2 件刻龙首纹、2 件刻神人兽面纹)、三叉形器 1 件(配套龙纹管 M2:18)、刻纹冠状器 1 件、带盖柱形器 1 组 2 件、镯 1 件、刻纹手柄 1 件;小型玉礼器有单件杆形器 3 件(位置不均匀,或有 2 件为棺饰,即 M2:4、M2:5)、龙首纹圆牌 1 件、琮式管 2 件、长管 2 件(包括配套三叉形器的龙纹管 M2:18)、玉鸟 1 件、单件锥形器 3 件(1 件刻纹,1 件《瑶山》报告定为坠饰)、小型端饰 4 件、条形饰 1 件。

瑶山 M11,女性,为瑶山等级最高的女性墓,随葬品 96 件(组),以单件计共 546 件,玉器 87 件(组),以单件计共 537 件,其中小型玉器管珠粒和瓣形饰 489 件。未出土大型玉礼器;中型玉礼器有刻纹冠状器 1 件、璜与管串 2 组(其中 1 件刻龙首纹)、璜与圆牌串饰 1 组 13 件、单体玉璜1件（刻纹）、带盖柱形器1组2件、刻纹柱形器1件（位于手部，可能作为琮的替代品）、玉镯9件；小型玉礼器包括柱形器3件（不成组，部分可能作为棺饰，如M11∶88）、单件锥形器3件（其中1件为玉坠）、长管1件、纺专1组2件、龙首纹管2件、手柄2件、单件龙首纹圆牌1件、弹形饰1组7件、小型端饰1件。

瑶山M6为女性墓，随葬品20件（组），以单件计共32件，玉器16件（组），以单件计共28件，包括管珠20件。未出土大型玉礼器；中型玉礼器有冠状器1件、玉璜1件（可能配套珠串M6:8）、玉镯2件；小型玉礼器有柱形器1件、纺轮1件、锥形器1件、玉片1件。

（3）反山M12、M15、M16、M17

反山M12为男性墓，随葬品编号181件（组），以单件计共1093件（玉粒、玉片435件），玉器170件（组），以单件计共1082件，其中管珠粒数量达1020件。大型玉礼器有玉琮6件（大琮1件）、玉钺1组5件（玉钺刻纹，瑁M12:105和镦M100:100-2素面，配套2件琮式管M12:109等）、权杖端饰1套2件、玉璧2件；中型玉礼器有成组半圆形饰1组4件（均刻纹，位于头部）、成组锥形器一组9件（1件琮式）、冠状器1件、三叉形器1件（配套特殊长管M12∶82）、柱形器3件（其中M12∶87镯刻神人兽面纹12幅，其中6幅为完整神徽，不成组）、玉镯1件；小型玉礼器有长管 2 件、锥形器 2 件（琮式 1 件，另有锥形器套管 1 件）、龙纹管 2 件、琮式管 11 件、柄形器 1 件、小型端饰 8 件、坠饰 1 件。另有嵌玉漆器 2 件（嵌玉漆杯和嵌玉圆形器各 1 件）。

反山 M15 为男性墓，随葬品编号 45 件（组），以单件计共 63 件（包括玉粒、玉片），玉器 38 件（组），以单件计共 56 件（包括玉粒、玉片），其中管珠粒 41 件。大型玉礼器仅玉璧 1 件；中型玉礼器有成组锥形器 1 组 7 件、刻纹冠状器 1 件、玉镯 1 件；小型玉礼器有锥形器 2 件（琮式 1 件）、琮式管 1 件、玉鸟 1 件、长管 1 件。没有发现玉琮和玉钺，仅有刻纹冠状器等刻纹玉器及 1 组 7 件成组锥形器显示其低等级贵族身份。

反山 M16 为男性墓，随葬品编号 128 件（组），以单件计共 511 件（包括玉粒玉片），玉器 122 件（组），以单件计共 505 件，其中管珠粒和缝缀片、弦纹管以单件计共 434 件。大型玉礼器有玉琮 1 件、玉钺 1 组 2 件、玉璧 1 件；中型玉礼器有成组锥形器 1 组 9 件、成组柱形器棺饰 1 组 3 件（M16：5、M16：13、M16：51）、刻纹冠状器 1 件、三叉形器 1 件、带盖柱形器 2 组 4 件（龙首纹柱形器 1 件）、带钩 1 件、刻纹璜形器 1 件、玉镯 2 件；小型玉礼器有长管 2 件、单件柱形器 3 件（M16：17、M16：19 可能成对）、刻纹锥形器 1 件、玉鸟 1 件、龙纹管 2 件、琮式管 5 件、小型端饰 2 件、条形器 1 件。

反山 M17 为男性墓，随葬品编号 62 件（组），以单件计共 321 件，玉器 57 件（组），以单件计共 316 件，其中管珠和缝缀片以单件计共 279 件。大型玉礼器有玉琮 2 件、玉钺 1 件；中型玉礼器有成组锥形器 1 组 7 件（琮式 1 件）、刻纹冠状器 1 件、三叉形器 1 件（配伍长管 1 件 M17：9）、带盖柱形器 1 组 2 件；小型玉礼器有锥形器 2 件（琮式 1 件，包括 1 件坠饰）、玉鸟 1 件、玉龟 1 件、琮式管 4 件、长管 3 件、小型端饰 9 件、刻纹柄形器 1 件、条形器 1 件。

在进行墓葬的分级讨论时，首先要确定分级的标准。墓坑大小、棺椁（一棺一椁、一棺、无葬具）、墓地位置（独立高台或祭台、坡地、低矮台地、平地）可作为第一级别的标准，根据这几项，很容易识别出贵族墓葬与平民墓葬的区别。

随葬品尤其是玉礼器（部分玉礼器已形成明显的器用制度）的组合和数量差异可供我们对瑶山、反山这两处王族墓地的墓葬分别进行更细致的分级讨论。

大型玉礼器包括琮、璧、钺；中型玉礼器可分两类，一类为特殊中型玉礼器，包括权杖端饰、成组半圆形冠饰、成组棺饰，数量较少，功能特殊，另一类为常规中型玉礼器，包括成组锥形器、三叉形器、冠状器、牌饰、带钩、带盖柱形器、镯和璜、匕、匙、手柄等；小型玉礼器包括长管、琮式管、龙纹管、小型端饰、单件柱形器、位于手部的单件锥形器、鸟、鱼、龟、蝉、纺轮以及月牙形饰、环形饰、条形饰等；小型玉器为管珠等。特殊中型玉礼器单列统计，成组锥形器因其数量与墓葬等级密切挂钩，也单列统计。

（1）大型玉礼器

大琮的有无：在良渚古城遗址范围内，大琮仅出土 2 件，分别是反山 M12 和瑶山 M12，另外，吴家埠采集 1 件残大琮。大琮的出土彰显了反山 M12 和瑶山 M12 的尊贵地位，毫无疑问，它们属第一等级王墓。瑶山 M7 和瑶山 M10 中各出土 1 件形制类似琮王的玉琮（M7：50 和 M10：16），可能是大琮的前身。

玉琮：玉琮的有无和数量是划分贵族墓葬等级的重要标准，在良渚早期阶段，凡是出土玉琮的均称得上是高等级贵族墓葬，瑶山 M12 和反山 M12 分别出土 7 件和 6 件，数量最多，等级也最高。

玉璧的数量：瑶山期贵族墓葬中尚未随葬玉璧，反山期早段墓葬中随葬玉璧数量少，因此玉璧的数量不是贵族墓葬等级划分的最重要的标准。

玉钺的有无：在瑶山和反山墓地早期中，除反山 M15 和 M18 之外，男性墓均随葬一把玉钺，玉钺的有无可作为划分墓葬等级的重要标准，但由于其器用制度非常标准（如果出土，仅有 1 把），除了反山 M12 出土的玉钺王彰显了该墓葬的特殊地位之外，在出土玉钺的其他墓葬中无法据此标准做更细的划分。

5 件套玉钺：在笔者要讨论的墓例中，仅反山 M12、瑶山 M7 两座墓出土 5 件套玉钺，瑶山 M12 按等级来说也应有出土，可惜被盗掘，文物已不全，另外，反山 M16 虽未出土钺瑁但出土 1 件钺镦，也值得重视。

权杖的有无：权杖的有无也值得重视，如反山 M12 豪华权杖的瑁、镦（M12：91 和 M12：103），雕琢精美神像，瑶山 M7、M12 也分别出土与反山 M12 类似的权杖端饰（M7：29 和 M12：2838），但均为素面。根据福泉山吴家场墓地良渚晚期 M207 出土的象牙权杖可知瑶山 M12、M7 的权杖瑁镦依托的应是象牙权杖。

（2）中型玉礼器

成组半圆形器：仅 7 座大墓有出土，即瑶山 M7、M10、M12 和反山 M14、M12、M20、M23，在本章讨论范围的墓例有瑶山 M7、M10、M12 和反山 M12 4 座，其中反山 M12 成组半圆形器出土于头部，可能是一种冠饰，而瑶山 M7、M10 则出土在腰部或下肢部，功能不明。

成组棺饰：瑶山 M12、M7、M10 和反山 M16 出土成组棺饰（柱形器或镯），较为特殊。

成组锥形器：每组锥形器件数有 11 件、10 件、9 件、7 件、5 件、3 件、2 件、1 件等，除少量墓葬有 11 件（瑶山 M10）、10 件（仅瑶山 M7）和 2 件成组之外，绝大多数以奇数排列，且与墓葬的等级密切相关，形成类似三代以奇数鼎作为等级标志的礼仪制度。

其他：冠状器、三叉形器、玉璜的有无，以及是否刻纹。

（3）小型玉礼器

琮式锥形器、琮式管、龙纹管等的有无与数量。

综上，贵族墓葬可分六个级差（表8-1）。

以大琮的有无、玉琮的数量作为第一级别判别标准，豪华钺杖、豪华权杖、成组半圆形冠饰作为第一级别的辅助判别标准，以玉钺的有无作为第二级别判别标准，以成组锥形器、玉器的数量（管珠除外）作为第三级别判别标准，以刻纹中型玉礼器（成组锥形器、冠状器、三叉形器、璜、柱形器）的数量和种类作为第四级别判别标准，以中型玉礼器的有无和数量、刻纹小型玉礼器（管）的有无和数量作为第五级别判别标准。

表8-1 瑶山、反山墓葬分级表（标红表示为女性）

分级	墓葬	玉琮（大琮）	玉钺	玉璧	权杖端饰（刻纹）	成组半圆形器	成组棺饰	成组锥形器（刻纹）	其余中型玉礼器（刻纹）	小型玉礼器（刻纹）	玉器总数（件组和单件）	去除管珠粒片及石器、陶器（单件）
1 王	反山M12	6（1）	1组5件（玉钺刻纹，配套琮式管2件）	2	2（2）	1组4件（头部，均刻纹）		9（1）	6（1）	27（14）	170（1082）	62
1 王	瑶山M12（不全）	7（1）	1		1	1组4件（不明）	成组柱形器3件	9（9）	6（2）	49（39）	单件343	43
2 "王"	瑶山M7	2（1？）	1组5件（4）		1	1组4件（腰部）	成组玉镯3件	10（2）	14（2）	15（10）	147（667）	64
2 "王"	瑶山M10	3（1？）	1			1组6件（下肢）	成组柱形器3件	11	11（2）	16（1）	99（556）	54
2 "王"	反山M16	1	1组2件（含镞）	1			成组柱形器3件	9	8（3）	17（9）	122（505）	71
2 后	瑶山M11								18（4）	15（3）	87（537）	48
3	反山M17	2						7（1）	3（1）	22（8）	57（316）	37
3	瑶山M2	2	1					7（4）	5（2）	15（7）	56（184）	23
3	瑶山M9	1	1					7（4）	4（2）	14（6）	76（262）	28
4	姜家山M1											
5	瑶山M3		1					5	6（1）	5（2）	45（102）	18
5	反山M15			1				7	2（1）	5（3）	38（63）	17
5	瑶山M4								6	2	38（54）	16
6	瑶山M6								4	4	16（28）	8

* "王"是指可能为王。

512

瑶山 M9 可能是第一代王的墓葬，瑶山 M7 和 M10 可能是第二、三代王的墓葬，瑶山 M12 可能是第四代王的墓葬，反山 M12、M16 可能是第五、六代王的墓葬。以上王墓的年代大概在距今 5150—4950 年这一区间。年代更晚的反山 M20、M14 为第七、八代王的墓葬，年代大概在距今 4950 年前后至 4900 年之间。良渚早期阶段的王墓可能已经得到全面揭露。

2. 高等级贵族墓地墓葬的分级

由于以上墓例中缺乏高等级贵族墓地的材料，笔者在此特别补充姜家山墓地早期阶段的墓例，以 M1、M2、M6、M13、M4、M5、M9、M8 为代表（表 8-2），这些墓葬的年代相当于反山墓地的晚期阶段，大致与反山 M20、M14、M22、M23、M18 相当。比上文讨论的墓例晚一个阶段。到这一时期，玉璧、石钺随葬的数量大增，成为判断墓葬等级的重要指标。

表 8-2　姜家山墓葬分级表（标红表示为女性）

分级	墓葬	玉琮	玉钺	玉璧	成组锥形器（刻纹）	其余中型玉礼器（刻纹）	小型玉礼器（刻纹）	玉器总数（件组和单件）	去除管珠粒片的玉器（单件）
4	姜家山 M1	1	1	9	7	2	17	55(165)	39

续表

分级	墓葬	玉琮	玉钺	玉璧	成组锥形器（刻纹）	其余中型玉礼器（刻纹）	小型玉礼器（刻纹）	玉器总数（件组和单件）	去除管珠粒片的玉器（单件）
5	姜家山 M6	1	5	5	3	17（1）	63（95）	34
5	姜家山 M2		3	5	2	5	50（63）	15
5	姜家山 M13		1	5	2	5	45（55）	13
5	姜家山 M8			1		4	8	59（86）	20
6	姜家山 M4					4	4	26（35）	13
8	姜家山 M9							6	1
10	姜家山 M5							1	

　　M1 为男性墓，随葬品 65 件（组），以单件计共 175 件，玉器 55 件（组），以单件计共 165 件，其中管珠 126 件。大型玉礼器有琮 1 件、钺 1 件、璧 9 件；中型玉礼器有成组锥形器 1 组 7 件、冠状器 1 件、三叉形器 1 件（配套玉管 1 件）；小型玉礼器有长管 2 件、柱形器 1 件、锥形器 2 件、小型端饰 12 件。石器 8 件，均为钺。陶器 2 件，有鼎、圈足罐各 1 件。

　　M2 为男性墓，随葬品 56 件（组），以单件计共 69 件，玉器 50 件（组），以单件计共 63 件，其中管珠 48 件。大型玉礼器有玉璧 3 件；中型玉礼器有成组锥形器 1 组 5 件、冠状器 1 件、镯 1 件；小型玉礼器有长管 1 件、柱形器1件、锥形器3件。石器2件，均为钺。陶器3件，有鼎、豆、圈足罐各1件。鲨鱼牙1件。

M6为男性墓，随葬品66件（组），以单件计共98件，玉器63件（组），以单件计共95件，其中管珠粒61件。大型玉礼器有钺1件、璧5件；中型玉礼器有成组锥形器1组5件、冠状器1件、三叉形器1件（配套玉管1件）、带盖柱形器1件；小型玉礼器有柱形器1件、琮式管1件、小型端饰11件、锥形器4件。石器1件，为钺。陶器2件，有鼎、圈足罐各1件。鲨鱼牙1件。该墓出土的琮式管是姜家山M1玉琮之外第二件刻纹玉器，且成组锥形器体型大，显示该墓的等级较高。

M13为男性，随葬品50件（组），以单件计共60件，玉器45件（组），以单件计共55件，其中管珠粒42件。大型玉礼器有玉璧1件；中型玉礼器有成组锥形器5件、三叉形器1件、冠状器1件；小型玉礼器有锥形器4件、长管1件。石器1件，为钺。陶器4件，鼎、豆、圈足罐和不明陶器各1件。

M4为女性墓，随葬品35件（组），以单件计共44件，玉器26件（组），以单件计共35件，其中管珠22件。未出大型玉礼器；中型玉礼器有冠状器1件、璜2件、镯1件；小型玉礼器有锥形器2件、端饰2件。

陶器6件，有鼎2件，豆、盆、过滤器、纺轮各1件。骨器1件，为端饰。象牙器1件，为镯。漆器1件，为盆。

M5为女性墓，随葬品5件。玉器1件，为管。陶器4件，有鼎、豆、杯、纺轮各1件。

M9为女性墓，随葬品10件。玉器6件，有锥形器1件及管珠5件。陶器4件，有鼎、豆、圈足罐、盆各1件。

M8为女性墓，随葬品67件(组)，以单件计共94件，玉器59件(组)，以单件计共86件，其中管珠粒66件。大型玉礼器有璧1件；中型玉礼器有璜2件（其中玉璜M8∶1-1配套管串）、冠状器1件、玉镯1件；小型玉礼器有锥形器2件、柱形器3件、纺轮1件、小型端饰2件。陶器8件，有鼎3件，豆、圈足罐、圈足盆、甗、过滤器各1件。

姜家山M9可归入卞家山第2级，姜家山M5可归入卞家山第3级。

3. 平民墓地墓葬的分级

（1）卞家山M7、M10、M15、M16、M21、M32、M33和M1、M2、M8、M11、M14、M17、M24、M28、M31、M41、M46、M47、M56、M58、M60、M66

M7 为男性墓,随葬品 11 件,包括锥形器 3 件(头部 2 件)、长玉管 1 件、管珠 3 件、石钺 1 件、陶器 3 件（鼎、豆、罐）。

M10 为女性墓，随葬品 13 件，包括玉镯 1 件、珠串 1 组 5 件、管珠 2 件、陶器 5 件（鼎、豆、罐、盆、纺轮）。

M15 为男性墓,随葬品 9 件,包括锥形器 1 件、管珠 2 件、石钺 1 件、陶器 5 件（鼎、豆、罐、盆，其中豆 2 件），另有 1 件疑似漆器。[①]

M16 为女性墓，随葬品 6 件，包括管珠 1 件、陶器 5 件（鼎、豆、罐、纺轮，其中豆 2 件）。

M21 为女性墓，随葬品 12 件，包括锥形器 1 件、管珠 5 件、石网坠 1 件、陶器 5 件（鼎、豆、罐、盆、纺轮），另有 1 件疑似漆瓠。

M32 为女性墓,随葬品 7 件,包括玉璜 1 件、管珠 1 件、陶器 5 件（鼎、豆、罐、纺轮，其中鼎 2 件）。

M33 为女性墓,随葬品 11 件,包括锥形器 1 件、管珠 1 件、石钺 1 件、陶器 8 件（鼎、豆、罐、器盖、盆、纺轮、小器盖，其中鼎 2 件）。

---

① 　疑似物品不计入随葬品总数，下同。

M1 为男性墓，随葬品 9 件，包括玉坠 1 件、管珠 3 件、石钺 1 件、陶器 4 件（鼎、豆、罐、盆）。

M2 为男性墓，随葬品 9 件，包括锥形器 2 件（其中 1 件位于头部）、管珠 2 件、石钺 1 件、陶器 4 件（鼎、豆、罐、盆）。

M8 为女性墓，随葬品 7 件，包括管珠 3 件、陶器 4 件（鼎、豆、罐、盆）。

M11 为男性墓，随葬品 9 件，包括锥形器 3 件（其中 2 件位于头部）、管珠 2 件、石钺 1 件、陶器 3 件（鼎、豆、罐）。

M14 为女性墓，随葬品 3 件，包括陶器 3 件（罐、盆、纺轮）。

M17 为女性墓，随葬品 3 件，墓主可能是未成年人，局部被打破，包括管珠 1 件、陶器 2 件（豆、杯）。

M24 为女性墓，随葬品 9 件，包括锥形器 1 件、管珠 4 件、陶器 4 件（鼎、罐、盆、纺轮）。

M28 为男性墓，随葬品 5 件，包括锥形器 1 件、石钺 1 件、石锛 1 件、陶器 2 件（豆、杯）。

M31 为女性墓,随葬品 5 件,墓主推测为未成年人,包括陶器 5 件(鼎、豆、罐、盆、纺轮)。

M41 为男性墓, 随葬品 4 件, 墓主推测为未成年人, 包括管珠 1 件、陶器 3 件 (鼎、豆、罐)。

M46 为女性墓, 随葬品 13 件, 但墓主头朝南, 包括冠状器 1 件、玉镯 1 件、锥形器 1 件、玉 D 形饰 1 件、管珠 2 件、陶器 7 件 (鼎、豆、罐、盆、单耳盆、纺轮, 其中盆 2 件)。

M47 为女性墓, 随葬品 12 件, 包括锥形器 1 件、管珠 5 件、陶器 6 件 (鼎、豆、罐、盆、双鼻壶, 其中盆 2 件), 另有 1 件疑似漆器。

M56 为女性墓,随葬品 8 件,包括锥形器 1 件、管珠 3 件、陶器 4 件(鼎、豆、尊、盆), 另有 1 件疑似漆觚。

M58 为女性墓,随葬品 7 件,包括管珠 4 件、陶器 3 件 (鼎、豆、罐)。

M60 为男性墓,随葬品 13 件,包括锥形器 4 件 (其中 3 件位于头部,成组)、管珠 4 件、石钺 1 件、陶器 4 件 (鼎、豆、罐、盆)。

M66,墓主性别不明,随葬品 8 件,包括锥形器 1 件、管珠 2 件、陶器 4 件（鼎、罐、杯、盆）、漆觚 1 件。

综上，平民墓葬可分六个级差：第 1 级为 M7、M10、M11、M32、M46、M60，随葬 3 件或 2 件成组锥形器、冠状器、玉璜、玉镯等中型玉礼器，随葬品总数一般为 10 余件，是最低等级的贵族；第 2 级为 M1、M2、M8、M15、M21、M24、M33、M47、M56、M58、M66，出 5 件左右管珠、锥形器等小型玉器，头部或出 1 件锥形器，随葬品共 10 件左右，是富裕的平民；第 3 级为 M16、M17、M28、M41，随葬零星锥形器或管珠和较完善的陶器组合，随葬品 5 件左右，是比较富裕的平民；第 4 级为 M31，随葬较完善的陶器组合，无玉器出土，随葬品 4 件左右，属一般的平民；第 5 级为 M14，随葬少量陶器，随葬品 2 件左右，属贫民；第 6 级，无随葬品，赤贫，此级墓葬卜家山未见。

石钺、纺轮主要作为性别标志物而无等级意义，男性与女性地位相当，并无明显区别。

（2）庙前第三、四次发掘 M2、M4、M5、M6、M9、M11

M2 为男性墓，随葬品 5 件，包括管珠 1 件、石钺 1 件、陶器 3 件（鼎、豆、罐）。

M4 为男性墓，随葬品 11 件，包括锥形器 4 件（头部 3 件成组）、管珠3件、石钺1件、陶器3件（鼎、豆、罐）。

M5为男性墓,随葬品19件,包括玉镯1件、锥形器1件、管珠13件(其中项饰1组9件)、石钺1件、陶器3件（鼎、豆、罐）。

M6为男性墓，随葬品24件，包括锥形器4件（头部3件成组）、管珠16件（其中项饰1组11件）、石钺1件、陶器3件（鼎、豆、罐）。

M9,墓主性别不明,随葬品7件,包括冠状器1件、锥形器1件、管珠1件、陶器4件（鼎、豆、罐、盆）。

M11为女性墓,随葬品14件,包括锥形器1件、管珠7件（项饰1组7件）、陶器6件（鼎、豆、罐、盆、纺轮,其中豆2件）。

M4、M5、M6、M9可归入卞家山第1级，M11为卞家山第2级，M2为卞家山第3级。

（3）文家山M7、M8、M12（此阶段文家山墓地尚未出现低等级贵族,故将文家山早期归入平民墓地）

M7为女性墓,随葬品9件,包括管珠4件、陶器5件（鼎、豆、罐、盆、纺轮）。

M8 为男性墓,随葬品 10 件,包括锥形器 1 件、管珠 4 件、鲨鱼牙 1 件、石钺 1 件、陶器 3 件（鼎、豆、罐）。

M12 为男性墓,随葬品 8 件,包括锥形器 2 件、管珠 3 件、石钺 1 件、陶器 2 件（鼎、罐）。

以上 3 座墓地均可归入卞家山第 2 级。

（4）上口山 M4、M6 和 M7

M4 为男性墓,随葬品 5 件,包括玉坠 1 件、石钺 1 件、陶器 3 件（鼎、豆、罐）。

M6 为男性墓,随葬品 10 件,包括锥形器 4 件（3 件位于头部）、管珠 2 件、石钺 1 件、陶器 3 件（鼎、豆、罐）。

M7 为女性墓,随葬品 8 件,包括玉锥形器 1 件、石管 1 件、陶器 6 件（鼎、豆、罐、盆、纺轮,其中盆 2 件）。头向朝北。

M6 可归入卞家山第 1 级,M4、M7 可归入卞家山第 3 级。

综合前文内容,可将良渚时期的贵族墓葬分为六级,平民墓葬分为六级。

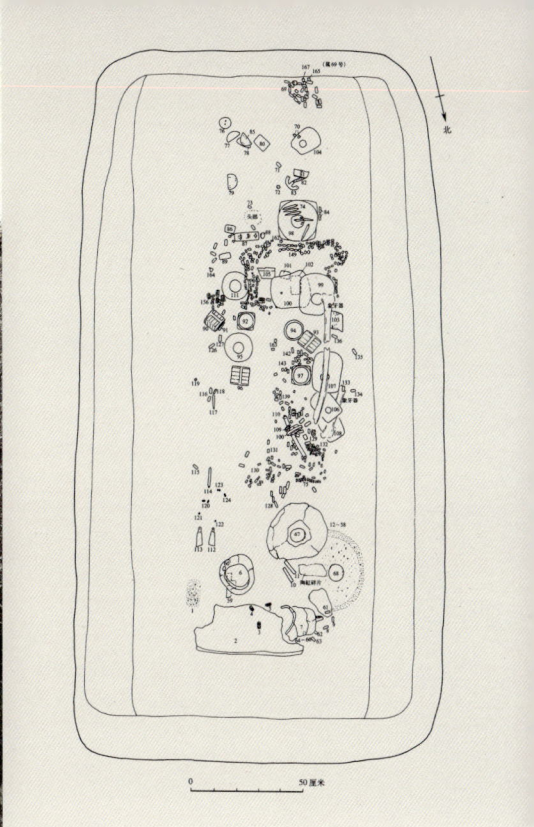

图 8-3　反山 M12

　　第一级：如瑶山 M7（男）、M12（男，被盗）和反山 M12（男）。反山 M12（图 8-3）随葬品 1093 件，均出大琮，有玉琮 6 件及以上、3 件套玉钺、成组锥形器 1 组 9 件；瑶山 M7 随葬品 679 件，有玉琮 2 件、3 件套玉钺、10 件成组锥形器。

　　第二级：如瑶山 M10（男）、M11（女）（图 8-4）和反山 M16（男）。随葬品都为 500 件左右，琮 1～3 件，男性有钺和 9 件及以上锥形器，等级接近王或曾做过王。

图 8-4　瑶山 M11

第三级：如瑶山 M2（男）和反山 M17（男）（图 8-5）。随葬品两三百件，琮 2 件，有钺和 7 件成组锥形器。

第四级：如反山 M15（男）（图 8-6）。随葬品 50～100 件，无琮无钺，有刻纹玉器，有 7 件成组锥形器。

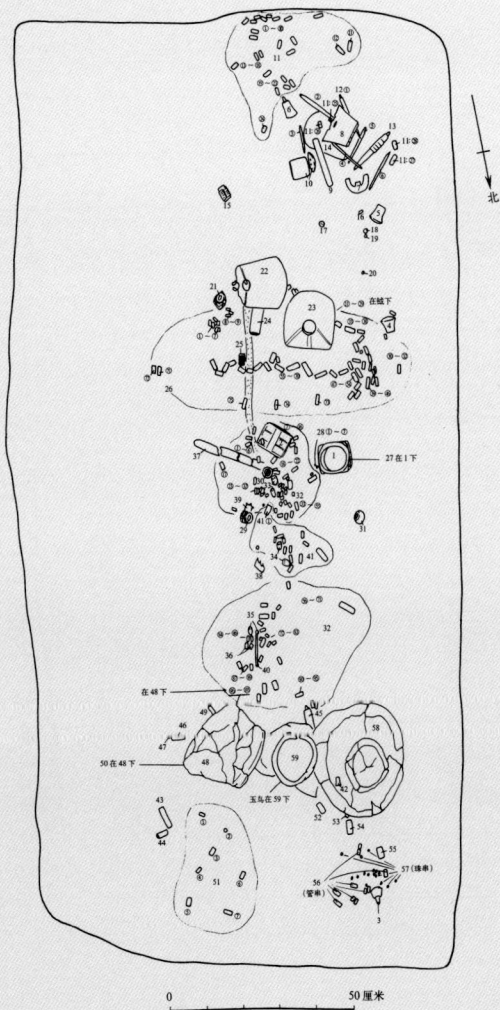

图 8-5　反山 M17 平面图

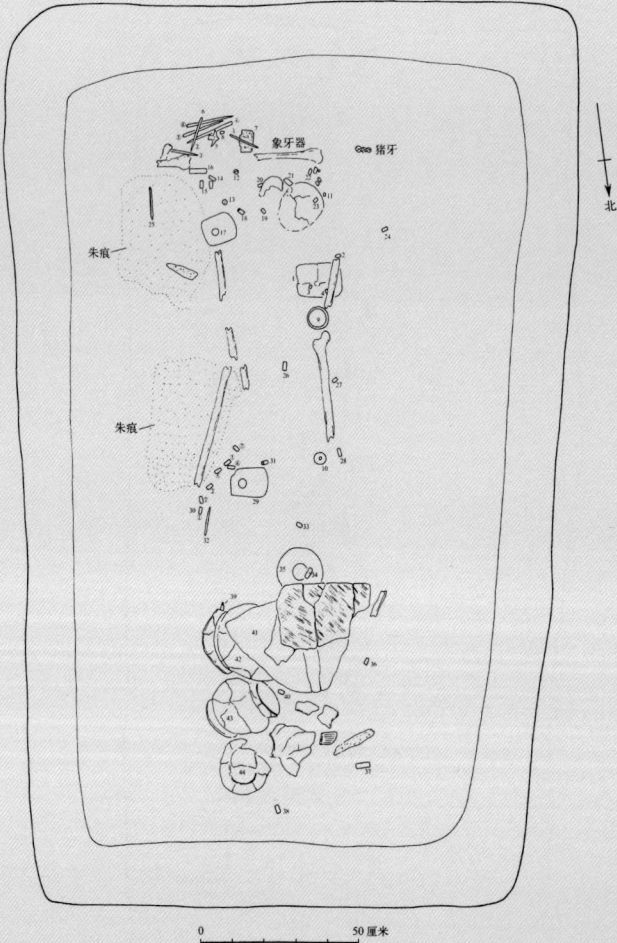

图 8-6　反山 M15 平面图

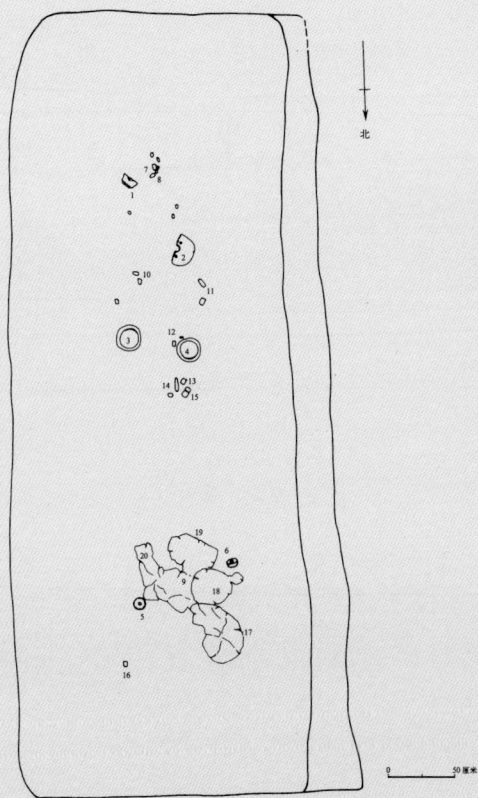

图 8-7　瑶山 M6 平面图

　　第五级：如瑶山 M6（女）（图 8-7）。随葬品 30 件左右，无琮、钺，无刻纹玉器，有较多小型玉礼器，如冠状器、玉镯、玉璜、三叉形器等。

图 8-8　卞家山 M46 平、剖面图

　　第六级：随葬品 10 余件，出土冠状器或三叉形器或玉镯等少量小型玉礼器，如卞家山 M46（图 8-8）。

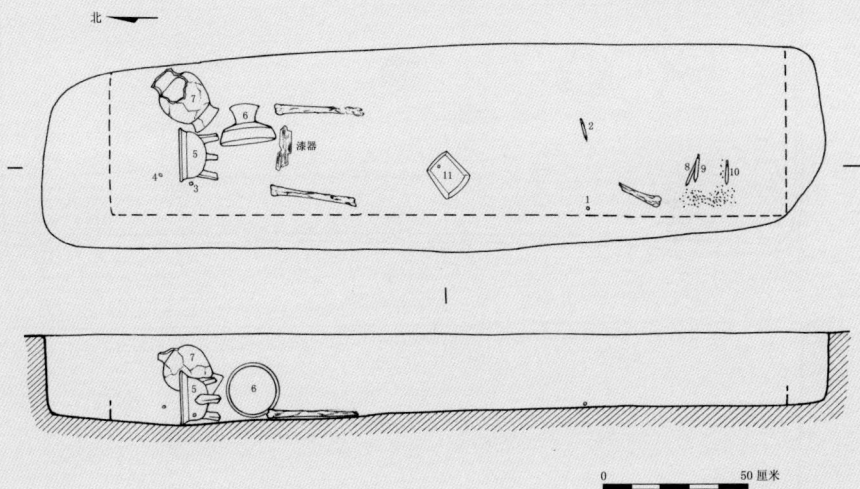

图 8-9　卞家山 M6 平、剖面图

第七级：出土 3 件成组锥形器或玉镯，如卞家山 M6（图 8-9）。

北 ←

11
10
9
8
漆皮
°5
°6
°3
4
头骨
7
2

I

11
10
9
8

0   50 厘米

图 8-10　卞家山 M7 平、剖面图

　　第八级：随葬品一般 5～10 件，属比较富裕的平民，出土若干件
小型玉器、漆觚，如卞家山 M7（图 8-10）、M24、M33、M66。

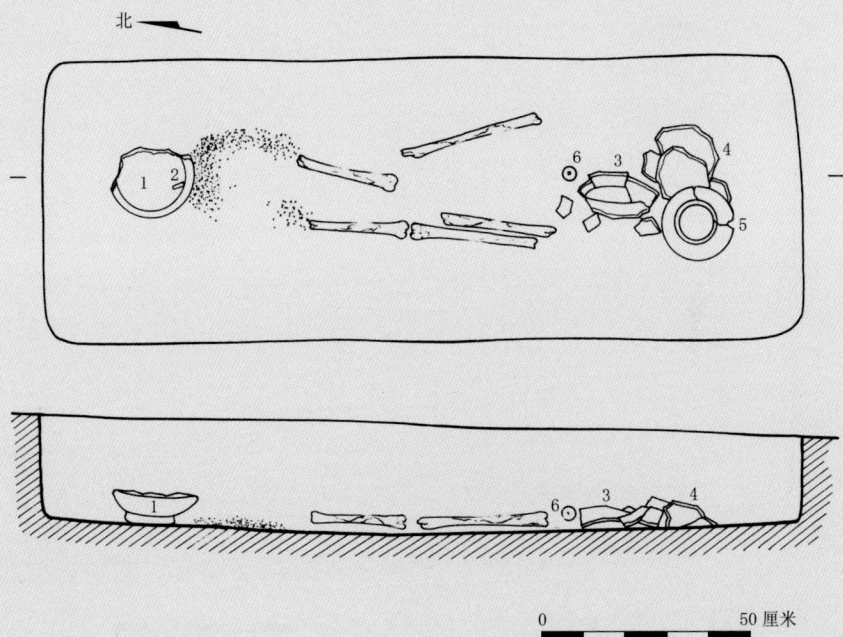

图 8-11　卞家山 M16 平、剖面图

第九级：随葬品一般 5 件左右，属一般平民，有完整的陶器组合，出一两件小型玉器，如文家山 M7 和 M8，卞家山 M1、M8、M16（图 8-11）、M28、M31、M41。

图 8-12　卞家山 M14 平、剖面图

第十级：随葬品 2 件左右，属较贫穷的平民，有陶器随葬，组合不全，基本无玉器，许多小孩墓属此等级，如卞家山 M14（图 8-12）、M17。

第十一级：属贫民，无随葬品。

第十二等级：殉葬者、非正常死亡者、丛葬等。

三　良渚古城墓葬的性别考古

由于南方酸性土壤的侵蚀，这些墓葬的人骨保存情况都很差，绝大多数墓葬中墓主人骨仅残留少量牙齿、骨骼朽痕或骨渣等，无法分辨男女，但大部分墓葬都可以根据随葬的玉器、陶器以及头向来分辨男女，这为我们认识墓主的性别差异提供了很好的资料。

1987 年瑶山遗址发掘后，墓主随葬品的性别差异就很清楚地展现出来。墓葬分为南北两排，瑶山发掘简报即根据两排墓葬随葬品的区别，指出琮、玉石钺、三叉形器和与之配伍的成组锥形器，应主要属男性墓，而璜、纺轮、圆牌则主要出自女性墓，并指出反山也存在大体一致的随葬品性别区分现象①。《瑶山》报告中进一步指出南排墓出土随葬品包括冠状器、带盖柱形器、三叉形器、成组锥形器、玉钺、琮式管、石钺、陶鼎、豆、圈足罐、缸，北排墓出土随葬品则有冠状器、璜、圆牌、纺轮、

---

① 浙江省文物考古研究所：《余杭瑶山良渚文化祭坛遗址发掘简报》，《文物》1988 年第 1 期。

陶鼎、豆、圈足罐、缸，不出石器，"南行①墓列发掘的全部墓葬中，均出土1件玉钺和数量不等的石钺，属于南行墓列的 M12 也收集了1件玉钺……判断南行墓列的墓主人为男性大概无误；而在北行墓列的6座墓葬的随葬品组合中没有玉（石）钺，玉器组合中主要为璜和圆牌，包括纺轮，所以判断北行墓列的墓主人为女性也在情理之中"，报告还关注了龙首纹与女性墓主之间可能存在的联系②。

2000—2001 年文家山和 2003—2005 年卞家山的发掘，则为我们揭露出了在部分墓地中墓葬头向与性别差异存在明显的关联，"根据以往的研究，随葬石钺的墓基本上为男性墓，随葬陶纺轮的墓基本上为女性墓。卞家山墓地的石钺和陶纺轮几乎不共出（只有 M33 例外），也表现了这样的性别差异……随葬石钺的男性墓，绝大部分墓向朝南……随葬陶纺轮的女性墓，绝大部分墓向朝北"，另外"头部出现玉锥形饰的（往往3件成组）一定是朝南的男性墓，说明将锥形饰用于头上装饰的仅限于男性"③，文家山也有与之类似的规律④。这种同一墓地男女异向的现象

---

① 此处的南行、北行即指正文中的南排、北排。

② 浙江省文物考古研究所：《瑶山》，文物出版社，2003 年。

③ 浙江省文物考古研究所：《卞家山》，文物出版社，2014 年。

④ 浙江省文物考古研究所：《文家山》，文物出版社，2011 年。

与瑶山、反山 ① 的截然不同，但在姜家山 ②、黄路头 ③ 等墓地均可见。

瑶山、反山发掘后，墓葬成排分布的现象引起大家的重视，尤其是瑶山墓地中男性位于南排、女性位于北排，规律性相当明显。方向明关注到，崧泽晚期到良渚早期阶段，出现了随葬斧钺的墓葬和随葬璜、纺轮的墓葬各自成排的现象，包括毘山，庙前第一、二次发掘，瑶山均可见 ④，由此可知这 3 处墓地之间存在紧密的联系，并根据瑶山的情况，指出南排男性显贵集团占据了聚落的中心地位，形成以男性血缘为纽带的社会 ⑤。

陈淳等论述了长江下游地区玉璜的随葬情况，指出"自河姆渡至崧泽的这段时间里，从妇女普遍拥有玉璜和其他贵重玉饰件和随葬品，而男性一般用简单的生产生活用品随葬的特点来看，当时的社会结构似乎

---

① 浙江省文物考古研究所：《反山》，文物出版社，2005 年。

② 浙江省文物考古研究所资料。

③ 浙江省文物考古研究所资料。

④ 方向明：《良渚玉文明》，载杨晶、蒋卫东执行主编《玉魂国魄——中国古代玉器与传统文化学术讨论会文集（七）》，浙江古籍出版社，2016 年。

⑤ 方向明：《分化中的凝聚——环太湖流域新石器时代晚期聚落形态和结构的变迁》，载上海博物馆编《"城市与文明"学术研讨会论文集》，上海古籍出版社，2016 年。

是从母居的母系社会，妇女地位较男性为高"，"但到了良渚阶段，象征神权和世俗权力的琮、璧、钺等器物出现和'琮和璜、钺不共出'的现象，表明男性为主导的复杂社会发展到了较高的层次"[①]。

以上讨论，以及庙前、反山、文家山和新近发掘的官井头、姜家山、黄路头等墓地的资料为我们分析良渚古城遗址范围内墓葬性别差异创造了条件。

（一）遗物与性别

从良渚文化贵族墓葬尤其是瑶山、反山这2处王陵墓地的墓葬随葬品可知玉礼器的性别差异非常明显。

通过瑶山、反山2处王陵墓地的分析，可知：玉钺、三叉形器、成组锥形器均出自男性贵族墓葬，女性墓不出，可作为男性的标志物；玉璜、成组圆牌、玉纺轮、玉织具等玉器以及陶纺轮、陶甗、陶过滤器则均出自女性墓，可作为女性的标志物。

少部分器类尽管出土数量较少，但似有一定的性别偏向，如带钩、玉鸟、玉龟、玉蝉、鲨鱼牙基本出自男性墓，而玉鱼仅1件，出自反山

---

① 陈淳：《性别考古与玉璜的社会学观察》，《考古与文物》2006年第4期。

女性墓 M22，陶盆也仅在瑶山女性墓 M4 中出土 2 件。

　　绝大部分玉琮、玉权杖、象牙权杖、成组半圆形饰、琮式管、龙纹管出自男性墓。女性墓中仅反山 M23 出土玉琮、成组半圆形饰，反山 M22 出土琮式管，瑶山 M11 出土 2 件龙纹管。但这些玉器种类可能只是因为男性贵族地位要高出同等级女性，而多随葬于男性墓中，与其说是性别标志，不如说是良渚文化男性权威的表现。

　　陶缸是一种比较特殊的专门随葬于贵族大墓的陶器类型，值得注意的是，其在瑶山墓地中男性墓和女性墓中均有出土，但反山墓地中只随葬于男性墓葬。

　　冠状器、玉璧、玉镯、带盖柱形器、成组柱形器、嵌玉漆器和陶鼎、陶豆、陶缸、陶罐等在男性墓和女性墓中均有出土，无性别差异，等级差异也不明显。

　　由此可知瑶山墓地 13 座墓葬中，男性墓 7 座、女性墓 6 座，男女性别比例约为 1.17 ∶ 1（图 8-13 和表 8-3）;反山 9 座墓葬中,男性墓 7 座，女性墓 2 座，男女性别比例为 3.5 ∶ 1（表 8-4 和图 8-14）。

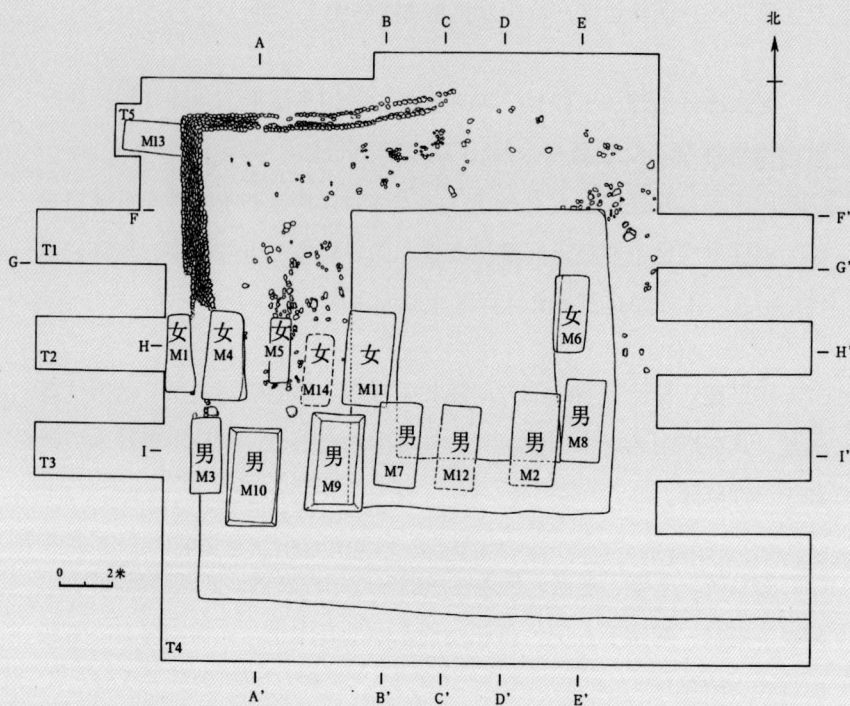

图 8-13　瑶山墓地平面图（引自浙江省文物考古研究所：《瑶山》，文物出版社，2003 年，第 6 页图四 ）

表 8-3　瑶山 13 座墓葬部分玉器、石器、陶器、骨牙器出土情况表

分类	器物名称	墓葬（性别）												
		M2（男）	M3（男）	M7（男）	M8（男）	M9（男）	M10（男）	M12（男）	M1（女）	M4（女）	M5（女）	M6（女）	M11（女）	M14（女）
可作为男性标志的器类	玉钺	1	1	1组3件	1	1	1	1						
	石钺	2	1	3		1	2			1				
	三叉形器	1	1	1	1	1	1	1						
	成组锥形器	7件	5件	10件	5件	7件	11件	9件						
多出自男性墓葬的器类	玉琮	2		2		1	3	8						
	成组半圆形饰			4件			6件	4件						
	琮式管	2	2	10		5		1						
	龙纹管	2				1		37					2	
	带钩			1										
	匕							1						
	匙							1						
	玉鸟	1												
	鲨鱼牙			4										

续表

分类	器物名称	墓葬（性别）												
		M2（男）	M3（男）	M7（男）	M8（男）	M9（男）	M10（男）	M12（男）	M1（女）	M4（女）	M5（女）	M6（女）	M11（女）	M14（女）
可作为女性标志的器类	玉璜								2	2		1	4	1
	成组圆牌								6	8			12	
	纺轮											1	1	
	陶甑												1	
	陶过滤器												1	
其他器类	陶盆									2				
男女墓中均有出土的器类	冠状器	1	1	1	1	1	1	1	1	1	1	1	1	1
	带盖柱形器	2	2	2		2	2	2					2	
	玉镯	1	3	12	1	1	7		1	3		2	9	2
	嵌玉漆器			1		1								
	陶鼎	1	1	1	1	1	1		1		1	1	2	1
	陶豆	2	1	1	1	1	1		1	1	1	1	1	1
	陶罐	1	1	1	1	1						1	1	
	陶大口缸		1	1	1	1	1		1	1			1	1

表 8-4　反山 9 座墓葬部分玉器、石器、陶器、骨牙器出土情况表

分类	器物名称	墓葬（性别）								
		M14（男）	M17（男）	M12（男）	M16（男）	M15（男）	M20（男）	M18（男）	M23（女）	M22（女）
可作为男性标志的器类	玉钺	1组3件	1	1组3件	1组2件		1组3件			
	石钺	16	2	5	2	3	24	1		
	三叉形器	1	1	1	1		1			
	成组锥形器	9	7	9	9	7	9	3		
多出自男性墓葬的器类	玉琮	3	2	6	1		4	1	3	
	玉权杖			1组2件						
	象牙权杖						9			
	成组半圆形饰	4		4			4		4	
	琮式管	9		11	5	1	9			1
	龙纹管			2	2					
	带钩	1			1		1			
	玉鸟	1	1		1	1				
	玉龟		1							
	玉蝉	1								
	陶大口缸			1	1	1		1		
	鲨鱼牙							1		

续表

分类	器物名称	墓葬（性别）								
		M14（男）	M17（男）	M12（男）	M16（男）	M15（男）	M20（男）	M18（男）	M23（女）	M22（女）
可作为女性标志的器类	玉璜								2	2
	成组圆牌								7	6
	纺织端饰								6	
	纺轮									1
	陶甑								1	1
	陶过滤器								1	1
其他器类	玉鱼									1
男女墓中均有出土的器类	玉璧	26		2	1	1	43		54	3
	冠状器	1	1	1	1	1	1	1	1	1
	带盖柱形器	2	2	2	4		2		2	2
	玉镯				2	1			2	4
	嵌玉漆器	1		3					1	3
	陶鼎		1	1	1	1	1	1	2	1
	陶豆		1	1	1	1	1	1		1
	陶罐	1	1	1	1	1	1	1	1	1

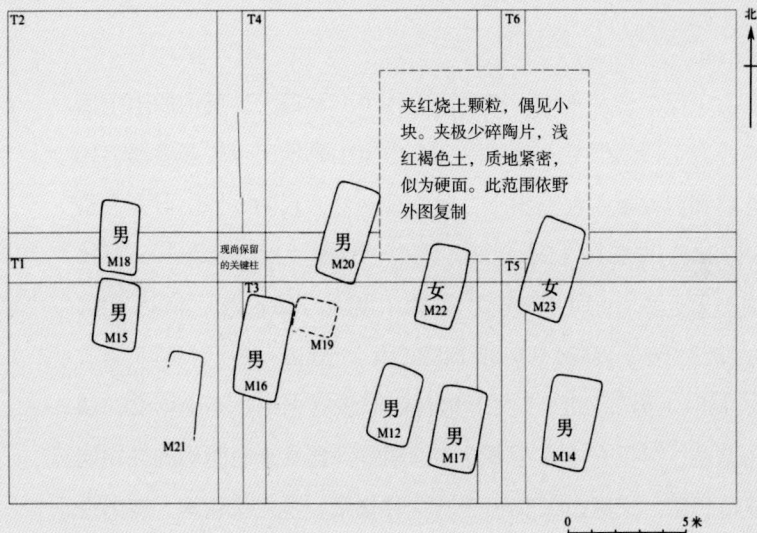

图 8-14　反山墓地平面图（引自浙江省文物考古研究所：《反山》，文物出版社，2005 年，第 12 页图四）

　　结合以上对瑶山、反山的分析，以及下文对文家山、卞家山等墓地的分析，可知鼎、豆、罐以及甗、过滤器一般都放置于墓主脚端，而陶盆一般位于头部（但也有与鼎、豆、罐一样位于脚端的案例），瑶山王族墓地及姜家山、文家山贵族墓地中盆均出于女性墓，而卞家山陶盆既出土于女性墓也出土于男性墓，只不过总体来说女性墓出土陶盆的案例略多。在随葬陶盆这一方面，贵族墓地与平民墓地似乎有显著的差异。

　　漆木器由于保存情况不佳，相关出土较少，从瑶山、反山的出土情况来看，随葬嵌玉漆器似并无性别之分。卞家山墓地出土较多漆器，如漆觚在女性墓和男性墓中都有出土，共发现 7 件，其中 5 件出自女性墓（M21、M56、M61、M63、M65），2 件出自男性墓（M12、M66），总体上女性墓中出土更多，此外 M3（女）、M5（男）、M6（男）、M7（男）、M15（男）、M23（女）、M24（女）、M32（女）、M34（男）、M37（男）、M47（女）、M54（男）、M59（女）也有疑似漆器出土。不论男女，漆器出土颇为普遍，可见在卞家山墓地中漆觚等漆器并未有明确的性别属性，也不显得贵重。文家山仅 M10 出土 1 件漆觚，墓主头朝南，属男性的可能性更大。另外，桐庐小青龙的 4 件漆觚分别出自墓地中等级最高的 4 座男性墓 M9、M10、M14、M33[1]，说明在小青龙墓地中，漆觚是特殊的贵重物品。

　　部分器物的性别关联源于男女的两性分工。如石钺、石镞、石锛，从马家浜时期开始逐渐成为男性墓葬的随葬器物（相关分析见后文），说明男性在战争、狩猎、木作中占据主导地位，同时也是其义务所在。纺轮、织具、过滤器、甗鼎均出自女性墓，说明女性需要在纺织、日常饮食中付出更多的劳动。但良渚古城遗址范围内的良渚文化墓葬中，不管是王族墓地、贵族墓地，还是平民墓地，均不随葬石镰、石刀（包括

---

[1]　浙江省文物考古研究所：《小青龙》，文物出版社，2017 年。

耘田器）、石犁等农业工具，这点颇耐人寻味。

　　石钺等石器与男性，以及纺轮、玉璜、过滤器、甄与女性的关联至少从崧泽晚期就存在了。庙前第一、二次发掘清理崧泽晚期至良渚早期的墓葬 32 座（图 8-15），石钺等石器与纺轮、过滤器、甄不共出，可能分别属于男性和女性。如此男性墓有 M8（石刀）、M9（石镞、盆）、M10（石钺、石锛）、M12（石钺）、M16（砺石）、M18（石钺）、M19（残石器）、M21（石钺）、M22（石锛）、M24（砺石）、M25（石钺、石镞）、M27（石钺）、M28（石钺）、M31（石钺），共 14 座，女性墓有 M3（纺轮、过滤器）、M4（甄）、M7（纺轮、过滤器、盆）、M14（纺轮、盆）、M23（纺轮、过滤器、甄、盆）、M29（纺轮、过滤器、盆）、M30（纺轮、玉璜、过滤器、甄、盆）、M32（甄），共 8 座墓，M1、M2、M5、M6、M11、M13、M15、M17、M20、M26、M29 等 11 座墓未出性别标志物。出土陶盆的墓葬除了 M9 外其余均为女性墓，可见庙前墓地中陶盆与女性有更密切的关系，这一特征与瑶山、反山、姜家山墓地一致。庙前墓地中除了出现与毘山和瑶山墓地一致的男女分排埋设的现象，还存在自西向东埋设墓葬的现象①。

①　陈明辉：《环太湖地区史前时期头向传统的区域差异及演变——兼谈良渚古城崛起的背景》，《博物院》2019 年第 2 期。

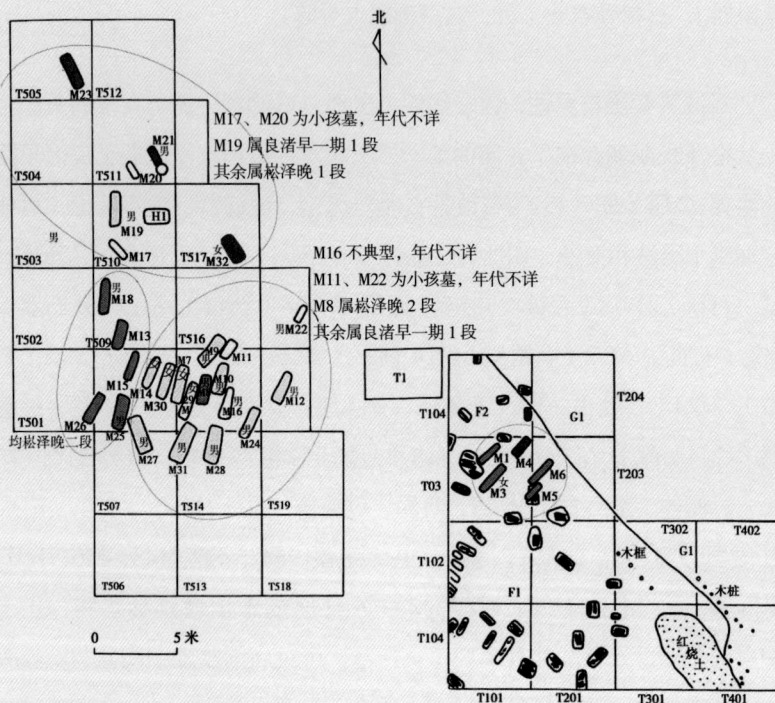

北

M17、M20 为小孩墓，年代不详
M19 属良渚早一期 1 段
其余属崧泽晚 1 段

M16 不典型，年代不详
M11、M22 为小孩墓，年代不详
M8 属崧泽晚 2 段
其余属良渚早一期 1 段

0   5 米

图 8-15　庙前第一、二次发掘平面图（深灰色表示属崧泽时期、浅灰色表示属良渚早期，根据浙江省文物考古研究所：《庙前》，文物出版社，2005 年，第 32 页图十三和第 50 页图二七改绘）

（二）头向与性别

良渚古城遗址范围内墓葬中存在两种不同的头向传统，即男女头向异向的丧葬传统和男女头向同向的丧葬传统。庙前、瑶山、反山墓地中，庙前属平民墓地，瑶山、反山属王族墓地，男女墓主头向均朝南，这一男女头向同向的传统起始于崧泽晚期，延续至良渚晚期，从庙前到瑶山再到反山，这3处墓地存在明显的传承关系。官井头、黄路头、卞家山、文家山、姜家山男性墓墓主头向大多朝南，女性墓墓主头向大多朝北，其中官井头、姜家山属高等级贵族墓地，文家山属低等级贵族墓地，黄路头、卞家山属平民墓地，这种头向传统在崧泽晚期还处于初创阶段，正式形成于良渚早期，延续至良渚晚期。这两大群体基本同时共存，尤其是在良渚古城城址区同时可见两种头向传统的墓地。以官井头、黄路头、卞家山、文家山、姜家山等墓地为代表的男女头向异向的丧葬习俗在整个良渚文化圈中独具特色，代表着一种本地的习俗及人群。以庙前、瑶山、反山为代表的男女头向同向则是整个良渚文化的主流葬俗。由此推测瑶山、反山墓地所代表的统治阶层整合了这两大人群，最终完成了良渚古城的营建、创建了良渚王国[1]。下面我们具体分析姜家山、文家山、卞家山这3处男女头向异向的墓地资料。

---

[1]　陈明辉：《环太湖地区史前时期头向传统的区域差异及演变——兼谈良渚古城崛起的背景》，《博物院》2019年第2期。

图 8-16　姜家山墓地平面图（黑色表示男性墓，红色表示女性墓）

　　姜家山墓地 2015 年共清理墓葬 14 座，部分资料已有披露（图 8-16）[1]，根据陶器和玉器特征，其年代总体与反山 M20、M22、M23 同时，

----

[1]　良渚古城考古队：《良渚古城城内考古发掘及城外勘探取得重要收获》，《中国文物报》2016 年 12 月 16 日 8 版。浙江省文物考古研究所：《良渚古城综合研究报告》，文物出版社，2019 年。

而略晚于反山 M12。这 14 座墓葬中，M1（石钺、成组锥形器、三叉形器）、M2（石钺、成组锥形器、鲨鱼牙）、M3（石钺）、M6（石钺、成组锥形器、三叉形器、鲨鱼牙）、M11（石钺）、M12（石钺）、M13（石钺、三叉形器、成组锥形器）7 座墓葬墓主头朝南，M4（玉璜、陶纺轮、过滤器、陶盆、漆盆）、M5（陶纺轮）、M8（玉璜、玉纺轮、过滤器、甑、陶盆）、M9（陶盆）、M10（陶盆）、M14（陶盆）6 座墓葬墓主头均朝北。M7 头朝南，但出土玉璜 1 件，为女性的可能性更大。这样的话，姜家山贵族墓地男女比例是 1∶1。姜家山墓地中男女墓葬杂处一排，与庙前、瑶山墓地有极大的差异。陶盆仅出于女性墓，进一步说明贵族墓地中一般只有女性才随葬陶盆。

文家山贵族墓地和卞家山平民墓地的年代基本相同，其早期阶段遗存与反山墓地相当，但也有一批属良渚晚期的墓葬（图 8-17）。文家山清理墓葬 18 座，其中 11 座墓葬墓主头朝且出土石钺、成组锥形器、鲨鱼牙、石镞，应为男性墓，包括 M1（成组锥形器、石钺）、M2（石钺）、M3（石钺）、M6（石钺、石镞）、M8（石钺、鲨鱼牙）、M9（石钺）、M12（石钺）、M13（石钺）、M15（石钺）、M16（成组锥形器、石钺）、M17（石钺）；有 3 座墓葬头朝出土纺轮、陶盆，应为女性墓，即 M5（陶盆）、M7（纺轮、陶盆）、M14（未出性别标志物）。值得注意的是，在文家山墓地中，男性墓均不出陶盆，这一点与瑶山、反山、姜家山类似。另有 4 座墓墓主头向朝南，但未出性别标志物，包括 M4（头向可能朝南）、M11、M10（出

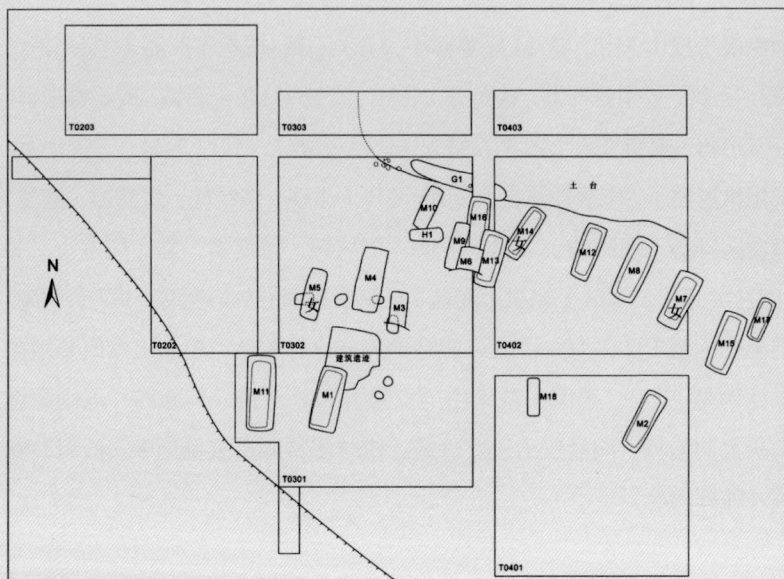

图 8-17 文家山墓地平面图（未标注为女的均为男性墓，根据浙江省文物考古研究所：《文家山》，文物出版社，2011 年，第 11 页图 3-1 改绘）

土漆觚 1 件）、M18，为男性的可能性较大。如此，则文家山墓地中共有男性墓主 15 例，男女性别比例非常突出，达 5∶1。针对这一现象《文家山》报告已经给予了高度关注，并推测"或许表明女性的寿命大于男性，或者是因为男性在动荡的社会环境中更容易丧失性命"[1]，但下文中我们也会提到，卞家山墓地中男性明显少于女性，因而这种观点对于卞家山墓地是缺乏解释力的，所以可能还需要寻求进一步的解释。

据报告，卞家山清理的66座良渚文化墓葬中，除了2座墓葬为东西向，其余均为南北向，头向可分为南向和北向两种，朝南者绝大部分为男性墓，朝北者绝大部分为女性墓（图8-18）。

卞家山出土石钺、成组锥形器、石镞的墓葬墓主头向均朝为男性墓，包括M1（石钺、陶盆）、M2（石钺、陶盆）、M5（石钺、成组锥形器）、M6（石钺、成组锥形器）、M7（石钺）、M9（被打破，石钺、盆）、M11（石钺、成组锥形器）、M12（石镞，小孩）、M15（石钺、盆）、M18（石钺、成组锥形器）、M20（石钺、陶盆）、M27（石钺、盆）、M34（石钺、石镞）、M51（被打破，石钺、石镞）、M57（成组锥形器、石钺）、M60（成组锥形器、石钺、陶盆），由此也可将未出土性别标志物的墓主头朝南的墓葬大致归入男性墓，包括M29（无随葬品）、M36（陶盆，小孩）、M37（小孩）、M38（小孩）、M41（小孩）、M42（小孩）、M52（陶盆）、M54、M66（陶盆）。如此，以上可明确归入男性墓的墓葬共有25座。

---

[1] 浙江省文物考古研究所：《文家山》，文物出版社，2011年。

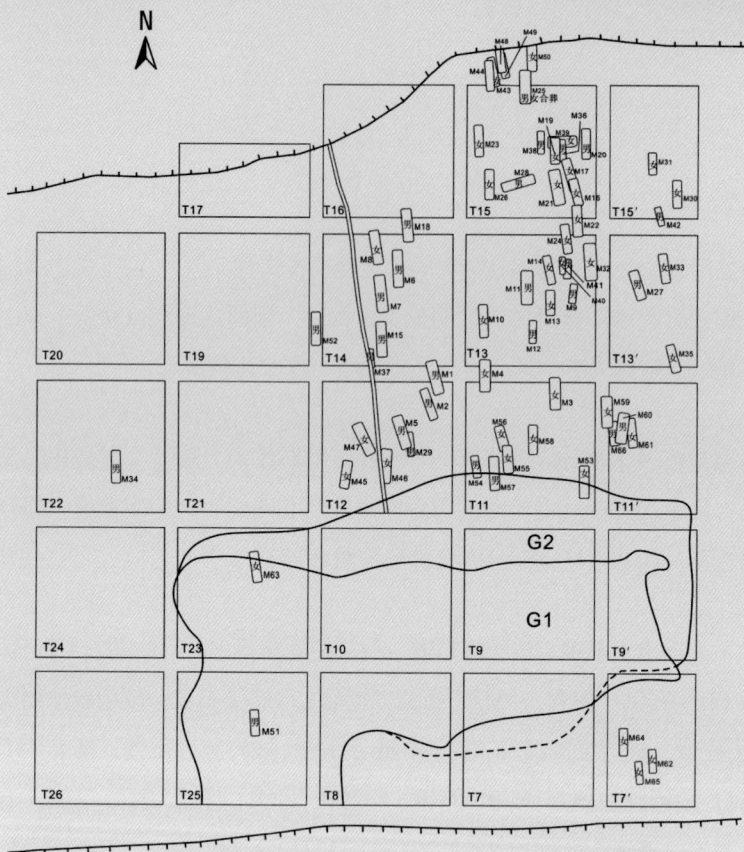

图 8-18　卞家山墓地平面图（引自浙江省文物考古研究所：《卞家山》，文物出版社，2014 年，第 14 页插页图 1-8）

而出土纺轮、玉璜的墓葬墓主头向均朝为女性墓，包括 M10（纺轮、盆）、M14（纺轮、盆）、M16（纺轮、盆）、M17（被打破，陶器也在北部）、M21（纺轮、盆）、M22（纺轮、盆）、M24（纺轮、盆）、M26（纺轮、盆）、M30（纺轮、陶盆）、M31（纺轮、陶盆，小孩）、M32（玉璜、纺轮）、M45（纺轮、陶盆）、M50（被打破，纺轮、盆）、M59（被打破，纺轮）、M65（纺轮）。由此，我们可以将头向北但未出纺轮、玉璜一类女性标志物的墓葬也大致归入女性墓，包括 M3（被打破，牙齿和陶器位于北端，陶盆）、M4（被打破）、M8（盆）、M13（被打破，盆）、M19（小孩）、M23（盆）、M35、M40（小孩）、M43（被打破，陶盆）、M47（陶盆）、M53、M55（陶盆）、M56（陶盆）、M58、M61（纺轮）、M62、M63（盆）、M64（盆）。如此，以上可明确归入女性墓的墓葬共 33 座。

上文指出，瑶山、反山、文家山陶盆均出自女性墓，而卞家山女性墓和男性墓均出陶盆，只不过女性墓中出土陶盆的比例更高，由此说明陶盆不是性别标志物。

做出以上区分之后，仍有几座墓葬需要单独讨论，包括卞家山 M25、M28、M33、M39、M44、M46、M48、M49。整个墓地仅有 2 座墓葬的人骨保存完好，即 M44（出土陶盆）和 M49（无随葬品），《卞家山》报告指出，"根据头颅和盆骨特征分析，这 2 座墓墓主的性别均为女性"[1]，不过这 2 座墓墓主头向均朝南，与卞家山墓地女性墓绝大多数墓主头朝北的现象矛盾，暂且存疑。M39、M28 这 2 座墓主头朝东的墓葬中，

---

① 浙江省文物考古研究所：《卞家山》，文物出版社，2014 年。

M39 出土纺轮，应为女性墓，M28 出土石钺、石锛，应为男性墓。M25 内有两具人骨，一具头朝南，一具头朝北，尽管未出土性别标志物，但根据墓葬头向与墓主性别的联系，推测该墓葬可能为夫妻合葬墓。M48 被打破，但人骨总体保存情况较好，可辨头朝北，但出土一般只出于男性墓葬的石镟 1 件，性别暂时存疑。M33 墓主头朝北，同时出土标志男性的石钺和标志女性的纺轮，罕见，推测为女性的可能性较大。M46 是唯一出土冠状器的墓葬，出土纺轮 1 件，但比较特殊的是墓主头朝南埋设。

根据以上分析，可知卞家山 66 座墓葬、67 具人骨中，可辨为男性的墓葬共 27 座，可辨为女性的墓葬共 37 座，男女比例约为 0.73 : 1，男性墓明显少于女性墓，这一现象在良渚古城范围内仅见于卞家山墓地。

（三）等级与性别

在上文中，我们已经可以清楚地发现，在王族墓地和贵族墓地中，绝大多数玉琮和全部玉钺均出自男性墓，且男性墓中拥有男性独有的三叉形器、成组锥形器等头饰，说明男性墓墓主掌控了王权和神权，占有更多的玉礼器，居于良渚王国的顶端，良渚贵族社会无疑是男权占据主导地位的社会。

在瑶山、反山这 2 处王族墓地中，最高等级的女性墓的等级要低于男性墓葬 1～2 个等级。迄今所知的古城遗址范围内的 2 座王墓，即反山 M12 和瑶山 M12 均为男性墓，同墓地最高等级的女性墓分别为反山 M23 和瑶山 M11，等级上的差异非常明显。不妨将反山的男性墓 M20 与女性墓 M23 进行对比，2 座墓葬年代基本同时，略晚于反山 M12。反山 M20 是反山墓地中等级仅次于 M12 的墓葬，出土器物 206 件（组），以单件计共 538 件，包括玉琮 3 件、玉钺 1 组 3 件套、玉璧 43 件、成组锥形器 1 组 9 件、半圆形饰 1 组 4 件、冠状器 1 件、三叉形器 1 件、成组柱形器（均刻简化兽面纹）、带钩 1 件、琮式管 9 件、石钺 24 件、象牙器 9 件、鲨鱼牙 1 件。反山 M23 是整个良渚时期目前发现的等级最高的女性墓葬，出土器物编号 210 件（组），以单件计共 459 件，包括玉琮 3 件、玉璧 53 件、半圆形饰 1 组 4 件、成组圆牌 1 组、玉璜 1 件（刻纹）、织具 1 组 6 件、冠状器 1 件、嵌玉漆器 1 件。这 2 座墓葬均可归入仅次于王墓的第 2 级，但无论是玉器种类还是玉琮等高等级玉礼器的随葬情况，反山 M20 的等级都明显高于 M23。

姜家山等级最高的墓葬 M1 为男性，随葬品编号 65 件（组），以单件计共 175 件，包括玉琮 1 件（整个墓地仅出墓 1 件玉琮）、玉璧 9 件、石钺 9 件、成组锥形器 1 组 7 件、冠状器 1 件、三叉形器 1 组 2 件。姜家山 M6 也是等级比较高的男性墓，随葬品 66 件（组），以单件计共 96 件，出土整个墓地唯一的琮式管，有玉璧 5 件、成组锥形器 1 组 5 件、带盖柱形器 1 组、三叉形器 1 件、冠状器 1 件、柱形器 1 件。姜家山 M2 随葬品编号 56 件（组），以单件计共 69 件，包括玉璧 3 件、冠状器 1 件、柱形器 1 件、成组锥形器 1 组 5 件。姜家山等级最高的女性墓 M8，随葬品编号 67 件（组），以单件计共 94 件，包括玉璧 1 件、玉璜 2 件、玉镯 1 件、冠状器 1 件、玉纺轮 1 件、柱形器 3 件，等级明显低于 M1、略低于 M6 这 2 座男性墓葬，而高于男性墓 M2。可见，无论从玉器的总数还是玉礼器的种类与数量，姜家山墓地男性墓葬的等级都要比女性墓葬高 1～2 个等级。

文家山最高等级的墓葬 M1（年代属良渚晚期偏晚阶段）为男性墓，随葬品以单件计共达 106 件，包括玉璧 2 件、成组锥形器 1 组 3 件、冠状器 1 件、石钺 34 件,同墓地中年代基本同时的墓葬有 M3(男)、M4(男)、M5（女），这 4 座墓葬集中分布于墓地西南部，可能代表一个核心家庭，其中 M3 随葬品 11 件，包括石钺 6 件，M4 随葬品 7 件，M5 随葬品 12 件，除了陶器外均为小件管珠和锥形器。M5 的等级比 M3 要略低一些,可见,文家山墓地中同时期的女性墓的等级要明显低于男性墓。文家山其余 2 座女性墓 M7 和 M14 随葬品分别为 9 件和 18 件,除陶器外均为小件管珠、锥形器, 其余男性墓中随葬品较多的有 M16（28 件，包括玉璧 1 件、冠状器 1 件、成组锥形器 1 组 3 件)、M13(24 件,包括玉镯 1 件)、M2（16 件)、M9（12 件)、M8（10 件）, 可见女性墓 M14 的等级低于男性墓 M16 和 M13, 而与男性墓 M2 相当。女性墓的等级在文家山墓地中是较低的。

以上案例说明，男女之间社会等级的差异、男尊女卑的现象在王族墓地、贵族墓地中表现得非常明显，但在平民墓地中则不然。

庙前第一、二次发掘随葬品超过 10 件的墓葬共 5 座，其中男性墓 2 座、女性墓 3 座。M31（男）随葬品 14 件（包括 10 件玉器，均为小件），是庙前等级最高的墓葬，居于成排墓葬的中部，清理出独木棺葬具；M28（男）随葬品 12 件。M30（女）随葬品 13 件，包括 1 件玉璜及 4 件小件玉器，是等级最高的女性墓；M7（女）随葬品 12 件；M14（女）随葬品 10 件。此时，男性尚未使用成组锥形器来标识身份，而女性除了拥有过滤器、甗、盆，还有玉璜这种大件玉器，男女基本平等，女性的地位总体上略高于男性。

官井头墓地清理了崧泽晚期至良渚早期的墓葬 106 座，是目前良渚古城遗址范围内清理墓葬最多的。崧泽时期等级最高的 M62 随葬品 18 件，包括玉璜、玉镯、玉玦、圆环饰各 1 件，以及玉坠、隧孔珠各 2 件。另外还有 3 座墓葬随葬品超过 10 件，均为女性墓[1]。此外，官井头良渚早期的 M51、M54 和 M64 等规格居前的七八座墓葬，与瑶山北排的几座墓葬 M1、M4、M5、M14 一样也都是女性墓。有意思的是，官井头的良渚时期墓葬墓主头基本朝北，而瑶山的所有墓葬墓主头均朝南，显示二

---

[1]　浙江省文物考古研究所：《良渚官井头遗址崧泽文化遗存》，载浙江省文物考古研究所编著《浙北崧泽文化考古报告集（1996—2014）》，文物出版社，2014 年。

者之间可能有人群的差异。基于官井头的发掘和认识，赵晔先生认为"良渚文化早期，良渚地区是女性主导的社会，它与之后男性主宰的王权社会具有本质区别"，并指出如果按照早年的历史观，可认为这两种社会可被分别归为母系社会与父系社会[①]。

在卞家山墓地中的 4 件等级较高的玉器（1 件玉璜、1 件冠状器、2 件玉镯）均出自 3 座女性墓葬，其中 M32 出土玉璜、M46 出土冠状器和玉镯、M10 出土玉镯；男性墓葬有 6 座出土的锥形器 1 组 3 件，包括 M5、M6、M11、M18、M57、M60。随葬品超过 10 件的墓葬共 14 座（不包括合葬的 M25），属于男性的有 M5、M6、M7、M27、M34、M51、M60，属于女性的有 M21、M30、M33、M45、M46、M47、M53，数量上持平，随葬品总数男性墓为 87 件，女性墓为 91 件，其中 2 座女性墓（M45 和 M53）出土随葬品最多，为 16 件。前文中推测 M25 是夫妻合葬墓，其中男性墓主随葬品仅 2 件，女性墓主随葬品达 12 件。因此，从出土随葬品数量和种类来看，男性和女性的地位是基本平等的，甚至女性等级似乎略高于男性。

---

① 　赵晔：《大雄山丘陵———一个曾被忽视的文化片区》，载浙江省文物考古研究所编《崧泽文化学术研讨会论文集（2014）》，文物出版社，2016 年。

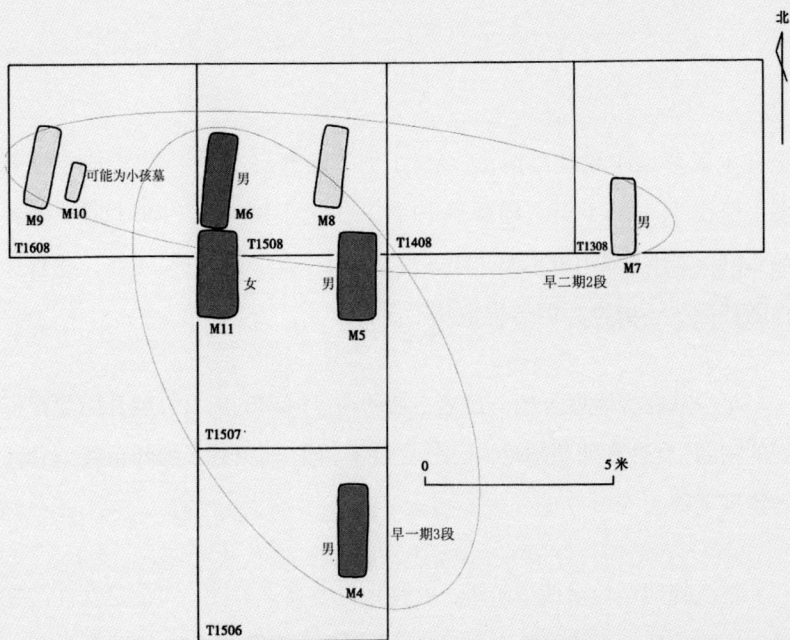

图 8-19　庙前第三、四次发掘墓葬平面图（引自浙江省文物考古研究所 .《庙前》，
文物出版社，2005 年，第 128 页图九七）

　　又如庙前 [1] 第三、四次发掘（图 8-19）中良渚早一期的 4 座集中
分布的墓葬，可能代表一个核心家庭，包括 3 个男性和 1 个女性，等

---

[1]　浙江省文物考古研究所：《庙前》，文物出版社，2005 年。

级在平民墓地中属较高级别。M4（男）随葬品 16 件，出土成组锥形器 1 组 3 件。M5（男）随葬品 19 件，出土玉镯 1 件。M6（男）随葬品 24 件，出土成组锥形器 1 组 3 件。M11（女）随葬品 14 件。尽管女性随葬品少于男性，但该现象并不显著。

至少从崧泽晚期开始，良渚古城所在区域内的男女性就开始随葬不同的物品，女性多随葬纺轮、玉璜、过滤器、甗，而男性多随葬石钺、石镞、石锛等工具。

崧泽晚期至良渚偏早阶段，女性地位要高于男性，可能是女性占主导地位的社会。而随着良渚早期偏晚阶段瑶山 M9、M12（约距今 5100—5000 年）尤其是反山 M12、M20（约距今 5000—4900 年）的崛起，男性威权正式树立起来，从而进入男性占主导地位的社会，标志着良渚社会正式进入早期国家和成熟文明的新阶段。男性除了独占象征军权和王权的玉、石钺，还占据了绝大多数象征神权的玉琮，并设计出成组锥形器、三叉形器这类专属男性的玉礼器，琢刻神徽和龙首纹的玉器也绝大多数出自男性墓。

男女分排埋设，以及男女头向同向墓地和男女头向异向墓地的确认和初步分析是良渚古城考古的重要突破，为探讨古城内人群的划分提供了新的视角。以官井头、桑树头、文家山、卞家山等为代表的本地人群与以瑶山、反山、庙前为代表的外来人群的整合，可能是通过联姻来推动的，外来人群的强势介入与王权的产生、神王观念的出现乃至王国的形成有着密切的关系。良渚王国的形成过程可能与东南亚扶南王国和中美洲的科潘王国等有类似之处。根据《南齐书·扶南传》记载，"扶南国（约公元1—2世纪）……其先有女人为王，名柳叶。又有激国人混填，梦神赐弓一张，教乘舶入海。混填晨起于神庙树下得弓，即乘舶向扶南。柳叶见舶，率众欲御之。混填举弓遥射，贯船一面通中人。柳叶怖，遂降。混填娶以为妻。恶其袒露形体，乃叠布贯其首。遂治其国，子孙相传"。其中混填来自印度的可能性较大，这反映了外来印度文化与本地文化融合并由外来强者建立统治的过程[1]。科潘第1王亚斯·库克·莫（公元426—437年在位）可能来自佩滕地区，并与墨西哥中部的特奥蒂瓦坎城有着紧密的联系，他长途跋涉到达科潘，通过与当地贵族联姻而建立了延续17代王、近400年的科潘王国[2]。

在庙前、卞家山一类的平民墓地中，男女性墓葬随葬品数量较为平均，延续了崧泽时期的特征，即使贵族墓地中已经确立了男性王权和男性族权，平民阶层中的男女性地位仍然是基本平等的，并没有出现女性

[1]　张红云：《东南亚神王文化研究》，中国社会科学出版社，2017年。
[2]　Martin S, Grube N: Chronicle of the Maya kings and queens. 2nd ed. Thames Hudson, 2008: 192-193。

完全屈从于男性的现象。

　　从上文中可知文家山、反山男女性比例分别为 5 : 1 和 3.5 : 1，庙前第一、二次发掘发现男性略多于女性，官井头、姜家山墓地男女性比例较为均衡，瑶山偏早阶段女性大墓居多，偏晚阶段男性大墓居多，而卞家山女性墓略多于男性墓。为何不同的墓地有如此大的性别比差异，这是一个值得深入研究的问题。对于史前时期存在的男性高比例现象，学术界已有了初步探讨，比如半坡文化的部分墓地男女性比例高达5.21 : 1，大汶口早期王因墓地男女性比例为 2.26 : 1[①]，有学者提出性别歧视[②]、婚姻形态区别[③]和妇幼卫生条件[④]等不同的推测。不过，良渚文化墓地中高性别比的现象存在于特定的时间段和特定的墓地，尤其是在瑶

①　王芬：《兖州王因大汶口文化墓地的性别考察》，载南京大学历史系《女性考古与女性遗产》，南京大学出版社，2011 年。

②　王仁湘：《中国新石器时代人口性别构成再研究》，载中国社会科学院考古研究所编著《考古求知集——96 考古研究所中青年学术讨论会文集》，中国社会科学出版社，1997 年。王建华：《黄河中下游地区史前人口研究》，山东大学博士学位论文，2005 年。

③　陈铁梅：《中国新石器墓葬成年人骨性比异常的问题》，《考古学报》1990年第 4 期。

④　张忠培：《史家村墓地的研究》，载张忠培《中国北方考古文集》，文物出版社，1990 年。

山墓地偏晚阶段和反山墓地中表现得特别明显，可能是伴随着男性王权出现、女性地位下降而出现的。不过文家山贵族墓地出现高达 5：1 的性别比，则可能是某一些家庭或家族特殊情况的反映。

四 墓 祭

在姚家山、庄桥坟发现可能与墓祭有关的遗存。姚家山有墓葬 7 座和 21 个长方形坑，长方形坑形制特殊，推测为祭祀坑（图 8-20）。庄桥坟发掘清理了 3 座土台，土台不断扩展最终形成大范围的平地，在土台扩展过程中埋设了 5 个狗和 1 个猪的埋葬坑，同时安排了一些东西向的墓葬，这批墓葬大部分无随葬品。此外，考古队员还清理了 12 座殉葬狗的墓葬（图 8-21）。徐新民收集了大范围的相关资料，对这种埋葬坑及殉狗的习俗进行了相关研究，认为这可能是当时的祭祀活动的反映[1]。在龙潭港、小兜里等遗址发坭在墓坑外单独挖一小坑放置陶缸的现象，这引起了大家的关注。孙国平对良渚文化陶缸进行了全面深入的探讨，指出陶缸具有象征较高社会地位的礼仪功能[2]。

---

[1] 徐新民：《平湖庄桥坟遗址动物祭祀的初步认识》，载浙江省文物考古研究所编《浙江省文物考古研究所学刊（第八辑）：纪念良渚遗址发现七十周年学术研讨会文集》，科学出版社，2006 年。

[2] 孙国平：《良渚文化陶缸观察与分析》，载浙江省文物考古研究所编《纪念浙江省文物考古研究所建所二十周年论文集》，西泠印社，1999 年。

图 8-20　姚家山祭祀坑与墓葬关系

图 8-21　平湖庄桥坟殉葬狗的墓葬 M19

艺术与宗教

　　良渚文化创造了丰富的艺术形式，其中最突出的是玉器艺术，另有陶器、漆器艺术。玉器上琢刻的纹饰、黑皮陶上的刻纹，以及部分玉璧、玉琮上的鸟立高台图符，是我们探索良渚时期艺术与宗教的重要资料。

一　玉　器

　　过去常常将城市、青铜器和文字作为文明的主要物化标准。铜器的使用在西亚地区有着悠久的历史，该地区早在公元前 7000 年前后就已经开始制作铜珠和铜针等装饰品或工具了，公元前 3500 年前后又在红铜中加上铅、锡等金属，发明了合金技术，并迅速普及，由此进入青铜时代。铜制品包括工具、武器、装饰品和容器等，铜器的随葬成为墓葬等级和社会等级划分的重要标准之一，并与城市、文字一起成为苏美尔文明的重要因素 [1]。在古埃及文明和哈拉帕文明中也都出土有各类铜制的器具。但在中国史前时代，铜等金属的使用却非常少，直到公元前3000 年左右的马家窑文化才发现中国最早的青铜刀，到龙山时期铜器制作有了一定的发展，出土铜器的遗址遍布整个黄河流域，那时可能已经存在冶炼和合金技术，但铜器数量仍相当稀少 [2]，直至二里头时代青铜制品才逐渐成为礼制和墓葬等级的重要载体。

新石器时代中国缺乏使用铜器的传统，而是充分利用了另外一种珍贵的材料——玉。距今 8000—7000 年前的兴隆洼文化先民就已经开始较为广泛地使用玉器，当时玉器的种类还比较单一，以玦、匕形饰一类的装饰品为主，同时还有斧、锛、凿等生产工具，都是用阳起石－透闪石软玉制作而成的。随后经过 1000 余年的发展，逐渐形成一些比较重要的用玉文化，如北阴阳营文化、红山文化、凌家滩文化、崧泽文化、良渚文化、大汶口文化、龙山文化、肖家屋脊文化、齐家文化等，年代约距今 5500—4000 年。这一时期，玉器从早期的以装饰品和工具为主，

---

[1]　杨建华：《两河流域：从农业村落走向城邦国家》，科学出版社，2014 年。
[2]　张海、陈建立：《史前青铜冶铸业与中原早期国家形成的关系》，《中原文物》2013 年第 1 期。

最终发展出成套的玉礼器,标志着中国进入玉器时代[1]。这一时期也正是中国各区域文明形成和发展的第一个高峰期。如果说以苏美尔、古埃及、哈拉帕文明为代表的西方文明是铜器文明的话,中国的早期文明则可称为玉器文明。红山文化、凌家滩文化和良渚文化是中国玉文化的重要代表。其中良渚文化玉器数量巨大、种类丰富,在中国史前玉器中独树一帜,具有非常重要的地位,同时也是良渚文明的物质载体。

良渚文化玉器共有 50 余种,包括琮、璧、钺、璜、带盖柱形器、冠状器、三叉形器、锥形器、琮式管、牌饰、半圆形饰、圆牌、长管、环镯、管、珠、坠、粒,以及月牙形饰、弹形饰、环形饰、瓣形饰、缝缀片、柄形器、条形器,同时出土有数量不多的圆雕的人、鸟、龟、鱼、蝉等形象,各种形态的端饰较为常见,如钺瑁、钺镦、权杖瑁、权杖镦、纺织端饰、卯孔端饰、榫头端饰、镶嵌端饰、贯孔端饰、弦纹端饰等,此外,还出土有少量的带钩、纺轮、手柄、匙、匕、镰、耘田器、器座、器纽等。

良渚文化玉器的分类有多种方式,或依照器物组合方式的差异,区分为单体件(琮、璧、玦、镯、匙、匕等)与复合件两类,其中复合件

---

[1] 牟永抗、吴汝祚:《试谈玉器时代》,《中国文物报》1990 年 11 月 1 日。牟永抗、吴汝祚:《试论玉器时代——中国文明时代产生的一个重要标志》,苏秉琦主编《考古学文化论集(四)》,文物出版社,1997 年。

可再细分为组装件、组佩件、穿缀件和镶嵌件四类①。也有学者根据玉器的功能，将其划分为功能性法器、功能与身份标志的装束品、礼仪性用具与一般装饰品等类别，其中功能性法器有冠状器、琮、钺、带盖柱形器、璧和三叉形器，功能与身份标志的装束品有半圆形饰、锥形器、璜、圆牌饰、玉鸟等，礼仪性用具包括玉带钩、玉织具、玉纺轮等，一般装饰品包括管、珠、粒等②。

我们在此主要介绍几种能集中反映良渚文明特质的玉器类别。

（一）玉　琮

玉琮是良渚玉器中最具形体创意和最具特色的代表性玉器。对玉琮的演变过程我们已有了较为清晰的认识：良渚玉琮最初呈圆筒形，外壁有四块长方形凸面，其上琢刻有卵目獠牙的兽面纹饰，以张陵山 M4：1、瑶山 M9：4 等为代表。随后，琮由圆筒形逐渐演变为方柱体，方柱体的折角由最初的折角大于 90°逐步变化为折角接近 90°，纹饰也开始分节，发展到良渚晚期出现高节琮③。

---

① 蒋卫东：《玉器的故事》，杭州出版社，2014 年。

② 刘斌：《神巫的世界》，杭州出版社，2014 年。

③ 刘斌：《良渚文化玉琮初探》，《文物》1990 年第 2 期。

需要特别强调的是，每一件玉琮上均施刻有神徽图案，显示出玉琮与神徽图案具有密切的联系。随着玉琮形状由圆变方、形体由矮转高演化，其上施刻的神徽图案也经历了由繁到简的变化过程。

从玉琮早期的圆环形形态来看，其造型或来源于崧泽时期就已出现的宽环状玉镯，（小兜里崧泽晚期 M21：12 环镯就已出现外壁四面对称磨平的现象）[1]。瑶山、反山、赵陵山、新地里等墓地中的大多数玉琮往往与环镯一起出土于墓主人手腕部位，可见早期的玉琮多作为手镯使用，尤其是新地里 M137 的玉琮（M137：9）出土时就戴在女性墓主的左手腕骨上[2]。但反山 M12 出土的"琮王"（M12:98）重达 6.5 千克，孔径仅 4.9 厘米，出于墓主头端，显然不能作为手镯使用。高节琮是良渚晚期玉琮的主要形态。我们以寺墩良渚晚期的权贵墓 M3 为例说明，该墓共出土 33 件玉琮和 24 件玉璧，其中 32 件玉琮为方柱形的高节琮，一般分为 6～7 节，最高的一件分 13 节，高达 33.5 厘米[3]。

从出土情况来看，玉琮一般只出土于高等级贵族的墓葬中，显示出

---

[1] 方向明：《崧泽文化的玉器》，载浙江省文物考古研究所编《崧泽之美——浙江崧泽文化考古特展》，浙江摄影出版社，2014 年。

[2] 浙江省文物考古研究所：《新地里》，文物出版社，2006 年。蒋卫东：《玉器的故事》，杭州出版社，2013 年。

[3] 南京博物院：《1982 年江苏武进寺墩遗址的发掘》，《考古》1984 年第 2 期。

玉琮在身份指示上的特殊作用。显然玉琮是一种为少数巫师和首领（首领或许正是巫师）拥有的法器。总体而言，玉琮是良渚文化神灵崇拜和神权观念的最直接体现，而巫师（首领）正是通过占有玉琮来达到控制神权的目的，巫师（首领）由此成为神的代言人。但需要指出的是，寺墩 M3 中如此集中地出土大量玉琮，暗示玉琮发展到纹饰简单的高节琮这一时期，其功能可能发生了改变。

　　玉琮的法器功能很早就为学者所关注，张光直梳理了文献中对琮的认识过程，以及良渚文化玉琮的发现历史，根据玉琮外圆内方的特性，指出玉琮是巫师作法贯通天地的礼器，而掌握这种礼器的巫师同时也是政治领袖。随后，他又进一步指出，"对良渚文化……琮的特征有圆有方，圆方相套，天地贯通，上面有动物花纹，在琮上面，中国古代艺术的许多成分清楚经济地放在一个小小的器物上，里面包括了中国古代巫术的所有重要成分：天地、贯通大地之柱，同时有动物的使者、助手。所以琮很可能是良渚时代巫师通天的一种重要法器。到了商代它逐渐被青铜器取代，象征着九鼎的时代取代了玉琮的时代"。[①]

---

① 　张光直：《从商周青铜器谈文明与国家的起源》，载厦门大学人类学系《人类学论丛（第一辑）》，厦门大学出版社，1987 年。相关论述另见张光直：《考古学专题六讲》，文物出版社，1986 年。

近年来，方向明比较深入地思考了玉琮和神像与良渚文明的原始宗教和宇宙观之间的关系，他认为良渚时期有与玛雅类似的三界观念，玉琮的上射面表示上界，下射面表示下界，射孔代表旋转的核心中轴，中界则为琮的外壁，"反山 M12:98 直槽上雕琢了 8 幅神像，直槽既是通道，也是支撑下界和上界的柱子；折角雕琢了上下 2 组共 4 节神像图案，并辅之以神鸟，神鸟既是神像的辅佐，也是神像所处空间的反映"，"良渚玉器的神像是一幅由神人和神兽组合而成的复合像，神人的介字形大冠帽、神兽的圆和弧边三角组合纹样大眼，昭示着这一图像的含义——太阳神和战神"[1]（图 9-1）。

---

[1] 方向明：《土筑金字塔：良渚反山王陵》，浙江大学出版社，2019 年。

张陵山 M4 墓出土

汇观山 M2：34

瑶山 M9：4

赵陵山 M77 出土

瑶山 M12–2787

瑶山 M12–2789

（a）

瑶山 M12-2786

瑶山 M12-2788

反山 M12：90

反山 M12：92

反山 M12：93

反山 M12：96

（b）

反山 M12：97

反山 M20：124

反山 M20：122

反山 M20：123

反山 M20：121

（c）

图 9-1　玉琮

（二）玉 璧

玉璧是良渚文化玉器中单位面积最大的玉器，是良渚文化重型玉器中出土数量最多的，绝大多数都为素面，只在良渚晚期发现少量刻符玉璧。关于玉璧的起源，不少学者联系到崧泽文化阶段就已存在的环形饰（环璧）[1] 或环、瑗一类的装饰物[2]，从张陵山征集出土且被归入 M4 的 2 件玉璧就带有明显的环类器型的影子。玉璧在良渚文化中的地位有一个逐步抬升的过程，这能从瑶山、反山的发掘情况看出来。反山墓地共出土玉璧 125 件，是出土玉璧最多的，其中 M23 出土 54 件、M20 出土 43 件、M14 出土 26 件，这几座墓在反山墓地中年代偏晚，而稍早的反山 M12 等墓葬中玉璧少见，尤其是更早的瑶山墓地，完全不见玉璧的踪影，说明玉璧在良渚早期这个阶段并没有成为大墓的常规随葬品，而到了良渚晚期，玉璧变得日益不可或缺，而且往往出土数量众多，形体也比早、中期的玉璧更大、更规整。这种大量随葬玉璧和琮、璧形体逐渐增高变大的现象，强烈地表现出显贵者阶层最大限度占有玉料的愿望，不少学者认为与这种愿望相对应的主要是一种财富的观念。需要指出的是，一些良渚文化大墓中出土的玉璧虽多，但玉质好的却不多，玉质好的玉璧

---

[1]　方向明：《崧泽文化的玉器》，载浙江省文物考古研究所编《崧泽之美：浙江崧泽文化考古特展》，浙江摄影出版社，2014 年。

[2]　蒋卫东：《玉器的故事》，杭州出版社，2013 年。

一般位于胸腹部位，显示出其珍贵性，而大量玉质差的玉璧则位于脚端等位置明显不重要的地方。到了良渚晚期，少数玉璧上出现了刻纹，多为鸟立高台图符，但未见施刻神徽者，说明它在良渚礼制中与玉琮有着完全不同的功能。

也有学者不满足于将玉璧的功能仅仅局限于财富的象征。如蒋卫东相信玉璧是与原始宗教密切相关的礼器，在良渚文化中的地位不断提高。制作精致的玉璧是良渚时期祭天的礼器，而制作粗糙的玉璧则充当玉帛牺牲或者作敛尸之用，玉璧和少量玉琮上刻画的鸟立高台图案，也是祭天的产物[1]。牟永抗指出玉琮的形体可能与太阳神崇拜有关，而玉璧也应是一种事神致福的礼器，是与玉琮既有联系又有区别的事神之物[2]（图9-2）。

---

[1]　蒋卫东：《试论良渚文化玉璧》，载浙江省文物考古研究所编《浙江省文物考古研究所学刊》，长征出版社，1997年。

[2]　牟永抗：《关于璧琮功能的考古学观察》，载浙江省博物馆编《东方博物（第四辑）》，浙江大学出版社，1999年。

张陵山 M4：04

反山 M12：95

反山 M12：111

反山 M16：35

反山 M14：222

反山 M14：223

（a）

反山 M14：246

反山 M23：97

反山 M23：23

反山 M23：6

（b）

图 9-2　玉璧

（三）玉 钺

相比而言，琮和璧的成形虽有一定的取相来源，但基本上算是良渚人创造出来的新器型。而玉礼器系统中的另一核心器型——玉钺完全是承袭崧泽文化玉钺发展而来的。崧泽文化遗址出土数件玉钺，包括南河浜的1件、仙坛庙的2件、东山村的1件等，同时还有数量更多的石钺，它们均出土于男性墓中，与玉璜一样是重要的性别指示物[1]。与崧泽文化同时代的凌家滩文化玉钺出土数量最多，此外长江中游的油子岭文化等也有少量玉钺出土。玉钺的出现标志着象征权力和地位的玉礼器在崧泽时代已开始萌芽，与古埃及涅加达时期的权标头一样，是首领权力和初期王权出现的前兆或表征。

部分玉钺发现有配套的钺瑁、钺镦，甚至有琮式管和镶嵌玉粒，如反山 M14 发现呈条带状分布的 96 颗镶嵌玉粒，由此复原了由钺身、钺瑁、钺镦组成的豪华钺杖。反山 M12"玉钺王"也是一套由钺身、钺瑁与钺镦三部件构成的完整组合。林沄先生曾指出，甲骨文中"，王"这个字即是以钺为蓝本创造出来的[2]，因此玉钺可以作为王权和军权的重要

① 方向明：《崧泽文化的玉器》，载浙江省文物考古研究所编《崧泽之美：浙江崧泽文化考古特展》，浙江摄影出版社，2014年。
② 林沄：《说王》，《考古》1965年第6期。

反山 20：144 组装玉钺

反山 M12 玉钺王

反山 M14：177、M14：221 依镶嵌玉粒复原的玉钺

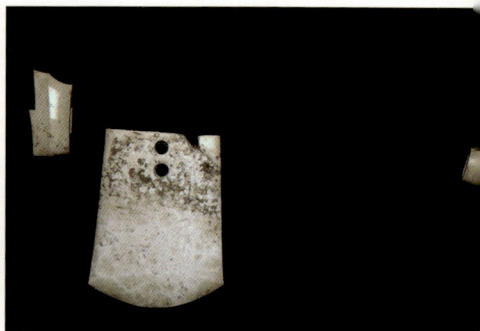

反山 M14：221

图 9-3　玉钺

象征，起到类似权杖的作用。刘斌指出冠状器和玉钺钺瑁的造型是神像造型的模仿，在玉钺前端安装代表神冠的钺瑁，说明了君权神授和王命在天的君权体系和概念的产生[1]。在目前所知良渚文化中等级最高的墓葬反山 M12 出土的玉钺上，两面对称地刻有 2 个神徽图案，显示神权与王权是紧密结合的（图 9-3）。

（四）冠状器

冠状器是目前良渚文化中功能最为明确、随葬最为标准的玉器类型之一。冠状器一开始被称为垂幛形玉佩饰[2]或倒梯形器[3]，到反山发掘时，因其造型与神徽像中神人的羽冠较为相似而命名为冠状器，当时考古学家对其功能还并不十分了解[4]。1999 年海盐周家浜 M34 出土了带有象牙

[1]　刘斌：《试论良渚玉器纹样与干礼器形态的关系》，（台北）《故宫文物月刊》第 171 期。刘斌、王炜林：《从玉器的角度观察文化与历史的嬗变》，载浙江省文考古研究所编《浙江省文物考古研究所学刊（第六辑）：第二届中国古代玉器与传统文化学术讨论会专辑》，杭州出版社，2004 年。

[2]　南京博物院：《江苏吴县张陵山遗址发掘简报》，载文物编辑委员会编《文物资料丛刊（6）》，文物出版社，1982 年。

[3]　林巳奈夫著、黎忠义译：《关于良渚文化玉器的若干问题》，《南京博物院集刊》1984 年第 7 期。

[4]　浙江省文物考古研究所反山考古队：《浙江余杭良渚文化祭坛与墓地发掘简报》，《文物》1988 年第 1 期。

梳齿的"冠状器"，表明这类器物实为梳背，实际上是与有机质梳齿组装而成的一种束发工具。在反山、瑶山等较高等级的墓地中，冠状器均一墓一件，不分男女，各墓中出土的冠状器仅在制作工艺、精美程度上存在差异。显然，冠状器与财富并无关系，但却又是不可或缺的身份指示物。刘斌指出冠状器是直接表现神灵形象的玉礼器，冠状器的造型是神像造型的模仿[①]，巫师和首领将代表神冠的冠状器戴在头上，实际上是良渚文化神权统治的一种表现[②]。从整体形态看，冠状器均呈倒梯形，与神徽图案中的神人脸面一致；且绝大多数冠状器的上部正中间均有一个凸起的尖端，表现的正是介字形神帽的尖突，该尖突与倒梯形的整体构形恰与神帽的整体形状类似，这一切都使冠状器从一般束发器中脱离出来，成为一种重要的玉礼器。冠状器形制经历了从顶端平顶到中央有半圆形顶，再到中央有介字形顶的过程，冠状器两侧也由斜直演变为略内凹状，榫部也逐渐内收。冠状器大多光素无纹，也有其上琢刻有精美的神徽图案者，同时可见少量透雕冠状器，如反山 M15：7 和 M16：4（图9-4）。

---

① 刘斌：《试论良渚玉器纹样与玉礼器形态的关系》，（台北）《故宫文物月刊》第 171 期。刘斌、王炜林：《从玉器的角度观察文化与历史的嬗变》，载浙江省文物考古研究所编《浙江省文物考古研究所学刊（第六辑）：第二届中国古代玉器与传统文化学术讨论会专辑》，杭州出版社，2004 年。

② 刘斌：《良渚文化的冠状器与耘田器》，《文物》1997 年第 7 期。

瑶山 M1：3

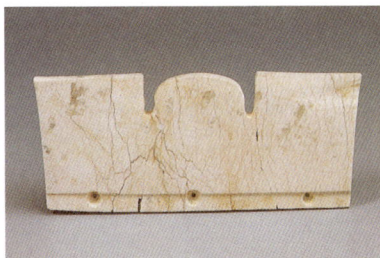

瑶山 M14：10

瑶山 M9：6

瑶山 M10：4

瑶山 M3：5

反山 M23：36

（a）

瑶山 M5：3

瑶山 M11：86

反山 M12：81

反山 M14：174

反山 M15：7

反山 M16：4

（b）

反山 M22：11

瑶山 M4：28

瑶山 M6：1

反山 M20：96

反山 M17：8

（c）

图 9-4　冠状器

（五）三叉形器

三叉形器出土时位于墓葬中死者的头部，推测是一种头饰。三叉形器的中叉有对钻孔，部分三叉形器的中叉上还配套一枚长玉管。与冠状器一样的是，三叉形器也是一类很标准的随葬器，均一墓一件，且均出自男性墓，是男性首领的象征。良渚早期的三叉形器的中叉低于两侧叉；随后中叉逐渐与两侧叉齐平，背面往往减地做出凸块。三叉形器的出土有鲜明的地域特色，除反山、瑶山外，目前仅在良渚遗址群、临平遗址群和普安桥—姚家山遗址群等地出土过，而不见于苏沪一带[1]，显示三叉形器是良渚遗址群的创造，并呈波浪状向外传播，但其并未成为整个良渚文化玉礼器系统中的必备品。有学者认为三叉形器可能与"皇"的字形有某种联系，三叉形器代表的羽冠是最初的皇冠[2]（图 9-5 ）。

---

① 方向明：《中国玉器通史·新石器时代南方卷》，海天出版社，2014 年。
② 任式楠：《良渚玉三叉形冠饰与皇冠》，《中国文物报》1991 年 10 月 20 日。
杜金鹏：《说皇》，《文物》1994 年第 7 期。

瑶山 M2: 6

瑶山 M3: 3

瑶山 M7: 26

瑶山 M8: 8

瑶山 M9: 2

瑶山 M10: 6

（a）

瑶山 M12-2807

反山 M12：83

反山 M16：22

反山 M17：7

反山 M14：135

反山 M20：91

（b）

图 9-5　三叉形器

（六）玉 璜

　　玉璜是太湖流域新石器时代的重要玉器，从马家浜文化经崧泽文化到良渚文化，其器型经历了从条形璜到桥形璜再到半璧形璜的演变过程。良渚早期玉璜仍较流行，主要出自女性墓中，是女性贵族的代表性玉器。良渚时期的玉璜形制规范，以半璧形璜为主，多与管、珠、圆牌等配套使用。赵晔研究了官井头、瑶山、反山、吴家埠、后头山出土的良渚早期阶段的璜与圆牌组配，拥有这类组配的墓葬均是各自墓地中规格较高的[①]（图9-6）。

瑶山 M4 玉璜、玉梳背及管串出土情况

（a）

[①]　赵晔：《璜与圆牌：特定历史条件下的玉器组配》，载杨晶、陶豫主编《玉魂国魄——中国古代玉器与传统文化学术讨论会文集（七）》，浙江古籍出版社，2016 年。

瑶山 M1：12

瑶山 M4：34

反山 M22：20

反山 M22：20 玉璜及配套使用的玉圆牌

瑶山 M23：67

（b）

图 9-6　玉璜

（七）锥形器

锥形器上端呈尖状，下端带凸榫，大多为截面近圆形且素面无纹的，但也有少量方形的，部分方体锥形器琢有神人兽面图案或龙首纹。锥形器可见于大中小各等级墓葬，与管、珠一样是良渚玉器中最常见和最普及的器类。成组锥形器均只出土于男性贵族墓葬中，具有明显的性别指示作用，推测其与三叉形器一样，是一种头冠上的装饰。锥形器的数量一般为 3～11 件，以奇数为多，反山 M12、M14、M16、M20 均出 9 件，反山 M17、M15 各出 7 件，反山 M8 则出 3 件，成组锥形器中锥形器的数量与墓葬随葬品数量大致呈正比例关系。瑶山南排的男性墓中，同样出土有成组锥形器，其中 M10 出 11 件，M7 出 10 件，M9、M2 出 7 件，M3、M8 出 5 件，数量虽以奇数为多，但 M7 例外。另外，年代相当于反山墓地的汇观山的 M2 出土成组锥形器 1 组 7 件。成组锥形器一般仅出土于以良渚遗址群和临平遗址群为核心的良渚古城腹地范围，但福泉山良渚晚期的 M74 也出土有 1 组 7 件的成组锥形器，推测该墓墓主可能与良渚古城有更密切的联系。值得注意的是，良渚晚期部分高等级贵族墓葬也不出成组锥形器，如汇观山 M4 出三叉形器，为男性大墓，头部仅出一件锥形器，又如横山 M2 同样不出土成组锥形器。以单体随葬的锥形器则多放置于墓主上肢或下肢两侧，其分布并无明显规律。同时，锥形器是除琮、璧之外分布最广的良渚式玉器，除了良渚文化，我们在大汶口文化、石峡文化、薛家岗文化、石家河文化、龙山文化等同时期或稍晚的考古学文化中也可见到其身影，显示出其强大的生命力（图9-7）。

　　良渚文化玉器的研究是良渚文化研究中的显学，取得了非常大的成果。草鞋山、张陵山、寺墩、福泉山等遗址的发掘队伍发现了良渚文化高等级贵族墓葬，墓葬中出土了玉琮、玉钺、玉璧等重要玉礼器，掀起了良渚玉文化研究的第一个高峰。汪遵国根据《周礼》中"苍璧礼天""黄琮礼地""疏璧琮以殓尸"的记载，首次提出了以草鞋山（M198）、张陵山（M4）、寺墩（M3、M4）等为代表的史前玉殓葬的观点，指出琮、璧是祭祀的礼器，"墓主占有这些礼器，说明生前掌握祭祀天地的权力，即掌握原始宗教的祭祀权"，同时也是"军事民主制时期的军事首长"，"他们占有财富，握有权力，拥有妻妾，杀殉奴隶，实际上已成为最早的剥削阶级——奴隶主"[1]。反山、瑶山遗址发掘后，学者们对琮、璧、钺等重要玉礼器以及神人兽面纹的意涵的讨论更加热烈。王明达指出玉璧是财富的象征，玉钺则是作为权力象征的权杖，而神徽是良渚人尊奉崇拜的对象，神徽被少数人独占，可能与商周饕餮纹一脉相承、息息相通[2]。

---

[1]　南京博物院：《1982年江苏常州武进寺墩遗址的发掘》，《文物》1984年第2期，汪遵国、李文明、钱锋执笔。汪遵国：《良渚文化"玉殓葬"述略》，《文物》1984年第2期。

[2]　王明达：《反山墓地初论》，1986年，油印本，《文物》1989年第12期。

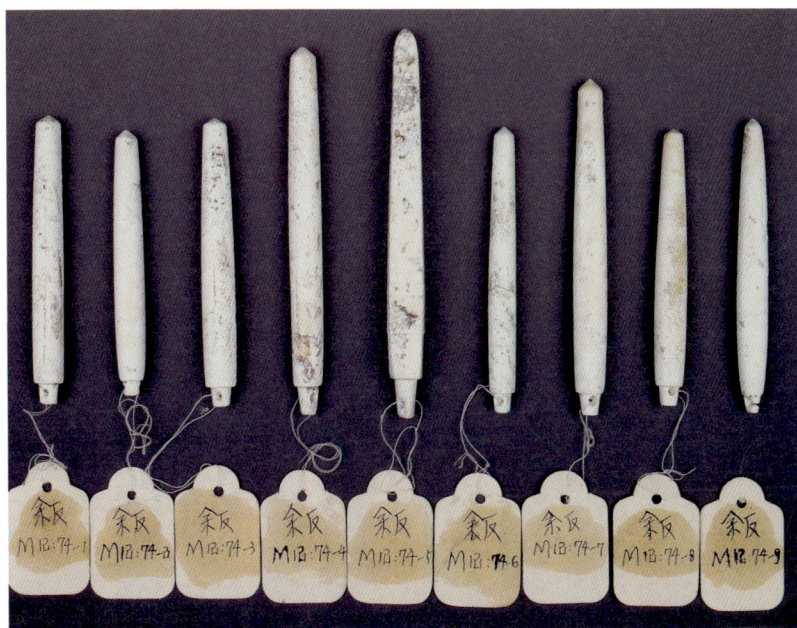

M12：74 玉锥形器

（a）

M20：72、M20：73 成组锥形器

（b）

图 9-7 锥形器

王明达认为神徽的形态是鸟身人面，代表良渚部族的族神，是良渚人尊奉崇拜的对象，对神徽的占有又表明少数人具有区别于一般部族成员的显贵者身份，并指出良渚文化玉器中只有玉琮上全部琢刻神徽，玉琮是巫师通天的重器[1]。牟永抗、刘斌指出琮的原型应为图腾柱，是神权的象征，同时认为玉钺和玉璧分别是王权及军权和财富的象征[2]，良渚文化大墓墓主集神权、军权和财权于一身[3]。吴汝祚、牟永抗进一步指出，琮是巫术活动中巫师的重要用器，是贯通天地的神器，良渚社会的一个重要特征是玉、巫、神一体[4]。

良渚文化的不少玉器上都琢刻有精美的纹饰，其表现方式包括阴线

[1] 王明达：《良渚玉器若干问题的探讨》，载中国考古学会编《中国考古学会第七次年会论文集 1989》，文物出版社，1992 年。

[2] 牟永抗、刘斌：《论良渚》，1986 年，油印本，收入牟永抗《牟永抗考古学文集》，科学出版社，2009 年。

[3] 浙江省文物考古研究所、上海市文物管理委员会、南京博物院：《良渚文化玉器》，文物出版社、两木出版社，1989 年。牟永抗：《良渚玉器上神崇拜的探索》，载《庆祝苏秉琦考古五十五年论文集》编辑组编《庆祝苏秉琦考古五十五年论文集》，文物出版社，1989 年。牟永抗：《浙江省新近十年的考古工作》，载文物编辑委员会编《文物考古工作十年（1979—1989）》，文物出版社，1990 年。

[4] 吴汝祚、牟永抗：《玉器时代说》，载徐湖平主编《东方文明之光：良渚文化发现 60 周年纪念文集（1936—1996）》，海南国际新闻出版中心，1996 年。

刻、减地浅浮雕、圆雕、管钻、镂孔、线镂等，主题纹饰种类不多，以神人兽面、龙首纹、鸟纹等为主要主题。

毫无疑问，良渚玉器上琢刻的神人兽面纹，具有浓厚的宗教意味，在环太湖流域如此广泛地出现统一的神人兽面纹饰，说明当时存在统一的神灵信仰（图 9-8）。神人兽面纹及其简化与抽象的图案，是太湖流域良渚文化各区域间文化认同的象征。对于神人兽面纹，学者们讨论甚多。反山的发掘首次发现了完整形态的神人兽面像，简报中指出这种神人兽面复合像应是良渚人崇拜的神徽，兽面纹两侧的鸟纹可谓神鸟，"这种以转角为中轴线向两侧展开的简化'神徽'，是良渚玉琮纹饰的基本特征"[1]。王明达认为神徽的形态是鸟身人面，代表良渚部族的族神，是良渚人尊奉崇拜的对象[2]。车广锦认为"玉琮的早期兽面纹,即动物图腾神像，处于图腾崇拜阶段；中期的组合纹，即图腾神像和人类神像，处于图腾崇拜和人类神崇拜阶段；晚期的人面纹，即人类神像，处于人类神崇拜阶段"[3]。王宁远指出鸟、重圈纹及神兽的双目可能与日月崇拜有关，

---

[1]　浙江省文物考古研究所反山考古队：《浙江余杭反山良渚墓地发掘简报》,《文物》1988 年第 1 期。

[2]　王明达：《良渚玉器若干问题的探讨》，载中国考古学会编《中国考古学年会第七次年会论文集 1989》，文物出版社，1992 年。

[3]　车广锦：《良渚文化玉琮纹饰探析》,《东南文化》1987 年第 3 期。

良渚神徽像

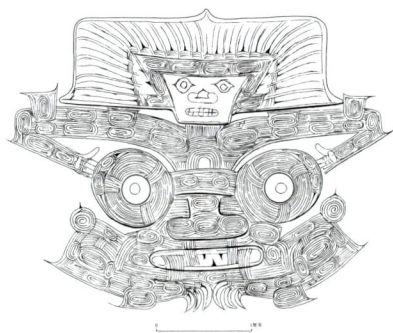

反山 M12：98 玉琮上的神徽图案线图

反山 M12：98 玉琮王

图 9-8 反山玉琮王上的完整神徽

而弓形符号代表对天的崇拜，以上两种崇拜也是良渚早期原始信仰的主要内容，但到了良渚中期，祖先（氏族英雄崇拜）产生并逐步提高到与天合一的地位，产生人形天神[1]。冯时认为，良渚的神徽戴冠骑猪人面，表现的是北斗星君太一的形象[2]。李新伟则认为神徽的核心内涵是神鸟托付神兽，而神兽是天极之神[3]。

　　龙首纹、鸟纹的认定和研究是神人兽面纹之外的研究重点。龙首纹玉器（图 9-9 和图 9-10）的认定始于瑶山简报，随后，刘斌对龙首纹玉器进行了专门的收集和论述，指出龙首纹与兽面纹是两种不同的纹饰，具有明显的种属差异[4]。但方向明认为龙首纹与神人兽面纹之间有着密切的联系，龙首纹应是兽面纹的前身[5]，蒋卫东的观点也与之类似[6]。龙是一

① 王宁远：《试论良渚神徽起源及意义》，载浙江省文物考古研究所编《浙江省文物考古研究所学刊》，长征出版社，1997 年。

② 冯时：《中国天文考古学》，社会科学出版社，2001 年。

③ 李新伟：《良渚文化"神人兽面"图像的内涵及演变》，《文物》2021 年第 6 期。

④ 刘斌：《良渚文化的龙首纹玉器》，载杨伯达主编《出土玉器鉴定与研究》，紫禁城出版社，2001 年。

⑤ 方向明：《良渚文化玉器纹饰研究》，载浙江省文物考古研究所编《良渚文化研究》，科学出版社，1999 年。方向明：《良渚文化玉器的龙首纹与神人兽面纹之兽面纹》，载邓聪、吴春明主编《东南考古研究（第三辑）》，厦门大学出版社，2003 年。

⑥ 蒋卫东：《玉器的故事》，杭州出版社，2013 年。

普安桥 M8：28

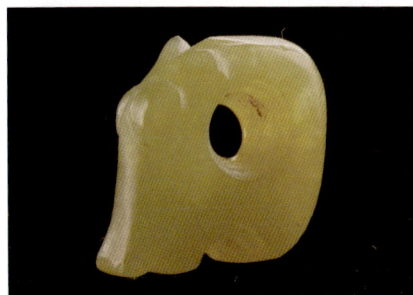

仙坛庙 M51：2

达泽庙 M10：4

官井头 M47：9

官井头 M65：20

（a）

603

皇坟头 M19：6

后头山 M18：1

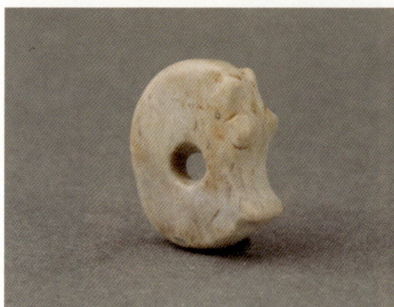

普安桥 M17：2

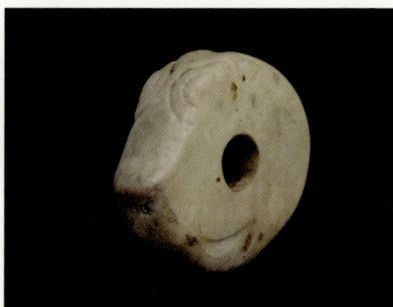

梅园里 M8：23

（b）

图 9-9　崧泽晚期的龙首纹玉器

反山 M16：1 柱形器

反山 M16：14 管

反山 M22：26 龙首纹圆牌（1）

反山 M22：26 龙首纹圆牌（2）

（a）

反山 M22：26 龙首纹圆牌出土情况

（b）

瑶山 M1：30 龙首纹镯　　　　　　　　　瑶山 M1：30 龙首纹镯细部

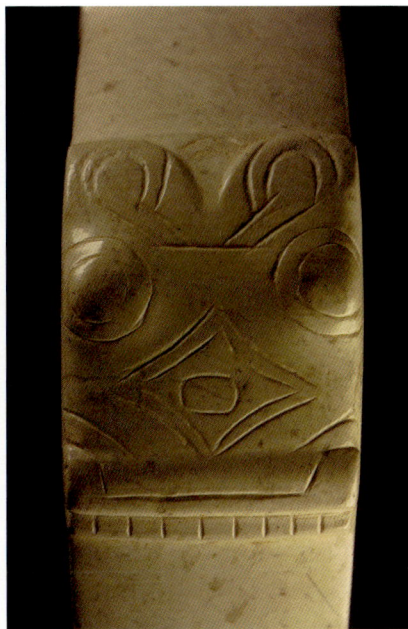

瑶山 M11：94 龙首纹玉璜　　　　　　　　瑶山 M11：94 龙首纹玉璜细部

（c）

反山 M22：26 圆牌　　　　　瑶山 M10：21 管

（d）

图 9-10　良渚早期的龙首纹玉器

种并不存在的动物，它是古人将不同动物的特征糅合创造的一种带有神性的动物形象。早在距今 8000 年前，兴隆洼文化的先民就创造出龙的形象，这类形象或以石块或泥土堆塑而成，也有施刻于陶片之上的，如辽宁阜新查海遗址的石堆龙及龙纹陶片[①]、辽宁葫芦岛杨家洼的土塑龙[1]等，稍晚的濮阳西水坡[2]、黄梅焦墩[3]也分别发现距今约 6000 年的蚌壳摆塑的龙和卵石摆塑的龙，明显受到兴隆洼文化摆塑龙形的影响。随后，红山晚期先民率先使用玉来雕琢龙的样子，当时的玉龙主要有 C 形龙和玉猪龙（或称玦形龙）两种类型。安徽的凌家滩文化和环太湖地区的崧泽晚期的玉龙应与红山文化玉龙有着密切的联系。目前环太湖地区共发现至少 9 件崧泽时期的龙首纹玉器[②]。良渚文化龙首纹玉器直接继承了崧泽文化龙首纹玉器，除了少量雕琢单一龙首纹的玦环类玉器，如赵陵山M77 的 2 件龙首纹玦[③]、上海福泉山 M74 的龙首纹环[④]，还出现装饰龙首纹的镯、璜、管、圆牌、锥形器等干器种类。

①   辛岩：《查海遗址发现再获重大成果》，《中国文物报》1995 年 3 月 19 日。辽宁省文物考古研究所：《查海——新石器时代聚落遗址发掘报告》，文物出版社，2012 年。

②   浙江省文物考古研究所、良渚博物院：《崧泽之美——浙江省崧泽文化考古特展》，浙江摄影出版社，2014 年。

③   南京博物院《赵陵山——1990—1995 年度发掘报告》，文物出版社，2012 年。

④   上海市文物管理委员会：《福泉山》，文物出版社，2000 年。

　　鸟纹（图 9-11）在良渚文化玉器中是数量仅次于神人兽面纹和龙首纹的装饰纹样，主要有平雕鸟纹、圆雕玉鸟及鸟立高台图符三种形式，鸟纹在玉器上的出现应与古人对飞翔或飞天的渴望有着密切的关系。另外，方向明指出作为地纹的卷云状弧线带小尖喙的纹饰也是一种变体鸟纹，"神人兽面纹的图案组合具有举足轻重的地位，单一的鸟形象常对神人兽面纹图案加以辅佐，变体鸟纹作为陪衬地纹起了烘托和渲染的作用"[1]。平雕鸟纹，以阴线刻画为主，或结合浅浮雕，往往与神人兽面纹一起构成组合纹饰，目前仅在琮、璧、冠状器、三叉形器、璜等玉器上出现，一般位于神人兽面纹左右两侧，反山 M12∶100 玉钺中鸟纹则位于神人兽面纹的下方。圆雕玉鸟（图 9-12）数量不多，瑶山、反山分别出土 1 件和 4 件，福泉山、新地里、赵陵山遗址各出土 1 件，反山和瑶山出土的玉鸟底面都钻有牛鼻形隧孔，多位于墓主下肢部位，应是缝缀于衣物上的装饰品。赵陵山 M77∶71 较为特别，玉鸟立于人的羽冠及攀附于羽冠一侧的小兽之上。刘斌认为鸟是以神人兽面纹为主体的神灵崇拜的媒体，刻画于神徽左右的鸟纹应是良渚神灵所乘之鸟，巫师以圆雕玉鸟和取形于鸟的三叉形器作为装饰以充当神灵的扮演者[2]。

- - - - - - - - - - - - - - - - - - - -

[1]　方向明：《良渚文化玉器纹饰研究》，载浙江省文物考古研究所编《良渚文化研究》，科学出版社，1999 年。

[2]　刘斌：《良渚文化的鸟与神》，载浙江省文物考古研究所编《纪念浙江省文物考古研究所建所二十周年论文集（1979—1999）》，西泠印社，1999 年。

反山 M12：100-1 玉钺上的鸟纹　　　　　　　　　反山 M12：98 玉琮鸟纹

反山 M23：67 玉璜拓片

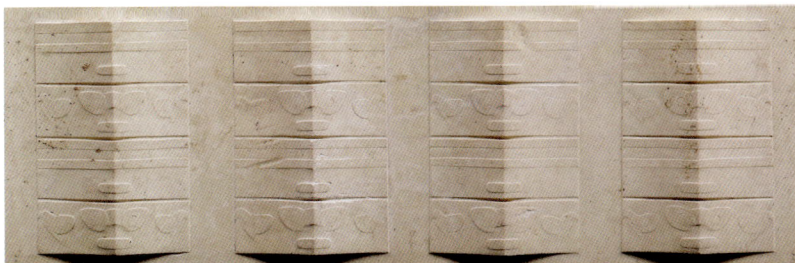

反山 M20：124 展开

图 9-11　位于神徽两侧或下部的鸟纹

反山 M15：5 玉鸟　　　　　　　　　　　　　反山 M15 玉鸟背面

反山 M16：2 玉鸟正面　　　　　　　　　　　反山 M16：2 玉鸟背面

图 9-12　圆雕玉鸟

　　鸟立高台图符（图 9-13）雕刻于良渚晚期的璧和琮上，数量更少。完整形态的鸟立高台图类符主要由鸟形、鸟杆及高台组成，多数高台图形的内部，都刻有一类特殊的图形。刘斌指出台形符号是对祭祀场所的临摹[①]，祭台与鸟杆中似人似鸟的形象应为巫师的形象，整体反映的是祭祀场景和巫师的形象，神徽在良渚早期盛行，而到了晚期开始出现台形、

①　刘斌：《大汶口文化陶尊上的符号及与良渚文化的关系》，载吉林大学考古学系编《青果集：吉林大学考古专业成立二十周年考古论文集》，知识出版社，1993 年。

612

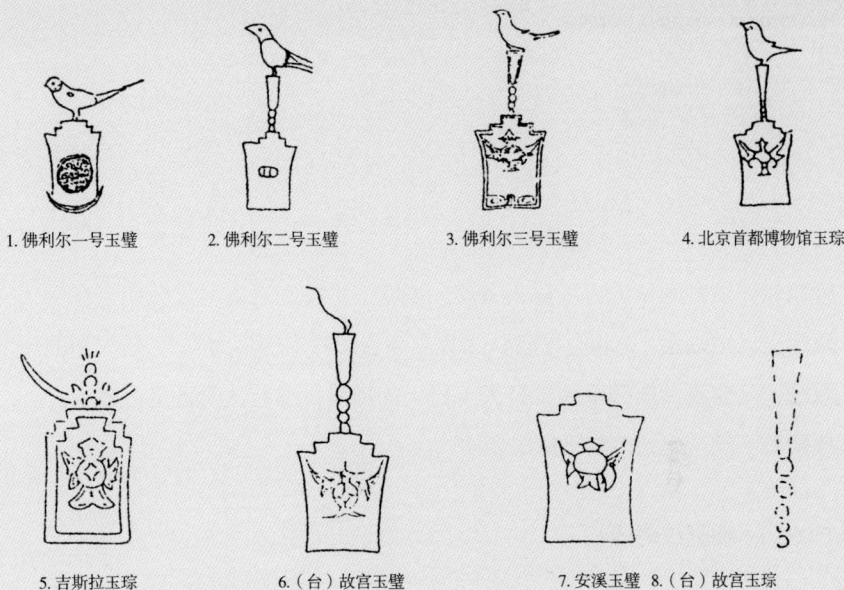

1. 佛利尔一号玉璧　　2. 佛利尔二号玉璧　　3. 佛利尔三号玉璧　　4. 北京首都博物馆玉琮

5. 吉斯拉玉琮　　　　6.（台）故宫玉璧　　　7. 安溪玉璧 8.（台）故宫玉琮

图 9-13　鸟立高台图符

杆状物和鸟的组合图符,反映出一种观念的转变与社会的变革[1]。刘斌指出良渚晚期玉璧和玉琮上的台形和鸟杆图案，与好川文化及属大汶口文化的凌阳河遗址的台形玉片，反映出"这一时期在中国的东南部已经形成了一个地域广阔的文化信仰圈和交流圈"[2]。方向明也对大汶口、良渚

[1]　刘斌：《良渚文化的鸟与神》，载浙江省文物考古研究所编《纪念浙江省文物考古研究所建所二十周年论文集（1979—1999）》，西泠印社，1999 年。
[2]　刘斌：《良渚文化后续的若干问题》，载浙江省社会科学院国家良渚文化研究中心编《良渚文化探秘》，人民出版社，2006 年。

晚期和好川的图符进行了深入考察，说明三地在新石器时代晚期存在密切的交流和融会[1]。也有学者认为鸟立高台图符中的鸟为阳鸟，是太阳的象征，鸟立高台图符反映了祭天（日）的场景，冯时认为甚至可能与商代祭鸟一样，起到占测气象的作用[2]。

二　细刻纹陶器

良渚文化的泥质陶器中，黑皮陶数量最多，占比可达 90% 左右。这种黑皮是在陶胎上涂抹一层薄薄的泥浆并磨光后，通过渗碳工艺烧制形成的，而陶内胎则仍为灰色。良渚晚期开始出现一种精美的刻纹黑皮陶，即在黑皮陶（双鼻壶、豆、宽把杯、鼎等）上以燧石一类的雕刻工具，琢刻各种纹饰，刻纹处显露出灰白色胎体（图 9-14）。

刻纹陶器分布甚广，在江淮地区的开庄、宁绍地区的名山后等均有发现，但主要集中出土在良渚古城遗址及福泉山、草鞋山等区域中心聚落。刻纹的内容主要有兽面纹、鳄鱼纹、变体鸟纹、变体蛇 / 龙纹、龟纹、

----

[1]　方向明：《大汶口、良渚晚期和好川——从图符考察观念形态的交流和融会》，载中国考古学会编《中国考古学会第十四次年会论文集 2011》，文物出版社，2012 年。

[2]　杜金鹏：《良渚神祇与祭坛》，《考古》1997 年第 2 期。冯时：《中国天文考古学》，中国社会科学出版社，2006 年。

葡萄畈 T0303 ⑨鳄鱼纹陶宽把杯

葡萄畈 T0304 ⑧：2 兽面纹陶片

葡萄畈 T0404 ⑧兽面纹陶豆

葡萄畈 T0404 ⑧兽面纹陶豆纹饰展开

（a）

葡萄畈 T0304 ⑦蟠龙纹陶壶

葡萄畈 T0304 ⑦蟠龙纹陶壶纹饰展开

（b）

616

卞家山 G1 ②：414 蟠龙纹陶豆

（c）

卞家山 G2①B：42 蟠龙纹陶片

卞家山 G1②：100 鸟首纹陶宽把杯（1）

卞家山 G1②：100 鸟首纹陶宽把杯（2）

卞家山 G1②：69 鸟首纹陶豆

（d）

卜家山 G1 ②：87 龟鸟纹陶豆　　　　　　　卜家山 G1 ②：392 鸟纹陶片

卜家山 G1 ②：391 兽纹陶片

（e）

图 9-14　良渚晚期的刻纹黑陶

蜥蜴纹等。无论是从刻纹方式还是内容上，都能看到良渚玉器工艺和纹饰的影响。方向明对良渚文化的刻纹陶器的纹样进行研究，指出其中最丰富的是鸟蛇样组合图案[1]，后来，又将之释读为鸟形与及其由鸟简化的螺旋线加小尖喙结构[2]。赵晔则称之为鸟首蛇形纹[3]。鸟蛇组合纹样反映了良渚晚期先民对鸟、龙 / 蛇纹的高度崇拜。

三　一主多神崇拜

对于良渚时期的宗教形态，主要有两种观点，即一主多神和一神教。

一主多神的观点以牟永抗先生为代表。他认为，原始宗教一般是平等的多神崇拜，可分为自然物崇拜、图腾崇拜和祖先崇拜三种或三个阶段，人形神的出现是原始宗教长期发展的结果，应与祖先意识的产生及部族首领的地位日趋重要有关，良渚的神人兽面纹即是人性化的神崇拜的反映，除了神人兽面，龙、蛙、蝉、鸟等动物纹样都代表被神化的动物，其中，最突出的是兽面，墓主人可能类似萨满、巫师，"凭借超越一切的神的力量来建立和加强世俗间的权势和威严"，牟永抗认为当时

---

[1]　方向明：《良渚文化"鸟蛇样组合图案"试析》，《东南文化》1992 年第 2 期。

[2]　方向明：《良渚玉器的种类及其纹饰》，载浙江省文物局《文明的曙光——良渚文化文物精品展》，中国社会科学出版社，2005 年。

[3]　赵晔：《内敛与华丽：良渚陶器》，浙江大学出版社，2019 年。

并未出现一神教,但在崇拜的各种神灵中,已经产生了分化①。牟永抗对良渚神徽所代表的神灵进行了具体分析,他认为弓形盖、介形冠代表天,良渚的神人兽面纹实际上是对人形太阳神的描画,代表着太阳神崇拜的高级阶段,在良渚时期太阳神取得了主神或者主神之一的地位,标志着文明曙光时代的到来②。任式楠③和宋建④也持主神说。

另有不少学者提出了一神教的观点。如赵晔认为良渚神徽反映的含义是人驾驭兽,是代表图腾崇拜的兽面纹和代表世俗权力或统治者形象的神人纹的结合,反映了良渚文化的宗教是政教合一⑤,并认为良渚人奉行一神崇拜,神人兽面纹是当时原始宗教的核心,同时大墓厚葬也是祖

---

① 牟永抗:《良渚玉器上神崇拜的探索》,载《庆祝苏秉琦考古五十五年论文集》编写组编《庆祝苏秉琦考古五十五年论文集》,文物出版社,1989 年。

② 牟永抗:《东方史前时期太阳崇拜的考古学观察》,《故宫学术季刊》第 12 卷第 4 期。

③ 《考古》编辑部:《中国文明起源研讨会纪要》(1991 年 11 月 27—30 日),《考古》1992 年第 6 期。

④ 宋建:《良渚文化主神新证》,《南方文物》2016 年第 3 期。

⑤ 赵晔:《良渚玉琮新探》,载浙江省文物考古研究所编《纪念浙江省文物考古研究所建所二十周年论文集(1979—1999)》,西泠印社,1999 年。

先崇拜的反映，祭神和祖先葬仪是两种重要的祭祀仪式[1]。刘斌、王炜林
指出距今 5000 年前，中国进入琮的时代，"信仰的形式从原来的抽象化
形体概念，逐渐发展出了比较具象的偶像概念；从原来的自然与动物的
崇拜，逐渐走向人性化或人格化的神的崇拜"[2]，并指出，神徽在整个环
太湖甚至更广大的地区表现出极其统一规范的模式，良渚人对这一神灵
的崇拜几乎达到了一神崇拜的程度，认为其是超氏族的图腾神[3]。后来赵
辉也对良渚社会的一神教特征进行了详细探讨[4]。

　　良渚文化的图像资料远不如古埃及、苏美尔、玛雅等文明丰富，但
在同时期的中国已经算是比较多样的。玉器、陶器、漆器、象牙等器物
上的刻纹，尤其是玉琮和神人兽面像，是探索良渚文化宗教形态的关键。

[1]　赵晔：《良渚文化祭坛、墓地及其反映的社会形态初探》，载浙江省文物考
古研究所编《良渚文化研究》，科学出版社，1999 年。
[2]　刘斌、王炜林：《从玉器的角度观察文化与历史的嬗变》，载浙江省文物考
古研究所编《浙江省文物考古研究所学刊（第六辑）：第二届中国古代玉器与传统
文化学术讨论会专辑》，杭州出版社，2004 年。
[3]　刘斌：《神巫的世界》，浙江摄影出版社，2007 年。刘斌：《神巫的世界》，
杭州出版社，2013 年。
[4]　赵辉：《从"崧泽风格"到"良渚模式"》，载浙江省文物考古研究所编《权
力与信仰：良渚遗址群考古特展》，文物出版社，2015 年。赵辉：《良渚的国家
形态》，《中国文化遗产》2017 年第 3 期，

一般认为，神人兽面像是良渚先民崇拜的最重要的神灵，其他形象如龙、鸟、龟、蛙、蝉也是神化的动物。

从世界古文明的视角来看，同时期的古埃及存在主神的多神崇拜，其最开初的主神为鹰隼荷鲁斯，从古王国后期开始，太阳神拉逐渐替代了荷鲁斯，成为新的主神。苏美尔文明为城邦文明，每座城邦都有各自崇拜的主要神灵，如尼普尔是苏美尔主神之一恩利尔的祭祀中心，乌鲁克城中安努和埃安娜神庙占据了城内最核心的位置，乌尔城主要供奉月神南纳。古埃及第十八王朝埃赫那吞（公元前 1352—前 1336 年在位）曾试图建立阿吞神一神教，但很快就以失败告终，目前普遍认为最早的一神教是公元前 14 世纪出现的犹太教。因此，良渚超脱于时代的可能性不高，且明确有对龙、鸟、龟等神灵的信仰。所以，我们赞同良渚宗教应是一主多神，只不过其主神神人兽面像在良渚宗教中占据了压倒性的优势，居于统率地位。

神人兽面像是一种抽象的图符，其构图元素的来源也比较复杂，崧泽晚期的圆与弧边三角镂孔装饰、龙首纹、从凌家滩到朝墩头等遗址出土的玉人像和崧泽晚期陶器上的编织纹等，都对神人兽面像的形成产生了影响[1]，其具体代表何种神灵存在多元的解释，可能是自然崇拜（天、日、

① 方向明：《神人兽面的真像》，杭州出版社，2013 年。

月、星）、动物崇拜（鸟、龙、鳄鱼／虎／猪）和祖先崇拜等的综合[1]。

四　原始文字

　　良渚文明尚未有破译文字，但已发现大量的刻画符号。由良渚博物馆编著的《良渚文化刻画符号》一书，共收入"带有刻画符号的器物共计554件，其中陶器536件、石器11件、玉器7件"[2]，累计刻画符号632个。其中部分陶器或石器上刻画有多个联系的图符，部分刻符在多个遗址出现，已显示出这些刻符有作为文字使用的可能性，如苏州澄湖遗址出土的刻有5个符号的贯耳壶（编号为J127：1），庄桥坟刻有多个连续图符的2件石钺（T101②：10、H41：1），余杭南湖遗址采集的刻画有一组连续图画的圈足罐等（图9-15）。牟永抗分析了南湖圈足罐、澄湖贯耳壶等陶器上的图形符号以及玉器上的刻符，指出"良渚文化中出现的符号，已经具有文字的性质……这些符号所记录的语言单位，很可能是一

---

[1]　牟永抗、王宁远、方向明、梁丽君认为神徽有太阳崇拜的意涵，尤其是神兽的大眼，参考梁丽君：《良渚玉器兽面纹大眼的研究》，《文物春秋》2011年第3期。冯时：《中国天文考古学》，社会科学出版社，2001年。神兽的具象来源，说法甚多，如龙首、鳄鱼、虎、猪等。

[2]　张炳火主编、良渚博物院编著：《良渚文化刻画符号》，上海人民出版社，2015年。

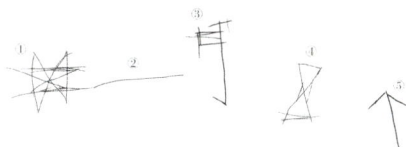

澄湖贯耳壶（J127：1）及其刻画符号

（a）

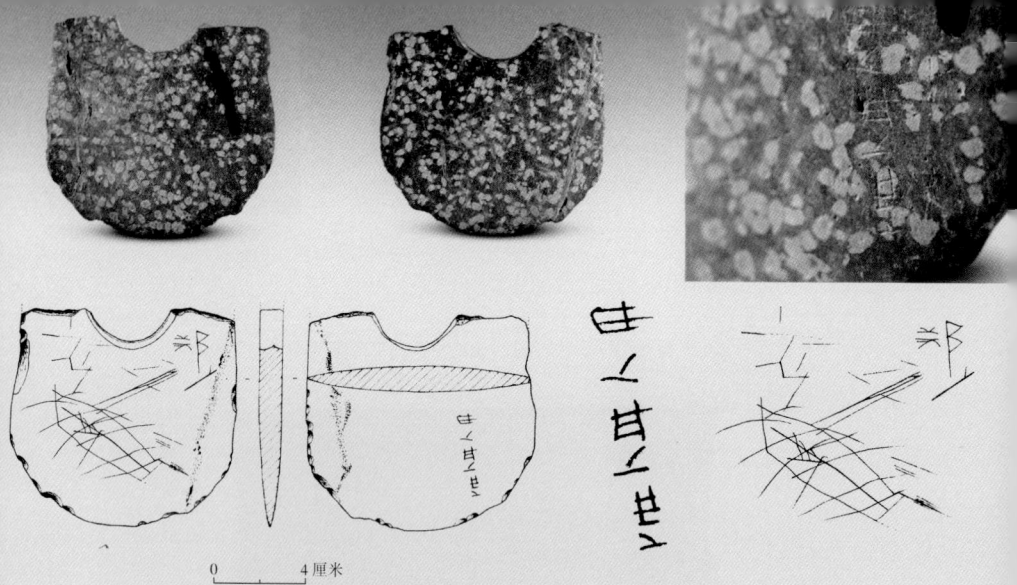

庄桥坟石钺 T101 ② : 10 及其刻画符号

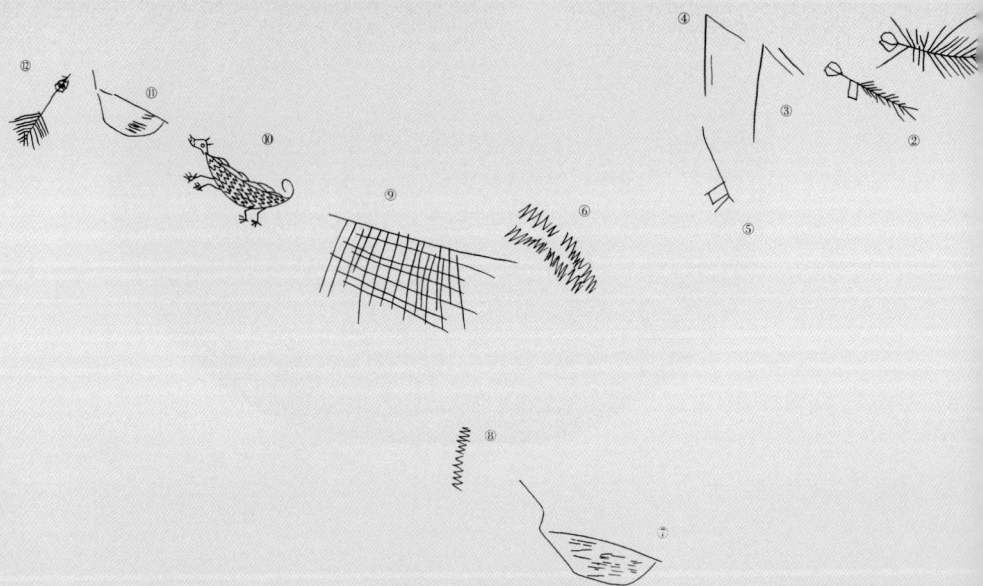

南湖遗址采集圈足罐上的刻画符号摹本

（b）

图 9-15　成组的刻纹符号

图 9-16　第一王朝第四王蛇王杰特墓碑

句话或一段话中的大意的语段文字"，可称为原始文字 [1]。曹锦炎、方向明对浙江地区史前刻画符号进行了研究，进一步讨论了良渚刻画符号的原始文字性质 [2]。一些玉璧和玉琮上也发现鸟立高台等图符。鸟立高台图符与古埃及文明中的国王名字的符号颇为近似，古埃及早王朝和古王国时期的王名一般由鸟形（或鸟兽形）外加台形组成，鸟形表示荷鲁斯神，而台形表示宫殿，台形内部则刻有国王的名字，如古埃及早王朝时期第一王朝法老杰特的名字（图 9-16），良渚文化中偶见的鸟立高台图符也

[1]　牟永抗：《良渚文化的原始文字》，载余杭市文史资料委员会编《文明的曙光——良渚文化》，浙江人民出版社，1996 年。

[2]　曹锦炎、方向明：《浙江地区史前刻画符号概述》，载中国考古学会编《中国考古学会第十一次年会论文集 2008》，文物出版社，2010 年。

可能具有某种表示族徽或人名的功能，同时也是鸟神（或太阳神）崇拜的直接反映，但目前所发现的良渚文化大墓中不见此类图符，说明其使用范围较窄、使用时间不长，并不占主流地位，或许代表了一种比较隐秘的宗教思想。

五　观象测年

刘斌最早提出瑶山和汇观山是观象台的观点[1]，他认为，瑶山与汇观山祭坛所修筑的回字形灰土沟，如果以灰土沟中间点为基点，四角所指方向基本一致的，即北偏东 45°、135°、225° 和 305°，并指出：通过 2 年的实地观测，发现在冬至日，日出的方向正好与 2 座祭坛的东南角所指方位一致，约为北偏东 135°，而日落方向正好与祭坛的西南角所指方位一致，约为北偏东 225°。在夏至日，日出的方向正好与 2 座祭坛的东北角所指方位一致，约为北偏东 45°，而日落方向正好与祭坛西北角所指方位一致，约为北偏东 305°。春分、秋分日的太阳则恰好从祭坛的正东方向升起，方位约为北偏东 90°，从祭坛的正西方向落下，方位约为北偏东 270°。

---

[1]　刘斌：《良渚文化的祭坛与观象测年》，载浙江省文物考古研究所编《浙江省文物考古研究所学刊（第八辑）：纪念良渚遗址发现七十周年学术研讨会文集》，科学出版社，2006 年。

徐凤仙赞同汇观山、瑶山是用于观测二分二至的天文台的观点，但对于观测点位提出了不同的观点。她指出："实测和计算结果表明，如果良渚文化时期确实将汇观山祭坛作为观象授时的场所，站在某个位置观测太阳从灰土沟不同的方位升起，那么从灰土沟的内角向外角观测并不合理。并且如果真是这样观测，就意味着当时二分二至的观测点不同……"并根据实测结果，认为观测点有两个，即灰土沟西边某一点和灰土沟东边某一点，分别观测另一侧的灰土沟的两个外角[1]。

有关遗址的参考文献：

1. 高美璇：《辽宁八千年前新石器时代遗址中发现龙图腾》，《中国文物报》1997年6月8日。
2. 濮阳市文管会等：《河南濮阳西水坡遗址发掘简报》，《文物》1988年第3期。
3. 陈树详：《黄梅发现新石器时代卵石摆塑巨龙》，《中国文物报》1993年8月22日。

[1] 徐凤仙：《天空之光如何照亮文明》，广东人民出版社，2019年。

文明与国家

一 学术界对良渚社会发展程度的探索

学术界对良渚社会发展阶段的认识，经历了比较长的过程。在 1972 年以前，尚未发现良渚文化大墓和中心聚落，关于良渚社会发展水平的认识自然是有限的。吴汝祚曾在《从钱山漾等原始文化遗址看社会分工和私有制的产生》一文中指出，崧泽时期已经开始出现贫富分化，良渚时期农业和手工业进一步发展，导致了贫富分化和私有制的发展，该文似是环太湖史前社会考古的先声。该文发表于 1975 年，但未涉及寺墩的考古材料，成文较早[①]。1972 年以后，草鞋山、张陵山、寺墩、福泉山等随

① 吴汝祚：《从钱山漾等原始文化遗址看社会分工和私有制的产生》，《考古》1975 年第 5 期。

葬大量玉礼器的良渚文化大墓，开启了长江下游文明化研究的新篇章，良渚文化的内涵也越来越丰富。牟永抗、魏正瑾在很早的时候（1978 年）就指出，"良渚文化丝麻制品的出现和相当进步的竹编工艺，再加上大量精美玉器，特别是大型玉琮玉璧的制作，更说明了当时的江南地区已成为我国新石器时代中比较先进的地区之一。在良渚文化原始文明的发展高潮中，我们似乎听见了私有制走近的脚步声"[1]。良渚文化"是我国新石器时代末期一支发展程度较高的原始文化"[2]。

1984 年，夏鼐作为当时中国考古学的领军人物，对文明的定义和判断标准进行了阐述，他指出，"现今史学界一般把'文明'一词用来指一个社会已由氏族制度解体而进入有了国家组织的阶级社会的阶段。这种社会中，除了政治组织上的国家以外，已有城市作为政治（宫殿和官署）、经济（手工业以外，又有商业）、文化（包括宗教）各方面活动的中心。它们一般都已经发明文字和能够利用文字作记载（秘鲁似为例外，仅有结绳记事），并且都已知道冶炼金属。文明中的这些标志以文字最

---

① 牟永抗、魏正瑾：《马家浜文化和良渚文化——太湖流域原始文化的分期问题》，《文物》1978 年第 4 期。

② 浙江省博物馆：《三十年来浙江文物考古工作》，载文物编辑委员会《文物考古工作三十年（1949—1979）》，文物出版社，1979 年。

为重要"[1]。夏鼐根据殷墟的考古情况，提取出都市、文字、青铜器这三个文明的一般性特点，并根据二里岗文化和二里头文化的考古新成果，将中国文明的起源上推至二里岗文化乃至二里头晚期。夏鼐的文明研究成果在国内引发了文明起源研究的热潮，其文明的三标准说也产生了比较深远的影响，但其研究成果与良渚文化无涉。

汪遵国根据《周礼》中"苍璧礼天""黄琮礼地""疏璧琮以殓尸"的记载，首次提出了玉殓葬的观点，指出琮、璧是祭祀的礼器，墓主生前掌握了原始宗教的祭祀权，同时也是军事民主制时期的军事首长[2]。

1977年后到1986年，良渚文化的研究在近10年中，取得了突破性的发展，把良渚社会性质的探讨，提高到了讨论其是否进入文明时代的高度。认识这一文明的发生和模式，以及其在中华民族共同体中的贡献，

---

① 夏鼐：《中国文明的起源》，中华书局，2009年。该书是1983年夏鼐在日本的三次演讲内容结集而成的，1984年以日文出版，最早的中文版于1985年由文物出版社出版。

② 南京博物院：《1982年江苏常州武进寺墩遗址的发掘》，《文物》1984年2期，汪遵国、李文明、钱锋执笔。汪遵国：《良渚文化"玉殓葬"述略》，《文物》1984年第2期。

成为良渚文化当前探索的焦点①。

　　牟永抗、刘斌较早认识到：良渚时期已经产生了相当数量的社会财富，并集中到少数人手中，个人财产正在迅速增加；原始宗教相当发达，构成了上层建筑的一个重要方面，产生了以玉琮、玉钺为首的代表神权与军权的礼器系统；兽面神像所表现的容貌，已成为良渚文化圈内共同崇拜的神像，是融合艺术与宗教为一体的良渚原始宗教和礼仪制度的代表和象征；巫觋与行政首领是良渚统治者的双重身份；精致的艺术品玉器的大量出现并用于与物质生活无关的礼仪活动，标志着专业工匠和宗教职务人员等组成的知识阶层的产生；能埋入高台墓地的只是少数的显贵者，高高在上的大墓和星布于居住址内的小墓，反映出人们社会关系的分裂。良渚时期的社会形态具有以兽面神像的形象的宗教崇拜和琮钺为代表的礼器系统所反映的原始宗教和政权形式，以及土筑高台墓地，棺、椁礼器所代表的显贵者阶层，作为进入文明的许多特征，并成为汇入华夏文明的重要组成部分。② 随后，牟永抗进一步指出，反山、瑶山一类埋葬在高台土冢或祭坛的人，生前当是集神权、财权和军权于一身

---

① 牟永抗、刘斌：《论良渚》，1986 年，油印本，收入牟永抗《牟永抗考古学文集》，科学出版社，2009 年。

② 牟永抗、刘斌：《论良渚》，1986 年，油印本，收入牟永抗《牟永抗考古学文集》，科学出版社，2009 年。

的显贵阶层。以玉的神化为特征的玉器时代，正是中华文明曙光出现的时代①。1990 年开始，牟永抗开始提出并思考玉器时代，指出玉器时代是中华文明起源阶段的重要议题，发展阶段大致与酋邦和古国相当②。其中，相关论述以牟永抗与吴汝祚的两篇文章最为全面。1996 年二人发表的文章指出玉器时代介于原始氏族社会和夏商周青铜器时代之间，玉器时代出现了成组玉礼器、玉巫神一体、文字、城市、棺椁葬具和人殉，并产生冶铜业，其中成组玉礼器尤为重要，玉器时代出现的是"以全新的面貌超越于民族社会之上，属更高层次的社会"③。1997 年，二人发表的文章进一步指出玉器时代是中华文明（半月形地带）起源时期的主要特征，在东亚地区青铜文化还没有发达起来的时候，已经在几个地点大体同时形成了以玉礼器为代表的古代文明——早期国家，以良渚文化为代表的玉器时代，归纳有如下六大特征：出现成组的玉礼器、出现社会分化、

① 牟永抗：《浙江省新近十年的考古工作》，载文物编辑委员会编《文物考古工作十年（1979—1989）》，文物出版社，1990 年。

② 牟永抗：《试谈玉器时代中华文明起源的探索》，《中国文物报》1990 年11 月 1 日。牟永抗：《水稻、蚕丝和玉器：中华文明起源的若干问题》，《考古》1993 年第 6 期。牟永抗：《良渚玉器和中华文明起源研究》，《史学》1994 年第 8 期，收入牟永抗《牟永抗考古学文集》，科学出版社，2009 年。

③ 吴汝祚、牟永抗：《玉器时代说》，载徐湖平主编《东方文明之光：良渚文化发现 60 周年纪念文集（1936—1996）》，海南国际新闻出版中心，1996 年。

出现文字、开始出现冶铜业、出现棺椁制度、出现巫觋[1]。随后牟永抗又先后撰写多篇文章深入讨论了这一议题[2]。

　　1986年开始，受到寺墩等考古资料的启发，张光直开始关注起良渚文化的研究。在1986年发表的《谈"琮"及其在中国古史上的意义》一文中，他根据玉琮外圆内方的特性，认为玉琮是贯通天地的手段或法器。根据草鞋山M198、寺墩M3、福泉山M6、张陵山M4等良渚文化大墓的发现，他指出玉琮是巫师作法贯通天地的礼器，而掌握这种礼器的巫师同时也是政治领袖。他认为良渚文化玉琮是巫术和王权结合的最早案例，甚至据此提出在产生国家、城市和文明阶段的青铜时代之前，存在一个产生特权阶级的巫政结合的玉琮时代[3]。相关论述在张光直于1987—

①　牟永抗、吴汝祚：《试论玉器时代》，载苏秉琦主编《考古学文化论集》，文物出版社，1997年。

②　牟永抗：《再论玉器时代》，载牟永抗《牟永抗考古学文集》，科学出版社，2009年。牟永抗：《中国历史上的玉器时代》，《明报月刊》1997年4月。牟永抗：《关于〈试论玉器时代〉一文的若干说明——答谢仲礼、张明华诸同志》，《中国文物报》1999年12月29日、2000年1月5日。牟永抗：《玉器时代续议》，载台湾大学地质科学系研究报告编辑委员会编《海峡两岸古玉学会议论文专辑（Ⅰ）》，台湾大学出版委员会，2001年。

③　张光直：《谈"琮"及其在中国古史上的意义》，载文物出版社编辑部《文物与考古论集》，文物出版社，1986年。

1988 年发表的几篇论文中多次出现和提及，且文中很及时地了解和补充了对反山、瑶山墓地的认识①。张光直在写于 1993 年《古代中国考古学》第四版中文版的自序中，根据新出的资料特别指出"从公元前 3000 年开始……各地的龙山时代，是中国历史上阶级社会和文明出现的时代"，并特别强调良渚文化已经具备了"相当的文明程度"，已经进入了阶级社会和文明时代，这应是学术界考古权威首次正式提出良渚文明论，意义非凡。他在 1995 年的一篇文章中也给予了良渚文化高度评价，指出良渚文化中巫师与王关系密切，二者"常常是一回事"，"巫师的这种地位，在中国遗址的远古文化之中，目前只有在良渚文化和殷商文化里达到了"②。

继张光直之后，苏秉琦、张忠培、严文明等学者在夏鼐的基础上，将文明提早到以红山文化、良渚文化为代表的 5000 年以前。苏秉琦最早于 1984 年开始关注良渚文化的文明化程度问题，认为良渚文化处于

① 张光直：《从商周青铜器谈文明与国家的起源》，载厦门大学人类学系《人类学论丛（第一辑）》，厦门大学出版社，1987 年。张光直：《濮阳三蹻与中国古代美术上的人兽母题》，《文物》1988 年第 11 期。另可参考张光直的《古代中国考古学》一书，该书是在其哈佛大学人类学系的博士毕业论文的基础上改写而成的，其英文版于 1963 年、1968 年、1977 年和 1986 年由耶鲁大学先后出版。
② 张光直：《商名试释》，1995 年 6 月台北"中央研究院"胡适 104 岁纪念讲演内容。

5000 年文明古国的黎明期，"良渚文化在中国古代文明史上，是个熠熠发光的社会实体"①。20 世纪 90 年代开始,苏秉琦开始思考人类起源、农业起源和国家起源等大课题，并高度关注红山文化和良渚文化这两支玉文化，瑶山祭坛墓地的考古显示当时已经出现神权、军权集于一人的现象②。苏秉琦对文明起源和国家起源的论述集中于《中华文明起源新探》一书，书中指出"中国早在 5000 年前，已经产生了植根于公社，又凌驾于公社之上的高一级的社会组织形式，这一发现把中华文明史提前了1000 年"③,他于 1985 年提出古文化（指原始文化）—古城（城乡最初分化意义上的城和镇）—古国（高于部落的、稳定的、独立的政治实体）三历程说，随后提出古国（基于公社又凌驾于公社之上的高一级的组织形式，即早期城邦式的原始国家,如红山文化）—方国（比较成熟、发达、高级的国家，是产生大国的时代，距今 4000 年前后开始进入方国阶段,

① 苏秉琦：《太湖流域考古问题》，《东南文化》1987 年第 1 期。另参见苏秉琦：《"嘉兴会议"发言录存》，载良渚博物院《苏秉琦、张光直、俞伟超论良渚》，科学出版社，2020 年。

② 苏秉琦：《重建中国古史的远古时代——〈中国通史〉第二卷序言》，《史学史研究》1991 年第 3 期。

③ 苏秉琦：《中华文明起源新探》，辽宁人民出版社，2009 年，第一版于1997 年在香港出版。

包括良渚、夏家店下层和夏商周）—帝国（秦汉帝国）的三部曲说[1]。

张忠培与严文明大体同时开始涉足良渚文化社会考古方面的研究。1995 年，张忠培提出良渚社会中，祀和戎已有专人从事并成为凌驾于社会之上的权力，由此可知良渚文化在距今 5300—5200 年已经进入国家的阶段，在良渚文化中，军（王）权与神权并重，还未形成统一的政治实体，而是存在"众多被不同权贵集团统管、具有国家性质的实体，或暂可称之为方国"[2]。1999 年，张忠培论述了公元前 3300—前 3200 年，黄河、长江中下游和燕山南北及西辽河流域的考古学文化格局，从父权家族的产生、社会分工与分化、聚落的分化、王权和神权的确立等方面指出当

[1]　苏秉琦：《中华文明起源新探》，辽宁人民出版社，2009 年，第一版于 1997 年在香港出版。

[2]　张忠培：《良渚文化的年代和其所处的社会阶段》，《文物》1995 年第 5 期。另可参考张忠培：《简论良渚文化的几个问题》，载余杭市文史资料委员会编《文明的曙光——良渚文化》，浙江人民出版社，1996 年；张忠培：《中国古代文明之形成论纲》，《考古与文物》1997 年第 1 期；张忠培：《中国史前时代研究的一些认识》，《北方文物》1999 年第 4 期。

时以上几个区域已经跨入"文明门槛"①。严文明在 1986 年纪念良渚遗址发现 50 周年学术讨论会上，指出良渚文化处于铜石并用时代，对于会议上关于良渚文化有无进入早期文明社会的争论，他则认为尚不急于做出结论②。1995 年，严文明关注了良渚文化在陶器、玉器、漆器、丝织和稻作农业方面的成就，认为良渚文化的聚落可分为中心聚落（仅良渚一处）、次中心聚落（寺墩、福泉山等）和普通村落遗址三级，进而提出良渚的社会"是由少数集军权、财权、神权于一身的贵族阶级统治广大民众的阶级社会"，"良渚文化已经进入了初级文明社会"③。

---

① 张忠培：《中国古代文明的形成》，载张忠培、俞伟超《考古、文明与历史》，"中央研究院"历史语言研究所傅斯年汉学讲座，1997 年，福元印刷事业有限公司，1999 年。另可见张忠培：《中国古代文明形成的考古学研究》，《故宫博物院院刊》2000 年第 2 期；张忠培：《中国古代的文化与文明》，《考古与文物》2001 年第 1 期。

② 严文明：《良渚文化研究的新阶段》，1986 年发言，刊于严文明《史前考古论集》，科学出版社，2006 年。

③ 严文明：《良渚文化：中国文明的一个重要源头》，《寻根》1995 年第 6 期。另参考严文明：《良渚随笔》，《文物》1996 年第 3 期。严文明：《良渚遗址的历史地位》，《浙江学刊》1996 年第 5 期。严文明：《良渚文化与文明起源》，《日中文化交流》第 11 号；《良渚文化——中国文明的曙光》，日本勉诚社，1996 年。严文明：《良渚文化与中国文明的起源》，载中国国家博物馆、浙江省文物局编《文明的曙光：良渚文化文物精品集》，中国社会科学出版社，2005 年。

20世纪90年代以来，越来越多从事良渚文化研究的考古工作者也指出，良渚文化已进入文明时代[1]。

随着良渚古城及外围水利系统的发现和日益丰富的考古成果的出现，这一认识已成为国内考古学界的主流认识，并开始得到国际考古学界的关注。如张忠培指出良渚文化是神权和军权并重的神王之国的国家形态[2]，"从目前的考古发现和研究来看，如果我们要谈中华五千年文明，只有良渚文化的良渚遗址能拿得出来"[3]；严文明在2016年良渚遗址考古发现80周年学术研讨会上讲道："假若良渚是一个国都的话，那些（指

[1] 《考古》编辑部：《中国文明起源研讨会纪要》，《考古》1992年第6期。宋建：《论良渚文明的兴衰过程》，载浙江省文物考古研究所编《良渚文化研究》，科学出版社，1999年。赵辉：《良渚文化的若干特殊性——论一处中国史前文明的衰落原因》，载浙江省文物考古研究所编《良渚文化研究》，科学出版社，1999年。芮国耀：《失落的文明——论良渚遗址群》，载浙江省文物考古研究所编《良渚文化研究》，科学出版社，1999年。

[2] 张忠培：《良渚文化墓地及其表述的文明社会》，《考古学报》2012年第4期。张忠培：《在中华玉文化中心第五届年会上的讲话》，载杨晶、陶豫执行主编《玉魂国魄：中国古代玉器与传统文化学术讨论会文集（七）》，浙江古籍出版社，2016年。

[3] 张忠培：《张忠培在〈良渚文化刻画符号〉出版座谈会上的发言》，《中国文物报》2015年9月25日第7版。

福泉山、寺墩等）就是各个州郡所在地，这就是一个很像样的广域王权国家了。"① 李伯谦认为良渚文化已正式进入王国阶段，是中国王国阶段的开端②。赵辉也对良渚的国家形态进行了全面的论述③。随着几次国际会议的召开，良渚古城也越来越得到国际考古学家的关注，伦福儒与刘斌撰文指出良渚古城已展现出强大的社会组织能力，良渚文化的复杂程度超过英国的巨石阵、希腊的克罗斯等早期文明，已超出酋邦的范畴，是东亚最早的国家社会④。

良渚古城及水利系统的发现和持续性的考古工作，推动了学术界关于良渚文明和早期国家的讨论。刘斌等从世界早期文明的发生及中国文明化历程基础上，论述了良渚文明在城市规划与建设、土筑工程、水利、玉器、刻符、稻作、手工业、聚落分化等方面所取得的成就，指出良渚已进入成熟文明和早期国家阶段⑤。方向明指出瑶山、反山是基于血缘关

① 严文明：《华夏文明五千年，伟哉良渚——严文明先生总结讲话》，《中国文物报》2016 年 12 月 2 日第 5 版。
② 李伯谦：《中国古代文明化历程的启示》，《人民日报》2015 年 3 月 6 日第 7 版。
③ 赵辉：《良渚的国家形态》，《中国文化遗产》2017 年第 3 期。
④ 科林·伦福儒、刘斌著，陈明辉、朱叶菲、宋姝、姬翔、连蕙茹译：《中国复杂社会的出现：以良渚为例》，《南方文物》2018 年第 1 期。
⑤ 刘斌、王宁远、陈明辉、朱叶菲：《良渚：神王之国》，《中国文化遗产》2017 年第 3 期。

系的王族成员，良渚文化是以血缘家族、血缘贵族形式为主体的贵族政治，良渚古城自始至终是良渚文化的中心聚落群，率先进入都邑化的文明时代，良渚社会基于统一信仰，以掌握特别资源为手段，内部实行阶级分层，并通过由近及远的方式对外部的资源进行控制①。赵晔从稻作、水利、土筑、都城、玉器、宗教六个方面总结了良渚文明的要素，认为良渚文化是史前时期最早出现国家形态的考古学文化，良渚文化初创了王国社会的政治模式②。韩建业③、戴向明④、李新伟⑤也认同良渚已经进入文明和国家阶段，如戴向明认为良渚"是目前中国境内所能识别出的年代最早的国家组织"。

在对良渚文化的内部材料不断丰富和深入研究的同时，对良渚文化

① 方向明：《环太湖流域新石器时代晚期区域收体模式的探讨》，载浙江省博物馆编《东方博物（第五十六辑）》，中国书店，2015年。还可参考方向明《控制中的高端手工业——良渚文化琢玉工艺》，载浙江省文物考古研究所、北京大学考古文博学院、北京大学中国考古学研究中心、良渚博物院、杭州市余杭博物馆编著《权力与信仰：良渚遗址群考古特展》，文物出版社，2015年。
② 赵晔：《良渚：中国早期文明的典范》，《南方文物》2018年第1期。
③ 韩建业：《良渚、陶寺与二里头——早期中国文明的演进之路》，《考古》2010年第11期。韩建业：《良渚：具有区域王权的早期国家》，《中国社会科学报》2019年8月6日。
④ 戴向明：《文明、国家与早期中国》，《南方文物》2020年第3期。
⑤ 李新伟：《良渚文化和"最初的中国"》，《光明日报》2021年1月17日12版。

对同时期文化的影响以及良渚文化因素对中华文明形成的影响的研究也取得了许多进展。良渚文化对同时期的苏北大汶口文化和广东石峡文化，以及对更晚的龙山时代以至商代的玉文化都产生了很大的影响[1]。

良渚所在的时代堪称良渚时代，上承庙底沟时代，下启龙山时代，是中华大地上成熟文明和早期国家开始出现的时代。良渚文明与古埃及文明、苏美尔文明、哈拉帕文化处于同一时代[2]。

二　良渚文明的探索仍在路上

2019 年 7 月 6 日良渚古城遗址申遗成功，良渚古城的考古工作也进入后申遗时代。2019 年底，国家文物局正式批复了"考古中国"系列课题之一——长江下游区域文明模式研究（从崧泽到良渚），同时，中华文明探源工程第五阶段（2020—2024）也正式启动，良渚古城遗址是这两项国家级大课题的重要组成部分。我们将在大课题的指引下，创新工作思路，在后申遗时代开展全新的良渚古城考古工作。

---

[1]　芮国耀、沈岳明：《良渚文化与商文化关系三例》，《考古》1992 年第 11 期。刘斌：《神巫的世界》，浙江摄影出版社，2007 年。方向明：《琮·璧——良渚玉文明因子的接力与传承》，《大众考古》2015 年第 8 期。

[2]　陈明辉：《良渚时代的中国与世界》，浙江大学出版社，2019 年。

按照大课题设计，良渚古城的考古调查、勘探和发掘工作可划分为三个层次：良渚古城城址区的精细化考古发掘、良渚古城郊区聚落的全覆盖式勘探、良渚古城腹地的区域系统调查。在持续开展田野考古工作的基础上，良渚古城考古未来将向着科学化、国际化、理论化和公众化四个方向开展。

1. 科学化

自 20 世纪 90 年代以来，尤其是近十年，良渚遗址的考古工作注重开展各类多学科合作研究。目前，我们已建立了完善的覆盖整个古城遗址的田野考古测量系统，获得了完备的矢量地图、无人机航拍图和历史时期的地图资料，遥感（ Remote Sensing, RS）、地理信息系统（ Geographic Information System, GIS）等数字考古手段在考古工作中广泛应用并在寻找外城、水坝工作中有良好的效果，此外，具备了一定的人才基础，特别是在环境和资源领域的地质、动物、植物、古环境考古、工程科技方面已经储备了专业的人才。

在具体合作研究项目方面，除继续完成已有的课题研究，我们计划重点围绕"水利系统与工程技术""技术与文明""资源与社会""信仰与艺术"四个方面展开全面研究，以"技术与文明"为主轴，建设多学科国际协作团队，通过多学科和国际合作的方式开展工作。合作研究项目包括：与浙江大学地球科学学院、浙江省地质调查院等开展"良渚遗址群石玉器鉴定和石源研究"系列课题项目，项目共分垫石、石器、玉器三阶段，目前已经完成良渚古城垫石鉴定和来源研究，在研石器鉴定及来源研究，其后将进行玉器来源研究；与北京大学、南京大学、华东师范大学等开展良渚古环境的合作研究，复原距今 7000 年、距今 5500 年、距今 4200 年、距今 3800 年等关键时间点较高精度的区域的水文、地貌、气候环境，使其成为研究考古学文化的环境基础；与中国科学院古脊椎动物与古人类研究所古 DNA 实验室等开展浙江地区崧泽—良渚时期人类古 DNA 的取样和研究；与河海大学合作，从水利和工程的角度对良渚遗址进行全面分析研究，就良渚水利系统考古研究中水坝结构与功能分析、古流域调查、水坝营建工艺研究、坝体测年等问题开展合作研究，主要进行资料分析、数值模拟、数据检测及对比验证等工作。另外，玉器、石器、陶器、漆器、木器等手工业技术研究、科技考古研究和实验考古研究也是今后的重要研究方向。

2. 国际化

在"十四五"期间，我们计划利用良渚遗址申遗的契机，加强硬件和软件建设，设立良渚国际考古研究中心，参考国际的成功经验（如土耳其的加泰土丘遗址），每年有计划地适度开放良渚古城的勘探、考古和研究、保护工作，与国际知名团队开展合作，探索出一种符合我国国情的国际合作研究模式，全面提升我国考古研究的国际化水平，使良渚国际考古研究中心成为一个针对良渚考古的国际化合作研究平台，建立常态合作交流机制。

计划开展的课题包括：与英国伦敦大学学院、加拿大多伦多大学和日本宫崎大学、爱媛大学、东北大学等合作开展植物遗存调查、农耕遗迹调查等研究；与日本奈良文化财研究所、东京大学等合作，开展动物考古研究和碳氮同位素分析，复原良渚先民的食物结构，揭示良渚时期的农业发展水平和生业形态，阐明良渚文明的农业基础；与英国伦敦大学学院、剑桥大学和日本奈良教育大学合作，开展土壤微形态、生物微化石、地球化学研究，复原良渚时期的古环境，研究良渚时期的人地关系以及文化兴衰；与日本金泽大学、爱媛大学等合作，通过成分测试、微痕分析，揭示良渚生产、生活、宗教等方面器具的加工工艺，评估当时的技术水平；与日本奈良教育大学合作，开展饱水有机质文物的脱水保护技术的合作研究。

除了开展上述课题，我们还将致力于相关考古成果的翻译和出版工作。其中一部分重要的工作是良渚考古报告及著作的中翻英及出版工作，《良渚玉器》的英文版图书已于 2018 年出版，《权力与信仰》的英文版图书已于 2019 年出版，近期拟陆续推出《良渚古城综合研究报告》《良渚王国》《反山》《瑶山》《卞家山》《文家山》《良渚考古八十年》的英文版图书。目前，一部分良渚相关的考古著作也已经开始着手中翻英和出版的工作，届时，国外的考古学家可通过这些译著了解到良渚文明研究的最新考古成果。同时，我们将与良渚遗址管理区管理委员会和良渚博物院合作，翻译并出版一系列与良渚同时期和近似社会发展阶段的古文明研究著作，即世界古文明译丛，内容涉及尼罗河流域（古埃及、努比亚）、两河流域（苏美尔）、印度河流域（哈拉帕）、伊朗（原始埃兰文化和古埃兰、赫尔曼德、吉罗夫特）、中亚（阿姆河）、爱琴海地区（基克拉底、克里特）、欧洲（巨石阵、特列波里）、日本、东南亚地区（吴哥）、北美地区（卡霍基亚和查科）、中美地区（奥尔梅克、特奥蒂瓦坎、玛雅等）、南美地区（卡拉尔、查文、帕拉卡斯、纳斯卡等）。

此外，浙江省文物考古研究所还参与了科潘遗址的发掘工作（该发掘工作由中国社会科学院考古研究所主持）。科潘是与帕伦克、卡拉克穆尔、蒂卡尔齐名的四大玛雅城邦之一。科潘遗址群和科潘核心区由石头砌筑且保存完好的建筑以及且玛雅文字的破译，使学者们对玛雅世界和科潘遗址有了更丰富的认识和更多解读的视角。玛雅文明与良渚文明尽管有着上万千米的空间距离和5000多年的时间间隔，但二者处在基本相当的历史发展阶段，均属早期国家和成熟文明，且二者的城址布局、文明模式等方面有非常多的相似之处，因此，深入了解科潘及玛雅文明的考古成果，对于我们开展良渚古城遗址考古和研究良渚文明内涵有很好的借鉴意义。

3. 理论化

　　良渚文明是多元一体中华文明的重要组成部分。80 多年来的考古发现，尤其是近几年良渚古城、寺墩、福泉等遗址的发掘成果所显露出的良渚社会发展状态，得到国内学术界的普遍关注。张忠培、严文明、赵辉、李伯谦等先生皆就良渚文明的模式、特征和国家形态等进行过讨论[①]。国际业界泰斗伦福儒先生也指出良渚是东亚最早的国家社会[②]。

　　尽管学术界对良渚文明的历史地位和价值已有了比较高的评价，但良渚文明作为一个复杂的史前文明，现在仅仅是揭开了一层面纱，还有

①　张忠培：《良渚文化的年代和其所处的社会阶段》，《文物》1995 年第 5 期。严文明：《良渚随笔》，《文物》1996 年第 3 期。赵辉：《良渚文化的若干特殊性——论一处中国史前文明的衰落原因》，载浙江省文物考古研究所编《良渚文化研究》，科学出版社，1999 年。张忠培：《张忠培在〈良渚文化刻画符号〉出版座谈会上的发言》，《中国文物报》2015 年 9 月 25 日第 7 版。张忠培：《在中华玉文化中心第五届年会上的讲话》，载杨晶、陶豫执行主编《玉魂国魄：中国古代玉器与传统文化学术讨论会文集（七）》，浙江古籍出版社，2016 年。严文明：《华夏文明五千年，伟哉良渚——严文明先生总结讲话》，《中国文物报》2016 年 12 月 2 日第 5 版。李伯谦：《中国古代文明化历程的启示》，《人民日报》2015 年 3 月 6 日第 7 版。赵辉：《良渚的国家形态》，《中国文化遗产》2017 年第 3 期。
②　科林·伦福儒、刘斌著，陈明辉、朱叶菲、宋姝、姬翔、连蕙茹译：《中国复杂社会的出现：以良渚为例》，《南方文物》2018 年第 1 期。

许多问题有待深入探索。本书属国家文物局"考古中国"重大项目"长江下游区域文明模式研究"的阶段性成果，该项目中最重要的子课题是归纳总结长江下游地区区域文明的特点和区域文明演进的模式。其重要工作包括：基于扎实的年代学及聚落演变过程研究，探讨环太湖地区复杂化、文明化的途径、特点和模式；通过环境研究、资源调查和经济技术的专题研究，归纳良渚文明的农业、手工业及贸易方面的特点，总结当时的经济生产方式和模式，揭示良渚文明的经济基础；探索良渚文明的社会组织的基本状况及其演变过程，复原良渚时期社会形态；探讨宗教信仰对于良渚国家形成的作用；探索战争在良渚国家形成的作用；推测良渚文明的政治控制模式；从与同时期其他区域文明对比（如屈家岭、大汶口）的角度，了解良渚文明在物质表象、文明形成过程、文明要素等方面的特征，归纳环太湖地区文明化进程的普遍性和特殊性，总结长江下游区域的文明模式及长江下游区域文明在多元一体中华文明总进程中的历史地位和作用；通过对长江下游区域文明模式的梳理，开展世界范围内的文明对比研究，为世界早期文明研究提供重要案例，丰富世界早期文明和国家形成理论。

4. 公众化

良渚古城考古的公众化与古城考古历程不可分割。我们曾梳理过良渚古城相关的公众考古实践，发现与良渚相关的公众化活动内容丰富、形式多样，如媒体宣传、展览及游客现场参观，组织公众活动及讲座，出版公众考古读物等 ①。

　　近年来，良渚古城的公众考古取得相当大的进展。如在出版方面，有越来越多通俗的普及读物陆续出版。2019 年，在浙江省文物局的资助下，以浙江省文物考古研究所从事良渚考古工作的考古学家为主的作者撰写了由 11 册与良渚相关的图书组成的良渚文明丛书。同时出版的还有刘斌领衔执笔的儿童历史普及绘本《五千年良渚王国》，该书作为国内第一部良渚主题的绘本，具有里程碑式的意义。良渚文明丛书和《五千年良渚王国》双双入选 "2019 浙版好书年度榜 top30"，且良渚文明丛书获第五届出版政府奖图书奖提名奖。此外，随着良渚博物院改陈开放和良渚国家考古遗址公园建成开放，良渚古城的展示系统也日益完善。

　　良渚古城城址区的考古和研究工作也进入 "边发掘、边保护、边研究、边展示、边利用" 的新阶段。我们将在古城内每年选 1～2 个遗址点进行精细化解剖发掘，并对文化层土样进行全淘洗。这些发掘区将搭建保护棚供公众参观，淘洗将在良渚遗址智能平台完成并对公众开放。同时，

---

① 沈晓文、陈明辉、刘斌、王宁远：《良渚古城的公众考古实践》，载上海市文物保护研究中心、上海大学文学院编《公众参与文化遗产保护研讨会论文集》，上海大学出版社，2016 年。

浙江省文物考古研究所将与杭州良渚遗址管理区管理委员会和良渚博物院合作，拟在钟家村设立永久的良渚实验考古作坊，在考古发掘和科技考古的基础上，开展房屋建筑、陶器、玉器、石器、漆木器、骨角器等方面的实验考古工作，复原以上遗迹或遗物的操作链和生命史，同时形成展示和公众体验场所。

良渚古城遗址申遗成功标志着良渚真正走向世界，标志着中华五千年文明史得到国际学术界公认，它是全人类共同的文化遗产。良渚是四代考古人一点点挖出来、研究出来的文明。从仅发现若干村落遗址到确认了数十乃至上百处遗址点，再到揭示了整个良渚古城和水利系统，从以陶器、石器为代表的新石器时代，到以玉器和大型墓葬为代表的复杂等级社会的文明曙光时代，再到以古城和大型水利工程为代表的王国时代，这一切来之不易。

良渚古城遗址的成功申遗，是各方面力量几十年来通力合作的结果，是全国大遗址考古的成功典范。在浙江省文物局领导的支持下，在各级地方政府以及良渚遗址管理区管理委员会的互动合作下，随着考古认识的不断深入，良渚遗址的保护范围也逐渐扩大。如果没有这几十年来考古与保护的互动，就不会有如今完整保存的世界遗产。从之前的良渚工作站到如今的良渚遗址考古与保护中心，我们实现了合作共建。良渚古城发现的十年来，团队建设与基础设施建设日益完善，这为今后的良渚考古创造了更好的工作条件。

  考古工作是一项科学工作，我们长期以来以科学精神要求自己，不断发现问题和探索答案。人类起源、农业起源、国家起源一直是考古界关注的核心问题，良渚就是我们在探寻中华文明起源问题中不断追寻的结果。良渚古城遗址的申遗成功是对我们以往考古成果的肯定和阶段性总结，但考古是一项无止境的事业，我们仍需砥砺前行。